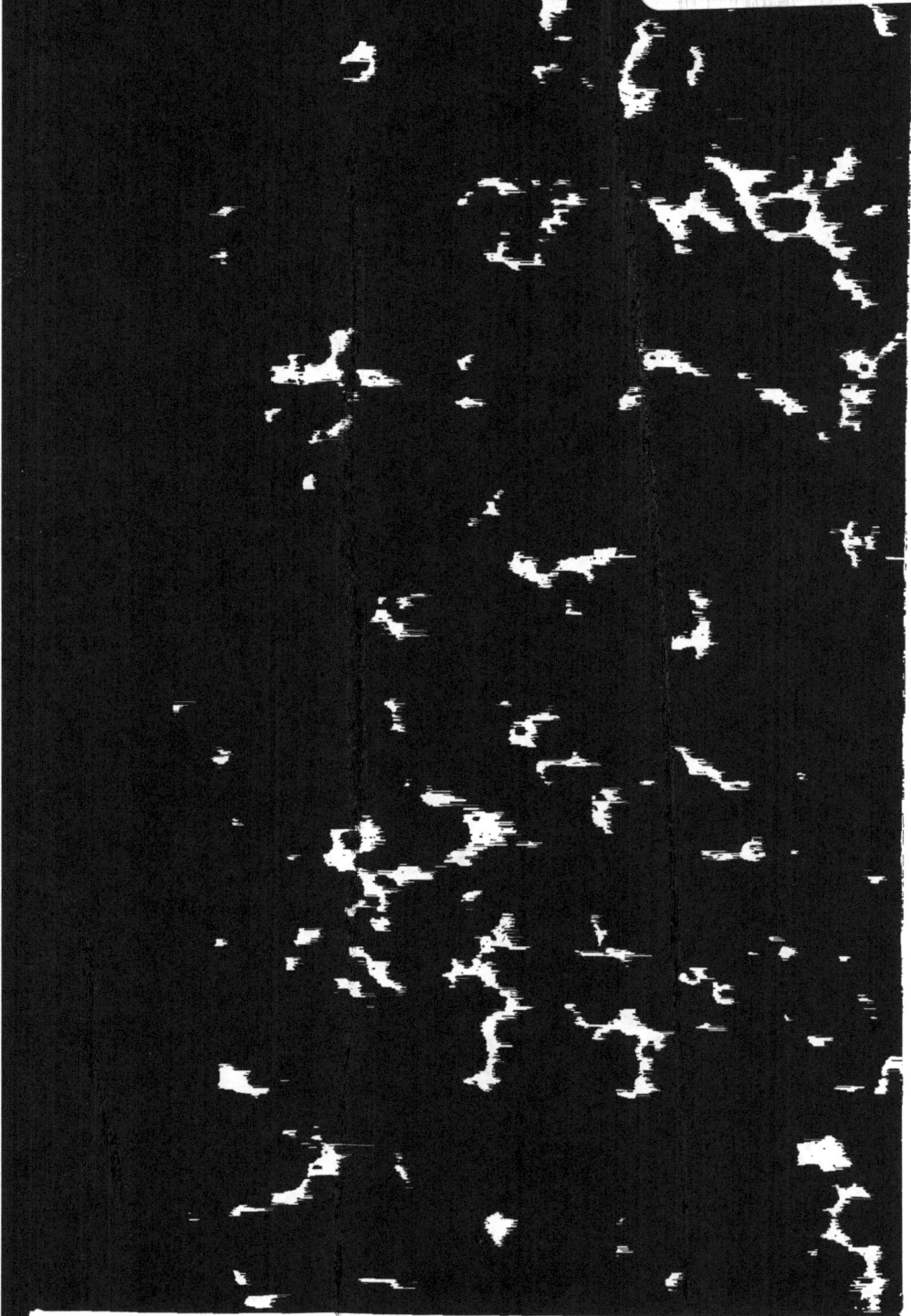

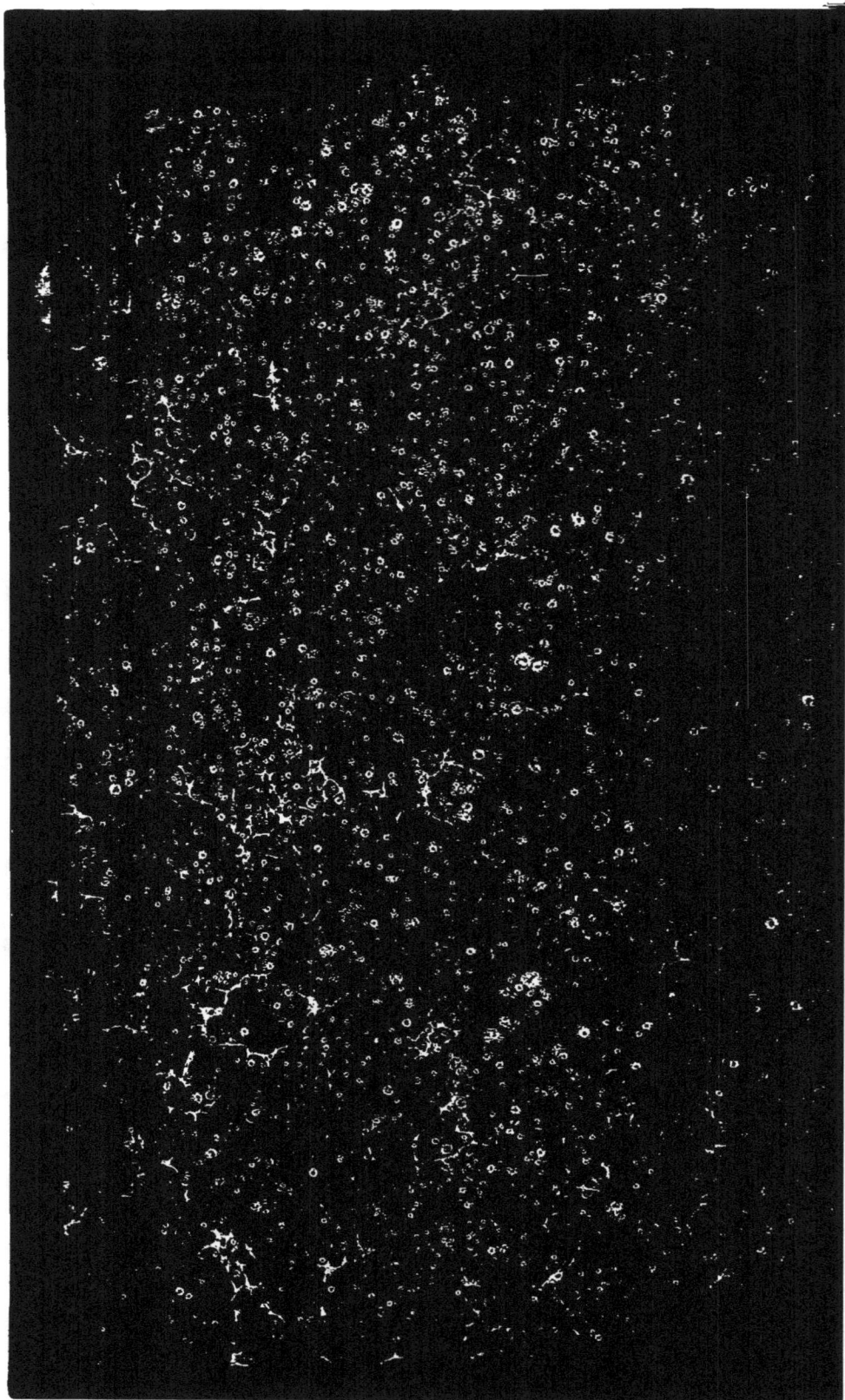

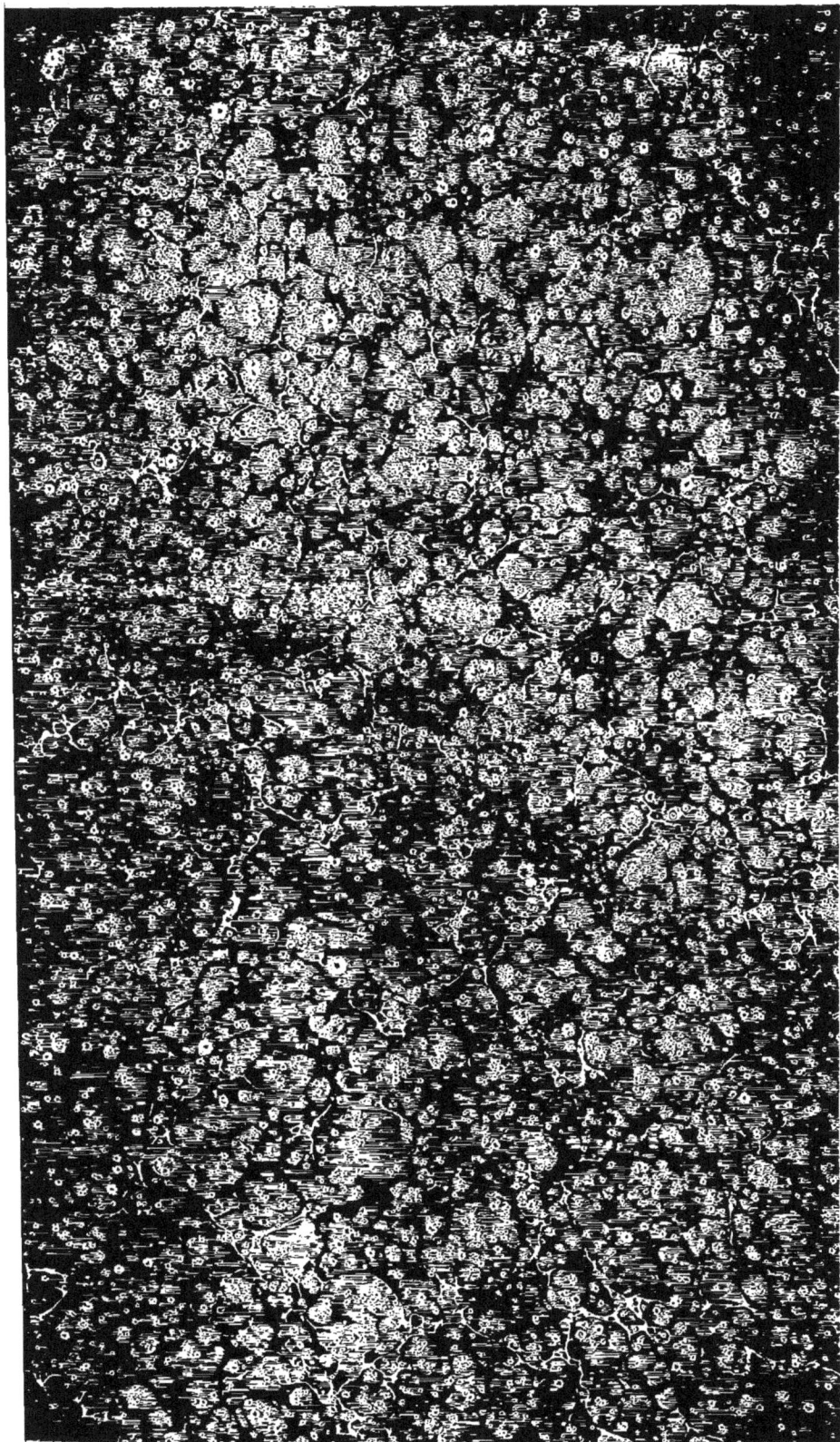

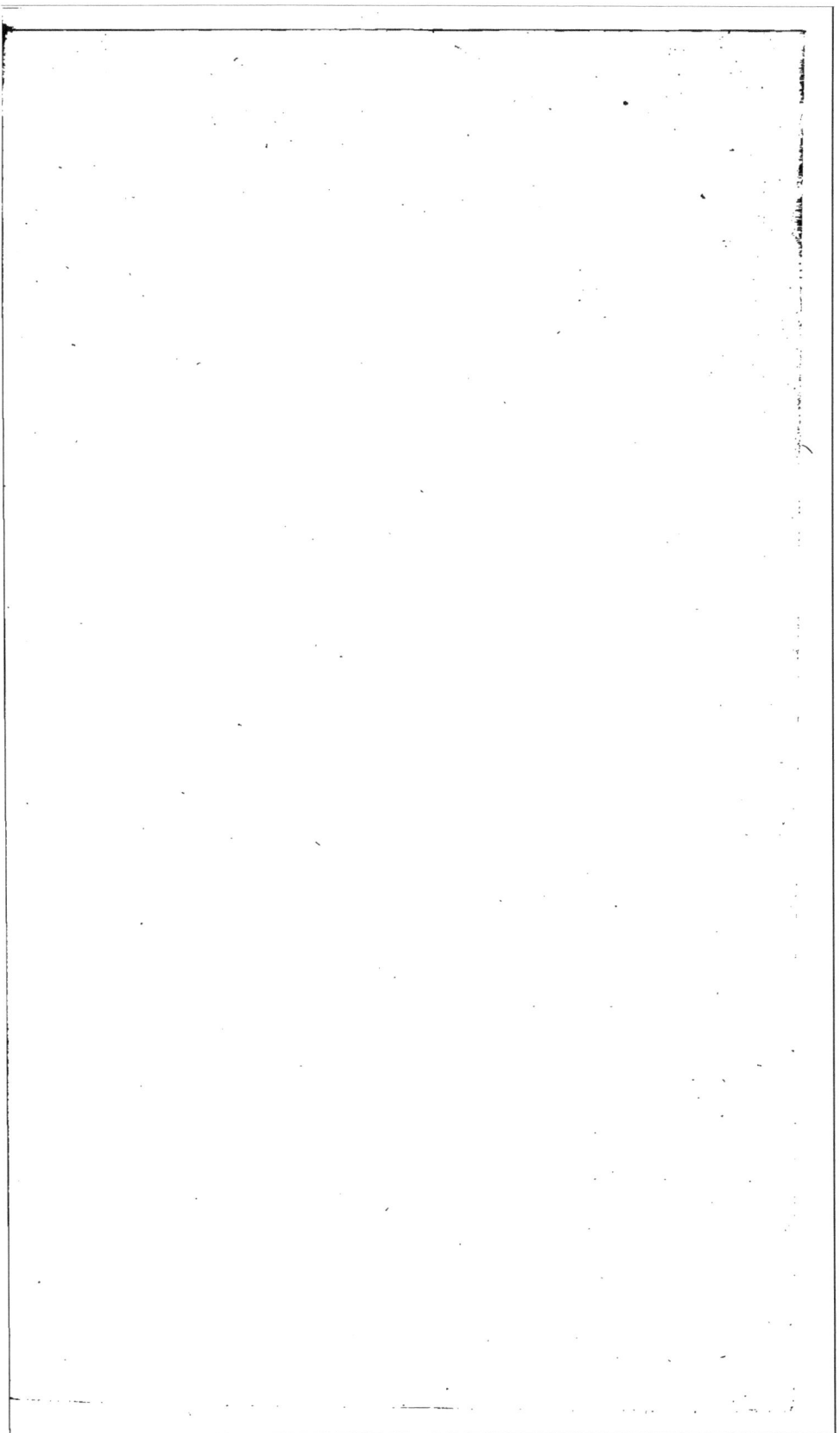

SCIENCE

DU PUBLICISTE.

Cet Ouvrage se trouve aussi chez les Libraires suivans :

A Paris,	Bossange frères, rue Saint-André-des-Arcs, n° 60.
	Rey et Gravier, quai des Augustins.
	J. Dècle, place du Palais de Justice, n° 1.
	J. P. Aillaud, quai Voltaire.
	Fantin, rue de Seine.
	Arthus-Bertrand, r. Hautefeuille, n. 23.
	Delaunay, au Palais-Royal.
Madrid,	Juan Paz.
	Alfonso Perez.
	Veuve Ramos.
Lisbonne,	Pierre et George Rey.
Coimbre,	J. P. Aillaud.
	J. A. Orcel.
Naples,	Borel.
Amsterdam,	G. Dufour.
	Delachaux.
Genève,	Paschoud.
Vienne,	Schalbacher.
Berlin,	Ad. M. Schlesinger.
Milan,	Giegler.
Florence,	Piatti.
Livourne,	Glaucus Mazi.
Rome,	De Romanis.
Turin,	Pic.
Manheim,	Artaria et Fontaine.
S. Pétersbourg,	Saint-Florent et comp.
	C. Cerclet.
Moscou,	Jean Gautier.
Odessa,	Alph. Collin.
Stockholm,	Em. Bruzelius.
Breslau,	G. Théophile Korn.
Wilna,	Joseph Zawadski.
	Fr. Moritz.
Nouv. Orléans,	Roche frères.
Mont-Réal (Canada),	Bossange et Papineau.

DE L'IMPRIMERIE DE FIRMIN DIDOT,

IMPRIMEUR DU ROI ET DE L'INSTITUT.

SCIENCE
DU PUBLICISTE,

OU

TRAITÉ

DES PRINCIPES ÉLÉMENTAIRES

DU DROIT

CONSIDÉRÉ DANS SES PRINCIPALES DIVISIONS;

AVEC DES NOTES ET DES CITATIONS TIRÉES DES AUTEURS
LES PLUS CÉLÈBRES.

PAR M. ALB. FRITOT, AVOCAT.

TOME NEUVIÈME.

C'est devant les Rois eux-mêmes que nous entreprenons
de plaider la cause de l'humanité, des peuples et
des Rois.
Puissions-nous parvenir à les éclairer tous sur leurs
véritables et communs intérêts !
« *Et loquebar de testimoniis tuis in conspectu Regum; et*
« *non confundebar.* » Ps. 118.

A PARIS,

CHEZ BOSSANGE PÈRE ET FILS, LIBRAIRES,
rue de Tournon, n° 6 bis.

A LONDRES, CHEZ MARTIN BOSSANGE et Compagnie,
Libraires, 14 Great-Marlborough street.

1822.

SCIENCE
DU PUBLICISTE.

SECONDE PARTIE.

LIVRE DEUXIÈME.

MONARCHIE CONSTITUTIONNELLE.

CHAPITRE DEUXIÈME.

TITRE DEUXIÈME.

§ II.

SUITE DE LA DIVISION TROISIÈME.

DEUXIÈME PARTIE.

ATTRIBUTIONS DES PRÉFETS, SOUS-PRÉFETS, MAIRES, ET DES CONSEILS DE PRÉFECTURE, SOUS-PRÉFEC-TURE ET MAIRIE.

CETTE seconde partie est divisée en trois sections, ayant pour titre : *la première*, Distinction importante entre les Attributions des Préfets, des Sous-Préfets, des Maires, et les Attributions des Conseils de préfecture, de sous-préfecture et de mairie; *la deuxième*, Attributions des Préfets, des Sous-Préfets et des Maires; *la troisième*, Attributions des Conseils de préfecture, de sous-préfecture et de mairie.

SECTION PREMIÈRE.

Distinction importante entre les Attributions des Préfets, des Sous-Préfets, des Maires, et les Attributions des Conseils de préfecture, de sous-préfecture et de mairie.

Dans la deuxième division de ce paragraphe, 2e partie, nous avons établi la distinction essentielle qu'il importe de faire entre les Attributions du Conseil d'État et les Attributions du Ministère, comme aussi la différence qui doit en résulter dans le mode de leur organisation. Le Conseil d'État, participant à la délibération, ainsi que sa dénomination l'indique, doit agir collectivement ; tandis qu'au contraire l'unité, principe moteur d'exécution, doit spécialement se retrouver dans l'organisation du Ministère (*a*).

La même distinction doit exister entre les Attributions des Préfets, Sous-Préfets et Maires, et les Attributions des Conseils de pré-

---

(*a*) *Voy. ci-dessus*, vol. VIII, pag. 88 *et suiv.*

fecture, sous-préfecture et mairie; et il faut
en tirer les mêmes conséquences, quant à la
différence du mode d'organisation propre à
chacune de ces deux institutions : à l'une appartient l'unité et l'exécution; à l'autre le conseil et la délibération.

Nous parlons et nous traiterons d'abord
des Attributions des Préfets, des Sous-Préfets
et des Maires, et ensuite des Attributions des
Conseils de préfecture, de sous-préfecture et
de mairie; parce qu'en effet, les Conseils de
préfecture, sous-préfecture et mairie étant,
en quelque sorte, auprès des Préfets, Sous-
Préfets et Maires, ce qu'est le Conseil d'État
auprès du Roi lui-même, ce sont les Préfets,
Sous-Préfets et Maires, délégués et ministres
du Roi dans les départemens, dans les arrondissemens et dans les communes, qui se présentent naturellement sur la première ligne,
et les Conseils de préfecture, sous-préfecture
et mairie sur la seconde.

Nota. Il suffirait de cette courte réflexion sur la
distinction essentielle qu'il importe de faire entre
les Attributions des Préfets, Sous-Préfets et Maires,
et les Attributions des Conseils de préfecture, sous-

préfecture et mairie, et sur la différence qui doit
en résulter quant au mode d'organisation, pour
faire sentir qu'en cas de maladie ou d'absence, les
préfets, les sous-préfets et les maires ne doivent pas
être remplacés par l'un des membres des Conseils de
préfecture, sous-préfecture et mairie, ainsi que cela
a souvent eu lieu (a); mais bien les préfets et les
sous-préfets par les secrétaires-généraux de préfecture ou de sous-préfecture, et les maires par les
adjoints.

Cela suffirait aussi pour prouver que l'on a eu
tort de demander et d'ordonner la suppression des
secrétaires-généraux de préfecture. De semblables
suppressions ne sont pas de véritables économies,
puisqu'elles tournent au préjudice de la chose publique et sont contraires aux intérêts des localités.
Les sinécures seules, toutes les sinécures sans exception, doivent être supprimées; mais un emploi
utile et qu'aucun autre ne peut remplacer, s'il est
supprimé, ou mal à propos réuni à quelque autre
également utile et de nature différente, ne peut
manquer de faire un vide dangereux et nuisible;
son absence occasionne un vice, une interruption

(a) *Voy.*, entre autres, les Arrêtés des 17 ventose an VIII
(8 mars 1800) (III, B. 13, n° 90); 17 nivose an IX
(7 janvier 1801) (III, B. 63, n° 457); 13 germinal
an IX (3 avril 1801) (III, B. 78, n° 615); 27 pluviose
an X (16 février 1802) (III, B. 164, n° 1249).

dans l'orgnisation : ce qui doit nécessairement en entraver la marche, surcharger les autres ressorts, en paralyser ou en ralentir l'action. Les mauvais résultats à cet égard ne peuvent tarder à se manifester : aussi ne doit-on pas être surpris de voir que l'ordonnance du 9 avril 1817, qui supprimait les secrétaires-généraux de préfecture, ait été rapportée par une autre ordonnance en date du 1ᵉʳ août 1820(a).

(a) *Voy.*, relativement à la nomination, aux fonctions, traitement et costume des secrétaires-généraux de préfecture, les lois des 28 pluviose, 17 ventose et 17 floréal an VIII (17 février, 8 mars et 7 mai 1800)(III, B. 13, 17 et 24, nᵒˢ 90, 115 et 163); sur le mode de leur remplacement provisoire, 18 prairial an XIII (7 juin 1805)(IV B. 53, nᵒ 870).

Voy., relativement aux secrétaires des mairies, les lois des 41 décembre 1789, 19 vendémiaire an IV, 28 pluviose an VIII (17 février 1800); Avis du Conseil d'État, du 22 juillet 1807; et circulaires.

—Les maires des communes dont la population s'élève à cinq mille habitans, ont le droit d'avoir un secrétaire, qu'ils nomment et révoquent à leur gré, et de lui faire payer un traitement annuel sur les revenus communaux.

Plusieurs autres maires ont obtenu la même autorisation par des décisions de préfets.

Mais ces secrétaires n'ont aucun caractère public, et ne sont responsables qu'envers le maire qui les a choisis. Leur signature ne peut rendre authentique aucun acte, aucune expédition, ni aucun extrait des actes de l'autorité. Il n'y a que le maire ou celui de ses adjoints qui le supplée, qui aient droit d'apposer leurs signatures à des actes publics. (*Avis du Conseil d'État, du 6 juin 1807, approuvé par le chef du Gouvernement, le 2 juillet suivant*).

— Une décision du Ministre de l'intérieur, du 30 avril 1807, avait cependant modifié ce principe en ce qui concerne la tenue du répertoire prescrit par l'art. 49 de la loi du 22 frimaire an VII, et destiné à inscrire les actes de la mairie, qui doivent être enregistrés sur minute. En vertu de cette décision, tout maire qui a un secrétaire salarié par la commune, peut lui déléguer la tenue de son répertoire, en lui faisant accepter cette délégation par un acte signé de lui et inscrit à la suite de l'arrêté par lequel il l'aura faite. Dans ce cas, deux expéditions de l'arrêté et de l'acceptation doivent être de suite adressées au sous-préfet de l'arrondissement, pour qu'il puisse en transmettre une au directeur de l'enregistrement, et l'autre au procureur impérial près le tribunal de première instance ; et de ce moment, le secrétaire qui a accepté la délégation devient personnellement responsable des omissions qui pourraient être faites dans le répertoire, et passible des amendes qui pourraient être encourues, soit pour raison de ces omissions, soit pour défaut de présentation du répertoire au *visa* du receveur de l'enregistrement dans les dix premiers jours de chaque trimestre.

SECTION II.

Attributions des Préfets, des Sous-Préfets et des Maires.

« *Ædiles studeant ut quæ secundum civitates sunt viæ, adæquen-*
« *tur, et effluctiones non noceant domibus, et pontes fiant ubi-*
« *cumque oportet* » (a).

« *Curent autem ut nullus effodiat vias, neque subruat, neque*
« *construat in viis aliquid... Ædiles autem mulctent secundum*
« *legem, et quod factum est dissolvant* » (b).

« *Studeant autem ut ante officinas nihil projectum sit vel propositum,*
« *præterquàm si fullo vestimenta siccet, aut faber currus exterius*
« *ponat. Ponant autem et hi, ut non prohibeant vehiculum*
« *ire* » (c).

« *Non permittant autem rixari in viis, neque stercora projicere,*
« *neque morticina, neque pelles jacere* » (d).

« Les Lois romaines, dit M. Henrion de Pansey, donnaient la police locale aux édiles, officiers de l'ordre administratif ; rapporter les textes qui les concernent, c'est le meilleur commentaire de nos lois nouvelles sur ce point » (e).

(a) ff. lib. XLIII, tit. 10, *de via publica, et si quid...* etc.
(b) Eod. tit. §. 2.
(c) Eod. tit. §. 4.
(d) Eod. tit. §. ult.
(e) De l'Autorité judiciaire, ch. xxxv, p. 553 et 554.

Ces textes des lois romaines, quoique nous les adoptions ici pour épigraphe, ne nous paraissent cependant pas, comme à l'auteur que nous venons de citer, un commentaire suffisant de nos lois sur les Attributions des Préfets, Sous-Préfets, ou même des Maires; et ils ne peuvent surtout donner, ce nous semble, qu'une idée bien incomplète de ce que doivent être en effet ces attributions dans un pays jouissant complètement du bienfait d'une organisation tout à la fois monarchique, libérale et constitutionnelle.

Ces attributions sont d'une grande importance; car, de même que celles du Ministère, elles doivent embrasser toutes les branches de l'administration proprement dite, à l'intérieur du Royaume, quoiqu'à des degrés différens de l'échelle hiérarchique de la Puissance exécutive, et par conséquent aussi dans un rayon plus ou moins étendu du territoire.

Ce point d'analogie et même d'identité une fois constaté; et après avoir recherché, ainsi que nous l'avons fait, quelles sont, au sommet, les Attributions naturelles de cette même Puissance, nous pourrions nous dispenser d'entrer dans de plus amples développemens, et nous contenter de renvoyer nos lecteurs à ceux que nous avons donnés précédemment. Il nous suffira du moins de jeter un même coup d'œil sur tous les degrés inférieurs, pour acquérir une connaissance entière de ces Attributions de même nature, à quelque degré que ce soit. Ainsi nous réunissons, dans cette seconde section, tout ce que nous pouvons avoir à exposer sur les Attributions des Préfets, des Sous-Préfets et des Maires.

Nous ne nous livrerons pas non plus à la recherche et à l'énumération chronologique de toutes les lois, décrets, arrêtés ou ordonnances qui ont pu intervenir sur cette matière depuis trente années, travail qui entraînerait trop de longueur, et auquel nous suppléerons assez utilement, dans cet ouvrage, en indiquant successivement et en leur lieu quelques-unes des lois, des décrets, arrêtés ou ordonnances, les plus essentielles, et propres à établir que l'autorité a en effet investi les préfets, les sous-préfets et les maires des attributions que nous leur reconnaissons; et en renvoyant aux traités particuliers qui ont été publiés sur la matière et auxquels il faut nécessairement recourir pour obtenir la connaissance des détails.

La loi du 14 décembre 1789 distinguait dans les Corps municipaux, deux espèces de fonctions à remplir ; les unes, propres au pouvoir municipal ; les autres, propres à l'administration générale de l'État et déléguées par elle aux municipalités.

Cette loi portait : « *art.* 50. Les fonctions propres au pouvoir municipal, sous la surveillance et l'inspection des Assemblées administratives, sont,

« De régir les biens et revenus communs des villes, bourgs, paroisses et communautés ;

« De régler et acquitter celles des dépenses locales qui doivent être payées des deniers communs ;

« De diriger et faire exécuter les travaux publics qui sont à la charge de la communauté ;

« D'administrer les établissemens qui appartiennent à la commune, qui sont entretenus de ses deniers, ou qui sont particulièrement destinés à l'usage des citoyens dont elle est composée ;

« De faire jouir les habitans des avantages d'une bonne police, notamment de la propreté, de la salubrité, de la sûreté et de la tranquillité dans les rues, lieux et édifices publics.

« *Art.* 51. Les fonctions propres à l'Administration générale qui peuvent être déléguées aux Corps municipaux pour les exercer sous l'autorité des Assemblées administratives, sont:

« La répartition des contributions directes entre les citoyens dont la commune est composée ;

« La perception de ces contributions ;

« Le versement de ces contributions dans les caïsses de district et de département ;

« La direction immédiate des travaux publics dans le ressort de la municipalité ;

« La régie immédiate des établissemens publics destinés à l'utilité générale ;

« La surveillance et l'agence nécessaires à la conservation des propriétés publiques ;

« L'inspection directe des travaux de réparation ou de reconstruction des églises, presbytères et autres objets relatifs au service du culte religieux....

« *Art.* 55. Les Corps municipaux seront en-tièrement subordonnés aux administrations de département et de district, pour tout ce qui concerne les fonctions qu'ils auront à exer-cer par délégation de l'Administration géné-rale.... »

La loi du 22 du même mois de décembre, portant constitution des Assemblées primaires et des Assemblées administratives, déterminait les fonctions de ces Assemblées administra-tives ainsi qu'il suit :

Section 3, *art.* 1. « Les Administrations de département seront chargées, sous l'inspec-tion du Corps Législatif, et en vertu de ses décrets : 1° de répartir les contributions di-rectes imposées à chaque département. Cette répartition sera faite par les Administrations de département entre les districts de leur res-sort, et par les Administrations de district entre les municipalités ;

2° D'ordonner et de faire faire, suivant les formes qui seront établies, les rôles d'assiette et de cotisation entre les contribuables de chaque municipalité ;

3° De régler et de surveiller tout ce qui concerne, tant la perception et le versement du produit de ces contributions, que le service et les fonctions des agens qui en seront chargés;

4° D'ordonner et de faire exécuter le paiement des dépenses qui seront assignées à chaque département sur le produit des mêmes contributions.

« *Art.* 2. Les Administrations de département seront encore chargées, sous l'autorité et l'inspection du roi, comme chef suprême de la nation et de l'administration générale du royaume, de toutes les parties de cette administration, notamment de celles qui sont relatives;

1° Au soulagement des pauvres, et à la police des mendians et vagabonds;

2° A l'inspection et à l'amélioration du régime des hôpitaux, hôtels-Dieu, établissemens et ateliers de charité, prisons, maisons d'arrêt et de correction;

3° A la surveillance de l'éducation publique et de l'enseignement politique et moral;

4° A la manutention et à l'emploi des fonds destinés, en chaque département, à l'encouragement de l'agriculture, de l'industrie, et de toute espèce de bienfaisance publique;

5° A la conservation des propriétés publiques;

6° A celle des forêts, rivières, chemins et autres choses communes;

7° A la direction et confection des travaux pour la confection des routes, canaux et autres ouvrages publics, autorisés par le département;

8° A l'entretien, réparation et reconstruction des églises, presbytères et autres objets nécessaires au service du culte religieux;

9° Au maintien de la salubrité, de la sûreté et de la tranquillité publiques.

10° Enfin, au service et à l'emploi des milices ou gardes nationales, ainsi qu'il sera réglé par des décrets particuliers, sanctionnés ou acceptés par le Roi.

« *Art.* 3. Les Administrations de district ne participeront à toutes ces fonctions, dans le ressort de chaque district, que sous l'autorité interposée des Administrations de départemens » (*a*).

(*a*) L'Instruction de l'Assemblée nationale, sur cette loi, approuvée par le roi et décrétée le 8 janvier 1790, s'expliquait ainsi : « Il n'appartient pas à la constitution d'expliquer en détail les règles particulières par lesquelles

Si cette distinction eût été exacte, et cette classification complète, les préfets, les sous-

---

l'ordre du service et les fonctions pratiques doivent être dirigées dans chaque branche de l'administration. Les usages et les formes réglementaires ont varié pour chaque partie du service, et pourront encore être changées et perfectionnées. Ces accessoires étant hors de la Constitution, pourront faire la matière de décrets séparés, ou d'instructions particulières, à mesure que l'Assemblée nationale avancera dans son travail ; et ce qu'elle n'aura pas pu régler, restera utilement soumis aux conseils de l'expérience, aux découvertes de l'esprit public, et à la vigilance du roi et des législatures.

« Ce qui suffit en ce moment, est que les différens pouvoirs soient constitués, séparés, caractérisés, et que l'origine et la nature de ceux qui sont conférés aux Corps administratifs, ne puissent être ni méconnues, ni obscurcies. Il est nécessaire d'observer à cet égard que l'énumération des différentes fonctions des Corps administratifs, qui se trouve dans l'article 2 de la 3e section, n'est pas exclusive ni limitative, de manière qu'il fût inconstitutionnel de confier par la suite à ces Corps quelque autre objet d'administration, non exprimé dans l'article. Cette énonciation n'est que désignative des fonctions principales qui entrent plus spécialement dans l'institution des administrations de département et de district ». — (*Voy.* encore, entre autres, à ce sujet, l'Instruction aux départemens, du 12 août 1790, sanctionnée le 20).

préfets et les maires ayant été substitués, par la loi du 28 pluviose an VIII, et par l'Arrêté du Gouvernement, du 19 fructidor an IX, dans les attributions des Administrations de département et de district, et dans celles des municipalités, il faudrait aussi reconnaître en eux ces deux espèces différentes de fonctions; mais, dans la réalité, cette distinction et cette classification sont inexactes et insuffisantes.

On pourrait dire que les fonctions des préfets, des sous-préfets et des maires doivent renfermer en elles trois espèces d'attributions : 1° les Attributions qui se rattachent à l'exercice de la Puissance législative locale, qu'ils doivent exercer conjointement avec les Chambres départementales, cantonales et communales, et que nous avons précédemment spécifiées (*a*); 2° les Attributions

_____

(*a*) (*Voy. ci-dessus*, vol. VII, pag. 254 *et suiv.*)
—Aux motifs sur lesquels nous avons appuyé l'utilité de ces Chambres, nous pouvons ajouter que le préambule de l'arrêt du Conseil, du 12 juillet 1778, portait, entre autres choses : « Sa Majesté n'a pu méconnaître qu'en ramenant à un même centre tous les détails de l'administration des finances (et la disproportion entre cette tâche et la mesure du temps et des forces du ministre

qui ont exclusivement rapport à l'exécution
des résolutions législatives prises par eux con-

---

honoré de sa confiance étant immense), on étendait
trop loin les autorités intermédiaires, on soumettait à
des décisions rapides des intérêts essentiels; tandis que
ces mêmes intérêts, remis à l'examen d'Administrations
locales sagement composées seraient presque toujours
mieux connus et plus sûrement balancés....

« Sa Majesté a d'ailleurs observé que, dans un si vaste
royaume, la diversité des sols, des caractères et des
habitudes, devait apporter des obstacles à l'exécution,
et quelquefois même à l'utilité des meilleures lois d'impositions, lorsque ces lois étaient uniformes et générales
(*Voy. ci-dessus*, vol. VI, pag. 385 *et suiv.*); et dès lors Sa
Majesté a dû penser que ce n'était peut-être qu'à l'aide du
zèle éclairé d'Administrations partielles, qu'elle pourrait
connaître plus particulièrement ce qui convenait à chacune de ses provinces, et parvenir ainsi par degrés, mais
plus sûrement, aux améliorations générales dont elle est
occupée.... » (*Voy.* le Répert. de jurisp. par Guyot, au
mot : *Administration provinciale*).

— Deux ordonnances royales en date du 18 août 1821,
semblent aussi se rapprocher, en un sens, du système
que nous indiquons ici.

La première de ces ordonnances porte :

Art. 1er Les délibérations des Conseils municipaux
seront exécutées sur la seule approbation des Préfets,
toutes les fois qu'elles seront relatives à l'administration
des biens de toute nature appartenans à la commune,
à des constructions, réparations, travaux et autres ob-

jointement avec les représentans et manda-
taires de la Propriété et de l'Industrie dans

---

jets d'intérêt communal, et que les dépenses pour ces
objets devront être faites au moyen des revenus propres à la commune, ou au moyen des impositions affectées par la loi aux dépenses ordinaires des communes.

Les Préfets rendront compte à notre ministre secrétaire d'état de l'Intérieur des délibérations qu'ils auront
approuvées.

Art. 2. Toutefois les budgets des villes ayant plus de
100,000 fr. de revenus, continueront à être soumis à
notre approbation.

Les acquisitions, aliénations, échanges, et baux am-
phitéotiques continueront également à être faits conformément aux règles actuellement établies.

Art. 3. Lorsque les Préfets, après avoir pris l'avis écrit
et motivé du Conseil de préfecture, jugeront que la délibération n'est pas relative à des objets d'intérêt communal, ou s'étend hors de cet intérêt, ils en référeront à
notre ministre secrétaire d'état de l'intérieur.

Art. 4. Les réparations, reconstructions et constructions de bâtimens appartenans aux communes, hopitaux
et fabriques, soit qu'il ait été pourvu à la dépense sur les
revenus ordinaires de ces communes ou établissemens,
soit qu'il y ait été pourvu au moyen de nouveaux droits,
d'emprunts, de contributions extraordinaires, d'aliénations, ou par toute autre voie que nous aurions autorisée, pourront désormais être adjugées et exécutées sur
la simple approbation du préfet.

Cependant lorsque la dépense des travaux de con-

ces mêmes Chambres pour chaque département, pour chaque arrondissement, pour

---

struction ou de reconstruction à entreprendre, s'élevera
au-dessus de 20,000 fr., les plans et devis devront être
soumis à notre ministre secrétaire d'état de l'intérieur.

Art. 5. Les dispositions des décrets et ordonnances sur
l'administration des communes, des hôpitaux et fabriques, auxquelles il n'est pas dérogé par les articles ci-
dessus, et notamment les disposions des décrets du 30
novembre 1805 (10 brumaire an XIV), du 17 juillet
1808, et de notre ordonnance du 28 janvier 1815, continueront à recevoir leur exécution.

Art. 6. La présente ordonnance n'est point applicable à
notre bonne ville de Paris, à l'égard de laquelle il sera
particulièrement statué.

La deuxième ordonnance est ainsi conçue :

Art. 1er. Les travaux d'entretien des routes départementales, dans les limites des sommes portées aux budgets votés par les Conseils généraux, et approuvés par
notre ministre de l'intérieur, seront exécutés sur la
seule approbation donnée par les préfets aux devis arrêtés par les ingénieurs en chef.

Art. 2. Les travaux d'arts dont la dépense n'excèdera pas
5,000 fr., seront également exécutés sur la seule approbation des préfets, toutes les fois qu'ils n'exigeront ni
acquisition de terrains, ni changement dans la direction
ou les alignemens des routes ; sauf toutefois les cas où
les préfets jugeraient utile de consulter le Conseil des
ponts et chaussées.

Les préfets rendront compte à notre ministre de l'in-

chaque commune : ces attributions étant une conséquence des premières, elles n'ont pas besoin d'être plus particulièrement déterminées; 3° enfin, les Attributions qui leur appartiennent, comme étant les auxiliaires, ministres ou délégués du Chef de la Puissance exécutive, dans les départemens, dans les arrondissemens et dans les communes, et pour la classification desquelles nous suivrons l'ordre

------

térieur des approbations qu'ils auront données par suite des dispositions du présent article.

Art. 3. Les adjudications des travaux continueront d'avoir lieu suivant la forme prescrite par l'arrêté du 10 mars 1803 (19 ventôse an XI), et seront exécutées dès qu'elles auront été revêtues de l'approbation des préfets, qui en rendront compte à notre ministre de l'intérieur; néanmoins, en cas de réclamation, il sera sursis à l'exécution jusqu'à la décision de notre dit ministre secrétaire d'état.

Art. 4. Les arbres plantés sur les routes départementales et sur les terres riveraines desdites routes pourront être abattus, dans les cas prévus par l'article 99 du décret du 16 décembre 1811, sur la seule autorisation du préfet.

— Mais il importe de remarquer que, dans l'état actuel de l'organisation des Conseils généraux, ces deux ordonnances donnent, en un autre sens, beaucoup trop d'extension au pouvoir des préfets.

que nous avons précédemment admis pour la répartition des attributions du ministère, puisque nous venons de voir qu'elles en sont une émanation parfaitement analogue et identique sur les différens points, dans les différentes divisions et subdivisions du territoire et de l'administration.

1° *Cultes et Religion.*

Les Préfets, les Sous-Préfets et les Maires doivent spécialement veiller à ce que tous les cultes admis par les lois de l'État soient librement exercés et respectés, dans l'étendue de leurs juridictions respectives ; ils doivent leur accorder à tous une égale, pleine et entière protection ; etc., etc.

Aperçu de la Législation, Jurisprudence et Coutume, sous ce premier rapport (*a*).

ABUS *des Supérieurs ecclésiastiques.* Édit de Fontainebleau, de 1541 ; Édit de 1695 ; Loi du 26

(*a*) Il est bon de faire remarquer ici, pour éviter d'en réitérer plusieurs fois l'observation par la suite, qu'il faudrait peu de changemens pour mettre cette législation en parfaite harmonie avec le système d'organisation constitutionnelle, dont nous développons les principes dans

messidor an IX ; Loi du 8 avril 1802 (18 germinal an X) (III , B. 172 , n° 1344); etc. , etc.

— Il y a recours au Conseil-d'État dans tous les cas d'abus de la part des supérieurs et autres personnes ecclésiastiques.

Il y a pareillement recours au Conseil-d'État, s'il est porté atteinte à l'exercice public des cultes, et

---

cet ouvrage. Pour cela , il suffirait de soumettre à la délibération des Chambres communales , cantonales ou départementales, suivant la nature et l'étendue de l'intérêt en discussion , la plupart des objets qui ont été assujétis jusqu'ici à l'examen des Conseils *municipaux ,* ou des Conseils *généraux d'arrondissement et de département* , et portés ensuite du maire au sous-préfet , du sous-préfet au préfet, du préfet au ministre, du ministre au Conseil-d'État, et du Conseil-d'État renvoyés au ministre, pour être enfin présentés à la sanction du Roi, comme si les préfets, les sous-préfets et les maires, choisis par le Roi, ne pouvaient pas, lorsqu'ils seront d'accord avec les vrais représentans de la Propriété et de l'Industrie dans les départemens, dans les arrondissemens , et dans les communes, donner un consentement suffisant et valable en vertu et par suite des pouvoirs généraux que le Roi leur délègue, sauf par eux à demander une autorisation particulière et spéciale , ayant de donner ce consentement, dans les circonstances seulement où quelques doutes sur un point important leur sembleraient de nature à le rendre nécessaire pour mettre à couvert une partie de leur responsabilité.

à la liberté que les lois et règlemens garantissent aux ministres de ces cultes.

Le recours compète à toute personne intéressée; mais à défaut de plainte particulière, il est exercé d'office par les préfets. etc., etc.

ANNEXES, CHAPELLES DOMESTIQUES, ORATOIRES PARTICULIERS. Loi du 18 germinal an X; Décrets du 11 prairial an XII, du 5 nivose an XIII, du 30 septembre 1807; Décret du 30 décembre 1809 (*art.* 92 *et suiv.*); Avis du Conseil-d'État, du 7 décembre 1810; Décret du 22 décembre 1812; Avis du Conseil-d'Etat, du 19 novembre 1813; etc., etc.

— Toute demande en érection de chapelle doit être accompagnée, 1° d'un certificat de l'ingénieur du département, constatant la distance de la commune demandante, à l'église paroissiale ou succursale, et les difficultés que l'état des lieux peut apporter aux communications dans les mauvais temps; 2° d'un certificat du directeur des contributions constatant le montant du principal des contributions foncière et mobilière des domiciliés catholiques de la commune réclamante, abstraction faite des accessoires desdites contributions; 3° et d'un état de la population certifié par le sous-préfet.

Les demandes d'oratoires particuliers pour les hospices, les prisons, les maisons de détention et de travail, les écoles secondaires ecclésiastiques, les congrégations religieuses, les colléges; et de chapelles et oratoires domestiques à la ville ou à la campagne, pour les individus, ou les établissemens de fabriques et manufactures, sont aujourd'hui accordées par le Roi, en son Conseil, sur la proposition des évêques.

Mais à ces demandes doivent être jointes les délibérations prises à cet effet par les administrateurs des établissemens publics, et l'avis des maires, des sous-préfets et des préfets. etc., etc.

CÉRÉMONIES RELIGIEUSES. Loi du 7 vendémiaire an IV (B. 186); Loi du 18 germinal an X; Circulaires du conseiller d'État chargé de la police des cultes ; etc., etc.

Aucune cérémonie religieuse ne doit avoir lieu hors des édifices consacrés au culte catholique, dans les villes où il y a des temples destinés à différens cultes. (*Loi du 18 germinal an X*, art. 45).

Le conseiller d'état, chargé de la police des cultes, ayant été consulté par le préfet de la Côte-d'Or, sur diverses questions, a répondu, 1° que nul ne pouvait être contraint de tapisser le devant de sa maison dans les solennités où cet usage était autrefois établi ; 2° qu'on ne pouvait obliger qui que ce fût à faire l'offrande du pain qu'on distribue et qu'on bénit dans les églises (*a*). etc., etc.

(*a*) Cette jurisprudence a été confirmée, depuis la restauration, par arrêts de la Cour de cassation, du 20 novembre 1818, du 26 novemb. 1819, et du 27 janv. 1820.

Églises. Loi du 18 germinal an X ; Avis du Conseil-d'État, du 6 nivose et du 3 pluviose an XIII ; Décrets du 13 thermidor an XIII, du 18 mai 1806 ; Avis du Conseil-d'État du 4 juin 1809 ; etc. , etc.

— Les édifices anciennement destinés au culte catholique, actuellement dans les mains de la nation, à raison d'un édifice par cure et par succursale, sont remis à la disposition des évêques par arrêtés du préfet du département.

Les églises sont ouvertes gratuitement au public, et il est défendu d'y rien percevoir de plus que le prix des chaises, sous quelque prétexte que ce soit.

Le tarif du prix des chaises est arrêté par le préfet et par l'évêque, et cette taxation doit toujours être la même, quelles que soient les cérémonies qui ont lieu dans l'église.

Les fonctionnaires civils et militaires ont seuls le droit d'avoir une place distinguée dans l'église (a).

Dans les paroisses où il n'y a point d'édifice disponible pour le culte, le préfet se concerte avec l'évêque pour la désignation d'un édifice convenable. etc. , etc.

Fabriques des églises. Lois du 24 août 1793, du 13 brumaire an II, du 4 ventose an IX ; Arrêté du 3 vendémiaire an X ; Loi du 18 germinal an X ; Décision du 9 floréal an XI ; Arrêtés du 7 ther-

_____

(a) *Voy.* aussi ci-après, au mot *Marguilliers.*

midor an XI, du 4 pluviose an XII; Décrets du
18 nivose, du 23 prairial an XII; Lettre du ministre de l'intérieur, du 27 prairial an XII; Décrets
du 15 ventose, du 28 messidor, du 13 thermidor,
du 22, du 28 fructidor an XIII, du 19 janvier,
du 10 février, du 18, du 30 mai, du 19 juin, du
31 juillet 1806; Avis du Conseil-d'État, du 23 décembre 1806 (approuvé le 25 janvier), du 30 avril
1807; Décret du 11 mai 1807; Décision du ministre
de l'intérieur, du 28 mai, du 12 août 1807; Avis
du Conseil-d'État, approuvé le 21 décembre 1808;
Décrets du 17 mars, du 30 décembre 1809; Loi
du 14 février 1810; Décret du 8 novembre 1810;
Avis du Conseil-d'État, du 30 novembre 1810,
approuvé le 9 décembre suivant; Décret du 18 août
1811; Avis du Conseil-d'État, du 16 février 1813,
approuvé le 22 du même mois; Décret du 6 novembre 1813; Loi et Ordonnance du 2 avril 1817;
Code civil; etc., etc.

— Chaque fabrique est composée d'un Conseil
et d'un Bureau de marguilliers.

Dans les paroisses où la population est de 5,000
ames et au-dessus, le Conseil est composé de neuf
marguilliers de fabrique; dans toutes les autres fabriques, il doit l'être de cinq.

Ces membres sont pris parmi les notables; ils
doivent être catholiques et domiciliés dans la paroisse.

De plus, sont de droit membres du Conseil, 1° le curé ou desservant qui y a la première place, et peut s'y faire représenter par un de ses vicaires ; 2° le maire de la commune du chef-lieu de la cure ou succursale ; il peut s'y faire remplacer par l'un de ses adjoints catholique, ou, à défaut, par un membre du Conseil municipal.....

Lors de la prise de possession de chaque curé ou desservant, il est dressé, aux frais de la commune et à la diligence du maire, un état de situation du presbytère et de ses dépendances. Le curé ou le desservant n'est tenu que des simples réparations locatives, et des dégradations survenues par sa faute. Le curé ou desservant sortant, ou ses héritiers ou ayant-cause, sont tenus desdites réparations locatives et dégradations....

Les biens immeubles des églises ne peuvent être aliénés, échangés, ni même loués pour un terme plus long que neuf ans, sans une délibération du Conseil de fabrique, l'avis de l'évêque diocésain, et l'autorisation du Roi.

Les marguilliers ne peuvent entreprendre aucun procès, ni y défendre, sans une autorisation du Conseil de préfecture, auquel est adressée la délibération qui doit être prise à ce sujet par le Conseil et le Bureau de fabrique réunis. .

Toutefois, le trésorier est tenu de faire tous actes conservatoires pour le maintien des droits de la fabrique, et toutes diligences nécessaires pour le recouvrement de ses revenus.

Les procès sont soutenus au nom de la fabrique, et les diligences faites à la requête du trésorier.

En cas d'échange projeté entre un particulier et une fabrique, et en général dans toutes les affaires qui intéressent les fabriques, le Conseil municipal n'est réuni pour donner son avis qu'après l'information de *commodo vel incommodo*, exigée par l'Arrêté du 7 germinal an IX. etc., etc.

(*Voy.* aussi ci-après, à l'article Finances, le mot *Dons faits aux communes.*)

Fêtes religieuses. Indult du 9 avril 1802, et Arrêté du 29 germinal an X ; Lettre du ministre des cultes, du mois de nivose an XI ; Bref du cardinal légat, du 6 juillet 1806 ; Code pénal, *art.* 260 à 264 ; etc., etc.

—D'après les dispositions de l'Arrêté du 29 germinal an X, *art.* 41, il n'y a que quatre fêtes religieuses *conservées*, outre les dimanches, savoir : *Noël*, l'*Ascension*, l'*Assomption*, la *Toussaint*.

Les fêtes *transférées* sont l'*Épiphanie*, la *Fête-Dieu* et l'*Octave*, la *Saint-Pierre* et *Saint-Paul*, et *les patrons de chaque paroisse*.

Les fêtes supprimées peuvent être *annoncées ;* mais il n'en est pas de même des fêtes d'obligation pour les ecclésiastiques, quoiqu'il leur soit permis d'en faire l'office le jour où elles tombent.

L'*art.* 260 du Code pénal contient la disposition suivante : « Tout particulier qui, par des voies de fait ou des menaces, aura contraint ou empêché une ou plusieurs personnes d'exercer l'un des cultes autorisés, d'assister à l'exercice de ce culte, de célébrer certaines fêtes, d'observer certains jours de repos, et, en conséquence, d'ouvrir ou de fermer leurs ateliers, boutiques ou magasins, et de faire ou quitter certains travaux, sera puni, pour ce seul fait, d'une amende de 16 à 200 fr., et d'un emprisonnement de six jours à deux mois » (*a*). etc., etc.

(*a*) L'ordonnance, en date du 7 juin 1814, se trouvait donc en quelque sorte en contradiction avec cette disposition formelle de l'un de nos Codes ; mais la loi du 18 novembre de la même année renferme les dispositions suivantes :

« *Art.* 1er. Les travaux ordinaires seront interrompus les dimanches et jours de fêtes reconnues par la loi de l'État.

Art. 2. En conséquence il est défendu lesdits jours,

1° Aux marchands, d'étaler et de vendre, les ais et volets des boutiques ouverts ;

2° Aux colporteurs et étalagistes, de colporter et d'exposer en vente leurs marchandises dans les rues et places publiques ;

3° Aux artisans et ouvriers, de travailler extérieurement et d'ouvrir leurs ateliers ;

4° Aux charretiers et voituriers employés à des services locaux, de faire des chargemens dans les lieux publics de leur domicile.

FRAIS DE CULTE. Loi du 18 germinal an X; Arrêtés du 14 nivose an XI, du 18 germinal an XI;

Art. 3. Dans les villes dont la population est au-dessous de cinq mille ames, ainsi que dans les bourgs et villages, il est défendu aux cabaretiers, marchands de vin, débitans de boissons, traiteurs, limonadiers, maîtres de paume et de billard, de tenir leurs maisons ouvertes et d'y donner à boire et à jouer lesdits jours pendant le temps de l'office.

Art. 4. Les contraventions aux dispositions ci-dessus seront constatées par procès-verbaux des maires et adjoints, ou des commissaires de police.

Art. 5. Elles seront jugées par les tribunaux de police simple, et punies d'une amende qui, pour la première fois, ne pourra pas excéder cinq francs.

Art. 6. En cas de récidive, les contrevenans pourront être condamnés au *maximum* des peines de police.

Art. 7. Les défenses précédentes ne sont pas applicables,

1.º Aux marchands de comestibles de toute nature, sauf cependant l'exécution de l'*art.* 3;

2.º A tout ce qui tient au service de santé;

3.º Aux postes, messageries et voitures publiques;

4.º Aux voituriers de commerce par terre et par eau, et aux voyageurs;

5.º Aux usines, dont le service ne pourrait être interrompu sans dommage;

6.º Aux ventes usitées dans les foires et fêtes dites *pa-*

3.

Décret du 5 nivose an XIII ; Décision du ministre de l'intérieur, du 27 août 1807 ; Décret du 30 décembre 1809 ; etc., etc.

— Les frais d'entietien des cathédrales et des maisons épiscopales sont, quant aux grosses réparations, à la charge des départemens dont se compose le diocèse.

Les menues réparations sont à la charge des communes métropolitaines, et, en cas d'insuffisance des revenus de ces communes, elles sont acquittées comme les grosses réparations.

Celles de toute espèce à faire aux paroisses et succursales, sont exclusivement à la charge des communes où les édifices sont situés.

---

tronales, et au débit des menues marchandises dans les communes rurales, hors le temps du service divin ;

7° Aux chargemens des navires marchands et autres bâtimens du commerce maritime.

Art. 8. Sont également exceptés des défenses ci-dessus, les meûniers, et les ouvriers employés 1° à la moisson et autres récoltes, 2° aux travaux urgens de l'agriculture, 3° aux constructions et réparations motivées par un péril imminent, à la charge, dans ces deux derniers cas, d'en demander la permission à l'autorité municipale.

Art. 9. L'autorité administrative pourra étendre les exceptions ci-dessus aux usages locaux.

Art. 10. Les lois et règlemens de police antérieurs, relatifs à l'observation des dimanches et fêtes, sont et demeurent abrogés ».

Les frais dus par plusieurs départemens doivent être payés entre eux par égale portion, etc., etc.

INHUMATION. Loi du 20 ventose an XI; Décrets du 23 prairial an XII (*art.* 19), du 4 thermidor an XIII, du 18 mai 1806, du 7 mars 1808; Code civil, *art.* 77; etc., etc.

— Les curés et desservans ne doivent faire aucune inhumation sans l'autorisation de l'officier de l'état civil, qui doit la délivrer sur papier libre et sans frais.

Lorsque le ministre d'un culte, sous quelque prétexte que ce soit, refuse son ministère pour l'inhumation d'un corps, l'autorité civile, soit d'office, soit sur la réquisition de la famille, commet un autre ministre du même culte pour remplir ses fonctions; dans tous les cas, l'autorité civile est chargée de faire porter, présenter à l'église, déposer et inhumer les corps; etc., etc.

(*Voy.* aussi ci-après, à l'article POLICE, les mots *Cimetières, Enterremens,* etc.)

LIVRES D'ÉGLISE. Loi du 19 juillet 1793; Décret du 7 germinal an XIII; etc., etc.

— Le décret du 7 germinal an XIII porte : 1° que les livres d'église, les heures et prières ne peuvent être imprimés ou réimprimés que d'après la permission donnée par les évêques diocésains; laquelle permission doit être textuellement rapportée, et imprimée en tête de chaque exemplaire; 2° que les imprimeurs et libraires qui feraient imprimer ou réimprimer ces livres sans permission, seront poursuivis conformément à la loi du 19 juillet 1793.

Les préfets, les sous-préfets et les maires doivent y tenir la main ; comme aussi à ce que ces livres ne contiennent rien de contraire aux lois en général, et surtout aux lois constitutionnelles et fondamentales de l'État. etc., etc.

LOGEMENT, PRESBYTÈRES; ET TRAITEMENT *des ministres des cultes.* Loi du 18 germinal an X ; Arrêté du 18 germinal an XI ; Loi du 11 fructidor an XI ; Circulaires du ministre de l'intérieur, du mois de floréal an XI et du 14 frimaire an XII ; Décret du 15 germinal an XII ; Avis du Conseil-d'État, du 6 nivose an XIII ; Décret du 5 mai 1806, *relatif aux ministres du culte protestant ;* Circulaire du ministre de la justice, du 22 mai 1806 ; Loi du 15 septembre 1807, *sur le budget (art.* 22); etc. etc.

— Les presbytères et les jardins attenans non aliénés ont été rendus aux curés et aux desservans des succursales, par la loi du 18 germinal an X, *art.* 72.

D'après cette disposition, le Conseil-d'État a donné un avis, approuvé le 6 frimaire an XIII, duquel il résulte que les églises et presbytères doivent être considérés comme propriétés communales.

A défaut de presbytères, les Conseils généraux

sont autorisés à procurer aux curés et aux desservans des succursales, un logement et un jardin.

Le Gouvernement autorise les échanges de terrain
ou édifices, ainsi que les acquisitions et constructions nécessaires pour procurer un logement et un
jardin aux curés et aux desservans des succursales.

Le ministre de l'intérieur a fait observer aux
préfets, par la circulaire du 14 frimaire an XII,
que les acquisitions d'églises et de presbytères n'a-
vaient pas besoin, d'après la loi du 18 germinal
an X, de l'intervention du Corps législatif, lorsque
les communes qui voulaient acquérir avaient des
fonds suffisans pour cette dépense, et que l'autorisation du Gouvernement suffisait; mais que les demandes devaient toujours lui être adressées.

Le ministre de la justice, informé que plusieurs
maires, dont les communes avaient besoin de maisons pour loger leurs curés ou desservans, ou pour
établir des écoles, en avaient acheté sans l'autorisation préalable, les uns par actes devant notaires,
d'autres aux enchères publiques, et que ces acquisitions, quoique postérieurement approuvées par
les préfets, avaient été déclarées nulles par le Conseil-d'État (ce qui avait compromis à la fois l'intérêt
des communes et celui des vendeurs), a, par une
circulaire du 22 mai 1816, chargé les procureurs du
roi de prévenir les notaires de leur arrondissement

qu'ils ne devaient jamais faire de pareils actes pour les maires, sans l'autorisation préalable du Gouvernement......

Les immeubles, autres que les édifices destinés au logement et les jardins attenans, ne peuvent être affectés à des titres ecclésiastiques, ni possédés par les ministres du culte, à raison de leurs fonctions.

Les fondations qui ont pour objet l'entretien des ministres et l'exercice du culte, ne peuvent consister qu'en rentes constituées sur l'État; elles sont acceptées par l'évêque diocésain, et ne peuvent être exécutées qu'avec l'autorisation du Gouvernement, etc., etc.

MARGUILLIERS. Loi du 18 germinal an X; Arrêté du 7 thermidor an XI; Décisions du ministre de l'intérieur; etc., etc.

— Le Bureau des marguilliers se compose, 1° du curé ou desservant de la paroisse ou succursale, qui en est membre perpétuel et de droit; 2° de trois membres du Conseil de fabrique.

Le curé ou desservant a la première place, et peut se faire remplacer par un de ses vicaires.

Ne peuvent être en même temps membres du Bureau les parens ou alliés jusques et compris le degré d'oncle et de neveu.

Ils nomment entre eux un président, un secrétaire et un trésorier.

Les membres du Bureau ne peuvent délibérer,

s'ils ne sont au moins au nombre de trois. En cas de partage, le président a voix prépondérante. Toutes les délibérations sont signées par les membres présens.

Dans les paroisses où il y avait ordinairement des marguilliers d'honneur, il peut en être choisi deux par le Conseil parmi les principaux fonctionnaires publics domiciliés dans la paroisse. Ces marguilliers et tous les membres du Conseil ont une place distinguée dans l'église.

Le Bureau des marguilliers dresse le budget de la fabrique, et prépare les affaires qui doivent être portées au Conseil ; il est chargé de l'exécution des délibérations du Conseil et de l'administration journalière du temporel de la paroisse.

Le trésorier est chargé de procurer la rentrée de toutes les sommes dues à la fabrique, soit comme faisant partie de son revenu annuel, soit à tout autre titre.

Lorsqu'il s'agit de réparations de bâtimens, de quelque nature qu'elles soient, et que la dépense ordinaire, arrêtée par le budget, ne laisse pas de fonds disponibles, ou n'en laisse pas de suffisans, pour ces réparations, le Bureau en fait son rapport au Conseil, et celui-ci prend une délibération tendante à ce qu'il y soit pourvu par la commune. Cette délibération est envoyée par le trésorier au préfet.

Le préfet nomme les gens de l'art par lesquels, en présence de l'un des membres du Conseil municipal et de l'un des marguilliers, il est dressé, le plus promptement qu'il est possible, un devis estimatif des réparations. Le préfet soumet ce devis au Conseil municipal, et, sur son avis, ordonne, s'il y a lieu, que ces réparations seront faites aux frais de la commune, et, en conséquence, qu'il soit procédé par le Conseil municipal à l'adjudication au rabais, suivant les formes d'usage.

Si le Conseil municipal est d'avis de demander une réduction sur quelques articles de dépense de la célébration du culte, et dans le cas où il ne reconnaîtrait pas la nécessité de l'établissement d'un vicaire, sa délibération en porte les motifs.

Toutes les pièces sont adressées à l'évêque qui prononce; mais, dans le cas où l'évêque prononce contre l'avis du Conseil municipal, ce Conseil s'adresse au préfet, et celui-ci envoie, s'il y a lieu, toutes les pièces au ministre de l'intérieur, pour être, sur son rapport, statué en Conseil-d'État, etc.

(*Voy*. aussi ci-dessus, au mot *Fabriques*.)

MARIAGE. Loi du 18 germinal an X, *art.* 54; Arrêté du 1er prairial an X; Code civil, *art.* 165, 191, 195, 196; etc., etc.

— Les curés et desservans ne doivent donner la bénédiction nuptiale qu'à ceux qui représentent l'acte de mariage contracté devant l'officier de l'état civil.

L'arrêté du 1er prairial an X fait la même injonction aux rabbins ; et quoique les ministres protestans ne soient pas désignés dans les dispositions de la loi du 18 germinal an X, elles leur sont également applicables. etc., etc.

OBLATIONS OU OFFRANDES. Convention entre le Gouvernement et le Saint-Siége, du 26 messidor an IX ; Loi du 18 germinal an X ; etc., etc.

— Aux termes de l'*art.* 69 de cette loi du 18 germinal an X, les projets de règlemens rédigés par les évêques à ce sujet, ne peuvent être publiés ni mis à exécution qu'après avoir été transmis par les préfets au ministre, et approuvés par le Gouvernement. etc., etc.

ORGANISATION DES CULTES *dans les communes,* et NOMBRE DES SUCCURSALES. Convention entre le Gouvernement et le Saint-Siége, du 26 messidor an IX ; Loi du 18 germinal an X ; Décret du 30 septembre 1807 ; etc., etc.

— Il y a au moins une paroisse dans chaque justice de paix.

Il est en outre établi autant de succursales que le besoin et la situation des lieux peuvent l'exiger....

Aucune bulle, bref, rescrit, provision, signature, servant de provision, ni autres expéditions de la Cour de Rome, même ne concernant que les particuliers, ne peuvent être reçus, publiés, imprimés, ni autrement mis à exécution, sans l'autorisation du Gouvernement.

Toutes les fonctions ecclésiastiques sont gratuites, sauf les oblations autorisées et fixées par les règlemens....

Le culte catholique est exercé sous la direction des archevêques et évêques dans leurs diocèses, et sous celle des curés dans leurs paroisses.

Les évêques ne peuvent ordonner aucun ecclésiastique, s'il ne justifie d'une propriété produisant au moins un revenu annuel de 3oo francs, s'il n'a atteint l'âge de vingt-cinq ans, et s'il ne réunit les qualités requises par les canons reçus en France.

Les curés ne peuvent entrer en fonctions qu'après avoir prêté, entre les mains du préfet, le serment prescrit par la convention passée entre le Gouvernement et le Saint-Siége. Il est dressé procès-verbal de cette prestation de serment par le secrétaire général de la préfecture, et copie collationnée leur en est délivrée.

Ils sont mis en possession par le curé ou le prêtre que l'évêque désigne.

Ils sont tenus de résider dans leurs paroisses.

Il n'y a qu'une lithurgie et un catéchisme pour toutes les Églises catholiques de France.

Aucun curé ne peut ordonner de prières publiques extraordinaires dans sa paroisse, sans la permission spéciale de l'évêque....

Les Églises protestantes ni leurs ministres ne peuvent avoir de relations avec aucune puissance ni autorité étrangères.

Les Églises réformées de France ont des pasteurs, des Consistoires locaux et des Synodes.

Il y a une Église consistoriale pour 6,000 ames de la même communion.

Cinq Églises consistoriales forment l'arrondissement d'un Synode.

Aucune Église ne peut s'étendre d'un département à un autre.

Chaque Synode est formé du pasteur ou d'un des pasteurs, et d'un ancien ou notable de chaque Église.

Les Synodes veillent sur tout ce qui concerne la célébration du culte, l'enseignement de la doctrine et la conduite des affaires ecclésiastiques. Toutes les décisions qui émanent d'eux, de quelque nature qu'elles soient, sont soumises à l'approbation du Gouvernement.

Les Synodes ne peuvent s'assembler que lorsqu'on en a rapporté l'autorisation du Gouvernement.

Nul ne peut exercer les fonctions du culte, s'il n'est Français. etc., etc.

POLICE DES CULTES. Lois du 22 juillet 1791, du 7 vendémiaire an IV, du 18 germinal an X; Arrêté du 29 germinal an X, sur l'indult du 9 avril 1802; Lettre du ministre de l'intérieur, du mois de floréal an XI; Instruction du ministre des cultes, du 22 pluviose an XII; Décret du 18 mai 1808; Code pénal, *art.* 260; etc., etc.

— Tout rassemblement de citoyens pour l'exercice d'un culte quelconque est soumis à la surveillance des autorités constituées. Leur surveillance se renferme dans des mesures de police et de sûreté publique.

Ceux qui outragent les objets d'un culte quelconque dans les lieux soumis à son exercice, ou ses ministres en fonctions, ou interrompent par un trouble public les cérémonies religieuses de quelque culte que ce soit, sont condamnés à une amende qui ne peut excéder 500 francs, ni être moindre de 50 francs par individu, et à un emprisonnement qui ne peut excéder deux ans, ni être moindre d'un mois, sans préjudice des peines portées par le Code pénal, si la nature du fait y donne lieu....

. Le même temple ne peut être consacré qu'au même culte....

L'évêque se concerte avec le préfet pour régler la manière d'appeler les fidèles au service divin par le son des cloches ; on ne peut les sonner pour toute autre cause, sans la permission de la police locale.

Lorsque le Gouvernement ordonne des prières publiques, les évêques se concertent avec le préfet et le commandant militaire du lieu, pour le lieu, l'heure et le mode d'exécution des ordonnances.

Les curés ne font au prône aucune publication

étrangère à l'exercice du culte, si ce n'est celles qui sont ordonnées par le Gouvernement....(*a*).

QUÊTES. Arrêté du ministre de l'intérieur, du 5 prairial an XI.

— Cet arrêté est ainsi conçu :

« *Art.* 1er. Les administrateurs des hospices et des bureaux de bienfaisance organisés dans chaque arrondissement, sont autorisés à faire quêter dans tous les temples consacrés à l'exercice des cérémonies religieuses, et à confier la quête, soit aux filles de charité, vouées au service des pauvres et des malades, soit à telles autres dames charitables qu'ils jugeront convenable.

« *Art.* 2. Ils sont pareillement autorisés à faire placer dans tous les temples, ainsi que dans les édifices affectés à la tenue des séances des Corps civils, militaires et judiciaires, dans tous les établissemens d'humanité, auprès des caisses publiques, et dans tous les autres lieux où l'on peut être excité à faire la charité, des troncs destinés à recevoir les aumônes

---

(*a*) (*Voy. aussi ci-des.*, au mot *Cérémonies religieuses*, et les lois et arrêtés suivans : Convention passée entre le Gouvernement et le Saint-Siége, du 26 thermidor an IX ; Arrêté du 18 germinal an XI ; Décrets du 11 prairial an XII, du 5 mai 1806 ; Avis approuvé le 14 décembre 1810 ; Décret du 6 mai 1814 ; Ordonnances du 5 juin 1816, du 9 avril 1817, du 25 août 1819 ; Circulaires).

et les dons que la bienfaisance individuelle voudrait y déposer.

« *Art.* 3. Tous les trois mois, les bureaux de charité feront aussi procéder, dans leurs arrondissemens respectifs, à des collectes.

« *Art.* 4. Le produit des quêtes, des troncs et des collectes sera réuni dans la caisse de ces institutions, et employé à leurs besoins, conformément aux lois. Les préfets en transmettront l'état, tous les trois mois, au ministre de l'intérieur. etc., etc.

SÉMINAIRES. Loi du 23 ventose an XII; Décret du 30 septembre 1807; etc., etc.

— Ce décret du 30 septembre 1807 a ordonné, 1° qu'à dater du 1er janvier 1808, il serait entretenu, aux frais du Gouvernement, dans chaque séminaire diocésain, un nombre de bourses et demi-bourses, conformément au tableau joint au décret; 2° que ces bourses et demi-bourses seraient accordées par le chef du Gouvernement, sur la présentation des évêques; 3° que le Trésor public paierait annuellement, pour cet objet, 400 francs par bourse, et 200 francs par demi-bourses. etc., etc.

TRAITEMENS DES VICAIRES, CHAPELAINS ET AUMÔNIERS, *attachés à l'exercice du culte dans les établissemens d'humanité.* Arrêté du 11 fructidor an XI.

— Ces traitemens, ensemble les frais du culte dans ces établissemens, sont réglés par les préfets, sur la proposition des commissaires et l'avis des sous-préfets.

Les arrêtés pris par les préfets ne sont exécutés qu'après avoir été soumis à l'approbation du ministre de l'intérieur ; etc., etc.

Vicaires. Décret du 31 décembre 1809 ; Avis du Conseil-d'État, du 17 mai 1811, approuvé le 19 du même mois ; etc., etc.

— Cet avis du Conseil-d'État, du 17 mai 1811, est ainsi conçu : « La quotité du traitement des vicaires est réglée par l'*art.* 40 du décret du 30 décembre 1809, qui en fixe le *maximum* à 500 francs.

« Le mode de paiement est réglé par le même décret, attendu, 1° que l'*art.* 59, en cas d'insuffisance des revenus de la fabrique pour effectuer ce paiement, renvoie à procéder comme il est dit *art.* 49 ; que l'*art.* 49 porte qu'en cas d'insuffisance des revenus de la fabrique, on établira ce qui doit être demandé aux paroissiens qui y pourvoieraient dans les formes réglées au chap. iv ; 3° que, dans le chapitre iv, la manière de procéder est en effet réglée, et que l'*art.* 99 dit qu'*en cas d'insuffisance des revenus communaux, le Conseil délibérera sur les moyens de subvenir aux dépenses selon les règles prescrites par la loi.*

« Dans les dépenses, le traitement des vicaires se trouve compris, d'après le renvoi de l'*art.* 59 à l'*art.* 49, et de l'*art.* 49 au chap. iv et à l'*art.* 99.

«Conséquemment, si la nécessité y oblige, et si les communes le peuvent, les Conseils municipaux ont la faculté de voter une imposition pour le paiement des vicaires.

« Ce vote, toutefois, doit, avant son exécution, être autorisé en Conseil-d'État, sur le rapport du ministre de l'intérieur. etc., etc. » (a).

2° *Instruction publique.*

Écoles. Les Préfets, les Sous-Préfets et les Maires doivent favoriser l'Instruction publique de tout leur pouvoir, dans les départemens, dans les arrondissemens et dans les communes; ils doivent s'appliquer à lui donner une bonne direction, et pour base la connaissance des principes immuables et universels de la morale, de la raison et du droit.

Si elle était partout ce qu'elle doit être, elle ne serait nuisible nulle part ; elle serait partout utile et salutaire, aussi bien dans les dernières que dans les premières classes de la société.

Bibliothèques, Musées, Institutions savantes,

(a) On voit déja, par ce premier aperçu, que tout cela a grand besoin en effet d'être réglé, coordonné, simplifié, et fixé d'une manière plus claire et plus stable, et par des lois mûrement approfondies et discutées.

Librairie, Imprimerie et Théâtres. La haute surveillance de ces établissemens appartient aux Préfets, Sous-Préfets et Maires. C'est toujours d'eux qu'il dépend essentiellement de leur imprimer une utile direction. C'est particulièrement par leur intermédiaire que le ministère peut obtenir les renseignemens dont il a besoin.

Aperçu de la Législation, Jurisprudence et Coutume, sous ce second rapport.

ENSEIGNEMENT. Arrêtés du 17 pluviose an VI, du 11 floréal, du 4 messidor an X, du 19 vendémiaire an XII ; Loi du 15 brumaire an XII, du 29 nivose an XIII ; Décrets du 17 mars, du 20 mai 1808 ; Circulaire du ministre de l'intérieur, du 9 juin 1808 ; Décret du 10 juin 1808 ; Circulaire du ministre de l'intérieur, du mois d'août 1808 ; Décrets des 17 septembre, 17 novembre 1808, du 4 juin 1809 ; Circulaire du ministre de l'intérieur, du 23 juin 1810 ; Décrets du 2 mai, du 15 novembre 1811 ; Ordonnances du 17 février, du 15 août 1815, du 29 février 1816 ; Loi du 28 avril 1816 ; Ordonnance du 25 décembre 1819 ; etc., etc.

— Sauf les modifications auxquelles l'établissement de l'université pourrait donner lieu, chaque

4.

commune a été autorisée à avoir une école primaire, pourvu qu'elle eût les moyens de procurer
à l'instituteur un logement en nature, ou une indemnité convenable. Il peut même en être établi
plusieurs dans les communes auxquelles une seule
ne suffirait pas.

Celles qui sont populeuses doivent s'attacher à
avoir une école particulière pour les enfans de chaque sexe.

Il est formé, dans chaque canton, par les soins
des préfets, un comité gratuit et de charité, pour
surveiller et encourager l'instruction primaire.

Le sous-préfet et le procureur du roi sont membres de tous les comités cantonaux de leur arrondissement, et y prennent les premières places toutes
les fois qu'ils veulent y assister.

Dans les villes composées de plusieurs cantons,
les comités cantonaux, sur la demande du recteur,
peuvent se réunir pour concerter ensemble des mesures uniformes.

Chaque école a pour surveillant spécial le maire
de la commune où elle est située. Les maîtres d'école
sont présentés par lui et par le curé ou desservant.

Toute commune est tenue de pourvoir à ce que
les enfans qui l'habitent reçoivent l'instruction primaire, et à ce que les enfans indigens la reçoivent
gratuitement.

Lorsque l'insuffisance des revenus d'une commune ne lui permet pas d'avoir une école pour elle seule, ses habitans acquièrent le droit d'envoyer leurs enfans à l'école d'une commune voisine, en contribuant aux frais du logement de l'instituteur, dans une proportion que le préfet détermine sur la proposition du sous - préfet de l'arrondissement ; mais, dans ce cas, l'indemnité du logement accordé à l'instituteur doit toujours être calculée sur le prix commun du loyer des maisons de la commune où l'école est établie, sauf à celle-ci à payer séparément les salaires et gratifications qu'elle croirait devoir à l'instituteur, à raison de quelque service particulier.

La loi du 11 floréal an X donne toutefois aux Conseils municipaux la faculté d'exempter de la rétribution les parens indigens, jusqu'à concurrence du cinquième des enfans de chaque commune.

Deux ou plusieurs communes voisines peuvent, quand les localités le permettent, et avec l'autorisation du comité cantonal, se réunir pour entretenir une école en commun.

Les bâtimens des collèges royaux et communaux, ainsi que ceux des académies, sont entretenus annuellement aux frais des villes où ils sont établis. En conséquence, les communes portent chaque année dans leur budget, pour être vérifiée, réglée et allouée par l'autorité compétente, la somme nécessaire à l'entretien et aux réparations de ces bâtimens, selon les états qui en sont fournis.

Les colléges royaux sont dirigés par un proviseur, et les colléges communaux, par un principal.

L'administration du collége royal du chef-lieu est placée sous la surveillance immédiate du Recteur et du Conseil de l'Université.

Tous les autres colléges royaux et communaux sont placés sous la surveillance immédiate d'un bureau d'administration, composé du sous-préfet, du maire et de trois notables au moins, nommés par le Conseil de l'Université.

Le bureau d'administration entend et juge définitivement les comptes des colléges communaux.

Les bourses fondées par les communes ne peuvent être obtenues qu'au concours.

Lorsqu'une de ces bourses devient vacante, le proviseur du collége royal en donne immédiatement avis au maire de la ville fondatrice, qui est prévenu en outre, trois semaines avant les époques ci-après fixées, du jour où le concours doit avoir lieu.

Les concours pour les bourses vacantes sont ouverts, dans les communes fondatrices, au mois de mai et au mois de septembre de chaque année; et dans le cas où il est jugé convenable d'ouvrir un concours extraordinaire, le Conseil municipal de la ville intéressée se concerte à cet effet avec le recteur de l'académie.

Le Conseil municipal forme une liste des candi-

dats qu'il juge convenable de présenter au concours;
ils doivent être nés ou domiciliés dans la ville fondatrice.

La liste doit être triple au moins du nombre des
bourses vacantes; elle est signée par le maire, et
remise à l'inspecteur, chargé du concours.

Il est procédé au concours en présence du maire
ou de l'adjoint à ce commis. Le concours est public.

Le procès-verbal, signé par le maire ou par l'adjoint présent, et auquel sont jointes les pièces exi-
gées par les règlemens, est transmis au recteur de
l'académie, qui l'adresse sur-le-champ au ministre
de l'instruction publique; et le ministre nomme
immédiatement aux bourses vacantes les élèves qui
se sont le plus distingués au concours.

Dans la huitaine de la nomination, le ministre en
donne connaissance au maire de la commune intéressée, par l'intermédiaire du préfet du département.

L'arrêté de nomination est transcrit sur le registre des délibérations du Conseil municipal, et le
maire en donne avis à chaque élève nommé, en
lui faisant connaître le jour où il doit être rendu
au collége royal.....

La loi du 29 nivose an XIII contient les dispositions suivantes : « Tout père de famille, ayant sept
enfans vivans, pourra en désigner un parmi les

mâles, lequel, lorsqu'il sera arrivé à l'âge de dix ans révolus, sera élevé aux frais de l'État, dans un lycée ou dans une école d'arts et métiers. Le choix du père sera déclaré au sous-préfet dans le délai de trois mois de la naissance du dernier enfant; ce délai expiré, la déclaration ne sera plus admise.

« Si le père décède dans les trois mois, le choix appartiendra à la mère.

« Si la mère décède dans le même intervalle, le choix appartiendra au tuteur ». etc., etc.

IMPRIMERIE ET LIBRAIRIE. Lois du 22—28 juillet 1791, du 28 germinal an IV, du 9 vendémiaire an X; Décrets du 8 février 1810 (IV, B. 264, n° 5401); etc.

— Les préfets, sous-préfets, maires et adjoints sont spécialement chargés de faire exécuter les lois de police sur l'imprimerie et la librairie, surtout en ce qui concerne les offenses aux mœurs et à l'hon—nêteté publique.

L'indication de la demeure de l'imprimeur est exigée. etc., etc.

LYCÉES. Décret du 11 novembre 1811; etc., etc.

— L'art. 3 de ce décret porte que les villes dont les colléges auront été érigés en lycées, continueront à pourvoir aux dépenses du premier établissement, et à l'entretien des locaux, pour les grosses réparations.

Le maire préside le bureau devant lequel le principal du collége rend annuellement compte des dépenses à la charge des communes. Ce bureau est composé d'un membre du Conseil de l'académie, ou autre délégué du recteur, de deux membres du Conseil de département ou d'arrondissement, et de deux membres du Conseil municipal : ces quatre derniers sont désignés chaque année par le préfet.

Les préfets peuvent être accompagnés et assistés du maire de la ville dans leurs visites des lycées ou colléges.

Les communes qui veulent fonder des bourses dans les lycées pour les élèves de leurs colléges, sont admises à le faire par décret rendu en Conseil d'État, d'après une délibération du Corps municipal, approuvée par le préfet du département, et communiquée au grand-maître de l'université, qui prend l'avis du Conseil de l'Université, et le transmet au ministre de l'intérieur, pour en être fait un rapport au Gouvernement. etc., etc.

Prix décennaux. Décrets du 24 fructidor an XII, et du 28 novembre 1809; etc., etc.

Le décret du 24 fructidor an XII porte :

« *Art.* 1er. Il y aura, de dix ans en dix ans, une distribution de grands prix donnés de la main du chef du Gouvernement, dans le lieu, et avec les solennités qui seront ultérieurement réglés.

« *Art.* 2. Tous les ouvrages de sciences, de littérature et d'arts, toutes les inventions utiles, tous les établissemens consacrés aux progrès de l'agriculture et de l'industrie nationale, publiés, connus ou formés dans un intervalle de dix années, dont le terme précèdera d'un an l'époque de la distribution, concourront pour les grands prix ». etc., etc.

SCIENCES ET ARTS. Lois du 13 avril, du 6 juin 1793, du 14 fructidor, du 9 frimaire et du 8 brumaire an III ; etc., etc.

— *L'art.* 1er de la loi du 8 brumaire an III a rendu les administrations responsables des destructions et dégradations commises, dans leurs arrondissemens respectifs, sur les livres, les antiques et les autres monumens de sciences et d'arts, à moins que les membres ne justifient de l'impossibilité réelle où ils auraient été d'empêcher ces dégradations.

Par l'article 1er de la loi du 9 frimaire suivant, il a été défendu d'établir aucun atelier d'armes, de salpêtre, ou magasin de fourrages et autres matières combustibles, dans les bâtimens où il y aurait des bibliothèques, muséum, cabinets d'histoire naturelle, et autres collections précieuses d'objets de sciences et d'arts. etc., etc.

SPECTACLES. Loi du 16—24 août 1790 ; du 2—24 août 1793 ; Arrêté du 25 pluviose an IV ; Circulaire du ministre de l'intérieur, du 22 germinal an VIII ; etc., etc.

— Le maintien du bon ordre dans les spectacles a été confié, par l'*art.* 3 du tit. 11 de la loi du

16—24 août 1790, à la vigilance et à l'autorité des Corps municipaux ; et l'arrêté du 25 pluviose an IV contient à cet égard les dispositions suivantes :

« En exécution des lois qui attribuent la police et la direction des spectacles aux officiers municipaux des communes, le bureau central de police, dans les cantons où il en est établi, et les administrations municipales dans les autres cantons, tiendront sévèrement la main à l'exécution des lois et règlemens de police sur le fait des spectacles, notamment des lois rendues les 16 et 24 août 1790, 2 et 14 août 1793 ; en conséquence, ils veilleront à ce qu'il ne soit représenté sur les théâtres établis dans les communes de leur arrondissement, aucune pièce dont le contenu puisse servir de prétexte à la malveillance, et occasionner du désordre, et ils arrêteront la représentation de toutes celles par lesquelles l'ordre public aurait été troublé d'une manière quelconque.

Par la circulaire du 22 germinal an VIII, le ministre de l'intérieur a prévenu les préfets que les pièces, tant anciennes que nouvelles, dont la représentation était autorisée à Paris, pouvaient seules être jouées dans les départemens, et que les pièces composées pour les départemens devaient lui être envoyées pour être examinées à Paris. etc., etc.

Université. Loi du 10 mai 1806 ; Décrets du 17 mars, du 17 septembre, du 11 décembre 1808 ; etc.

—L'enseignement public est confié exclusivement à l'Université.

Aucune école, aucun établissement quelconque d'instruction ne peut être formé hors de l'Université, et sans l'autorisation de la commission royale de l'instruction publique.

Nul ne peut ouvrir d'école ni enseigner publiquement sans être membre de l'université, et gradué par l'une de ses facultés. Néanmoins l'instruction dans les séminaires dépend des archevêques et évêques, chacun dans son diocèse; ils en nomment et révoquent les directeurs et professeurs; ils sont seulement tenus de se conformer aux règlemens pour les séminaires, approuvés par le roi.

L'Université est composée d'autant d'académies qu'il y a de cours royales.....

Par le décret du 11 décembre 1808, tous les biens des anciens établissemens d'instruction publique restés disponibles, ont été donnés à l'Université. etc., etc. (a).

(a) Il faut, sur cette matière, consulter, entre autres, le discours prononcé par M. Manuel, à la Chambre des Députés, dans la séance du 7 août 1822.

3° *État civil ; Fonctions et Formalités judiciaires.*

C'est aux maires qu'appartient spécialement la réception des actes de l'état civil des citoyens, de naissance, de mariage, de décès, la tenue du registre civique et des états de population, etc., (*a*). .

Les préfets, les sous-préfets et les maires peuvent aussi coopérer à la rédaction des actes et à toutes les formalités propres à constater les crimes et les délits de toute nature, à faciliter l'instruction des procès criminels, et à éclairer la justice : mais à cet égard leurs attributions ne doivent pas aller plus loin ; et c'est à tort que quelques-unes de nos lois, particulièrement le Code d'instruction criminelle, leur ont donné plus d'étendue, et ont constitué juges, en certains cas, ces agens de la Puissance exécutive (*b*).

Chose étrange cependant : quelques Conseils-

(*a*) *Voy. ci-dessus*, vol. 1, pag. 223 *et suiv*; et vol. VI, pag. 442 *et suiv*.

(*b*) *Voy*., entre autres, Cod. d'inst. crim., liv. II, tit. I, ch. 1, § 2, *art.* 166 *et suiv*.

généraux de département ont encore demandé depuis, que les attributions des Préfets,
des Sous-Préfets et des Maires reçussent en
ce sens une plus grande extension; tant il est
vrai que le mode d'organisation de ces Conseils est vicieux, ou qu'en général l'opinion
publique est encore peu éclairée sur les détails et les conséquences naturelles des vrais
principes d'organisation. Quelle erreur, quelle
ignorance, en effet, que celle qui peut porter
à désirer de voir se cumuler dans la même
main les attributions de la Puissance exécutive
et les attributions de la Puissance judiciaire!
Quelle dangereuse et absurde économie! Quel
instrument plus actif de despotisme et de tyrannie! Quel moyen plus propre à le faire
bientôt remonter jusqu'au trône! S'il était possible que le Gouvernement accédât jamais à
des demandes aussi inconsidérées, ce serait,
malgré l'état des mœurs et de la civilisation,
transporter en partie le Gouvernement turc
en France, ou tout au moins y rappeler les
désordres et les abus des siècles qui y ont
précédé, préparé et amené la Révolution.

Aperçu de la Législation, Jurisprudence et Coutume,
sous ce troisième rapport.

ABRÉVIATIONS. Code civil, *art.* 42 ; etc. , etc.

— Il n'est pas permis d'en faire sur les actes de l'état civil. etc. , etc.

ABSENCE. Loi du 6 brumaire an V, *art.* 7 ; Arrêté du 22 prairial an V, *art.* 1 et 2 ; etc. , etc.

— Dans les communes où il ne réside pas de juge de paix, le maire ou son adjoint doit, sans délai, informer le juge de paix du canton, de la mort de toute personne de son arrondissement qui laisse pour héritiers des pupilles, des mineurs ou des absens (*a*).

Les maires et adjoints sont aussi tenus, sous leur responsabilité personnelle, de dénoncer les atteintes qui pourraient être portées aux propriétés de tous citoyens absens pour un service public.

Ils sont également chargés, sous leur responsabilité personnelle, de constater par des certificats

---

(*a*) Il y a plusieurs autres circonstances où les maires et adjoints doivent donner avis au juge de paix des évènemens qui exigent le concours de son ministère ; tels sont ceux qui sont prévus par la loi du 3 août 1791, *art.* 32 ; par le Code des délits et des peines, du 3 brumaire an IV, *art.* 83 ; par l'arrêté du 21 prairial an V, *art.* 1.

l'absence ou l'insolvabilité des redevables du trésor public. etc., etc.

ACTES DE DÉCÈS, DE MARIAGE ET DE NAISSANCE. Ordonnance de 1667; Lois du 10—20 septembre, du 19 décembre 1792 (section 1re), du 7 messidor an II, du 3 ventose an III (*art.* 21), du 5 nivose an V, du 13 fructidor an VI, du 22 frimaire an VII; Circulaire du ministre de l'intérieur, du 19 ventose an VII; Arrêté du 19 floréal an VIII; Loi du 28 pluviose an VIII; Arrêté du 23 vendémiaire an IX; Loi du 27 vendémiaire an X ; Avis du Conseil-d'Etat du 13 nivose an X ; Décision du 8 brumaire an XI; Circulaire du Grand-Juge ministre de la justice, du 11 messidor an XII; Décret du 24 fructidor an XIII; Avis du Conseil-d'Etat du 4e jour complémentaire an XIII ; Circulaire du ministre de la justice, du 21 avril 1806 ; Décrets du 4, du 22 juillet 1806 (*ce dernier relatif aux actes concernant l'état civil des Français professant le culte luthérien*) ; Circulaire du ministre de la justice, du 3 juin 1807 ; Décrets du 12, du 20 juillet 1807 ; Avis du Conseil-d'Etat du 14—18 août 1807; Circulaire du ministre de l'intérieur, du 6 et du 27 août 1807; Avis du Conseil-d'Etat du 23 avril 1808; Circulaires du ministre de l'intérieur, du 10 mai 1810 et du 4 décembre 1812 ; Ordonnance du 18 août 1819; Code civil, liv. 1, tit. 11, *art.* 34 à 101, et tit. v, *art.* 144 à 229; Code pénal, *art.* 192 *et suiv.* et 340; etc., etc.

——Les maires et les adjoints encourent une amende de 10 fr., dans le cas où ils négligeraient d'écrire sur les registres doubles, de suite et sans aucun blanc, les actes de naissance, mariage et décès; d'approuver et signer les renvois et ratures de la même manière que le corps de l'acte; ou pour avoir écrit par abréviation, ou mis des dates en chiffres.

Il leur est de même expressément défendu d'écrire et de signer, dans aucun cas, ces actes sur feuilles volantes, et l'article 192 du Code pénal prononce pour ce délit une amende de 16 à 200 fr., outre un emprisonnement d'un mois au moins, et de trois mois au plus....

Il est défendu à tous juges, administrateurs et fonctionnaires publics quelconques, d'avoir aucun égard aux attestations que des ministres des cultes pourraient donner relativement à l'état civil des citoyens; la contravention est punie de 100 à 500 francs d'amende, avec emprisonnement depuis un mois jusqu'à deux ans.

Tout fonctionnaire public, chargé de rédiger les actes de l'état civil des citoyens, et qui fait mention dans lesdits actes des cérémonies religieuses, ou qui exige la preuve qu'elles ont été observées, est condamné aux mêmes peines que celles ci-dessus indiquées....

Les maires doivent faire tous les trois mois le re-

levé des actes de décès, et envoyer ce relevé, fait
sur papier non timbré, dans les mois de janvier,
avril, juillet et octobre, au receveur de l'enregistrement de l'arrondissement, à peine d'une amende
de 3o fr. pour chaque mois de retard ; ils en reti-
rent récépissé aussi sur papier non timbré......

Ils doivent informer le commissaire des guerres
du département, du jour de la mort des individus
jouissant du traitement de réforme....

Les tables alphabétiques des actes de l'état civil
sont faites annuellement, et refondues tous les dix
ans, pour n'en faire qu'une seule par commune.

Les tables annuelles sont faites par les officiers de
l'état civil, dans le mois qui suit la clôture du registre de l'année précédente : elles sont annexées à
chacun des doubles registres ; et, à cet effet, les
maires veillent à ce qu'une double expédition soit
adressée au greffe du tribunal, dans les trois mois
de délai. (*Cod. civ.*, *art.* 43.)

Les tables décennales sont faites, dans les six premiers mois de la onzième année, par les greffiers
des tribunaux de première instance.

Les tables annuelles et décennales sont faites sur
papier timbré, et certifiées par les dépositaires respectifs.

Les tables décennales sont faites en triple expédition pour chaque commune ; l'une reste au
greffe, la seconde est adressée au préfet du dépar-

tement, et la troisième, à chaque mairie du ressort du tribunal.

Il est fait des tables distinctives, mais à la suite les unes des autres, des actes de naissance, de mariage, de séparation de corps et de décès, soit annuelles, soit décennales.

Les officiers de l'état civil doivent, en exécution de l'art. 101 du Code civil, inscrire en marge des registres les jugemens de rectification des actes réformés, et délivrer ces actes aux parties, avec mention de la rectification. etc., etc.

ACTES ET POLICE JUDICIAIRES. Loi du 19—22 juillet 1791 ; Code des délits et des peines, du 3 brumaire an IV ; Lois du 29 nivose an VI, du 7 pluviose an IX ; Code d'instruction criminelle, du mois de novembre 1808, *art.* 8 à 54 ; etc., etc.

— Les préfets, les sous-préfets et les maires peuvent faire personnellement, ou faire faire par les officiers de police judiciaire, les actes nécessaires pour constater les crimes et en livrer les auteurs aux tribunaux. etc., etc.

ACTES RESPECTUEUX. Code civil, *art.* 156 et 157 ; etc.

— Suivant ces articles du Code civil, les officiers de l'état civil qui auraient procédé à la célébration des mariages contractés par des fils n'ayant pas atteint l'âge de vingt-cinq ans accomplis, ou par des filles n'ayant pas atteint l'âge de vingt-un ans accomplis, sans que le consentement des pères et mères,

5.

celui des aïeuls et aïeules et celui de la famille,
dans le cas où ils sont requis, soient énoncés dans
l'acte de mariage, sont, à la diligence des parties
intéressées et du procureur du roi près le tribunal de première instance du lieu où le mariage a
été célébré, condamnés à une amende de 3oo fr.,
et en outre à un emprisonnement dont la durée ne
peut être moindre de six mois.

Lorsqu'il n'y a pas eu d'*actes respectueux* dans les
cas où ils sont prescrits, l'officier de l'état civil
qui aurait célébré le mariage, sera condamné à la
même amende et à un emprisonnement qui ne peut
être moindre d'un mois. etc., etc.

ACTIONS ET PROCÉDURES JUDICIAIRES. Édit du mois
d'août 1683; lois du 29 vendémiaire an V, du 28
pluviose an VIII; arrêtés du 17 vendémiaire an X
et du 24 germinal an XI; etc., etc.

— Le droit de suivre les actions qui intéressent
uniquement les communes est confié aux maires,
et, à leur défaut, aux adjoints; mais ils ne peuvent
suivre aucune action, sans y être autorisés.

L'autorisation dont ils ont besoin à cet effet, est
donnée par le Conseil de préfecture.

Pour obtenir cette autorisation, le maire présente au sous-préfet une pétition, avec les pièces à
l'appui; et, d'après l'avis de ce dernier, le préfet
autorise, s'il y a lieu, la convocation du Conseil
municipal, pour délibérer sur le procès à entreprendre ou à soutenir.

La délibération du Conseil municipal est remise au sous-préfet.

Le sous-préfet donne son avis, et l'envoie avec les pièces au préfet, qui soumet le tout à la délibération du Conseil de préfecture.

L'arrêté du 24 germinal an XI a posé des règles pour le cas où les sections d'une même commune sont en contestation, relativement à des intérêts particuliers. etc., etc.

Adoption. Loi du 16 frimaire an III; Code civil, *art.* 343, 353, 359; etc., etc.

—Par la loi du 16 frimaire an III, le Gouvernement avait consacré le principe de l'adoption. Le Code civil en a réglé la forme et les effets.

C'est devant le juge de paix du domicile de l'adoptant, que la personne qui se propose d'adopter, et celle qui veut être adoptée, doivent se présenter pour y passer acte de leurs consentemens respectifs.

Quand toutes les formalités ont été remplies, et dans les trois mois qui suivent le jugement par lequel la cour royale a admis l'adoption, elle doit être inscrite, à la réquisition de l'une ou de l'autre des parties, sur le registre de l'état civil du lieu où l'adoptant est domicilié.

Cette inscription ne se fait que sur le vu d'une expédition de l'arrêt de la cour royale; et l'adoption reste sans effet si l'inscription n'a pas eu lieu dans ce délai. etc., etc.

ALTÉRATION. Code civil , *art.* 5 et 52.

— Les dépositaires des registres de l'état civil sont responsables des altérations qui pourraient y survenir, sauf leur recours contre les auteurs de ces altérations.

Toute altération, tout faux dans les actes de l'état civil , toute inscription de ces actes sur une feuille volante , et autrement que sur les registres à ce destinés , donnent lieu aux dommages-intérêts, sans préjudice des peines portées par le Code pénal. etc., etc.

AMENDE. Cod. d'inst. crim. , *art.* 420 ; etc. , etc.

— Sont dispensés de consigner l'amende sur leur pourvoi en cassation, les citoyens indigens qui joignent à ce pourvoi, 1° un extrait du rôle des contributions, constatant qu'ils paient moins de six francs , ou un certificat du percepteur de leur commune , portant qu'ils ne sont point imposés ; 2° un certificat d'indigence à eux délivré par le maire de la commune de leur domicile , ou par son adjoint , visé par le sous-préfet, et approuvé par le préfet de leur département. etc. , etc.

BULLETIN DES LOIS. Lois du 7—11 pluviose an III, du 12 vendémiaire an IV ; Arrêtés du 10 frimaire, du 7 thermidor an IV, du 27 floréal, du 29 prairial an VIII; Décrets du 23 thermidor an XI (*contenant le tableau des distances de publication*), du 6 juillet 1810 ; Avis du Conseil-d'état, du 7 janvier 1813; ordonnances du 27 novembre 1816 et du 18 janvier 1817; etc. , etc.

— Le Bulletin des lois est envoyé par le ministre de la justice aux maires de toutes les communes, au moyen d'un abonnement.

Cet abonnement fait partie des dépenses communales, et le paiement en est effectué par les percepteurs entre les mains du receveur particulier d'arrondissement, sur le recouvrement des centimes additionnels.

Les percepteurs des communes remettent au receveur de l'arrondissement, sur l'ordonnance délivrée par le maire, le prix d'abonnement fixé à 6 fr. par année.

Le Bulletin des lois n'est entre les mains des maires et des fonctionnaires publics auxquels il est gratuitement envoyé, qu'un dépôt dont ils sont responsables.

Le Bulletin des lois est le seul dépôt officiel et authentique des actes de législation.

La promulgation des lois et ordonnances résulte de leur insertion au Bulletin officiel.

Elle est réputée connue, conformément au Code civil, *art.* 1er, un jour après que le Bulletin des lois a été reçu de l'imprimerie royale par le ministre de la justice, lequel constate sur un registre l'époque de la réception.

Les lois et ordonnances sont exécutoires dans cha-

cun des autres départemens du royaume, après l'expiration du même délai, augmenté d'autant de jours
qu'il y a de fois dix myriamètres (environ vingt lieues
anciennes) entre la ville où la promulgation en
aura été faite, et le chef-lieu de chaque département. etc. , etc.

CHANGEMENT DE NOM. Lois du 24 brumaire an II,
et du 6 fructidor suivant; Arrêté du 19 nivose an VI;
Loi du 11 germinal an XI; Décret du 20 juillet
1808; Circulaire du ministre de l'intérieur, du 8
septembre suivant; etc. , etc.

— La loi du 11 germinal an XI porte :

« Tit. 2, *art.* 4. Toute personne qui aura quelque
raison de changer de nom, en adressera la demande
motivée au Gouvernement.

« *Art.* 5. Le Gouvernement prononcera dans la
forme prescrite pour les règlemens d'administration
publique.

« *Art.* 6. S'il admet la demande, il autorisera le
changement de nom par un arrêt rendu dans la
même forme, mais qui n'aura son exécution qu'a-
près la révolution d'une année, à compter du jour
de son insertion au Bulletin des lois.

« *Art.* 7. Pendant le cours de cette année, toute
personne y ayant droit sera admise à présenter sa
requête au Gouvernement pour obtenir la révocation de l'arrêté autorisant le changement de nom :
et cette révocation sera prononcée par le Gouvernement, s'il juge l'opposition fondée.

« *Art.* 8. S'il n'y a pas eu d'opposition, ou si celles qui ont été faites n'ont point été admises, l'arrêté autorisant le changement de nom aura son plein et entier effet.

Art. 9. Il n'est rien innové, par la présente loi, aux dispositions des lois existantes relatives aux questions d'État entraînant changement de nom, qui continueront à se poursuivre devant les tribunaux dans les formes ordinaires. »

Le Décret du 20 juillet 1808 est relatif aux Français du culte hébraïque qui n'avaient point de noms de famille et de prénoms fixes, et leur a prescrit d'en adopter. La déclaration qui doit être faite à cet égard, et à laquelle sont également assujettis les Juifs étrangers qui viennent s'établir en France, s'inscrit sur un registre double, paraphé par le président du tribunal de première instance (*a*). etc., etc.

DÉCLARATION DE GROSSESSE. Édit de 1556 ; Circulaire du ministre de l'intérieur, du 19 ventose an 7 ; Arrêt rendu le 28 janvier 1808 *sur l'appel d'un jugement de première instance de Limoges ;* etc.

— Cet arrêt a ordonné qu'une déclaration de grossesse serait biffée dans la partie contenant indication de paternité. etc., etc.

(*a*) *Voy. aussi* les Décrets du 18 août 1811 (B. 387), et du 12 janvier 1813 (B. 470).

DÉNOMBREMENT, RECENSEMENT, TABLEAUX DE PO-
PULATION. Lois du 19—22 juillet 1791 (tit. 1,
art 1.), du 10 vendémiaire an 4; etc., etc.

— Les maires sont tenus de faire annuellement
le recensement du nombre des habitans de leur
commune, et de faire les changemens nécessaires
à l'état qui a dû être dressé en exécution de la loi
ci-dessus relatée du 22 juillet 1791. Le tableau doit
en être envoyé, au commencement de chaque année,
au sous-préfet. ·

C'est sur ce tableau général que les maires peuvent faire le relevé des citoyens de leurs communes
indigens ou mendians, dont ils doivent aussi, aux
termes de l'art. 1er de la loi du 24 vendémiaire an 2,
dresser et envoyer l'état nominatif au sous-préfet. etc., etc.

DOMICILE. Lois du 20 septembre 1792 (tit. IV,
sect. 2, *art.* 2), du 10 vendémiaire an 4; Constitution de l'an 8, *art.* 6; Décret du 17 janvier 1806;
Circulaire du ministre de l'intérieur, du 23 mars
1810; Code civil, *art.* 34, 63, 74, 102; etc., etc.

—Pour exercer les droits de cité dans un arrondissement communal, il faut y avoir acquis domicile par une année de résidence, et ne l'avoir pas
perdu par une année d'absence.

Les actes de l'état civil doivent faire mention du
domicile des personnes qui y sont dénommées.

Le mariage est célébré dans la commune où l'un

des deux époux a son domicile, qui s'établit par six mois d'habitation continue.

Le domicile de tout Français, quant à l'exercice de ses droits civils, est au lieu où il a son principal établissement.

Une personne qui veut changer de domicile, doit se présenter devant le maire de la commune qu'elle habite, et lui déclarer l'endroit où elle est dans l'intention d'aller demeurer. Le maire prend acte sur son registre de cette déclaration, lui en délivre copie, et en fait note, à la suite de son article, sur la colonne d'observations du tableau des habitans de la commune dressé en exécution de la loi du 10 vendémiaire an 4. Il lui donne un certificat de bonnes mœurs et un passeport. Alors l'individu va trouver le maire de la commune où il veut fixer son domicile; il lui fait sa déclaration et lui présente les certificats, passeports et autres papiers dont il est porteur : celui-ci consigne sur son registre cette déclaration et inscrit ses noms et prénoms sur le tableau des habitans de la commune.

D'après la circulaire du ministre de l'intérieur, du 23 mars 1810, le domicile politique doit être, pour les maires, leurs adjoints et les membres des conseils municipaux, dans la commune où ils exercent leurs fonctions. etc., etc.

Enregistrement. Loi du 22 frimaire an VII; Avis

du Conseil-d'état du 12 février 1811, approuvé le 27 du même mois ; etc., etc.

— Suivant les *art.* 7 et 10 de cette loi, les actes des maires doivent être enregistrés sur l'expédition et dans les vingt jours.

L'art. 41 leur défend d'annexer des écrits sous seing-privé, ou passés en pays étranger, de les recevoir en dépôt, ou d'en délivrer des extraits et expéditions, s'ils n'ont été préalablement enregistrés, à peine de 30 francs d'amende, et de répondre personnellement du droit.

L'art. 52 qui applique les mêmes dispositions aux notaires, huissiers, greffiers, secrétaires ou autres officiers publics, leur défend, en outre, sous les mêmes peines, de dresser aucun acte en vertu d'un acte sous seing-privé ou passé en pays étranger, pour lequel la formalité de l'enregistrement n'aurait pas été remplie.

Dans les cas où les notaires, huissiers, greffiers et secrétaires refuseraient de communiquer leurs répertoires aux préposés de l'enregistrement qui se présenteraient chez eux pour les vérifier, ces préposés sont autorisés à requérir l'assistance du maire ou de son adjoint, pour dresser en leur présence procès-verbal du refus. (*même art.* 52.)

L'art. 70 dispense de la formalité de l'enregistrement les actes de naissance, sépulture et mariage, et les extraits qui en sont délivrés, les légalisations de signatures d'officiers publics, les affirmations des procès-verbaux des employés, gardes et agens salariés par l'État, faits dans l'exercice de leurs fonctions.

Le droit d'enregistrement, tel qu'il est fixé par la loi du 28 frimaire an VII pour les contrats de vente entre particuliers, c'est-à-dire sur le prix intégral, est dû pour toutes les acquisitions faites pour le compte des départemens, arrondissemens et communes. etc., etc.

EXPÉDITIONS ET EXTRAITS. Lois du 20 septembre, du 19 décembre 1792, du 7 messidor an II, du 3 ventose an III; Décret du 12 juillet 1807; Circulaire du ministre de l'intérieur du 30 juillet 1807; Avis du Conseil-d'état du 4, approuvé le 18 août 1807; Circulaires du ministre de la justice du 6 et du 27 août 1807; etc., etc.

— Il peut être perçu par les officiers de l'état civil :

Pour chaque expédition d'un acte de naissance, de décès, ou de publication de mariage. oo f.　3o c.

Plus, pour le remboursement du droit de timbre et le dixième en sus pour la taxe de guerre...................... oo　83

Total.... 1 f.　13 c.

Pour celles des actes de mariage et d'adoption.................. oo f.　6o c.

Plus, pour le timbre et la taxe de guerre. oo　83 c.

Total.... 1 f.　43 c.

Dans les villes de cinquante mille ames et au-dessus, le droit est porté :

Pour chaque expédition d'acte de naissance, de décès et de publication de mariage, à.. 1 f. 33 c.

Pour celles des actes de mariage et d'adoption à................ 1 83

A Paris,

Pour chaque expédition d'acte de naissance, de décès et de publication de mariage, à. 1 f. 58 c.

Pour celles des actes de mariage et d'adoption, à................ 2 33

Il est défendu d'exiger d'autres taxes et droits, à peine de concusssion.

Il n'est rien dû pour la confection des actes et leur inscription sur les registres.

Toutes les premières expéditions des décisions des municipalités doivent être délivrées gratuite-ment.

Les secondes et ultérieures expéditions des déci-sions, ou les expéditions de titres, pièces ou ren-seignemens doivent être payées par rôle à raison de............................ oo f. 75 c.

Ces produits doivent être portés au Budget.

Aucune expédition, aucun extrait ne peut être délivré que sous la signature du maire, ou sous celle des adjoints en vertu d'une délégation spé-ciale du maire.

Tout citoyen peut demander, dans tous les dépôts, aux jours et heures fixés, communication des pièces qu'ils renferment. Elle leur est donnée sans frais, mais sans déplacement et avec les précautions convenables de surveillance. etc. , etc.

EXPLOIT. Décret du 20 novembre 1806 ; Code de procédure civile, *art.* 68 et 69 ; etc. , etc.

— Lorsque l'huissier ne trouve point la personne qu'il est chargé d'assigner, il présente la copie de l'exploit au voisin, et, à son défaut, au maire ou adjoint de la commune, qui vise l'original sans frais.

Quand il s'agit des domaines ou droits domaniaux, les communes sont assignées en la personne ou au domicile du maire, qui vise aussi l'original. etc. , etc.

FLAGRANT DÉLIT. Code d'instruction criminelle, *art.* 16, 41, 48 ; etc. , etc.

— Les gardes champêtres et les gardes forestiers, considérés comme officiers de police judiciaire, arrêtent et conduisent devant le juge de paix ou devant le maire tout individu qu'ils surprennent en flagrant délit, ou qui est dénoncé par la clameur publique, lorsque ce délit peut emporter la peine d'emprisonnement ou une peine plus grave.

Ils se font donner, pour cet effet, main forte par le maire ou par l'adjoint du maire du lieu, qui ne peut s'y refuser.

Est aussi réputé flagrant délit le cas où le prévenu est trouvé saisi d'effets, armes, instrumens

ou papiers faisant présumer qu'il est auteur ou complice, pourvu que ce soit dans un temps voisin du
délit. etc. , etc.

FORFAITURE. Code des délits et des peines, du 3
brumaire an 4, *art.* 644; Code d'Instruction criminelle, *art.* 484; Code Pénal, *art.* 121, 126,
127, 166, 167 et 183 ; etc. , etc.

— Tout officier de police qui n'exprimerait pas
formellement les motifs de l'arrestation dans un
mandat d'arrêt, et ne citerait pas la loi qui l'autorise à le décerner, ou sur l'ordre duquel un citoyen
aurait été retenu en chartre privée, sans avoir été
conduit dans la maison d'arrêt, de justice ou de détention , est coupable de forfaiture. etc. , etc.

JURÉ. Code d'instruction criminelle, *art.* 389 ; etc.

— Si la notification de la liste des membres qui
composent le juri ne peut être faite à la personne
de l'un de ces membres , elle est remise à son domicile, ainsi qu'à celui du maire ou de l'adjoint du
lieu, qui est tenu de lui en donner connaissance. etc. , etc.

LÉGALISATION. — Loi du 6 — 27 mars 1791, *article* 11 ; etc., etc.

— Cette loi autorise les maires à légaliser les actes des officiers publics domiciliés dans l'étendue de
leur commune. Ils légalisent aussi les signatures des
commissaires de police, chirurgiens , concierges
de prisons. etc. , etc.

Leur signature est elle-même certifiée véritable par le sous-préfet, et celle du sous-préfet par le préfet : le ministre de l'intérieur légalise les signatures des préfets; et, lorsque l'acte doit être envoyé dans les colonies ou à l'étranger, le ministre de la marine ou celui des affaires étrangères certifie la signature du ministre de l'intérieur.

Les extraits des registres de l'état civil délivrés par les maires, sont légalisés par le président du tribunal de première instance.

Pour mettre à portée de donner ces légalisations, les maires et adjoints doivent envoyer un tableau de leur signature au sous-préfet de leur arrondissement, avec l'empreinte du sceau de la municipalité. De pareils envois se font par les sous-préfets aux préfets, et par ceux-ci au ministre de l'intérieur. etc., etc.

MANDATS *d'amener*, *de comparution*, *de dépôt et d'arrêt.* Code d'instruction criminelle, *art.* 91 à 98, 105 et 109 ; etc, etc.

—Quand le prévenu est trouvé hors de l'arrondissement de l'officier qui a délivré le mandat, on le conduit devant le juge de paix ou son suppléant, ou, en leur absence, devant le maire ou l'adjoint, qui visent le mandat sans pouvoir en empêcher l'exécution.

Lorsqu'on ne peut trouver le prévenu, on représente le mandat au maire, à son adjoint ou au commissaire de police, qui met son visa sur l'original de l'acte de notification. Le même visa est apposé sur le procès-verbal de perquisition qu'on dresse lorsque l'individu contre lequel avait été décerné un mandat d'arrêt ne peut être saisi.

Dans les cas de flagrant délit, les maires sont eux-mêmes autorisés à décerner des mandats d'amener, de comparution ou de dépôt. etc., etc.

NATURALISATION. Constitution du 22 frimaire an VIII ; Sénatus-consulte du 19 février 1808 ; Décret du 17 mars 1809 ; etc., etc.

— La demande et les pièces à l'appui d'une demande en naturalisation doivent être transmises par le maire du domicile du pétitionnaire, au préfet, qui les adresse avec son avis au ministre de la justice. etc., etc.

PROCÈS-VERBAUX. Lois du 13 brumaire (*art.* 12), du 22 frimaire an VII (*art.* 70), du 28 germinal an VI, du 28 floréal an X (*art.* 11); Décision du grand-juge, ministre de la justice, *relatée dans une circulaire de l'administration forestière, du 27 floréal an XI*; Circulaire du ministre de l'intérieur, du 26 août 1806; Arrêté du 12 mai 1810; Code de procédure civile, *art.* 676; etc., etc.

— Les actes et procès-verbaux de tous les agens ayant droit de verbaliser, à l'exception de ceux relatifs aux opérations de la gendarmerie, sont, ainsi que les copies qu'on en délivre, assujétis au timbre, en raison de la dimension....

Les procès-verbaux des maires et adjoints sont enregistrés en débet.

Il en est de même des actes et jugemens qui interviennent sur ces actes et procès-verbaux.

On suit la rentrée des droits d'enregistrement de ces procès-verbaux, actes et jugemens contre les parties condamnées, d'après les extraits des jugemens qui sont fournis aux préposés de la régie par les greffiers....

Les procès-verbaux des officiers de police doivent être rédigés et affirmés dans les vingt-quatre heures. Cette affirmation se fait devant les juges de paix, leurs suppléans, les maires ou les adjoints.

La réception de l'affirmation n'est pas facultative, et les maires ou leurs adjoints ne peuvent se dispenser de la constater, même ceux des communes de la résidence du juge de paix du canton et de ses suppléans, en l'absence de ces magistrats.

Ces procès-verbaux sont remis, dans les trois jours, à l'adjoint du maire, qui poursuit lui-même la condamnation du délinquant auprès du tribunal de police. On adresse le procès-verbal au procureur du roi près le tribunal de l'arrondissement, si la contravention est hors de sa compétence.

Lorsqu'il s'agit de délits commis dans les lieux où réside le juge de paix ou son suppléant, il faut

6.

constater leur absence pour s'adresser au maire de la commune....

Les procès-verbaux d'officiers de police qui tendent uniquement à constater des délits de nature à être portés devant les tribunaux de simple police, ne sont point assujétis, pour l'enregistrement, aux mêmes délais que ceux qui font foi en justice jusqu'à inscription de faux.

L'art. 676 du Code de procédure civile exige qu'avant de faire enregistrer les procès-verbaux de saisie immobilière, l'huissier en laisse copie entière aux greffiers des juges de paix et aux maires ou adjoints des communes de la situation de l'immeuble saisi, si c'est une maison ; si ce sont des biens ruraux, à ceux de la situation des bâtimens, s'il y en a, et s'il n'y en a pas, à ceux de la situation de la partie des biens à laquelle la matrice du rôle de la contribution foncière attribue le plus de revenus. Les maires ou adjoints et greffiers visent l'original du procès-verbal, lequel fait mention des copies à eux laissées. etc., etc.

RECONNAISSANCE D'ENFANT. Code civ., *art.* 62 et 335 ; etc., etc.

— Les actes de reconnaissance d'enfant s'inscrivent sur les registres à leur date ; et s'il existe un acte de naissance, on en fait mention en marge.

Cette reconnaissance ne peut avoir lieu au profit des enfans nés d'un commerce incestueux ou adultérin. etc., etc.

RECTIFICATION. Avis du Conseil d'État, du 12 brumaire an XI ; Code civil, *art.* 99, 100 et 101 ; Code de procédure civile, *art.* 856, 857, 858; etc.

— On ne peut rectifier un acte de l'état civil qu'en vertu d'un jugement obtenu sur les conclusions du ministère public. Aucun changement n'est même fait sur l'acte ; mais le jugement de rectification est inscrit sur le registre par l'officier de l'état civil, aussitôt qu'il lui a été remis : il en est fait mention en marge de l'acte réformé; et l'acte n'est plus délivré qu'avec les rectifications ordonnées, à peine de dommages-intérêts contre l'officier qui l'aurait délivré. etc., etc.

REGISTRE CIVIQUE. Constitutions du 22 frimaire an VIII (*art.* 2), du 16 thermidor an X et du 28 floréal an XII; Décret du 17 janvier 1806; Circulaire du ministre de l'intérieur du mois de janvier 1811 ; etc., etc.

—L'inscription sur ces registres est une des conditions requises pour l'exercice des droits de cité.

Le ministre de l'intérieur ayant reconnu qu'on négligeait d'inscrire sur le registre civique les citoyens, à mesure qu'ils en avaient acquis le droit, a rappelé aux préfets, par la circulaire sus-relatée du mois de janvier 1811, que ces inscriptions devaient être faites d'office, aussitôt que le droit en était acquis; que si même, avant l'ouverture d'une assemblée cantonale, quelqu'un réclamait avec fondement contre sa non-inscription, cette omission devait être immédiatement réparée, et le réclamant compris parmi les votans de sa section, sur une liste supplémentaire. etc. , etc.

RÉHABILITATION. Code d'instruction criminelle, *art.* 620 ; etc. , etc.

—Cet article du Code d'instruction criminelle oblige les condamnés à une peine afflictive ou infamante qui demandent leur réhabilitation, à rapporter des attestations de bonne conduite à eux données par les Conseils municipaux et par les municipalités dans le territoire desquelles ils ont demeuré ou résidé.

Ces attestations, qui ne peuvent être délivrées qu'à l'instant où le condamné quitte son domicile ou son habitation, doivent être approuvées par le sous-préfet et par le procureur du roi ou son substitut et par les juges de paix des lieux où il a demeuré. etc. , etc.

SAISIE. Loi du 19 brumaire an VI ; Code d'inst. criminelle , *art.* 35 et 40 ; Code pénal, *art.* 286 , 287 , 314 , 318 , 410 , 427 ; etc., etc.

— Aux termes de la loi du 19 brumaire an VI, *art.* 100 , les maires doivent être présens à la saisie de faux poinçons chez les marchands ou fabricans d'ouvrages d'or ou d'argent.

L'officier de police judiciaire qui dresse un procès-verbal en cas de flagrant délit , doit se saisir des armes et de tout ce qui paraît avoir servi ou avoir été destiné à commettre le crime ou le délit.

Les prévenus présens contre lesquels il existe des indices graves peuvent aussi être saisis et arrêtés. etc. , etc.

Scellés. Loi du 1er brumaire an II, *art.* 2 et 3 ; etc.

— Les maires et les commissaires de police ont été autorisés, par l'article 2 de cette loi , à apposer les scellés sur les papiers, meubles et effets d'un prévenu de fabrication ou distribution de fausse monnaie.

Aux termes de l'article 3 de la même loi , ils doivent donner sur-le-champ avis de cette apposition au procureur général ou à son substitut.

Hors ce cas , l'apposition des scellés est du ressort du juge de paix. etc., etc.

Signature. Code civil, *art.* 39, 66 et 67 ; etc.

— Les actes de l'état civil doivent être signés par l'officier de l'état civil, par les comparans et par les témoins.

Les actes d'opposition au mariage doivent être signés sur l'original et sur la copie par les opposans ou par leurs fondés de procuration spéciale et authentique. L'officier de l'état civil auquel ils sont signifiés y met son visa , et les porte sur le registre des publications. etc. , etc.

SIGNIFICATION *d'actes municipaux.* Loi du 22 frimaire an VII, *art.* 20 ; etc. , etc.

— On doit , pour l'original et pour la copie de
ces actes , employer du papier timbré , ainsi que
pour les procès-verbaux ; et ces notifications doivent être enregistrées dans les quatre jours de leur
date. etc. , etc.

TÉMOINS. Arrêté du 7 thermidor an XI. Décret du
20 juin 1806; Code civil, *art.* 37 , 56 , 71 , 72 ,
75 , 78 ; etc. , etc.

— Aux termes de l'*art.* 1er de l'arrêté du 7 thermidor an XI , les préfets , sous-préfets et maires
ne peuvent , à raison des actes qu'ils ont signés
comme administrateurs , être traduits hors de leur
arrondissement, soit pour reconnaître leur signature , soit pour servir de témoins.

Lorsque leur reconnaissance ou leur déposition
est jugée nécessaire à raison de ces actes, ils font
leur déclaration, en matière criminelle , devant le
juge d'instruction de leur arrondissement, et en
matière civile, devant un juge commis à cet effet
par le tribunal de l'arrondissement.

Néanmoins, dans les contestations où la présence
de ces fonctionnaires est regardée comme indispensable , le juge s'adresse au ministre de la justice , qui, d'après l'examen de l'affaire, autorise ,
s'il y a lieu, leur déplacement.

Par le décret du 20 juin 1806 , ces dispositions

ont été déclarées applicables aux commissaires généraux de police et à leur délégué.

Les témoins produits aux actes de l'état civil ne peuvent être que du sexe masculin, et âgés de vingt-un ans au moins.

Les actes de naissance sont rédigés en présence de deux témoins.

Lorsqu'on est dans l'impossibilité de justifier d'un acte de naissance, on y supplée par un acte de notoriété que rédige un juge de paix, sur la déclaration de sept témoins de l'un ou de l'autre sexe.

La loi exige, pour la célébration du mariage, la présence de quatre témoins, parens ou non parens, de l'un ou de l'autre sexe.

Pour un acte de décès, il n'en faut que deux, qui doivent être les plus proches parens ou voisins. etc., etc.

TESTAMENT. Code civil, *art.* 985 ; etc., etc.

— Lorsque la personne qui veut faire son testament est dans un lieu avec lequel toute communication est interdite à cause de la peste ou d'une autre maladie contagieuse, le testament peut être fait devant le juge de paix ou devant l'un des officiers municipaux de la commune, en présence de deux témoins. etc. , etc.

TUTELLE. Code civil, *art.* 361 ; etc. , etc.

— Lorsque l'enfant dont on veut être tuteur officieux n'a point de parens connus, on doit préa-

lablement obtenir le consentement des administrateurs de l'hospice où l'enfant a été recueilli, ou
de la municipalité du lieu de sa résidence. etc. (*a*).

Visa. Code civil, *art.* 459; Code de procédure
civile, *art.* 4, 68, 601, 628, 673, 676, 681, 687,
901, 1039; Code de commerce, *art.* 11 et 24;
Code d'instruction criminelle, *art.* 98 et 105; etc.

— Toutes significations faites à des personnes
publiques préposées pour les recevoir, sont visées
par elles sans frais sur l'original.

Les maires visent aussi les procès-verbaux de perquisition faite en vertu de mandats d'arrêts; les
passeports pendant l'année durant laquelle ils n'ont
pas besoin d'être renouvelés; les congés des soldats et des marins qui en sont porteurs; les affiches
de vente des biens des mineurs; l'original de la
citation ou de l'exploit dont il leur est laissé copie
lorsque l'huissier ne trouve pas la partie en son domicile; l'original d'une saisie-exécution lorsque la
partie sur laquelle on procède est absente; l'original d'un procès-verbal de saisie-brandon, l'original des procès-verbaux de saisie immobilière,
et l'original des procès-verbaux constatant l'apposition des placards, et qui doit être notifié à la

----

(*a*) *Voy. aussi* la Loi du 27 frimaire an V, le Décret
du 19 juillet 1811, et la Loi du 15 pluviose an XIII,
relative à la tutelle des enfans admis dans les hospices.

partie saisie un mois avant la première publication; le procès-verbal qui constate la déclaration par laquelle un débiteur admis au bénéfice de cession réitère cette cession à la maison commune, s'il réside dans une commune où il n'y a pas de tribunal de commerce; les livres des commerçans et des capitaines de navire, dont la tenue est ordonnée par les *art.* 8, 9 et 14 du Code de commerce. etc., etc.

Visite domiciliaire. Loi du 16 septembre 1792, *art.* 4; Code d'instruction criminelle, *art.* 16; etc.

— Aucune visite domiciliaire ne peut avoir lieu qu'en vertu d'une loi, et pour la personne ou l'objet expressément désigné dans l'acte qui ordonne la visite.

La maison de chaque citoyen est un asile inviolable : pendant la nuit, nul n'a le droit d'y entrer que dans les cas d'incendie, d'inondation, ou de réclamation venant de l'intérieur de la maison.

Pendant le jour, on peut y exécuter les ordres des autorités constituées.

Tout commissaire spécial de l'autorité municipale, chargé de faire des visites, perquisitions ou actes d'autorité publique, dans les maisons, doit être muni de l'ordre, et l'exhiber au citoyen chez lequel il remplit sa mission. etc., etc. (*a*).

(*a*) *Voy. aussi ci-après*, à l'*art.* Police, les mots : *Feu, Incendie, Cheminées, Fours, Ramonage.*

4° *Agriculture.*

C'est sous le point de vue de l'agriculture, relativement à cette branche importante de l'administration, que la surveillance des Préfets, des Sous-Préfets et des Maires peut particulièrement avoir une influence efficace et ·puissante pour la prospérité des départemens, des arrondissemens et des communes.

Ils doivent s'attacher à faire adopter et à propager dans ces diverses parties du territoire les découvertes utiles, les procédés dont la simplicité, l'économie et les autres avantages auront été reconnus et constatés, soit par les soins du ministère, soit de toute autre manière, recueillir les observations qui leur auront été communiquées, ou qu'ils se seront mis en état de faire par eux-mêmes, et en transmettre le résultat au Gouvernement.

Ils doivent aussi faciliter spécialement les dessèchemens et défrichemens, la naturalisation des plantes exotiques, la plantation des chemins, l'ensemencement des prairies artificielles, la multiplication des troupeaux et l'amélioration des races, le percement des canaux d'irrigation, la libre circulation des grains ; protéger les récoltes et les ensemencemens, faire publier les bans de vendange, prendre des mesures d'utilité et de précaution, relativement à l'échenillage, au glanage, à l'enlèvement des chaumes, au ratelage et grapillage, aux parcours et vaines pâtures, à l'exercice du droit de chasse ; surveiller les marchés, le relevé des mercuriales, les poids et mesures, l'exécution des règlemens des boulangeries et boucheries, la distribution des indemnités, secours, récompenses et encouragemens, etc., etc.

Aperçu de la Législation, Jurisprudence et Coutume, sous ce quatrième rapport.

ABEILLES. Loi du 28 septembre—6 octobre 1791 ; Arrêté du Gouvernement, du 16 thermidor an VIII ; Code civil, *art.* 524, 2102 ; Code de procédure civile, *art.* 592, 593 ; etc.

— Cette loi, relative à la police rurale, défend de troubler dans leurs courses et dans leurs travaux ces insectes utiles.

Le propriétaire d'un essaim a le droit de le réclamer et de s'en ressaisir, tant qu'il n'a point cessé de le suivre.

Les ruches ne sont saisissables qu'au profit de la personne qui les a fournies, ou pour l'acquittement du fermier envers le propriétaire, et elles doivent toujours être les derniers objets saisis. etc.

ARBRES. Lois du 15 août 1790, du 28 septembre — 6 octobre 1791; Décret du 9 janvier 1793; Loi du 9 ventose an XIII; Circulaire du ministre de l'intérieur, du 23 juin 1807; etc., etc.

— Nul ne peut planter sur le bord des chemins vicinaux, même dans sa propriété, sans leur conserver la largeur qui leur aura été fixée. etc., etc.

BLÉS ET GRAINS EN VERT. Loi du 6 octobre 1791 (tit. 2, *art.* 28), du 6 et du 23 messidor an III; Avis du bureau consultatif d'agriculture près du ministère de l'intérieur, du mois de thermidor an VII; etc., etc.

— Le blé n'est point sujet à être taxé; il ne peut se vendre en vert et pendant par racines, sous peine de confiscation supportée, moitié par le vendeur, moitié par l'acheteur.

Les ventes de grains en vert par suite de tutelle, curatelle, changement de fermier, saisie de fruits, baux judiciaires, et celles qui comprennent tous autres fruits, ont été exceptées de la prohibition, par la loi du 23 messidor an III.

Les officiers municipaux, les administrateurs de

district et de département ont été spécialement char-gés de veiller à l'exécution de la loi à cet égard. etc.

Bornage, bornes et pieds corniers. Lois du 16 — 24 août 1790, du 14–26 octobre 1790, du 28 septembre — 6 octobre 1791 (titre 2, *art.* 32); Code civil, *art.* 646; Code de procédure civile, *art.* 3, 36; Code pénal, *art.* 389 et 456; etc., etc.

— Tout propriétaire peut obliger son voisin au bornage de leurs propriétés contiguës. Ce bornage se fait à frais communs.

La loi du 16—24 août 1790 a attribué aux juges de paix la connaissance du déplacement des bornes des héritages jusqu'à 50 francs, sans appel.

Suivant celle du 14—26 octobre 1790, et les art. 3 et 36 du Code de procédure civile, la cédule de citation doit être demandée, à cet effet, au juge de paix du lieu où le délit s'est commis, le-quel s'y transporte avec les témoins, s'il est né-cessaire.

L'art. 32 du tit. 2 de la loi du 28 septembre — 6 octobre 1791, et l'*art.* 389 du Code pénal, pro-noncent des peines pour ce délit, suivant les cir-constances qui l'accompagnent. etc., etc.

Chasse. Ordonnance de 1669; Loi du 11 août—3 novembre 1789; Loi du 22—30 avril 1790; Ar-rêté du 28 vendémiaire an V; Décret du 25 prai-rial an XIII; Avis du Conseil d'État du 30 fructidor an XIV, approuvé le 4 janvier 1806; Décrets du 11 juillet 1810, du 4 mai 1812; etc., etc.

— Le droit exclusif de la chasse et des garennes ouvertes est aboli.

Tout propriétaire a le droit de détruire et de faire détruire, seulement sur ses possessions, toute espèce de gibiers, sauf à se conformer aux lois de police, qui pourraient être faites relativement à la sûreté publique.

L'ouverture de la chasse sur les terres non closes est déterminée chaque année par un arrêté du préfet, qui fixe en même temps l'époque de sa clôture ; ces arrêtés sont publiés par les maires, qui en surveillent l'exécution.

Il faut que les vendanges soient terminées dans toute l'étendue du territoire, pour qu'on puisse chasser dans les vignes. etc. , etc.

COLOMBIERS ET PIGEONS. Loi du 4 — 11 août — 3 novembre 1789 ; etc., etc.

— Le droit exclusif des fuies et colombiers a été aboli. Les pigeons doivent rester renfermés à certaines époques de l'année, et ils ne doivent pas être soufferts dans l'enceinte des villes.

Les Conseils municipaux délibèrent chaque année sur la fixation des époques où les pigeons doivent être renfermés. Ces époques sont celles des semences et des récoltes.

La délibération du Conseil est soumise à l'approbation du préfet ; les maires font ensuite toutes les défenses convenables, et les contraventions sont

constatées comme les autres délits par les procès-
verbaux des gardes champêtres et autres officiers
de police.

Lorsque les pigeons des communes limitrophes
jouissent d'une liberté nuisible à celle d'une autre,
le maire doit provoquer près du sous-préfet de l'arrondissement une décision pour faire cesser cet
abus. etc., etc.

Cultivateurs. Loi du 2 — 17 mars 1791 ; etc.

— Ils ne sont pas tenus de se pourvoir de patentes pour la vente des produits de leurs exploita-
tions rurales, ni pour celle de leurs bestiaux, denrées
et productions ; mais ils ne peuvent, sans patente,
vendre des boissons de leur crû en détail....

Le Gouvernement, sur la proposition des maires,
leur accorde des secours en cas de pertes causées par
l'intempérie des saisons. etc. (a).

Défrichemens, dessèchemens. Lois du 1er décembre 1790, du 5 janvier 1791, du 4 frimaire an II,
du 3 nivose an VII (*art.* 17), du 3 frimaire an VIII,
(*art.* 117 *et suiv.*), du 13 messidor an III, du 9 floréal an XI ; Décret du 4 août 1807 ; Loi du 16 septembre 1807 ; etc., etc.

—Dans l'intention d'encourager les défrichemens,

(a) *Voy.* ci-après, à l'art. Commerce et Industrie, les
mots *Indemnités et Secours.*

la loi du 1er décembre 1790 a accordé des encoura-gemens à ceux qui les entreprendraient.

L'art. 6 du titre 1er porte que la cotisation des terres vaines et vagues depuis vingt-cinq ans, qui seront mises en culture, ne pourra être augmentée pendant les quinze premières années après leur dé-frichement; et, suivant l'article 7, la cotisation des terres en friche depuis vingt-cinq ans, qui seront plantées en vignes, mûriers ou autres arbres frui-tiers, ne pourra être augmentée pendant les vingt premières années.

L'art. 11 prescrit au propriétaire qui veut jouir de ces avantages, de faire, au secrétariat de la mu-nicipalité et à celui de la sous-préfecture, dans l'é-tendue desquelles les biens sont situés, et avant de commencer les défrichemens ou autres améliora-tions, une déclaration détaillée des terrains qu'il voudra ainsi améliorer.

Suivant l'*art.* 12, cette déclaration doit être in-scrite sur les registres de la municipalité, qui est tenue de faire la visite des terrains à défricher et à améliorer, et d'en dresser procès-verbal dont elle fait passer une expédition au sous-préfet, qui en tient aussi registre, et qui en fait délivrer une co-pie sans frais au déclarant, lorsqu'il le requiert.

La loi du 9 floréal an XI, concernant le régime des bois des particuliers, porte que, pendant vingt ans, aucun bois ne pourra être arraché ni défriché que six mois après la déclaration que le propriétaire en aura faite devant le conservateur forestier de l'arrondissement, qui, dans ce délai, pourra faire mettre opposition au défrichement, à la charge d'en référer au ministre des finances.

Ces dispositions toutefois ne sont pas applicables aux bois non clos d'une étendue moindre de deux hectares, lorsqu'ils ne sont pas situés sur le sommet ou sur la pointe d'une montagne ; ni aux parcs ou jardins clos de murs, de haies ou fossés attenant à l'habitation principale.

La loi du 5 janvier 1791 a ordonné aux Corps administratifs de s'occuper des moyens de faire dessécher les marais, les lacs et les terres de leur territoire habituellement inondées, dont la conservation ne serait pas jugée d'une utilité préférable au dessèchement pour les particuliers ou pour les communautés dans l'arrondissement desquelles ces terres seraient situées, en commençant par les marais les plus nuisibles à la santé, et dont le sol pourrait devenir le plus propre à la production des subsistances.

Les administrations de département ont été chargées d'employer les moyens les plus avantageux aux communes pour parvenir au dessèchement de leurs marais, et de dresser en conséquence des états contenant le nom des propriétaires, la situation et l'étendue des terrains, les causes de leur submersion, le préjudice qu'ils portent au pays, les avantages

qu'il pourrait retirer de leur culture, les moyens
d'effectuer le dessèchement, et l'aperçu des dépenses qu'il exigerait.

Dans le cas où le dessèchement d'un marais appartenant à un particulier aurait été arrêté par le
Directoire d'un département, pour le bien général,
la loi porte qu'il sera accordé, pour cette opération, un délai au propriétaire, et qu'à défaut par
lui de l'exécuter, le Directoire du département in-
demnisera le propriétaire suivant une estimation
d'expert, et fera ensuite l'adjudication du dessèchement au rabais, à la charge par l'entrepreneur d'indemniser les propriétaires riverains du dommage
qu'ils pourraient éprouver.

Suivant l'*art.* 11 de la même loi, la cotisation
des marais qui seraient desséchés ne pourrait être
augmentée pendant les vingt-cinq premières années après leur dessèchement, ainsi que l'avait déja
ordonné la loi du 1er décembre 1790, titre 3, *art.* 5.

La loi du 4 frimaire an II avait aussi ordonné le
dessèchement des étangs; mais elle a été rapportée
par celles des 13 messidor an III et 16 septembre 1807.

Cette dernière loi a abrogé toutes les autres.
Elle porte, tit. 1er.

« *Art.* 1. La propriété des marais est soumise à
des règles particulières.

« Le gouvernement ordonnera les dessèchemens
qu'il jugera utiles et nécessaires.

« *Art.* 2. Les dessèchemens seront exécutés par l'État ou par des concessionnaires.

« *Art.* 3. Lorsqu'un marais appartient à un seul propriétaire, ou lorsque tous les propriétaires sont réunis, la concession des dessèchemens leur est toujours accordée, s'ils se soumettent à l'exécuter dans les délais fixés et conformément aux plans adoptés par le Gouvernement.

« *Art.* 4. Lorsqu'un marais appartiendra à un propriétaire ou à une réunion de propriétaires qui ne se soumettront pas à dessécher dans les délais, et selon les plans adoptés, ou qui n'exécuteront pas les conditions auxquelles ils se seront soumis ; lorsque les propriétaires ne seront pas tous réunis ; lorsque, au nombre desdits propriétaires, il y aura une ou plusieurs communes, la concession du dessèchement aura lieu en faveur des concessionnaires dont la soumission sera jugée la plus avantageuse par le Gouvernement : celles qui seraient faites par des communes propriétaires, ou par un certain nombre de propriétaires réunis, seront préférées à conditions égales.

« *Art.* 5. Les concessions seront faites par des décrets rendus en Conseil-d'État, sur des plans levés ou sur des plans vérifiés et approuvés par les ingénieurs des ponts et chaussées, aux conditions prescrites par la présente loi, aux conditions qui seront établies par les réglemens généraux à intervenir, et aux charges qui seront fixées à raison des circonstances locales.

« *Art.* 6. Les plans seront levés, vérifiés, et approuvés aux frais des entrepreneurs du desséchement; si ceux qui auront fait la première soumission, et fait lever ou vérifier les plans, ne demeurent pas concessionnaires, ils seront remboursés par ceux auxquels la concession sera définitivement accordée.

« Le plan général du marais comprendra tous les terrains qui seront présumés devoir profiter du dessèchement. Chaque propriété y sera distinguée, et son étendue exactement circonscrite.

« Au plan général seront joints tous les profils et nivellemens nécessaires; ils seront, le plus qu'il est possible, exprimés sur le plan par des cotes particulières ». etc., etc.

DESTRUCTION DES LOUPS. Lois du 28 septembre — 8 octobre 1791, du 11 nivose an III, du 10 messidor an V; Lettre du ministre de l'intérieur du 25 septembre 1807; etc., etc.

— D'après la lettre du ministre de l'intérieur du 25 septembre 1807, les primes accordées pour la destruction des loups ont été fixées à un taux uniforme pour tous les départemens, savoir : à 18 fr. pour la destruction d'une louve pleine, 15 francs pour celle d'une louve non pleine, 12 francs pour celle d'un loup, et 3 francs pour celle d'un louveteau.

L'*art.* 3 de la loi du 10 messidor an V statuait

que la prime serait de 150 francs lorsqu'il serait constaté que l'animal, enragé ou non, s'était jeté sur des femmes ou des enfans.

Les primes sont acquittées sur les fonds assignés, chaque année, pour les dépenses variables de chaque département.

Celui qui veut toucher la prime à laquelle il a droit, est tenu de se présenter au maire de la commune la plus voisine de son domicile, et d'y faire constater la mort de l'animal, son âge, son sexe ; et, si c'est une louve, il est dit si elle est pleine ou non.

La tête de l'animal et le procès-verbal dressé par le maire sont envoyés au préfet, qui délivre un mandat sur le receveur général du département. etc., etc.

ÉCHENILLAGE. Loi du 26 ventose an IV ; etc., etc.

— Les maires sont responsables des négligences commises à cet égard dans leurs arrondissemens respectifs.

L'échenillage doit être fait chaque année, avant le mois de février.

Dans le cas où quelques propriétaires ou fermiers auraient négligé de le faire pour cette époque, les maires ou adjoints doivent le faire faire aux dépens de ceux qui sont coupables de cette négligence, par des ouvriers qu'ils choisissent. L'exécutoire des dépenses leur est délivré par le juge de paix sur les

quittances de ces ouvriers, contre lesdits propriétaires ou locataires, et sans que ce paiement dispense ces derniers de l'amende.

La loi ci-dessus relatée, et dont sont extraites
ces dispositions, doit être publiée par les maires
dans les premiers jours du mois de janvier de chaque
année. etc., etc.

ÉLAGAGE, HAIES, TROUÉES, etc. Loi du 28 septembre — 6 octobre 1791 (tit. 2, *art.* 10 et 17) ;
Code pénal, *art.* 456; etc., etc.

— Les maires annoncent par une affiche, aux
époques nécessaires, qu'il est ordonné de clore,
dans le délai de trois jours, les haies, trouées, etc.,
de relever les fossés, pour interdire aux bestiaux
l'entrée des prés, héritages et autres lieux.

Ils annoncent aussi, par une affiche, qu'il est
enjoint aux propriétaires riverains de faire élaguer,
toujours aux époques déterminées, et dans le délai
de dix jours, les haies et les arbres qui, par leurs
branches, seraient dans le cas d'obstruer le passage
dans les rues et voies publiques. etc., etc.

ENGRAIS ET FUMIERS. Loi du 28 septembre — 6
octobre 1791 ; etc., etc.

— Aux termes de l'*art.* 2, section 2, titre 1ᵉʳ de cette
loi du 6 octobre 1791, les engrais ne peuvent être
saisis ni vendus pour contributions publiques, mais
seulement pour le paiement des fermages. etc. (*a*).

(*a*) *Voy. encore ci-après*, à l'*art.* POLICE, le mot *Salu-*

EPIZOOTIE. Arrêt du Parlement du 24 mars 1745; Arrêts du Conseil du 19 juillet 1746, du 23 décembre 1778; du 16 juillet 1784; Lois du 19-22 juillet 1791, du 28 septembre — 6 octobre 1791 (tit. 1, sect. 4); Instruction du ministre de l'intérieur du 23 messidor, et Arrêté du Directoire du 27 messidor an V; Instruction du ministre de l'intérieur, du 9 fructidor an V; Ordonnance du préfet de police de Paris du 16 vendémiaire an X; Arrêté du 17 vendémiaire an XI; Ordonnance du préfet de police de Paris du 5 fructidor an XI; Code pénal, *art.* 459, 461, 462; etc., etc.

— L'arrêté du 27 messidor an V enjoint à tout propriétaire ou détenteur de bêtes à cornes, qui aura une ou plusieurs bêtes malades, même suspectes, d'en prévenir sur-le-champ le maire de sa commune, sous peine de 500 francs d'amende. Celui-ci nomme, aussitôt après l'avertissement, un artiste ou expert vétérinaire pour les faire visiter; et s'il est reconnu qu'une ou plusieurs bêtes soient malades, il ordonne au propriétaire de les séparer des autres, de les nourrir dans des lieux enfermés, et de s'opposer à ce qu'elles soient conduites dans les pâturages et aux abreuvoirs communs. Toute

---

brité, et l'*art.* 33 du tit. 11 de la même loi du 6 octobre 1791, relativement aux peines prononcées pour l'enlèvement des engrais déposés sur les terres.

contravention à cet égard est punie d'une amende de 200 francs. Le maire fait marquer chaque bête malade d'un fer chaud représentant la lettre M.

Le farcin, le charbon, la morve et le claveau sont du nombre des maladies que les maires doivent surveiller avec la plus grande attention. etc. (*a*).

Feu. Ordonnance des eaux et forêts de 1669; Ordonnance de police du 15 novembre 1781; Loi des 28 septembre — 6 octobre 1791; Arrêté du Directoire du 25 pluviose an VI; etc., etc.

— La loi du 6 octobre 1791, tit. 2, *art.* 10, porte : « Toute personne qui aura allumé du feu dans les champs plus près de cinquante toises des maisons, bois, bruyères, vergers, haies, meules de grains, de pailles, de foin, sera condamné à une amende égale à la valeur de douze journées de travail, et paiera en outre le dommage que le feu aurait occasioné. Le délinquant pourra de plus, suivant les circonstances, être condamné à la détention de police municipale. »

L'arrêté du 25 pluviose an VI porte :

« *Art.* 3. Les dispositions de l'*art.* 32 du titre 27 de l'ordonnance de 1669, qui défendent de porter ou d'allumer du feu dans les forêts, landes et bruyères, continueront d'être exécutées selon leur forme et teneur.

(*a*) *Voy. encore ci-après*, même article, le mot *Pâturage*, *etc.*

« *Art.* 4. Les agens forestiers et les municipalités riveraines sont chargés de prévenir les délits de cette espèce, d'en rechercher et dénoncer les auteurs, et de les poursuivre selon la rigueur des lois. etc., etc.

FOIRES, HALLES et MARCHÉS. Lois du 15-26 mars 1790, du 24 août 1790, du 28 septembre-6 octobre 1791 ; du 8 octobre et 28 décembre 1791, du 4 thermidor an III, du 28 germinal an VI (*art.* 146), (B. 197); Arrêté du 7 brumaire an IX ; Avis du Conseil - d'État, du 4 août 1807, approuvé le 18 du même mois ; Décision du 4 mai 1812 ; Circulaires du 17 décembre 1807, du 8 avril 1813 ; Code civil, *art.* 2280; etc., etc.

— La police des lieux où se tiennent les foires et marchés appartient aux maires et aux officiers de police.

Le droit de place n'est établi qu'à raison du mètre de terrain que les marchands veulent occuper, et non à raison de la marchandise qu'ils étalent.

Pour la fixation de ce droit, les préfets produisent la délibération du Conseil municipal, le tarif des droits à percevoir, le budget de la commune et leur avis.

Ce droit peut au surplus être mis en ferme ou perçu sous la forme de régie, suivant les circonstances locales.

Tous les grains et farines doivent être portés aux

marchés. Il est défendu d'en vendre et acheter ailleurs.

Les habitans et boulangers peuvent seuls acheter des grains pendant la première heure, pour leur consommation.

Les commissionnaires ou commerçans ne peuvent acheter qu'après la première heure.

Celui qui achète des bestiaux hors des foires et marchés est tenu de les restituer gratuitement au propriétaire dans l'état où ils se trouvent, s'il est reconnu qu'ils aient été volés, etc., etc.

Fossés. Loi du 28 septembre—6 octobre 1791, tit. 2, *art.* 17; etc., etc.

—Cette loi défend, sous peine d'une amende de trois journées de travail, de recombler les fossés ou tranchées faits le long d'un héritage pour le séparer des voisins, et en défendre l'entrée aux hommes et aux bestiaux. etc, etc.

Gages. Loi du 28 septembre—6 octobre 1791, tit. 2, *art.* 20; etc., etc.

—Cette loi défend aux moissonneurs, aux domestiques et aux ouvriers de la campagne de se liguer pour faire hausser le prix des gages ou les salaires. etc., etc. (*a*).

Gardes champêtres et forestiers. Lois du 11 décembre 1789, du 15-29 septembre, du 28 sep-

(*a*) *Voy. ci-après*, à l'art. Commerce et Industrie, les mots *Ateliers, Ouvriers.*

tembre—6 octobre 1791 (titre 1, section 7), du 20 messidor an III, du 3 brumaire, du 14-23 thermidor an IV ; Arrêté du 4 nivose an V; Loi du 11 frimaire an VII ; Arrêté du 25 fructidor an IX ; Lois du 28 floréal an X, du 9 floréal an XI ; Arrêté du 17 nivose an XII ; Décret du 23 fructidor an XIII ; Loi du 22 mars 1806 ; Décret du 11 juin 1806 ; Circulaire du ministre de l'intérieur du 12 mai 1808 ; Code d'instruction criminelle, liv. 1, ch. 3, *art.* 11, 14, 20; etc., etc.

— Il y a un garde champêtre au moins par commune. Le Conseil municipal juge de la nécessité d'y en établir davantage.

Ils sont choisis par le maire parmi les individus de la commune ou des communes les plus voisines compris dans l'état des vétérans nationaux et anciens militaires de l'arrondissement.

Le maire soumet son choix à l'approbation du Conseil municipal.

Lorsque le choix est approuvé, il en donne avis au sous-préfet de l'arrondissement, et le sous-préfet délivre la commission.

Cette dernière disposition n'est cependant pas applicable aux communes dans lesquelles les salaires des gardes champêtres n'équivalent pas à la somme de 180 francs.

Tout propriétaire a le droit d'avoir pour ses domaines un garde champêtre ; mais l'exercice de ce droit ne l'exempte pas de contribuer au paiement du garde de la commune.

Dans les communes où le salaire des gardes champêtres ne peut être acquitté sur les revenus des communes, en y comprenant le produit des amendes, et lorsque les habitans ne consentent pas à former ce traitement ou le complément du traitement de ces gardes par une souscription volontaire, la somme qui manque est répartie sur les propriétaires ou exploitans de fonds non clos, au centime le franc de la contribution foncière de chacun d'eux, conformément aux dispositions de la loi du 6 octobre 1791, section 7, *art.* 5, concernant les biens et usages ruraux et la police rurale.

Mais on a quelquefois soutenu que si les fonds alloués au budget pour cette dépense ne sont pas suffisans pour l'acquitter, et que le maire ait de même recours aux cotisations volontaires, les propriétés closes de la manière indiquée par la loi du 6 octobre 1791 n'en restent pas moins soumises à la surveillance des gardes champêtres, et dès lors au paiement du salaire de ces gardes; et que c'est sur l'exploitant que le recouvrement doit en être poursuivi, sauf son recours, s'il y a lieu, contre qui il appartiendra.

Lorsque les mêmes gardes sont préposés à la garde des champs et à celle des bois, leur traitement est divisé en deux parties, et acquitté, pour celle qui est relative à la garde des champs, par

la commune, ou, en cas d'insuffisance de ses revenus, par les moyens indiqués ci-dessus; et, pour
l'autre qui concerne la garde des bois, sur le produit de la vente annuelle des bois communaux, et
à défaut par la commune.

On a soin, dans ce cas, de ne comprendre dans
le rôle de répartition les propriétaires de bois qui
ont des gardes forestiers particuliers, qu'à raison de
la part de jouissance qu'ils ont dans les bois communaux, si, comme habitans ou propriétaires de
maisons, ils sont appelés à cette jouissance.

Les maires, et à défaut des maires leurs adjoints,
reçoivent l'affirmation des procès-verbaux des gardes
champêtres, soit par rapport aux délits commis dans
les autres communes de leurs résidences respectives,
soit même par rapport à ceux qui ont été commis
dans les lieux où résident le juge de paix ou ses
suppléans, quand ceux-ci sont absens.

Les communes propriétaires de bois doivent avoir,
outre leurs gardes champêtres, des gardes forestiers
spécialement chargés de la conservation de cette
partie de leurs propriétés. La nomination de ces
gardes appartient aux maires, qui sont tenus de la
faire dans la quinzaine de la vacance des places.
Après ce délai, la loi du 15-19 septembre 1791 la
défère au conservateur des forêts de l'arrondissement.

Le garde nommé par le maire, doit être agréé

par le conservateur. Si celui-ci refusait son agré-
ment, le maire pourrait se pourvoir devant le préfet qui statuerait. (*Loi du 9 floréal an XI.*)

Les maires ne peuvent destituer les gardes forestiers de leurs communes, que du consentement du
conservateur. L'administration des forêts peut prononcer cette destitution sans le concours des maires
(*Lois du 15 - 29 septembre 1791 et du 9 floréal an
XI*). etc., etc.

GLANAGE, GRAPILLAGE et RATELAGE. Loi du 28
septembre — 6 octobre 1791 ; Code pénal, *art.* 471
et 473 ; etc., etc.

— Les maires doivent veiller à ce que les gla-
neurs, rateleurs et grapilleurs n'entrent dans les
champs, prés et vignes récoltés et ouverts, qu'a-
près l'enlèvement entier des fruits, et n'y pénè-
trent ni avant le lever ni après le coucher du soleil. etc.

GLANDÉE. Ordonnance de 1669 (tit. 18) ; Lois
du 29 septembre 1791 (tit. 5, *art.* 7), du 12 fructidor an II, du 28 du même mois ; Circulaire de
la Régie des Domaines du 2 brumaire an VII. etc.

— On appelle *glandée* la récolte du gland et
de la faîne, qui sont les fruits du chêne et du
hêtre.

L'ordonnance de 1669, titre 18, porte que la
glandée s'adjuge sur publication, à la charge par
l'adjudicataire de souffrir que l'on mette en pâture

la quantité de porcs qui aura été réglée pour les Usagers.

Par l'*art.* 7 du titre 5 de la loi du 29 septembre 1791, les inspecteurs des eaux et forêts ont été chargés de constater annuellement l'état des glandées, et de donner leur avis sur le nombre de porcs qu'on peut mettre en panage ou paisson.

La loi rendue à cet égard par la convention nationale, le 12 fructidor an II, est ainsi conçue :

« *Art.* 1. Il est permis à tous particuliers d'aller ramasser les glands, les faînes, et autres fruits sauvages dans les forêts et bois qui appartiennent à la nation, en observant d'ailleurs les lois concernant leur conservation.

« *Art.* 2. Les troupeaux de porcs ne pourront y être introduits qu'au 20 brumaire, dans les lieux où cet usage est reçu ».

Par la loi du 28 du même mois, il a été défendu aux particuliers d'introduire leurs porcs dans les forêts nationales où il y avait des hêtres jusqu'au 1er frimaire ; sous peine de confiscation de ceux qui seraient pris en contravention.

Il a été aussi défendu de faire aucune adjudication de glands ni de faînes dans les forêts.

Mais la Régie des Domaines, par la circulaire du 2 brumaire an VII, a déclaré que la loi du 12 fructidor an II était une loi de circonstance dont l'effet avait cessé avec les causes qui l'avaient fait promulguer, et qu'il fallait en revenir à l'exécution de l'ordonnance de 1669 (*a*). etc., etc.

(*Voy.* aussi ci-après, à l'art. FINANCES, les mots : *Usage*, *Usager*).

GRAINS ET SUBSISTANCES. Lois des 5, 10, 29 août et déclaration du 18 septembre 1789; Lois du 26 ventose an III, du 21 prairial an V; Loi sur les douanes du 22 ventose an XII (*art.* 24); etc., etc.

— Tout maire ou fonctionnaire public qui ne fait pas tout ce qui est en son pouvoir pour assurer la circulation des grains et subsistances, est passible, outre la restitution, d'une amende de la moitié de la valeur des grains arrêtés, et pour le paiement de laquelle il doit être donné caution; et à défaut de paiement ou de caution, il est condamné à six mois d'emprisonnement. etc., etc.

GREFFES DES ARBRES. Loi du 28 septembre — 6 octobre 1791, tit. 2, *art.* 14; Code pénal, *art.* 447 et 448; etc., etc.

— Ces articles 447 et 448 du Code pénal prononcent contre celui qui a détruit une ou plusieurs greffes, un emprisonnement de six jours à deux mois, à raison de chaque greffe, sans néanmoins que la totalité puisse excéder deux ans.

Le minimum de la peine est de dix jours si les

(*a*) N'est-il pas surprenant que, par une simple circulaire de Régie, on ait cru pouvoir interpréter et en quelque sorte détruire une loi?

arbres étaient plantés sur les places, routes, chemins, rues ou voies publiques ou vicinales, ou de traverse. etc., etc.

HARAS. Loi du 21 avril 1806 (B. 90); etc., etc.

— L'*art.* 28 de cette loi porte que la connaissance des difficultés qui pourront naître entre les concurrents aux courses de chevaux, est réservée exclusivement aux maires des lieux pour le provisoire, et aux préfets pour la décision définitive, sauf le recours au Conseil d'État. etc., etc.

INDEMNITÉS ET SECOURS. Lois des 20 et 27 février, du 14 août 1793, des 6 frimaire, 11 pluviose, 26 floréal, 16 messidor, 8 thermidor an II, du 27 vendémiaire an IV, du 10 prairial an V, du 19 vendémiaire an VI; etc., etc.

— Lorsqu'une personne veut réclamer des indemnités à raison de pertes occasionées par accidents imprévus, incendies, inondations, grèles, etc., elle fait au maire de la commune une déclaration des biens-fonds qu'elle possède, des moyens d'existence et des ressources qui lui restent encore ; elle joint à cette déclaration un relevé des rôles des diverses contributions qu'elle paie, certifié par le percepteur, et visé par le contrôleur des contributions.

Le maire nomme ensuite deux experts pour procéder, article par article, en sa présence et en celle du contrôleur des contributions, à l'estimation de la perte que le réclamant a faite.

8.

Cette opération terminée, le contrôleur insère, à la suite du procès-verbal, son avis particulier sur la quotité du secours qu'il est nécessaire d'accorder. Le maire donne aussi son avis sur le même objet ; il fait mention du nombre des enfants de la personne qui a éprouvé la perte, de leur âge, de leur sexe, de ses ressources, si elle est propriétaire ou fermier des objets pour lesquels elle réclame du secours ; il adresse ensuite toutes les pièces au sous-préfet. etc., etc. (a).

INSECTES. Loi du 28 septembre—6 octobre 1791 (section 4, *art.* 20); etc., etc.

— Cette loi enjoint aux autorités administratives d'employer tous les moyens de protection et d'encouragement étant en leur pouvoir pour la destruction des animaux et des insectes qui peuvent nuire aux récoltes. etc., etc.

INSTRUMENS ARATOIRES. Loi du 28 septembre — 6 octobre 1791 (tit. 1, sect. 3, *art.* 2); Code pénal (*art.* 388 et 451); etc., etc.

— Ces instrumens, ainsi que les bestiaux servant à l'exploitation, ne peuvent être saisis ni vendus pour contributions publiques ; ils ne sont saisissables qu'au profit de la personne qui les a fournis,

---

(a) En matière de délit rural, la loi du 28 septembre —6 octobre 1791 déclare l'indemnité payable par préférence à l'amende (tit. II, *art.* 3).

ou pour l'acquit de fermages dus au propriétaire, et même dans le seul cas d'insuffisance d'autres objets mobiliers.

La destruction de ces instrumens est punie d'un emprisonnement d'un mois au moins.

Le vol qui en serait fait est puni de la réclusion. etc. , etc.

Irrigation. Loi du 28 septembre-6 octobre 1791 (tit. 2, *art.* 4, 15, 16); Code civil, *art.* 644; etc.

— Cet *art.* 644 du Code civil porte : Celui dont la propriété borde une eau courante, autre que celle qui est déclarée dépendance du domaine public, par l'*art.* 538, au titre *De la distinction des biens*, peut s'en servir à son passage pour l'irrigation de ses propriétés.

Celui dont cette eau traverse l'héritage peut même en user dans l'intervalle qu'elle y parcourt, mais à la charge de la rendre, à la sortie de ses fonds, à son cours ordinaire. etc., etc.

Mercuriales. Ordonnance d'avril 1667 ; Circulaires du ministre de l'intérieur du 1er floréal an VIII, 7 vendémiaire, 20 thermidor an X; etc., etc.

— Dans tous les lieux où il existe un marché, les marchands faisant trafic de blé et autres espèces de gros fruits, ou les mesureurs, font rapport par chaque semaine de la valeur et estimation commune des fruits, sans prendre aucun salaire; et ils peuvent y être contraints par amende.

A cette fin, ils nomment deux ou trois d'entre eux, qui, sans être appelés ni ajournés, font et affirment par serment, devant le maire, le rapport de l'estimation, dont il est aussitôt fait registre, sans prendre non plus des marchands aucun salaire ni vacation, à peine de concussion.

Les municipalités sont chargées de faire constater, à chaque foire ou marché, le prix courant des denrées de première nécessité, et de l'inscrire date par date, sur un registre destiné spécialement à cet usage.

L'hectolitre avec ses fractions étant la mesure usuelle de capacité qui sert pour la vente des grains sur tous les marchés, doit être adopté comme unité fondamentale pour la rédaction des mercuriales, en ce qui concerne les froment, seigle, orge, avoine, méteil, maïs, millet.

Les mercuriales doivent être arrêtées immédiatement après la cloture des ventes. Les résultats en sont adressés, le 15 et le 30 de chaque mois, par les maires aux sous-préfets de leurs arrondissements respectifs, chargés de les faire parvenir sans délai, avec leur visa, aux préfets, et ceux-ci au ministre. etc., etc.

MEUNIERS. Ordonnance du 17 septembre 1749; Loi du 22 juillet 1791 ; etc., etc.

— Les maires, dans les vérifications qu'ils font chez les meûniers, constatent si ceux-ci sont munis

de poids et de balance; et dans le cas où il n'en existerait pas, ils doivent les sommer d'en faire l'acquisition.

Leurs procès-verbaux doivent être rédigés sur
papier non timbré, enregistrés et visés en débet,
et adressés dans les trois jours au procureur du
roi près le tribunal de première instance.

Quant aux poids et mesures fausses et confis-
quées, les maires sont tenus de les joindre au procès-verbal qu'ils adressent au procureur du roi,
après avoir eu le soin d'y faire apposer, par le
moyen d'une bande de papier, le cachet de la
mairie, en écrivant dessus ces mots : « *Confisqué en
exécution de la loi du 22 juillet* 1791, *le... par nous,
« maire ou adjoint de... »*. etc., etc.

Paturage, parcours et vaine pature. Décrets du
19 avril, des 16 et 17 septembre 1790; Loi du 28
septembre — 6 octobre 1791; Avis du Conseil
d'état du 28 frimaire an XII, approuvé le 30
du même mois; Code civil, *art.* 648; Code pénal,
art. 459; etc., etc.

— Un héritage est réputé clos, et par cela même
affranchi des droits de parcours et de vaine pâture, lorsqu'il est entouré d'un mur de quatre pieds
de hauteur avec barrière ou porte, ou lorsqu'il est
exactement fermé ou entouré de palissades ou de
treillages, ou d'une haie vive, ou d'une haie sèche,
faite avec des pieux, ou cordelée avec des branches

ou de toute autre manière employée pour faire des haies, et en usage dans chaque localité; ou enfin d'un fossé de quatre pieds de large au moins à l'ouverture et de deux pieds de profondeur...

Dans aucun cas et dans aucun temps, le droit de parcours et celui de vaine pâture ne peuvent s'exercer sur les prairies artificielles, et ne peuvent avoir lieu, sur une terre ensemencée ou couverte de quelques productions que ce soit, qu'après la récolte...

Partout où les prairies naturelles sont sujettes au parcours ou à la vaine pâture, l'exercice de ces droits n'a lieu provisoirement que dans le temps autorisé par les lois ou coutumes, et jamais tant que la première herbe n'est pas récoltée....

La quantité de bétail, proportionnellement à l'étendue du terrain, est fixée dans chaque commune à tant de bêtes par arpent, d'après les règlements et usages locaux, et, à défaut de documents positifs à cet égard, il y est pourvu par le Conseil municipal. Chaque commune peut s'affranchir de la servitude du droit de parcours, en renonçant elle-même à l'exercer.

Aussitôt qu'un propriétaire a un troupeau malade, il est tenu (sous peine d'un emprisonnement de six jours à deux mois, et d'une amende de 16 à 200 francs) d'en faire la déclaration à la municipalité; elle assigne sur le terrain du parcours ou de la vaine pâture, si l'un ou l'autre existe dans la commune, un espace où le troupeau malade peut pâturer exclusivement, et le chemin qu'il doit suivre pour se rendre au pâturage. Si ce n'est point un pays de parcours ou de vaine pâture, le propriétaire est tenu de ne point faire sortir de ses héritages son troupeau malade. etc., etc.

PÊCHE. Ordonnance des Eaux et Forêts de 1669; Loi du 30 avril 1793; Arrêté du 28 messidor an VI; Loi du 14 floréal en X; Arrêté du 17 pluviose an XII; Avis du Conseil d'État du 27 pluviose an XIII (18 février 1805), approuvé le 30 pluviose même année; etc., etc.

—Tout individu qui, n'étant ni fermier de la pêche, ni pourvu de licence, pêche dans les fleuves et rivières navigables autrement qu'à la ligne flottante et à la main, est condamné, 1° à une amende qui ne peut être moindre de 50 francs, ni excéder 200 francs; 2° à la confiscation des filets et engins de pêche; 3° à des dommages-intérêts envers le fermier de la pêche, d'une somme égale à l'amende. L'amende est double en cas de récidive.

Les maires doivent se faire représenter les baux et licences des pêcheurs, pour s'assurer des conditions particulières que ces actes peuvent renfermer; ils doivent veiller surtout à l'exécution de la loi du 14 floréal an X, et informer le sous-préfet des infractions qu'ils peuvent remarquer.

La pêche des rivières non navigables n'appartient

pas aux communes, mais aux propriétaires riverains, qui ne peuvent cependant exercer ce droit
qu'en se conformant aux règles générales ou règlemens locaux concernant la pêche, et sans pouvoir
le conserver lorsqu'une rivière par la suite devient
navigable. etc., etc.

RÉCOLTES ET VENDANGES. Loi du 28 septembre
— 6 octobre 1791 ; Loi du 20 messidor an III;
Code pénal, *art.* 444; etc., etc.

— Le maire pourvoit à faire serrer la récolte
d'un cultivateur absent, infirme ou accidentelle-
ment hors d'état de la faire lui-même, et qui réclame ce secours; il a soin que cet acte de frater-
nité et de protection de la loi soit exécuté aux
moindres frais. Les ouvriers sont payés sur la récolte de ce cultivateur.

Chaque propriétaire est libre de faire sa récolte,
de quelque nature qu'elle soit, avec tout instrument et au moment qui lui convient, pourvu qu'il
ne cause aucun dommage aux propriétaires voisins.

Cependant, dans les pays où le ban de vendange
est en usage, il peut être fait à cet égard un
règlement chaque année par le Conseil municipal (*a*), mais seulement pour les vignes non closes.
Les réclamations qui pourraient être faites contre
le règlement sont portées au préfet qui y statue
sur l'avis du sous-préfet.

(*a*) *Voy. ci-dessus*, vol. VII, pag. 274 *et suiv.*

Nulle autorité ne peut suspendre ni intervertir les travaux de la campagne dans les opérations de la semence et de la récolte. etc., etc.

Saisie-Brandon. Code de procédure civile, *art.* 598 et 628; etc., etc.

— Hors les cas de parenté ou de domesticité que relate l'*art.* 598 du Code de procédure civile, c'est le garde champêtre qui est établi gardien d'une saisie-brandon. Lorsqu'il n'est pas présent, la saisie lui est signifiée; il en est aussi laissé copie au maire de la commune de la situation des fruits saisis, lequel vise l'original.

Lorsque les communes de la situation des biens sont contiguës ou voisines, il est établi un seul gardien, autre qu'un gardien champêtre : le visa est donné par le maire de la commune du chef-lieu de l'exploitation; et, s'il n'y en a point, par le maire de la commune où est située la majeure partie des biens. etc., etc.

Saisie-Exécution. Loi des 28 septembre — 6 octobre 1791; Code civil, *art.* 524; Code de procédure civile, *art.* 592 et 593; etc., etc.

— L'*art.* 592 du Code de procédure civile contient l'énumération de tous les objets que la loi déclare non saisissables. etc., etc.

Taxe. Loi du 19—22 juillet 1791 (tit. 1, *art.* 30); Code des délits et des peines, du 3 brumaire an IV, *art.* 605; etc., etc.

— La loi du 19 — 22 juillet 1791 a donné aux officiers municipaux la faculté de taxer le pain et la viande de boucherie.

Aux termes de l'*art.* 605 du Code des délits et des peines, ceux qui vendent le pain au-dessus de la taxe légalement faite et publiée, sont passibles des peines de police simple. etc., etc.

VERS-A-SOIE. Loi du 28 septembre — 6 octobre 1791 (tit. 1, sect. 3, *art.* 4); etc., etc.

— Cette loi a déclaré ces insectes insaisissables pendant leur travail, ainsi que la feuille de mûrier, qui leur est nécessaire pendant leur éducation. etc.

VIGNES. Loi du 28 septembre — 6 octobre 1791 (tit. 2, *art.* 24); etc., etc.

— Cette loi prononce des peines contre ceux qui feraient paître des bestiaux dans les vignes. etc., etc.

5° *Industrie et Commerce.*

La surveillance des Préfets, des Sous-Préfets et des Maires n'est pas moins nécessaire sous cet autre point de vue, relativement à cette autre branche d'administration, dans toutes les parties du territoire.

Ils doivent de même s'appliquer à faciliter l'adoption des procédés nouvellement découverts, et dont l'utilité est reconnue, transmettre au ministère toutes les observations qu'ils auront faites ou recueillies à cet égard, et toutes les instructions qui leur seront demandées.

Ils doivent contribuer à maintenir la police, l'ordre et la tranquillité dans les manufactures, fabriques et ateliers d'ouvriers ; faire exécuter les lois, ordonnances et règlemens sur la libre circulation des marchandises ou des matières premières ; surveiller les foires et autres lieux publics de vente, la vente des matières d'or et d'argent, comme aussi la distribution des indemnités, secours, encouragemens et récompenses ; etc.

Aperçu de la Législation, Jurisprudence et Coutume, sous ce cinquième rapport.

Abat-jour. Ordonnance du Prévôt de Paris, du 22 septembre 1600; etc , etc.

— Cette ordonnance a enjoint aux marchands de supprimer cette sorte de fenêtres construites dans les magasins, comme propre à donner un faux jour et à favoriser la ruse et la mauvaise foi. etc. , etc.

Affinage. Loi du 19 brumaire an VI, *art.* 113; etc.

— Cette loi , relative à la garantie des matières

d'or et d'argent, a enjoint à celui qui veut départir et affiner ces matières pour le commerce, d'en faire la déclaration à sa municipalité, où l'on en tient registre. etc., etc.

ATELIERS; OUVRIERS. Lois du 14 — 17 juin, du 19 — 22 juillet, du 28 septembre — 6 octobre 1791, du 3 — 23 — 25 nivose an II; Arrêtés du 16 fructidor an IV, du 12 messidor an VIII, du 5 brumaire an IX; Loi du 22 germinal an XI; Arrêté du 9 frimaire an XII; Circulaire du ministre de l'Intérieur du 4 nivose an XII; Arrêté du 10 ventose an XII; Code pénal, *art.* 471; etc., etc.

—La loi du 28 septembre — 6 octobre 1791 défend aux propriétaires ou fermiers d'un canton de se coaliser pour faire baisser ou fixer à vil prix la journée des ouvriers ou les gages des domestiques.

La loi du 3 nivose an II renferme les dispositions suivantes :

« *Art.* 5. Les coalitions entre ouvriers des différentes manufactures pour provoquer la cessation du travail, seront regardées comme des atteintes portées à la tranquillité qui doit régner dans les ateliers. Chaque ouvrier pourra individuellement adresser ses plaintes et former ses demandes, mais il ne pourra en aucun cas cesser le travail, sinon pour cause de maladies ou infirmités duement constatées.

» *Art.* 6. Les amendes entre ouvriers, celles qui seraient mises par eux sur les entrepreneurs, seront

considérées et punies comme simples vols. Les pro-
scriptions, défenses et interdictions, connues sous
le nom de *damnations*, seront regardées comme
des atteintes portées à la propriété des entrepreneurs. Ceux-ci seront tenus de dénoncer à l'agent
national de l'administration du district, les auteurs
ou instigateurs de ces délits, qui seront mis sur-le-
champ en état d'arrestation ».

La loi du 22 germinal an XI, porte :

« *Art.* 6. Toute coalition entre ceux qui font
travailler des ouvriers, tendant à forcer injustement
et abusivement l'abaissement des salaires, et suivie
d'une tentative ou d'un commencement d'exécution,
sera punie d'une amende de cent francs au moins,
de trois mille francs au plus ; et, s'il y a lieu, d'un
emprisonnement qui ne pourra excéder un mois.

« *Art.* 7. Toute coalition de la part des ouvriers,
pour cesser en même temps de travailler, interdire
le travail dans certains ateliers, empêcher de s'y
rendre, et d'y rester avant et après de certaines
heures, et en général pour suspendre, empêcher,
enchérir les travaux, sera punie, s'il y a eu tentative ou commencement d'exécution, d'un emprisonnement qui ne pourra excéder trois mois.

« *Art.* 8. Si les actes prévus dans l'article précédent ont été accompagnés de violence, de voies de
fait, attroupement, les auteurs et complices seront
punis des peines portées au Code de police correc-

tionnelle ou au Code pénal, suivant la nature des délits.

« *Art.* 10. Le maître ne pourra, sous peine de dommages et intérêts, retenir l'apprenti au-delà de son temps, ni lui refuser un congé d'acquit, quand il aura rempli ses engagemens.

« Les dommages-intérêts seront au moins du triple des journées depuis la fin de l'apprentissage.

« *Art.* 11. Nul individu, employant des ouvriers, ne pourra recevoir un apprenti sans congé d'acquit, sous peine de dommages-intérêts envers son maître.

« Nul ne pourra, sous les mêmes peines, recevoir un ouvrier, s'il n'est porteur d'un livret contenant le certificat d'acquit de ses engagemens, délivré par celui de chez qui il sort.

« *Art.* 19. Toutes les affaires de simple police entre les ouvriers et apprentis, les manufacturiers, fabricans et artisans, seront portées à Paris devant le préfet de police, devant les commissaires-généraux de police dans les villes où il y en a d'établis, et dans les autres lieux devant le maire ou un de ses adjoints.

« Ils prononceront, sans appel, les peines applicables aux divers cas, selon le Code de police municipale.

« Si l'affaire est du ressort des tribunaux de police correctionnelle ou criminelle, ils pourront ordonner l'arrestation provisoire des. prévenus ; et les faire traduire devant le magistrat de sûreté (aujourd'hui devant le procureur du Roi).

« *Art.* 20. Les autres contestations seront portées devant les tribunaux auxquels la connaissance en est attribuée par les lois.

« *Art.* 21. En quelque lieu que réside l'ouvrier, la juridiction sera déterminée par le lieu de la situation des manufactures ou ateliers dans lesquels l'ouvrier aura pris du travail ».

L'arrêté du 9 fructidor an XII prescrit, entre autres, les mesures de police qui suivent :

« *Art.* 1. Tout ouvrier, travaillant en qualité de compagnon ou garçon, doit se pourvoir d'un livret.

« *Art.* 2. Ce livret est en papier libre, coté et paraphé sans frais, savoir : à Paris, Lyon et Marseille, par un commissaire de police (*a*), et dans les autres villes, par le maire ou l'un de ses adjoints. Le premier feuillet portera le sceau de la municipalité, et contiendra le nom et le prénom de l'ouvrier, son âge, le lieu de sa naissance, son signalement, la désignation de sa profession, et le nom du maître chez lequel il travaille.

_____

(*a*) Par l'arrêté du 10 ventose suivant (B. 347), cette disposition a été étendue aux villes dans lesquelles existaient ou seraient établis des commissaires généraux de police.

« *Art.* 3. Indépendamment de l'exécution de la loi sur les passe-ports, l'ouvrier sera tenu de faire viser son dernier congé par le maire ou son adjoint, et de faire indiquer le lieu où il se propose de se rendre.

« Tout ouvrier qui voyagerait sans être muni d'un livret ainsi visé, sera réputé vagabond, et pourra être arrêté et puni comme tel....

« *Art.* 5. L'ouvrier sera tenu de faire inscrire le jour de son entrée sur son livret par le maître chez lequel il se propose de travailler, ou, à son défaut, par les fonctionnaires publics désignés en l'article 2, et sans frais, et de déposer le livret entre les mains de son maître, s'il l'exige....

« *Art.* 10. Lorsque celui pour lequel l'ouvrier a travaillé, ne saura ou ne pourra écrire, ou lorsqu'il sera décédé, le congé sera délivré, après vérification, par le commissaire de police, le maire du lieu ou l'un de ses adjoints, et sans frais.

« *Art.* 11. Le premier livret d'un ouvrier lui sera expédié, 1° sur la présentation de son acquit d'apprentissage ; 2° ou sur la demande de la personne chez laquelle il aura travaillé ; 3° ou enfin sur l'affirmation de deux citoyens patentés de sa profession, et domiciliés, portant que le pétitionnaire est libre de tout engagement, soit pour raison d'apprentissage, soit pour raison d'obligation de travailler comme ouvrier.

« *Art.* 12. Lorsqu'un ouvrier voudra faire coter et parapher un nouveau livret, il représentera l'ancien. Le nouveau livret ne sera délivré qu'après qu'il aura été vérifié que l'ancien est rempli, ou hors d'état de service. Les mentions des dettes seront transportées de l'ancien livret sur le nouveau.

« *Art.* 13. Si le livret de l'ouvrier était perdu, il pourra, sur la représentation de son passe-port en règle, obtenir la permission provisoire de travailler, mais sans pouvoir être autorisé à aller dans un autre lieu, et à la charge de donner à l'officier de police du lieu la preuve qu'il est libre de tout engagement, et tous les renseignemens nécessaires pour autoriser la délivrance d'un nouveau livret, sans lequel il ne pourra partir. etc., etc. ».

Bourses de commerce. Arrêtés du Conseil du 26 novembre 1781, et du 24 septembre 1784; Lois du 28 vendémiaire an IV, du 28 ventose an IX; Arrêtés du 29 germinal an IX, du 27 prairial an X, du 12 brumaire an XI; Décret du 10 septembre 1808; Avis du Conseil-d'État du 2 mai 1809, approuvé le 17; Code de Commerce, *art.* 72 et 73; etc.

— La loi du 28 vendémiaire an IV contient sur la police de la Bourse les dispositions suivantes :

Chap. I, *art.* 1. « La bourse, c'est-à-dire, le lieu où se rassemblent les négocians et les marchands munis de patentes, pour leurs opérations de banque ou de commerce, s'ouvrira à onze heures jusqu'à une

9.

heure pour les ventes et achats de matières et espèces métalliques, et depuis une heure jusqu'à trois heures pour les opérations de banque et les négociations de lettres de change.

« *Art.* 2. Aucun pouvoir militaire n'exercera de fonctions dans l'intérieur de la bourse, et la police ne sera soumise qu'à la surveillance de la police administrative.

« *Art.* 3. L'administration de police disposera des moyens les plus actifs pour rendre facile et accessible l'entrée de la bourse, et dissiper tout attroupement.

« *Art.* 4. Le local intérieur de la bourse sera disposé de manière que chaque négociant et marchand puisse s'y choisir une place fixe et déterminée, tant dans la salle que dans les jardins du bâtiment ».

La loi du 28 ventose an IX, relativement à l'établissement des bourses et des agens de change, porte :

« *Art.* 1er. Le Gouvernement pourra établir des bourses de commerce dans tous les lieux où il n'en existe pas, et où il le jugera convenable.

« *Art.* 2. Il pourra affecter à la tenue de la bourse les édifices et emplacemens qui ont été ou sont encore employés à cet usage, et qui ne sont pas aliénés.

« Il pourra assigner à cette destination tout ou partie d'un édifice national, dans les lieux où il n'y a pas de bâtimens qui aient été ou soient affectés à cet usage.

« Les banquiers, négocians et marchands, pourront faire des souscriptions pour construire des établissemens de ce genre, avec l'autorisation du Gouvernement.

« *Art.* 3. Le Gouvernement pourvoira à l'administration des édifices et emplacemens où se tiennent les bourses, et de ceux qui seront affectés ultérieurement à la même destination, ou construits par le commerce.

« *Art.* 4. Les dépenses annuelles, relatives à l'entretien et réparation des bourses, seront supportées par les banquiers, négocians et marchands; en conséquence, il pourra être levé une contribution proportionnelle sur le total de chaque patente de commerce de première et deuxième classes, et sur celles d'agens de change et courtiers.

« Le montant en sera fixé chaque année, en raison des besoins, par un arrêté du préfet du département.

« *Art.* 5. Dans toutes les villes où il y aura une bourse, il y aura des agens de change et des courtiers de commerce nommés par le Gouvernement ».

Aux termes de l'arrêté du 29 germinal an IX, la police de la bourse a été confiée, à Paris, au préfet de police; à Marseille, Lyon, Bordeaux, etc., aux commissaires généraux de police ; dans les autres villes, aux maires.

« *Art.* 14. Ils désignent un des commissaires de police ou un des adjoints, pour être présent à la bourse, et en exercer la police pendant sa tenue.

« Le préfet de police de Paris, les commissaires généraux de police de Marseille, Lyon et Bordeaux, et les maires des autres places de commerce, peuvent proposer la suspension des agens de change qui ne se conforment pas aux lois et règlemens, ou prévariquent dans leurs fonctions. Le préfet de police s'adresse à cet effet au ministre de l'intérieur ; les commissaires généraux de police aux préfets ; et les maires aux sous-préfets, qui en rendent compte au préfet....

« *Art.* 17. Le ministre de l'intérieur, sur le compte qui lui est rendu, peut proposer au chef du Gouvernement de prononcer la destitution de l'agent de change inculpé, après avoir toutefois fait demander l'avis des syndics et adjoints, devant lesquels le prévenu est entendu....

« *Art.* 19. Le préfet de police de Paris, sauf l'approbation du ministre de l'intérieur ; les commissaires-généraux de police et les maires, sauf l'approbation du préfet du département, peuvent faire les règlemens locaux qu'ils jugent nécessaires pour la police intérieure de la bourse ».

L'arrêté du 27 prairial an X est ainsi conçu :

« *Art.* 1. Les bourses de commerce seront ouvertes à tous les citoyens, et même aux étrangers.

« *Art.* 2. A Paris, le préfet de police règlera, de concert avec quatre banquiers, quatre négocians, quatre agens de change et quatre courtiers de commerce désignés par les tribunaux de commerce, les jours et heures d'ouverture, de tenue et de fermeture de la bourse.

« Dans les autres villes, le commissaire général de police ou le maire fera cette fixation de concert avec le tribunal de commerce.

« *Art.* 3. Il est défendu de s'assembler ailleurs qu'à la bourse, et à d'autres heures que celles fixées par le règlement de police, pour proposer et faire des négociations, à peine de destitution des agens de change ou courtiers qui auraient contrevenu ; et, pour les autres individus, sous les peines portées par la loi contre ceux qui s'immisceront dans les négociations sans titre légal.

« Le préfet de police de Paris, et les maires et officiers de police des villes des départemens, sont chargés de prendre les mesures nécessaires pour l'exécution de cet article.

« *Art.* 4. Il est défendu, sous les peines portées par les articles 15 de l'arrêt du Conseil du 26 novembre 1781, et 8 de la loi du 28 ventose an IX, à toutes personnes, autres que celles nommées par le Gouvernement, de s'immiscer, en façon quelconque, et sous quelque prétexte que ce puisse être, dans les fonctions des agens de change et des courtiers de commerce, soit dans l'intérieur, soit à l'extérieur de la bourse. Les commissaires de police sont spécialement chargés de veiller à ce qu'il ne soit pas contrevenu à la présente disposition.

« Il est néanmoins permis à tous particuliers de négocier entre eux et par eux-mêmes les lettres de change ou billets à leur ordre ou au porteur, et tous les effets de commerce qu'ils garantiront par leur endossement, et de vendre aussi par eux-mêmes leurs marchandises.

« *Art.* 5. En cas de contravention à l'article ci-dessus, les commissaires de police, les syndics ou les adjoints des agens de change et courtiers de commerce feront connaître le contrevenant au préfet de police à Paris, et aux maires et officiers de police dans les départemens; lesquels, après la vérification des faits et audition du prévenu, pourront, par mesure de police, lui interdire l'entrée de la bourse.

« En cas de récidive, il sera, par le Gouvernement, déclaré incapable de pouvoir parvenir à l'état d'agent de change ou courtier : le tout sans préjudice de la traduction devant les tribunaux, pour faire prononcer les peines portées par la loi et arrêt du Conseil ci-dessus cités.

« *Art.* 6. Il est défendu, sous les peines portées

contre ceux qui s'immiscent dans les négociations sans être agens de change ou courtiers, à tout banquier; négociant ou marchand, de confier ses négociations, ventes ou achats, et de payer des droits de commission ou courtage à d'autres qu'aux agens de change et courtiers.

« Les syndics et adjoints des agens de change et courtiers, le préfet de police de Paris, et les maires et officiers de police des autres places de commerce, sont spécialement chargés de veiller à l'exécution du présent article, et de dénoncer les contrevenans aux tribunaux.

« Le commissaire du Gouvernement sera tenu de les poursuivre d'office.

« *Art.* 7. Conformément à l'art. 7 de la loi du 28 ventose an IX , toutes négociations faites par des intermédiaires sans qualité sont déclarées nulles.

« *Art.* 8. Les compagnies de banque ou de commerce qui émettent des actions, sont comprises dans la disposition des articles précédens, et ne pourront exiger d'autre garantie que celles prescrites par les lois et règlemens.

« *Art.* 9. Les agens de change pourront faire, concurremment avec les courtiers de commerce, les négociations en rentes ou achats de monnaies d'or ou d'argent et matières métalliques » (*a*). etc.

(*a*) L'Arrêté du 12 brumaire an II a ordonné que les

BOUTIQUES. Loi du 22 juillet 1791, tit. 1, *art.* 9 ; etc.
— Cette loi autorise les officiers de police à entrer
dans les boutiques pour vérifier les poids et mesures,
le titre des matières d'or et d'argent, la salubrité des
comestibles et des médicamens. etc., etc.

---

contributions qui seraient levées, conformément à l'article 4 de la Loi du 28 ventose an IX, pour subvenir aux
réparations et à l'entretien et réparation des bâtimens
affectés à la tenue des bourses de commerce, seraient
reçues par les percepteurs des communes de la même
manière et aux mêmes termes que le droit total des patentes ; 2° que le préfet du département, conformément
au § 2, de l'article 4 de la même loi, rendrait exécutoire
le rôle de ces contributions ; 3° que le percepteur aurait,
sur la perception qu'il en ferait, une remise égale à celle
qui lui est attribuée pour le rôle des patentes, et que le
montant de cette remise serait compris additionnellement
dans chaque cote ; 4° que le montant des recettes serait
versé entre les mains d'un des négocians, agens de change
ou courtiers de la ville, désigné par le préfet, lequel
acquitterait les mandats que le préfet délivrerait aux ouvriers qui auraient fait les travaux ; 5° que les travaux
à faire aux bâtimens des bourses de commerce, seraient
déterminés par le préfet, avec les mêmes formalités que
les travaux publics nationaux, et après l'adjudication au
rabais, si le montant du devis estimatif excédait 5 fr.;
6° que le compte des fonds provenans des contributions
serait examiné à la fin de chaque année par le tribunal
de commerce, et arrêté par le préfet du département.

Brevets d'invention. Lois des 31 décembre
1790 — 7 janvier 1791, et 14-28 mai 1792; arrêté
du 5 vendémiaire an IX; décrets du 9 brumaire
an XIII, du 25 novembre 1806, du 25 janvier
1807; etc., etc.

— La première de ces lois porte :

« *Art.* 1. Toute découverte ou nouvelle invention, dans tous les genres d'industrie, est la propriété de son auteur; et, en conséquence, la loi
lui en garantit la pleine et entière jouissance, suivant le mode et pour le temps déterminés.

« *Art.* 2. Tout moyen d'ajouter à quelque fabrication que ce puisse être, un nouveau genre de
perfection, sera regardé comme une invention.

« *Art.* 3. Quiconque apportera le premier en
France une découverte étrangère, jouira du même
avantage que s'il en était l'inventeur.

« *Art.* 4. Celui qui voudra conserver ou s'assurer
une propriété industrielle du genre de celles énon-
cées aux précédens articles, sera tenu, 1° de s'adresser au secrétariat de la préfecture de son département, et d'y déclarer par écrit si l'objet qu'il présente
est d'invention, de perfection ou seulement d'importation; 2° de déposer, sous cachet, une description exacte des principes, moyens et procédés qui
constituent la découverte, ainsi que les plans, coupes,
dessins et modèles qui pourraient y être relatifs,
pour ledit paquet être ouvert au moment où l'inventeur recevra son titre de propriété ».

La seconde loi renferme les dispositions suivantes :

« Tit. 1er, *art.* 1er. Il est délivré sur une simple requête, et sans examen préalable, des patentes nationales, sous la dénomination de brevets d'invention, à toutes personnes qui voudraient exécuter ou faire exécuter des objets d'industrie jusqu'alors inconnus en France....

« Tit. 11, *art.* 4. Si la soumission du breveté (celle d'acquitter la deuxième moitié de la taxe, s'il n'a pas payé la totalité en présentant sa requête) n'est pas remplie au terme prescrit, le brevet qui lui aura été délivré sera de nul effet : l'exercice de son droit deviendra libre, et il en sera donné avis à tous les départemens par le directoire des brevets d'invention. Si quelque personne annonce un moyen de perfection pour une invention déja brevetée, elle obtient, sur sa demande, un brevet pour l'exercice privatif dudit moyen de perfection, sans qu'il soit permis sous aucun prétexte d'exécuter ou de faire exécuter l'invention principale ; et réciproquement, sans que l'inventeur puisse faire exécuter par lui-même le nouveau moyen de perfection.

« Ne sont point mis au rang des perfections industrielles les changemens de formes ou de proportions, non plus que les ornemens, de quelque genre que ce puisse être.

« Tout concessionnaire de brevet, obtenu pour

un objet que les tribunaux ont jugé contraire aux lois, à la sûreté publique ou aux règlemens de police, est déchu de son droit, sans pouvoir prétendre d'indemnité, sauf au ministère public à prendre, suivant l'importance des cas, telles conclusions qu'il appartiendra.

« *Art.* 10. Lorsque le propriétaire d'un brevet est troublé dans l'exercice de son droit privatif, il se pourvoit, dans les formes prescrites pour les autres procédures civiles, devant le juge de paix, pour faire condamner le contrefacteur aux peines prononcées par la loi.

« *Art.* 11. Le juge de paix entend les parties et leurs témoins, ordonne les vérifications qui peuvent être nécessaires, et le jugement qu'il prononce est exécuté provisoirement, nonobstant l'appel....

« *Art.* 14. Le propriétaire d'un brevet peut contracter telle société qu'il lui plaît pour l'exercice de son droit, en se conformant aux usages du commerce.... (*a*).

« *Art.* 15. Lorsque le propriétaire d'un brevet a cédé son droit en tout ou en partie (ce qu'il ne peut faire que par un acte notarié), les deux parties contractantes sont tenues, à peine de nullité,

---

(*a*) La suite de cet article interdisait la faculté d'établir l'entreprise par action ; mais cette disposition a été rapportée par le décret du 25 novembre 1806.

de faire enregistrer ce transport aux secrétariats de leurs départemens respectifs ; lesquels en informent aussitôt le directoire des brevets d'invention, afin que celui-ci en instruise les autres départemens.... ».

Des changemens ont été faits, par l'arrêté du 5 vendémiaire an IX, au mode de délivrance des brevets.

Le certificat de demande d'un brevet d'invention est donné par le ministre de l'intérieur ; les brevets sont ensuite délivrés, tous les trois mois, par le Gouvernement, et promulgués dans le Bulletin des Lois.

Pour prévenir l'abus que les brevetés pourraient faire de leurs titres, on insère, par annotation, au bas de chaque expédition, la déclaration suivante : « Le Gouvernement, en accordant un brevet d'invention, n'entend garantir en aucune manière, ni la priorité, ni le mérite, ni le succès d'une invention ».

Les mémoires descriptifs et les dessins fournis par les brevetés en déchéance, sont remis à l'administration du Conservatoire des arts et métiers, pour être livrés au public par la voie de l'impression et de la gravure. (*Décret du 9 brumaire an XIII, art. 2.*)

Aux termes du décret impérial du 25 janvier 1807, les années de jouissance d'un brevet d'invention, de perfectionnement ou d'importation, commencent à courir de la date du certificat de demande délivré par le ministre de l'intérieur : ce certificat établit en faveur du demandeur une jouissance provisoire qui devient définitive par l'expédition du brevet qui doit suivre ce certificat.

La priorité d'invention, dans le cas de contestation entre deux brevetés pour le même objet, est acquise à celui qui le premier a fait, au secrétariat de la préfecture du département de son domicile, le dépôt de pièces exigé par l'art. 4 de la loi du 7 janvier 1791. etc., etc.

BROCANTEURS ET REVENDEURS. Ordonnance de police du 8 novembre 1780, *art.* 3; Loi du 19-22 juillet 1791; Ordonnance du préfet de police de Paris, du 4 germinal an X; etc., etc.

— L'ordonnance de police du 8 novembre 1780 a assujetti toutes les personnes dont le commerce consiste à acheter de vieux passemens d'or et d'argent, les crieurs, brocanteurs, revendeurs et revendeuses, à avoir un registre cotté et paraphé par le commissaire de police, et à y inscrire régulièrement toutes les opérations de leur commerce....

Aux termes de la loi du 19-22 juillet 1791, les officiers de police doivent surveiller les encans, maisons de prêt, monts-de-piété, et les fripiers, brocanteurs, prêteurs sur gages....

L'ordonnance du préfet de police du 4 germinal an X, entre autres dispositions, défend aux brocanteurs de se rassembler dans les halles, marchés et places publiques, et de s'arrêter dans les rues. etc.

CHAMBRES CONSULTATIVES. Loi du 22 germinal an XI; Arrêtés du 3 nivose, du 10 thermidor an XI, du 12 germinal an XII; etc., etc.

— La loi du 22 germinal an XI porte :

« *Art.* 1er. Il pourra être établi dans les lieux où le Gouvernement le jugera convenable, des Chambres consultatives de manufactures, fabriques, arts et métiers ».

L'arrêté du 12 thermidor an XI renferme les dispositions suivantes :

« *Art.* 1er. Les Chambres consultatives de manufactures, fabriques, arts et métiers, qui seront établies dans les communes désignées par le Gouvernement, conformément à l'article 1er de la loi du 22 germinal an XI, seront composées chacune de six membres, et présidées par les maires des lieux où elles seront placées : dans les communes où il se trouve plusieurs maires, le préfet présidera la Chambre, ou désignera celui qui devra le remplacer.

« *Art.* 2. Nul ne pourra être reçu membre d'une Chambre consultative, s'il n'est manufacturier, fabricant, directeur de fabrique, ou s'il n'a exercé une de ces professions pendant cinq ans au moins.

« *Art.* 3. Les fonctions desdites Chambres seront uniquement de faire connaître, conformément aux dispositions de l'article 3 de là loi du 22 germinal, les besoins d'amélioration des manufactures, fabriques, arts et métiers....

« *Art.* 8. Les maires des lieux où il sera établi des Chambres consultatives de manufactures, fourniront un local convenable pour la tenue de leurs séances.

« *Art.* 9. Les menus-frais de bureaux, auxquels cette tenue donnera lieu, feront partie des dépenses des communes, seront portés dans leurs budgets, et acquittés sur leurs revenus ». etc., etc. (*a*).

CHANGE. Loi du 20 vendémiaire an IV; etc., etc.

— L'art. 1er de cette loi porte que le cours du change, et celui de l'or et de l'argent, soit monnoyés, soit en barres, sera réglé, chaque jour, à l'issue de la bourse; et suivant *l'art.* 2, deux agens de change doivent être chargés de calculer ce cours, d'en déterminer la fixation, et de l'afficher à la bourse dans les lieux les plus apparens. etc., etc.

COLPORTEURS ET MARCHANDS FORAINS. Lois du 3 thermidor an IV (*art.* 4), du 5 nivose an V; Arrêté du 15 frimaire an VI (*art.* 4 *et* 5); Loi du 1er brumaire an VII; etc., etc.

— Ces colporteurs et marchands doivent représenter aux maires des lieux où ils passent, la pa-

(*a*) *Voy.*, à ce sujet, les Principes que nous avons développés ci-dessus, vol. VII, pag. 143 *et suiv.*

tente à laquelle ils sont sujets, et qui doit être prise dans le lieu de leur principal domicile.

Les colporteurs qui crient dans les rues des journaux et des brochures, ne peuvent les vendre sans la permission de la police. etc., etc.

COMMERCE DE BESTIAUX. Loi du 28 septembre—6 octobre 1791, tit. II, *art.* 11; Arrêté du ministre de l'intérieur, du 19 ventose an XI; Code civil, *art.* 2280; etc., etc.

(*Voy.* ci-dessus, à l'article AGRICULTURE, les mots *Foires et Marchés*).

DRAPS. Décret du 9 décembre 1810 (B. 330); etc.

— Ce Décret, concernant les draps destinés au commerce du Levant, porte: *art.* 3, que « les vérificateurs seront installés par le maire de la commune; qu'ils prêteront, entre ses mains, et en présence des membres de la Chambre consultative des manufactures, convoqués à cet effet, un serment dont il sera dressé procès-verbal, et que deux expéditions de ce procès-verbal seront envoyées au préfet, qui en transmettra une au ministre de l'intérieur ». etc., etc.

FABRICANS ET MARCHANDS D'OUVRAGES D'OR ET D'ARGENT. Loi du 19 brumaire an VI; etc., etc.

— Les règles prescrites par cette loi sur la surveillance du titre et la perception des droits de garantie des matières et ouvrages d'or et d'argent, sont toujours en vigueur.

Quoique plusieurs attributions données directement aux maires et aux commissaires de police, aient été depuis placées sous la compétence des préposés de la Régie des droits réunis, les maires sont toujours appelés à concourir en plusieurs points à l'exécution de cette loi.

C'est à la mairie que les personnes qui veulent fabriquer des matières d'or et d'argent, doivent faire insculper leur poinçon particulier sur une planche de cuivre avec leur nom. Cette formalité n'est pas exigée de celles qui vendent seulement des ouvrages fabriqués ; mais elles n'en sont pas moins tenues de faire leur déclaration chez le maire, et de lui montrer les bordereaux des orfèvres chez qui les ouvrages dont elles sont porteurs ont été achetés. Le registre sur lequel les fabricans et les marchands inscrivent les matières et ouvrages d'or et d'argent qu'ils vendent ou achètent, ceux qu'on dépose entre leurs mains pour les faire raccommoder, etc., doit être coté et paraphé par le maire.

Les marchands ambulans de matières d'or et d'argent, ne peuvent s'établir dans une foire sans s'être auparavant présentés devant le maire, qui ne leur permet d'exposer leurs marchandises en vente qu'après avoir fait vérifier les bordereaux énonciatifs de l'espèce, du titre et du poids, avoir fait examiner, par des gens de l'art, si toutes sont marquées du poinçon de vieux ou de recense, et s'être assurés

10.

que la déclaration en a été faite au bureau de garantie de l'arrondissement. etc., etc.

FOIRES ET MARCHÉS. (*Voy.* ces mots, à l'article AGRICULTURE, ci-dessus, vol. IX, pag. 107 *et* 108).

INDEMNITÉS ET SECOURS. (*Voy.* aussi ces mots, à l'*art.* AGRICULTURE, ci-dessus, vol. IX, pag. 115 et 116; et ci-après, à l'article FINANCES, les mots *Décharges*, *dégrèvemens*, *réductions*).

JOAILLIERS. Loi du 19 brumaire an VI, *art.* 86; Arrêté du 1er messidor an VI; Ordonnance du préfet de police de Paris, du 28 septembre 1806; etc., etc.

— La loi du 19 brumaire an VI porte :

« *Art.* 86. Les joailliers ne sont pas tenus de porter au bureau de garantie les ouvrages montés en pierres fines ou fausses, ou en perles, ni ceux émaillés dans toutes leurs parties, où auxquels sont adaptés des cristaux; mais ils auront un registre coté et paraphé comme celui des fabricans et marchands d'or et d'argent, à l'effet d'y inscrire, jour par jour, les ventes ou les achats qu'ils auront faits.

« *Art.* 87. Ils seront tenus, comme les fabricans et marchands orfèvres, de donner aux acheteurs un bordereau, qui sera également fourni par la régie de l'enregistrement, et sur lequel ils décriront la nature, la forme de chaque ouvrage, ainsi que la qualité des pierres dont il sera composé, et qui sera daté et signé par eux ».

L'arrêté du 1er messidor an VI contient les dispositions suivantes :

« *Art.* 1er. Les ouvrages de joaillerie dont la monture est très-légère, et contient des pierres ou perles fines ou fausses, des cristaux, dont la surface est entièrement émaillée, ou enfin qui ne pourraient supporter l'empreinte des poinçons sans détérioration, continueront d'être seuls dispensés de l'essai et du paiement du droit de garantie, qui a remplacé ceux de contrôle et de marque des ouvrages d'or et d'argent ». etc., etc.

LETTRES DE CHANGE. Avis du Conseil-d'État du 12-30 frimaire an XIV; etc., etc.

— Cet avis du Conseil-d'État, relatif à la question de savoir si une lettre de change peut être payée en billets de banque, autrement que du consentement de celui qui en est porteur, décide que le porteur d'une lettre de change a le droit d'exiger son paiement en numéraire, et que les billets de la banque, établis pour la commodité du commerce, ne sont que de simple confiance. Il n'est pas sans utilité que les préfets, sous-préfets et maires soient instruits de cette disposition.

LIVRES ET REGISTRES. Code de Commerce, *art.* 11, 224, 242, 243; etc., etc.

— Les livres de commerce, dont la tenue est ordonnée par les articles 8 et 9 du Code de Commerce, doivent être cotés et paraphés, et visés sans frais, soit par un des juges des tribunaux de commerce, soit par le maire ou un adjoint.

Les commerçans sont tenus de conserver ces livres pendant dix ans.

Le capitaine, chargé de la conduite d'un navire ou autre bâtiment marchand, tient aussi un registre coté et paraphé par l'un des juges du tribunal de commerce, ou par le maire ou son adjoint dans les lieux où il n'y a pas de tribunal de commerce.

Dans les vingt-quatre heures de son arrivée, il est obligé de faire viser ce registre et de faire son rapport. etc., etc.

MACHINES. (*Presses, moutons, balanciers, laminoirs.*) Lettres patentes du 18 juillet 1783; Arrêté du 3 germinal an IX; etc., etc.

— Cet arrêté du 3 germinal an IX a ordonné que les dispositions des lettres-patentes sus-relatées, qui obligent les entrepreneurs de manufactures, orfèvres, horlogers, graveurs, fourbisseurs et autres, faisant usage de presses, moutons, balanciers, etc., à en obtenir la permission, seraient exécutées suivant leur forme et teneur, et que cette permission serait délivrée à Paris par le préfet de police; à Bordeaux, Lyon et Marseille, par les commissaires généraux de police; et dans les autres lieux, par les maires de la commune. etc., etc.

MARQUES ET POINÇONS. Arrêté du 21 brumaire an V; Décision de l'Administration des monnaies, du 17 nivose an VI; Arrêté du 23 nivose an IX; Loi du 18 germinal an IX; Décrets du 11 juin 1809, du 5 septembre 1810; Cod. pén., *art.* 140 et 141; etc.

— L'arrêté du 21 brumaire an V, sur les poinçons pour la marque des ouvrages d'or et d'argent, est conçu en ces termes :

« *Art.* 1er. Tous citoyens qui voudront faire l'emploi des matières d'or et d'argent, seront tenus d'avoir des poinçons pour marquer leurs ouvrages.

« *Art.* 2. Les poinçons seront délivrés provisoirement par l'administration des monnaies, sur le vu, 1° de leurs patentes, 2° des attestations de bonne conduite et de capacité, souscrites par les citoyens exerçant le même état, chez lesquels ils auront travaillé, 3° des certificats de moralité délivrés par leurs municipalités.

« *Art.* 3. Ces poinçons seront insculpés en présence de l'un des administrateurs, sur une table de cuivre qui sera déposée dans les bureaux de l'administration, de laquelle insculpation il sera dressé procès-verbal... »

D'après la décision de l'Administration des monnaies, du 17 pluviose an VI, les poinçons des fabricans d'ouvrages d'or et d'argent doivent être en lozange, et ceux des fabricans de doublé et de plaqué doivent former un carré parfait...

Le décret du 5 septembre 1810 contient des dispositions tendantes à prévenir ou à réprimer la contrefaçon des marques apposées sur les ouvrages de quincaillerie et de coutellerie.

Il porte, entre autres,

« *Art.* 1er. Il est defendu de contrefaire les marques que, par un arrêté du 23 nivose an IX, les fabricans de quincaillerie sont autorisés à mettre sur leurs ouvrages. Tout contrevenant à cette disposition sera puni, pour la première fois, d'une amende de trois cents francs, dont le montant sera versé dans la caisse des hospices de la commune : en cas de récidive, cette amende sera double, et le contrevenant sera en outre condamné à un emprisonnement de six mois.

« *Art.* 2. Les objets contrefaits seront saisis et confisqués au profit du propriétaire de la marque; le tout sans préjudice des dommages-intérêts qu'il y aura lieu de lui adjuger.

« *Art.* 3. Nul ne sera admis à intenter action en contrefaçon de sa marque, s'il n'a fait empreindre cette marque sur les tables communes établies à cet effet, et déposées au tribunal de commerce, suivant l'art. 18 de la loi du 18 germinal an IX....

« *Art.* 6. Tout particulier qui voudra s'assurer la propriété de sa marque, est tenu, conformément à l'art. 9, section 1re, titre 1er, du décret du 11 juin 1809, de verser une somme de six francs entre les mains du receveur de la commune; cette somme, ainsi que toutes les autres qui seraient comptées pour le même objet, seront mises à la disposition des prud'hommes ou du maire, et destinées à l'acquisition des tables et à les entretenir. Le préfet en surveillera la comptabilité....

« *Art.* 8. La saisie des ouvrages dont la marque

aurait été contrefaite, aura lieu sur la simple réquisition du propriétaire de cette marque : les officiers de police seront tenus de l'effectuer sur la
présentation du procès-verbal de dépôt; ils ren-
verront ensuite les parties devant le Conseil des
prud'hommes ; s'il y en a un dans la commune ; s'il
n'y en a point, le juge de paix du canton prendra
connaissance de l'affaire.

« *Art.* 9. Le Conseil des prud'hommes (ou le juge
de paix) entendra d'abord les parties et leurs témoins; il prononcera ensuite son jugement, qui
sera mis à exécution sans appel ou à la charge de
l'appel, avec ou sans caution, conformément aux
dispositions du décret du 3 août dernier....

« Le maire, son adjoint, ou le commissaire de
police, doivent accompagner les employés des bureaux, lorsqu'il s'agit de faire des perquisitions chez
des individus prévenus d'une fabrication illicite de
poinçons ». etc., etc.

POIDS ET MESURES. Lois du 19-22 juillet 1791,
du 18 germinal an III, du 1er vendémiaire an IV,
du 29 prairial an IX ; etc., etc.

— Ces lois contiennent plusieurs dispositions
applicables aux attributions des préfets, des sous-
préfets et des maires, relativement à la vérification
des poids et mesures. etc., etc. (*a*).

_____

(*a*) *Voy.* aussi, ci-après, à l'art. FINANCES, les mots
Pesage, *Mesurage* et *Jaugeage.*

Prud'hommes. Loi du 18 mars 1806; Règlement du 11 juin 1809; Décret du 3 août 1810; etc., etc.

— Le règlement du 11 juin 1809 contient les dispositions suivantes :

« *Art.* 19. Le procès-verbal d'élection des membres du Conseil des prud'hommes doit être déposé à la mairie....

« *Art.* 66. Lorsque, pour effectuer leur inspection, les prud'hommes ont besoin du concours de la police municipale, cette police est tenue de leur fournir tous les renseignemens et toutes les facilités qui sont en son pouvoir.

« *Art.* 67. Les Conseils de prud'hommes ne peuvent s'immiscer dans la délivrance des livrets dont les ouvriers doivent être pourvus, aux termes de la loi du 22 germinal an XI. Cette attribution est exclusivement réservée aux maires et à leurs adjoints.

« *Art.* 68. Le local nécessaire aux Conseils de prud'hommes, pour la tenue de leurs séances, est fourni par les villes où ils sont établis.

« *Art.* 69. Les dépenses de premier établissement sont pareillement acquittées par ces villes ; il en est de même des dépenses ayant pour objet le chauffage, l'éclairage et les autres menus-frais.

« *Art.* 70. Le président du Conseil des prud'hommes présente, chaque année, au maire, l'état de ces dépenses. Celui-ci les comprend dans son budget, et lorsqu'elles ont été approuvées, il en réclame le paiement d'après les demandes particulières qui lui sont faites ».

La juridiction des Conseils de prud'hommes a été fixée par le décret du 3 août 1810.

Ce décret porte :

« TITRE Ⅰᵉʳ. *De la juridiction des prud'hommes pour les intérêts civils.*

« *Art.* 1ᵉʳ Les Conseils de prud'hommes sont autorisés à juger toutes les contestations qui naîtront entre les marchands-fabricans, chefs d'ateliers, contre-maîtres, ouvriers, compagnons et apprentis, quelle que soit la quotité de la somme dont elles seraient l'objet, aux termes de *l'art.* 23 du décret du 11 juin 1809.

« *Art.* 2. Leurs jugemens seront définitifs et sans appel, si la condamnation n'excède pas 100 francs en capital et accessoires.

« Au-dessus de 100 francs, ils seront sujets à l'appel devant le tribunal de commerce de l'arrondissement, et à défaut de tribunal de commerce, devant le tribunal civil de première instance.

« *Art.* 3. Les jugemens des Conseils de prud'hommes, jusqu'à concurrence de 300 francs, seront exécutoires par provision, nonobstant appel, aux termes de l'article 39 du décret du 11 juin 1809, et sans qu'il soit besoin, pour la partie qui aura obtenu gain de cause, de fournir caution.

« Au-dessus de 300 francs, ils seront exécutoires par provision, en fournissant caution....

« TIT. II. *Attributions des prud'hommes en matière de police.*

« *Art.* 4. Tout délit tendant à troubler l'ordre et la discipline de l'atelier, tout manquement grave des apprentis envers leurs maîtres, pourront être punis, par les prud'hommes, d'un emprisonnement qui n'excédera pas trois jours, sans préjudice de l'exécution de l'article 19, tit. V de la loi du 22 germinal an IX, et de la concurrence des officiers de police et des tribunaux.

« L'expédition du prononcé des prud'hommes, certifié par leur secrétaire, sera mis à exécution par le premier agent de police ou de la force publique, sur ce requis. » etc., etc.

6° *Recrutement et Organisation des Armées de terre.*

Les Attributions des Préfets, des Sous-Préfets et des Maires, ne sont point étrangères à celles qui se rattachent aux deux Directions dépendantes du Sous-Ministère de l'organisation et des mouvemens des armées de terre dans l'intérieur.

Garde nationale ou sédentaire. Ils doivent s'occuper spécialement du recensement et de l'inscription exacte, sur les rôles qui y sont relatifs, de tous les hommes en état de porter les armes, et remplissant d'ailleurs toutes les conditions requises pour y obtenir leur admission (*a*).

Relativement aux détails de l'administration, à l'équipement et armement, à la tenue, à l'instruction, à la distribution des récompenses, et à l'ordre et distribution du service, les officiers des légions doivent correspondre avec eux ; ils doivent correspondre avec les autorités supérieures, et pour la transmission des ordres, leur intermédiaire doit être exigé.

Armée de ligne ou *Troupes actives et mobiles.* Relativement à cette autre branche d'administration, et sous plus d'un rapport, la coopération des Préfets, des Sous-Préfets et des Maires est pareillement nécessaire : par exemple, pour le recrutement et la réception des engagemens volontaires, pour la délivrance des feuilles de route ; pour le casernement, pour le logement, la nourriture, le fourrage, et autres fournitures des troupes

---

(*a*) *Voy. ci-dessus*, vol. VII, pag. 65 *et suiv.*

en marche; pour les transports et les charrois, étapes, gîtes et geôlages ; pour la recherche des familles et parens des militaires
décédés , et autres renseignemens à transmettre au ministère; pour les signalemens,
pour l'exécution des jugemens, pour la police
des prisonniers de guerre , etc. , etc.

Aperçu de la Législation, Jurisprudence et Coutume, sous ce sixième rapport.

CASERNEMENT, LITS MILITAIRES. Décret du 7 août
1810; Avis du Conseil-d'État, du 26 mars 1811 ;
Instruction du 30 avril 1811 ; Loi du 15 mai, et
Ordonnance du 5 août 1818 ; etc., etc.

— La loi du 15 mai, et l'ordonnance du 5 août
1818, contiennent des dispositions qu'il importe
surtout de connaître.

D'après cette loi et cette ordonnance, le Trésor a
été chargé des dépenses du casernement et des lits
militaires, au moyen d'un abonnement, qui, dans
aucun cas, ne peut s'élever, par chaque année, au-
dessus de sept francs par homme, et de trois francs
par cheval, et par suite duquel les réparations et
loyers des casernes, et de tous autres bâtimens et
établissemens militaires, ainsi que l'entretien de la
literie et l'occupation des lits militaires, sont à la
charge du Gouvernement. etc., etc.

Conscription. Lois du 28 germinal, du 19 fructidor an VI; du 17 ventose an VIII, du 4-28 floréal an X; Décrets du 17 thermidor an XII, du 8 fructidor an XIII, du 4 août 1806, du 6 janvier 1807; Circulaire du directeur-général, du 1ᵉʳ juin 1807; Instruction du 11 février 1808; Décret du 12 juin 1808, du 5 avril 1811; etc., etc.

— Il faut surtout se rappeler à ce sujet ce que nous avons exposé précédemment, vol. ii, pag. 78 *et suiv.*; et vol. vii, pag. 19 *et suiv.*

Convois et Transports militaires. Règlement du 25 fructidor an VIII; Décision du ministre directeur de l'administration de la guerre, du 22 pluviose an XI; Arrêté du Gouvernement, du 19 vendémiaire an XII; Règlement du 18 frimaire an XIV; Décrets des 25 février, 10 avril, et 25 juin 1806, du 3 août 1808; etc., etc.

— Quoique le service des subsistances et convois militaires ait été confié aux commissaires des guerres, l'intervention des maires est nécessaire dans plusieurs circonstances.

Les corps militaires ont été chargés, par le décret du 10 avril 1806, de pourvoir au transport de leur gros bagage et des militaires convalescens ou estropiés; mais quand ces corps n'ont pu traiter de gré à gré pour la fourniture des chevaux et voitures nécessaires, les maires des lieux de gîte doivent les leur procurer, par voie de réquisition, jusqu'à con-

currence du nombre alloué par la feuille de route.
C'est le préfet qui règle le prix des fournitures requises; mais celui des voitures fournies doit être
payé avant le départ de chaque gîte, et le maire,
qui vise les quittances, atteste que les sommes payées
n'excèdent pas le prix du tarif arrêté chaque année
par le ministre de la guerre ou par le préfet.

Les entrepreneurs des convois militaires ont, dans
les divers lieux de logement militaire, des préposés
qui ne délivrent des chevaux et des voitures pour les
détachemens de conscrits, les prisonniers de guerre,
les officiers et soldats voyageant isolément ou par
détachemens composés au moins de vingt-cinq
hommes, les militaires escortés de la gendarmerie
ou évacués d'un hôpital sur un autre, que d'après
le mandat d'un commissaire des guerres, d'un sous-
préfet ou d'un commandant d'armes, visé par le
maire de la commune où doit se faire la fourniture.
A l'arrivée de ces convois, et sur la présentation
du mandat faite par le conducteur, le maire, après
s'être assuré de l'exécution des transports ordonnés,
en délivre au conducteur un certificat sur lequel il
fait apposer le sceau de la mairie.

Quand tous les mandats de fourniture, dont un
militaire isolé était porteur, n'ont pas été par lui
employés, par suite du transport qu'on lui a accordé, ou de son entrée dans un hôpital, le maire
de la commune où il s'arrête doit les lui retirer,

et en faire le renvoi au commissaire des guerres. Lorsqu'un militaire tombe malade en route, le maire de la commune où cet accident arrive doit le faire conduire au commissaire des guerres ou au sous-préfet le plus voisin, et le voiturier par lui requis est payé par le préposé aux convois militaires. En cas de contestation entre le préposé et le voiturier, le règlement du 18 frimaire an XIV autorise le sous-préfet à prononcer en dernier ressort....

Dans le cas où le service des convois militaires se trouverait interrompu, le maire de la commune servant de lieu de gîte doit faire des réquisitions, ou passer des marchés d'urgence, pour y pourvoir, aux risques de l'entrepreneur, en ayant la précaution d'envoyer sans délai les pièces au commissaire des guerres, et de prévenir les personnes avec lesquelles il aurait traité, qu'aux termes du décret du 15 juin 1806, toute réclamation, pour service de cette nature, doit être faite avant l'expiration d'un délai de trois mois....

Le décret du 3 août 1808 a ordonné que les individus qui, ayant à leur disposition des voitures et des chevaux, refuseraient de les fournir pour les transports militaires, lorsqu'ils en seraient requis par le maire dans la forme prescrite par le décret du 10 avril 1806, seraient condamnés par les tribunaux compétens à payer, au profit du Trésor

public, une amende égale au prix qu'aurait coûté la
fourniture qu'ils auraient refusé d'effectuer. (*a*). etc.

DÉSERTEURS. Lois du 4 frimaire an IV, du 24 brumaire, du 28 germinal an VI; Arrêté du 3 fructidor
an VI; Décret du 4 août 1806; etc., etc.

— D'après les dispositions de l'article 2 de l'arrêté
du 3 fructidor an VI, les maires sont tenus, sous
leur responsabilité personnelle, de coopérer de tout
leur pouvoir à assurer l'effet des mesures que prend
la gendarmerie pour l'arrestation des militaires,
conscrits, déserteurs, et prisonniers de guerre éva-
dés, soit en fournissant la liste de ceux qui se trouveraient dans leurs ressorts respectifs, soit en prêtant main-forte en cas de besoin, conformément à
la loi du 4 frimaire an IV, et sous les peines portées par celle du 24 brumaire an VI.

Si la recherche des déserteurs nécessite une visite
dans la maison de quelques particuliers, les maires
donnent aux gendarmes le mandat spécial de perquisition nécessaire en pareil cas. (*Loi du 28 germinal an VI, art.* 131.)

Ce mandat peut être suppléé par leur assistance
ou par celle de leur adjoint. (*Décret du 4 août* 1806.)

Les lois des 24 brumaire an VI, et 17 ventose
an VIII, prononcent une amende de 500 à 1500 fr.

(*a*) Le Décret du 10 avril 1806 n'a pas été inséré au
Bulletin des Lois.

contre tout fonctionnaire public convaincu d'avoir
favorisé la désertion. Le recouvrement de cette
amende et de plusieurs autres de même nature, ne
doit pas se faire sans l'intermédiaire du maire de
la commune. Avant de commencer les poursuites,
le receveur doit envoyer à chaque condamné, et à
huit jours d'intervalle, deux avertissemens sans frais,
qui doivent être l'un et l'autre en double expédition.
Le maire qui les reçoit y appose son *visa*, fait remettre une des expéditions au domicile du condamné, et fait afficher l'autre à la porte de la maison
commune. etc., etc.

Enrôlemens volontaires. Loi du 19 fructidor
an VI., *art.* 6; Décision du 15 thermidor an VIII;
Loi du 19 fructidor an IX; Arrêté du Gouvernement, du 19 vendémiaire an XII; Décision du directeur général de la conscription, du 27 novembre
1806; Décret du 16 février 1807; Décision du ministre de la guerre, du 20 janvier 1808; Code civil,
art. 374; etc., etc.

— L'article 6 de la loi du 19 fructidor an IX
exige, pour l'enregistrement des Français qui désirent s'enrôler dans les armées de terre, un certificat de bonne conduite, signé de l'agent municipal
de leur commune, et du juge de paix de leur canton. C'est actuellement le maire ou son adjoint qui
délivre ce certificat.

Les maires peuvent recevoir les enrôlemens volontaires, dont ils dressent procès-verbal sur un registre ouvert à cet effet dans chaque commune, en exécution de la décision du ministre de la guerre, du 15 thermidor an VIII.

On ne peut contracter un engagement volontaire avant dix-huit ans. Cependant les jeunes gens de seize ans peuvent, lorsqu'ils ont la taille et la force nécessaires, être aussi admis à s'enrôler volontairement, en justifiant, aux termes de l'art. 374 du Code civil, du consentement de leurs parens ou tuteurs.

Quoique après l'âge de trente ans on ne puisse plus contracter d'enrôlement volontaire, ceux qui ont servi pendant quatre ans ont la faculté de s'enrôler de nouveau jusqu'à quarante ans, s'ils sont munis d'un congé absolu.

Les maires doivent indiquer dans leurs procès-verbaux le corps où l'enrôlé veut servir; il est utile qu'ils sachent que pour la grosse cavalerie, l'artillerie à pied et à cheval, il faut avoir la taille d'un mètre 734 millimètres (5 pieds 4 pouces) pieds nus; pour la cavalerie légère, un mètre 706 millimètres (5 pieds 3 pouces); et pour les dragons, un mètre 624 millimètres (5 pieds). On reçoit des hommes de toute taille pour les régimens d'infanterie, et l'on ne peut refuser ceux qui ont 597 millimètres (4 pieds 11 pouces). Cette dernière taille rend admissible dans les chasseurs et les hussards, où l'on ne peut recevoir ceux qui ont plus d'un mètre 651 millimètres (5 pieds 1 pouce.)

Quelle que soit l'arme désignée par l'individu qui demande à s'enrôler, le maire doit le faire visiter pour reconnaître s'il est bien constitué et exempt d'infirmités.

Les maires font parvenir des expéditions des enrôlemens volontaires au ministre de la guerre, ainsi qu'aux commissaires des guerres de leurs arrondissemens ou de leurs départemens respectifs; ils donnent aux enrôlés des feuilles de route jusqu'au lieu de la résidence desdits commissaires des guerres, et ceux-ci les continuent jusqu'au lieu où est le corps pour lequel chaque volontaire a été enrôlé. (*Loi du* 19 *fructidor an VI, art.* 10.)

ÉTAPES. Règlement du 25 fructidor an VIII; Instruction du 10 prairial an XII; etc., etc.

— Les maires et adjoints reçoivent du sous-préfet, et transmettent aux étapiers, ou entrepreneurs de transports militaires, l'avis du passage des troupes.

Ils délivraient autrefois, 1° les bons ou mandats de fournitures d'étapes; 2° les bons de délivrance des moyens de transport pour les menus équipages des corps, les blessés et les malades. Ils ne délivrent plus maintenant les bons pour fourniture de chevaux et de voitures; ce soin est exclusivement attribué aux sous-préfets.

Ils vérifient, arrêtent et envoient au sous-préfet les bordereaux des fournitures des préposés aux étapes ou des entrepreneurs.

Ils certifient les états de ces préposés ou entrepreneurs, pour les indemnités dues à raison des fournitures de subsistances préparées et non consom-
mées.

Ils passent les revues des corps en marche, pour
constater l'effectif, quand il n'y a pas de commissaires des guerres. etc., etc. (a).

FEUILLES DE ROUTE. Décision du ministre de la
guerre, du 28 germinal an XI ; Code pénal, art. 156
et 158 ; etc., etc.

— Tout militaire qui ne prouve pas, par un congé
en règle, qu'il appartient à tel ou tel corps, doit
être adressé par les sous-préfets et maires, soit au
général commandant la division, soit à l'officier
commandant dans le département, qui, après l'avoir
entendu, règle sa destination.

L'officier public qui, instruit d'une supposition
de nom, aurait délivré une fausse feuille de route,
encourt, suivant les cas, la peine du bannissement,
de la réclusion ou des travaux forcés. etc., etc.

FOURRAGES. Décret du 25 février 1806 ; Instruction du ministre-directeur, du 2 mai 1808 ; etc.

— Les Conseils d'administration des corps ayant
été chargés, par le décret du 25 février 1806, de
pourvoir à la fourniture des fourrages, les maires
n'ont que de simples renseignemens à donner aux

_____

(a) *Voy. aussi* l'Arrêté du 1er fructidor an VIII (B. 40).

préposés sur cet objet ; cependant on soumet à leur *visa* les marchés qui sont passés au nom de l'administration, et lorsque le marché conclu leur semble onéreux, ils doivent l'énoncer.

Quant aux militaires voyageant isolément, les maires surveillent les fournitures qui leur sont faites sur les mandats délivrés par les commissaires des guerres, et, à leur défaut, par les sous-préfets ou les maires des gîtes d'étapes. Dans ces occasions, le prix des fournitures est réglé d'après le tarif renouvelé annuellement par le préfet. Le maire transmet à la fin de chaque mois les mandats au commissaire des guerres, avec un bordereau signé de lui. Ce commissaire établit les décomptes, et renvoie ensuite le bordereau au maire, qui le remet au fournisseur, pour en toucher le montant chez le payeur. etc., etc. (a).

GARDE NATIONALE. Lois du 29 septembre — 14 octobre 1791, du 28 prairial an III ; Arrêté du 13 floréal an VII ; Loi du 1er messidor an VII ; Constitution de l'an VIII, *art.* 48 ; Sénatus-Consulte du 2 vendémiaire an XIV ; Décrets du 7 mars, du 12 novembre 1806 ; Décision du ministre de l'intérieur, du 11 février 1807 ; Circulaire du 20 mars 1807 ; Sénatus-Consulte du 13 mars 1812 ; Décision

___

(a) *Voy.* aussi ci-dessus, même article, aux mots : *Convois et Transports militaires.*

du 5 avril 1813; Ordonnances du 17 juillet 1816, du 30 septembre 1818; etc., etc.

— L'organisation, la direction et l'inspection de la garde nationale sont confiées aux maires, sous-préfets et préfets, sous l'autorité du ministre de l'intérieur.

Les citoyens soumis au service de la garde nationale sont inscrits sur des listes ou registres matricules par des Conseils de recensement.

Les Conseils sont, dans les grandes communes, composées du maire, qui en a la présidence, et de quatre à six notables nommés par le préfet, et choisis parmi les membres du Conseil municipal.

Dans les petites communes, le préfet peut ne former qu'un Conseil de recensement pour plusieurs d'entre elles; les maires en font partie de droit; et le préfet désigne parmi eux le président.

Les maires remettent au Conseil de recensement un état nominatif de tous les citoyens domiciliés dans leur commune. Cet état contient leurs noms, prénoms, âge, demeure, profession, et mentionne s'ils sont imposés ou fils d'imposés à un rôle de contributions directes. Le Conseil, sur le vu de cet état, et d'après les autres renseignemens qu'il s'est procurés, forme, par commune, les registres matricules de la garde nationale.

N'y sont point inscrits les ministres des différens cultes; les militaires des armées de terre et de mer en activité de service, ou étant à la disposition des ministres de la guerre et de la marine ; les administrateurs ou agens commissionnés du service de terre ou de mer, également en activité de service ; les officiers, sous-officiers et soldats de corps soldés ; les préposés des douanes en service actif ; les concierges des maisons d'arrêt, les geôliers, guichetiers et autres agens subalternes de justice et de police ; les domestiques ou serviteurs à gages attachés au service de la maison ou à la personne du maître.

Sont incompatibles avec le service de la garde nationale les fonctions des magistrats investis du droit de la requérir, tels que les préfets, sous-préfets, maires et adjoints ; les présidens, juges d'instruction des cours et tribunaux ; les procureurs du roi et leurs substituts, les juges de paix et leurs suppléans ; les commissaires de police.

Les individus au-dessus de cinquante ans peuvent se dispenser du service personnel ; mais, en ce cas, ils sont soumis à une indemnité, si, d'après leur fortune, ils sont jugés pouvoir la supporter.

Sont dispensés de tout service les personnes qu'une infirmité met hors d'état de faire ce service, sans même que ces personnes puissent être assujetties à l'indemnité.

Dans le service ordinaire, les remplacemens ou échanges de tour de service ne peuvent avoir lieu qu'entre des gardes nationaux de la même compagnie, ou entre proches parens ; savoir : le fils pour le père et le père pour le fils, le frère pour le frère, l'oncle pour le neveu, et réciproquement.

Les opérations des Conseils de recensement sont revêtues de l'approbation du préfet, et peuvent être modifiées par lui sur l'avis des sous-préfets et des maires.

Les sous-préfets prononcent, sauf le recours au préfet, et après avoir pris l'avis des maires, sur toutes les réclamations individuelles auxquelles les opérations des Conseils de recensement auraient donné lieu. En cas de recours, le préfet statue en Conseil de préfecture.

Les préfets, en Conseil de préfecture, règlent chaque année le taux de l'indemnité de service.

Cette indemnité est perçue par le receveur municipal sur l'extrait du rôle des dispenses ; les sommes perçues restent dans la caisse du receveur pour y former un fonds spécial affecté aux dépenses de la garde nationale, et dont l'envoi est réglé par le préfet.

Les fautes et délits des gardes nationaux, à raison du service, sont jugés par un Conseil de discipline.

Les peines sont, selon la gravité des cas, les arrêts qui ne peuvent excéder cinq jours ; l'amende qui ne peut excéder 50 francs ; la détention qui ne peut excéder trois jours.

La peine de la détention peut être commuée, à la demande du prévenu, en une amende plus ou moins forte, mais qui ne peut excéder 20 fr. par jour de détention. Les Conseils de discipline peuvent néanmoins, d'après la gravité des cas, prononcer la détention sans commutation.

Dans les cantons composés de plusieurs communes, les gardes nationales des diverses communes sont formées en garde cantonale, sous le commandant de la garde nationale du chef-lieu de canton, en vertu des ordres du sous-préfet ; mais les cadres communaux et leurs chefs restent, pour le service habituel, sous les ordres des maires.

Hors des villes, les gardes nationales des divers cantons ne peuvent être réunies que par détachement, et en vertu d'une réquisition faite par le préfet, dans les cas prévus, et avec les formalités prescrites par les lois sur l'emploi de la force publique.

Les différens corps de la garde nationale ne doivent, sous aucun prétexte, correspondre entre eux, ni se réunir pour voter des adresses, ou prendre aucune délibération.

Les commandans de ces différens corps ne doivent faire d'ordre du jour que pour ce qui est relatif au service ordinaire ; aucun ordre du jour ne peut être imprimé, s'il ne porte l'approbation du préfet.

Ces commandans ne doivent, dans aucun cas, faire ni proclamation, ni adresse.

Les gardes nationales ne doivent ni prendre les armes, ni s'assembler sans l'ordre des chefs, qui ne peuvent le donner que sur une réquisition ou autorisation écrite, émanée de l'autorité administrative. etc., etc. (a).

LOGEMENT DES TROUPES *en garnison, en détachement et en cantonnement.* Lois du 7 avril, des 24 mai, 25, 27, 30 juin, 2, 4, 5, 8 et 10 juillet 1791, du 23 mai 1792, du 28 germinal an VI; Règlement du 1er fructidor an VIII; Ordre du 2 thermidor an VIII; Décret du 25 février 1806; Décision du 2 mai 1808; Décret du 16 septembre 1811; etc.

— La loi du 23 mai 1792, surtout, renferme des dispositions que les maires ont intérêt de connaître.

Elle porte, entre autres :

« *Art.* 3. A défaut, et en cas d'insuffisance des bâtimens militaires ou des maisons qui y suppléeront, les sous-officiers, soldats et autres seront logés chez l'habitant.

« Leur logement sera également établi chez l'habitant, lorsqu'ils seront en détachement ou canton-

(a) *Voy.*, quant à l'organisation, instruction, tenue et discipline de la garde nationale, ce que nous avons dit ci-dessus, 1re PART., vol. II, pag. 71 *et suiv.*; et 2e PART., vol. VII, pag. 19 *et suiv*

nement dans les villes, bourgs ou villages ; mais dans tous les cas l'habitant recevra une indemnité pour chacun des sous-officiers, soldats et autres qu'il aura logés.

« *Art.* 4. Lorsqu'il ne se trouvera pas dans les villes de garnison une suffisante quantité de lits pour le casernement des sous-officiers et soldats dans les bâtimens militaires ou maisons vides qui seront louées pour y suppléer, les lits qui y deviendront nécessaires seront fournis par les habitans à qui il sera payé une indemnité pour chaque lit et l'ustensile qui en dépend.

« *Art.* 5. Lorsqu'il aura été nécessaire de faire fournir par les habitans des écuries pour les chevaux des officiers et de la troupe, les habitans en seront indemnisés par le département de la guerre en ce qui concernera les chevaux des officiers et des soldats des régimens, et ceux des équipages.

« Quant aux chevaux des autres officiers et des fonctionnaires militaires, l'indemnité sera payée directement par ces officiers et fonctionnaires, au moyen du logement qu'ils recevront en argent.

« *Art.* 6. Les magasins dont les troupes détachées et cantonnées pourront avoir besoin, seront fournis par les habitans, à qui le loyer en sera payé pour le temps qu'ils auront été occupés.

« *Art.* 7. Les dispositions ci-dessus ne concernent point les officiers et soldats des troupes de passage,

non plus que les charretiers des équipages et autres
employés qui marcheront sur les revues des routes.
En conséquence, les habitans continueront à leur
fournir sans indemnité le logement et les écuries
dont ils auront besoin.

« *Art.* 8. Pour mettre les municipalités à portée
de toujours connaître si les logemens, magasins,
lits et ustensiles qui pourront leur être demandés
dans les villes de garnison, sont proportionnés aux
besoins réels du service, il sera remis par les commissaires des guerres aux officiers municipaux un
état détaillé des logemens et magasins que les bâtimens renferment, et des lits qui y seront destinés.

« *Art.* 9. Aucune personne ne pourra jouir d'un
logement quelconque, que pendant le temps de sa
présence dans le lieu destiné à l'exercice de ses
fonctions, et personne ne pourra en avoir plusieurs
à la fois. Cependant les officiers en résidence dans
les places, et les fonctionnaires militaires, conser-
veront, lorsqu'ils marcheront momentanément avec
les troupes, ou qu'ils seront employés pour des
cantonnemens de rassemblement et reconnaissance,
le logement dont ils jouissent dans les bâtimens
militaires.

« *Art.* 10. Dans tous les cas où les troupes devront être logées chez l'habitant, les commissaires
des guerres donneront avis aux municipalités du
jour de leur *séjour*, lorsqu'il sera fixé ; le comman-

dant de la troupe préviendra d'ailleurs les commissaires des guerres, et informera les officiers municipaux du moment de leur arrivée, ainsi que de celui de leur départ. » etc., etc.

Logement des troupes en marche. Loi du 23 mai 1792; Règlement du 25 fructidor an VIII; Décision du ministre-directeur, du 16 germinal an XII; etc.

— C'est au maire de la commune de délivrer les billets de logement d'après la revue de route qui doit lui être présentée.

Lorsqu'un corps de troupes est trop considérable pour qu'il soit possible de le loger en totalité dans la commune désignée sur la feuille de route, le maire en prévient le sous-préfet de l'arrondissement, qui l'autorise à en envoyer une partie dans les communes voisines, et qui fait connaître aux maires de ces communes le nombre d'hommes au logement desquels chacun d'eux aura à pourvoir. Un officier du Corps doit accompagner chaque détachement dans la commune qui lui est assignée, à l'effet d'y assurer le maintien de la discipline et de la police militaire.

Aucun soldat ne peut exiger que le maire change le logement qui lui a été d'abord assigné.

Tout Corps en marche, arrivant dans un lieu de logement, doit y avoir été précédé par un piquet destiné à y maintenir la police militaire. Dans les endroits où il existe une garnison, ce piquet se réunit aux corps - de - garde déja établis, et alors il n'occasione aucune fourniture extraordinaire. Dans les autres endroits, il forme un corps-de-garde particulier, dont la dépense est à la charge des communes.

Les troupes de passage sont responsables des dégâts et dommages qu'elles auraient faits dans leurs logemens et dans les corps- de - garde ; mais les réclamations doivent être faites avant les départs des Corps, ou au plus tard une heure après. Un officier, qui reste exprès pendant une heure, reçoit les plaintes, s'il y en a, et y fait droit, lorsqu'elles sont fondées.

Une heure après le départ de la troupe, le maire délivre à l'officier commandant l'arrière-garde un certificat de *bien - vivre*. Il ne peut le refuser, s'il n'a reçu jusque-là aucune plainte des habitans, et si le Corps a satisfait aux réclamations qui ont pu être faites. etc., etc.

PLACES DE GUERRE. Loi du 10 juillet 1791 ; Règlement du 22 germinal an IV ; Décrets des 10 fructidor an XIII, 20 février et 20 juin 1810, 4 août 1811 ; Décrets du 9–24 décembre 1811 ; etc., etc.

— La loi du 10 juillet 1791, sur la conservation et le classement des places de guerre, règle les attributions et droits des municipalités dans la plupart de leurs rapports avec le département de la guerre.

Entre autres dispositions, elle porte :

« TIT. 1, *art.* 5. Les places de guerre et postes militaires seront considérés sous trois rapports, savoir : dans l'état de paix, dans l'état de guerre et dans l'état de siége.

« *Art.* 6. Dans les places de guerre et postes militaires, lorsque ces places et postes seront en état de paix, la police intérieure et tous autres actes du pouvoir civil n'émaneront que des magistrats et autres officiers civils préposés par la constitution pour veiller au maintien des lois; l'autorité des agens militaires ne pouvant s'étendre que sur les troupes et sur les autres objets dépendans de leur service, qui seront désignés dans la suite du présent décret.

« *Art.* 7. Dans les places de guerre et postes militaires, lorsque ces places et postes seront en état de guerre, les officiers civils ne cesseront pas d'être chargés de l'ordre et de la police intérieurs; mais ils pourront être requis par le commandant militaire de se prêter aux mesures d'ordre et de police qui intéresseront la sûreté de la place; en conséquence, pour assurer la responsabilité respective des officiers civils et des agens militaires, les délibérations du Conseil de guerre, en vertu desquelles les réquisitions du commandant auront été faites, seront remises et resteront à la municipalité....

« *Art.* 10. Dans les places de guerre et postes mi-

Tome IX. 12

litaires, lorsque ces places et postes seront en état de siége, toute l'autorité, dont les officiers civils sont revêtus par la constitution pour le maintien de l'ordre et de la police intérieurs, passera au commandant militaire, qui l'exercera exclusivement sous sa responsabilité personnelle.

« *Art.* 11. Les places de guerre et postes militaires seront en état de siége, non-seulement dès l'instant que les attaques seront commencées, mais même aussitôt que, par l'effet de leur investissement par des troupes ennemies, les communications du dehors au dedans et du dedans au dehors seront interceptées à la distance de dix-huit cents toises des crêtes des chemins couverts.

« *Art.* 12. L'état de siége ne cessera que lorsque l'investissement sera rompu; et, dans le cas où les attaques auraient été commencées, qu'après que les travaux des assiégeans auront été détruits, et que les brèches auront été réparées ou mises en état de défense....

« TIT. III, *art.* 9. Dans chaque arrondissement, l'officier-général commandant, chargé de tenir la main à l'exécution des règlemens militaires, sera de plus obligé de se concerter avec toutes les autorités civiles, à l'effet de procurer l'exécution de toutes les mesures ou précautions qu'elles auront pu prendre pour le maintien de la tranquillité publique, ou pour l'observation des lois; ainsi que d'obtempérer à leurs réquisitions, toutes les fois qu'elles seront dans les cas prévus par les lois.

« *Art.* 10. Nul officier ne pourra prendre ou quitter le commandement des troupes dans une place, qu'après l'avoir notifié au corps municipal.

« *Art.* 11. Seront tenus à la même formalité les officiers en résidence dans les places, et y faisant fonctions de chef dans leurs parties respectives, tels qu'officiers du génie, de l'artillerie, et les commissaires des guerres : la même notification sera faite par eux aux autres corps administratifs, s'il existe entre ces corps et ces officiers quelques relations pour le service public....

« *Art.* 14. Dans tous les objets qui ne concernent que le service purement militaire, tels que la défense de la place, la garde et la conservation de tous les établissemens et effets militaires, comme hôpitaux, arsenaux, casernes, magasins, prisons, vivres, effets ou fournitures à l'usage des troupes, la police des quartiers, la tenue, la discipline et l'instruction des troupes, l'autorité militaire sera absolument indépendante du pouvoir civil.

« *Art.* 15. Il ne pourra être préjugé de l'article précédent, ni de tout autre du présent décret, que dans aucun cas les terrains, bâtimens et établissemens confiés à la surveillance de l'autorité militaire, puissent devenir des lieux d'exception ou d'asile, et soustraire le crime, la licence, les délits ou les abus,

à la poursuite des tribunaux ; l'action des lois devant être également libre et puissante dans tous les
lieux, sur tous les individus ; et nul ne pouvant sans
forfaiture, pour aucun cas civil ou criminel, se pré-
valoir de son emploi et de ses fonctions dans la société, pour suspendre ou détruire l'effet des institutions qui la gouvernent.

« *Art.* 16. Dans toutes les circonstances qui intéresseront la police, l'ordre, la tranquillité intérieure
des places, et où la participation des troupes serait
jugée nécessaire, le commandant militaire n'agira
que d'après la réquisition par écrit des officiers
civils, et, autant que faire se pourra, qu'après s'être
concerté avec eux.

« *Art.* 17. En conséquence, lorsqu'il s'agira, soit
de dispositions passagères, soit de mesures de précaution permanentes, telles que patrouilles régulières, détachemens pour le maintien de l'ordre ou
l'exécution des lois, police des foires, marchés ou
autres lieux publics, etc., les officiers civils remettront au commandant militaire une réquisition
signée d'eux, dont les divers objets seront clairement expliqués et détaillés, et dans laquelle ils désigneront l'étendue de surveillance qu'ils croiront
nécessaire ; après quoi l'exécution de ces dispositions, et toutes mesures capables de la procurer,
telles que consignes, placemens de sentinelles, bi-
vouacs, conduite et direction des patrouilles, em-

placemens des gardes et des détachemens, choix
des troupes et des armes, et tous autres modes
d'exécution, seront laissés à la discrétion du commandant militaire, qui en sera responsable, jusqu'à
ce qu'il lui ait été notifié par les officiers civils que
ces soins ne sont plus nécessaires, ou qu'ils doivent prendre une autre direction....

« *Art*. 20. Nulles dispositions de police ne seront
obligatoires pour les citoyens et pour les troupes,
qu'autant qu'elles auront été préalablement publiées; elles seront même affichées, si leur importance ou leur durée l'exige; les publications et affiches seront faites par les municipalités, et les
frais en seront supportés par elles....

« *Art*. 30. Lorsqu'une troupe arrivera dans une
place, elle ne pourra prendre possession des logemens qui lui seront destinés, qu'après que le commissaire des guerres aura fait publier les bans à ladite
troupe en sa présence par le secrétaire-écrivain.

« *Art*. 31. Ces bans rappelleront non-seulement
les lois générales de police et de discipline, mais
encore celles qui seront particulières à la place.

« *Art*. 32. Les officiers municipaux seront tenus
de donner connaissance de ces bans aux habitans
de la place....

« *Art*. 35. Dans tous les cas où les gardes nationales serviront avec les troupes de ligne, les gardes
nationales prendront le rang sur toutes les troupes
de ligne.

« *Art.* 36. Lorsque les gardes nationales serviront avec les troupes de ligne, l'honneur du rang, qui est réservé aux premières, n'empêchera pas que le commandement général ne soit toujours déféré à l'officier le plus ancien dans le grade le plus élevé desdites troupes de ligne.

« *Art.* 37. Toutes les fois que les gardes nationales seront mises en activité, elles ne pourront être rassemblées que, au préalable, les officiers civils n'en aient averti le commandant militaire....

« *Art.* 47. Dans les places de guerre et postes militaires *en état de paix*, et dans les garnisons de l'intérieur, lorsque les autorités civiles et militaires seront dans le cas de faire battre la générale, ou sonner le boute-selle, pour le rassemblement des gardes nationales ou des troupes de ligne, elles devront au préalable s'en prévenir réciproquement, sauf les cas de surprise, d'incendie ou d'inondation.

« *Art.* 48. Les clefs de toutes les portes, poternes, vannages, aquéducs et autres ouvertures qui donnent entrée dans les places de guerre ou postes militaires, seront toujours confiées au commandant militaire.

« *Art.* 49. Et cependant, pour la facilité du commerce et la commodité des habitans et des voyageurs, il y aura dans chaque place et poste de guerre un certain nombre de portes par lesquelles

la communication du dedans au dehors, et du dehors au dedans, pourra se faire *dans l'état de paix,*
à toutes les heures de la nuit comme du jour. Les
officiers civils et le commandant militaire se concer-
teront sur celles desdites portes qui seront affectées
à cette destination, sur les formalités à remplir et
les précautions à prendre pour éviter les abus ;
l'exécution de ces dispositions appartiendra toujours
au commandant militaire.

« *Art.* 5o. Lorsque les circonstances exigeront une
surveillance plus particulière de la part des officiers
civils et militaires, il pourra y avoir à chaque porte
des places de guerre un préposé choisi par la municipalité, lequel sera chargé de recevoir de tous
particuliers arrivant dans la place, la déclaration
de leurs noms et qualités, ainsi que de l'auberge
ou maison particulière dans laquelle ils se propo-
seront de loger. Ces renseignemens seront portés
aux officiers municipaux, et le commandant militaire pourra ordonner aux commandans des gardes
des postes de faire assister un sous-officier aux
déclarations qui seront faites par lesdits particuliers arrivant dans la place, et de lui en rendre
compte.

« *Art.* 5i. Tout particulier qui sera arrêté pour
fait de désordres, de contravention aux lois ou à la
police, sera remis sans délai, le citoyen à la police
civile, le militaire à la police militaire, pour être,

chacun, suivant les circonstances et la nature du délit, renvoyé aux tribunaux civils ou militaires.

« *Art.* 52. Toutes femmes ou filles, notoirement connues pour mener une vie débauchée, qui seront surprises avec les soldats dans leurs quartiers, lorsqu'ils seront de service, ou après la retraite militaire, seront arrêtées et remises sans délai à la police civile, pour être jugées conformément aux lois.

« *Art.* 53. Les prisons militaires, autant qu'il sera possible, seront toujours séparées des prisons civiles....

« *Art.* 56. Aucun corps administratif ne pourra disposer des munitions de guerre, subsistances, et d'aucune espèce d'effets, armes ou fournitures confiés au département de la guerre, ni changer leur destination, ni empêcher leur transport légalement ordonné, qu'en vertu d'une commission expresse du pouvoir exécutif.

« *Art.* 57. Les fonds affectés au département de la guerre étant à la seule disposition du ministre, sous sa responsabilité, les corps administratifs ne pourront, dans aucun cas, disposer des fonds versés entre les mains des trésoriers du département de la guerre, ni ordonner aucune dépense sur lesdits fonds.... ». etc., etc.

RÉQUISITION DE DENRÉES. Loi du 27 vendémiaire an VIII ; Arrêtés des 29 frimaire, 4 pluviose, 22 germinal, et 9 floréal an VIII ; etc., etc.

— Quand les circonstances obligent les administrateurs militaires de faire une réquisition pour les besoins urgens de l'armée ou d'une division, elle est adressée au préfet, qui, sur l'avis des sous-préfets, répartit la réquisition entre les communes. Les maires font à leur tour, entre les habitans, la répartition du contingent de chaque commune, et en préparent la liquidation quand il est fourni. Aucun autre que les commissaires-ordonnateurs ne doit faire de réquisitions, et, en aucun cas, ces réquisitions ne doivent être adressées aux maires.

La Loi et les Arrêtés ci-dessus relatés ont prescrit des formalités à observer pour l'emploi en paiement des contributions, des bons de réquisition délivrés à raison des fournitures de denrées, chevaux, charrois et autres objets. etc., etc.

Réquisition de la Force armée. Loi du 3 août 1790, *art.* 22; Loi du 27 germinal an IV; etc., etc.

— Les maires et adjoints peuvent correspondre avec les commandans de tout grade de la garde nationale et de la troupe de ligne, pour leur adresser des réquisitions de ce genre.

Ils ont, ainsi que les commissaires de police, le droit de requérir, pour l'exécution des lois et le maintien de l'ordre, la gendarmerie et la troupe de ligne. Ces réquisitions s'adressent toujours au chef qui se trouve dans la municipalité, et qui est obligé d'y déférer.

L'article 22 de la loi du 3 août 1790 prescrit une formule particulière pour les réquisitions adressées aux commandans, soit des troupes de ligne, soit des gardes nationales, soit de la gendarmerie.

Lorsqu'on requiert la gendarmerie, il faut de plus annoncer la loi ou l'arrêté qui autorise cette réquisition. etc., etc.

TRAVAUX MILITAIRES. Loi du 8-10 juillet 1791 ; etc.

— Les municipalités interviennent dans les adjudications des travaux militaires ou des baux des propriétés nationales dépendantes de la guerre, tels que les fossés des villes, et autres du même genre.

Suivant l'article 27 du titre 6 de la loi du 8 juillet 1791, lorsque les travaux des fortifications ou tous autres objets de service militaire exigent soit l'interruption momentanée de communications publiques, soit quelques manœuvres d'eaux extraordinaires, ou toute autre disposition non usitée, intéressant les habitans, les agens militaires ne peuvent les ordonner qu'après en avoir prévenu la municipalité, et pris avec elle les mesures convenables pour que le service public n'en reçoive aucun dommage.

La même loi contient encore les dispositions suivantes :

« TIT. I. *Art.* 25. Toutes dégradations faites aux fortifications ou à leurs dépendances, telles que portes, passages d'entrée des villes, barrières, ponts-levis, ponts-dormans, etc., seront dénoncées par les agens militaires aux officiers civils chargés de la police, lesquels seront tenus de faire droit suivant les circonstances et le caractère du délit....

« *Art.* 39. Dans les places et postes de troisième classe où il y a des municipalités, il ne sera fourni aucun fonds par le Trésor public pour l'entretien des ponts, portes et barrières; ces diverses dépenses devant être à la charge des municipalités, si elles désirent conserver lesdits ponts, portes et barrières.

« *Art.* 40. Les municipalités des places et postes de troisième classe pourront, si elles le jugent convenable, supprimer les ponts sur les fossés, et leur substituer des levées en terre avec des ponteaux pour la circulation des eaux dont lesdits fossés peuvent être remplis, à la charge par elles de déposer dans les magasins militaires les matériaux susceptibles de service, tels que les plombs, les fers, et les bois sains provenant de la démolition desdits ponts; et à la charge encore de ne pas dégrader les piles et les culées de maçonnerie sur lesquelles ces ponts seront portés....

« TIT. VI, *art.* 4. Lorsqu'il s'agira de passer le marché pour des travaux militaires, le ministre adressera au commissaire des guerres, 1° l'ordre de procéder à l'adjudication; 2° un état par aperçu des travaux à exécuter pendant la durée du mar-

ché ; 3° les devis et conditions qui auront été fournis par les agens militaires préposés à cet effet.

« *Art*. 5. Suivant que les travaux, objet d'un marché, intéresseront toute l'étendue d'un département, ou seulement celle d'un district, ou enfin
qu'ils se borneront à l'étendue d'une municipalité,
le commissaire des guerres informera le directoire
du département, ou celui de district, ou les officiers municipaux, des ordres qu'il aura reçus, et
les requerra de procéder, dans un délai dont ils
conviendront, à l'adjudication du marché.

« *Art*. 6. D'après l'époque convenue entre les
corps administratifs et le commissaire des guerres,
celui-ci fera poser, dans la place et dans les lieux
circonvoisins, des affiches signées de lui et indica-
tives de l'objet, de la durée, du devis et des conditions du marché, ainsi que du jour et du lieu
où il sera passé, de manière que les particuliers
puissent être informés à temps, et se mettre en état
de concourir à l'adjudication qui en sera faite.

« *Art*. 7. Le commissaire des guerres sera tenu
de donner à ceux qui se présenteront à cet effet
connaissance des devis et conditions du marché et
tous autres renseignemens qui dépendront de lui.
On pourra, pour se procurer les mêmes indications,
s'adresser au secrétariat du département, du district ou de la municipalité.

« *Art*. 8. Le jour fixé pour l'adjudication ; les

membres du directoire du département ou de celui
du district, ou de la municipalité, conformément
à l'article 5 ci-dessus, se rendront, ainsi que le commissaire des guerres, au lieu d'assemblée de celui
desdits corps administratifs par-devant lequel devra
se passer le marché ; et là, en leur présence et en
celle des agens militaires préposés à cet effet par
le ministre de la guerre, l'adjudication* sera faite
par le commissaire des guerres, au rabais, publiquement, et passé à celui qui fera les meilleures
conditions, avec les formalités qui seront prescrites.

« *Art.* 9. Nul ne pourra être déclaré adjudicataire
du marché que préalablement il n'ait justifié de sa
solvabilité, ou donné caution suffisante.

« *Art.* 10. Tous les frais dépendans de l'adjudication seront bornés aux frais de publication et
d'affiches, et seront supportés par l'adjudicataire.

« *Art.* 11. Les différens ouvrages à exécuter par
les entrepreneurs adjudicataires seront surveillés
par les agens militaires....

« *Art.* 23. Les particuliers non militaires employés
aux travaux militaires seront en cette qualité soumis à la police des agens militaires chargés de
la direction des travaux, et, en cas d'arrestation
d'aucuns d'eux, ils seront remis aux tribunaux
civils..... ». etc., etc.

7° Armées navales ; Marine.

Les Attributions des Préfets, des Sous-Préfets et des Maires ne sont pas non plus étrangères à ce qui concerne le recrutement des armées navales et l'administration de la marine, et cela plus particulièrement dans les départemens maritimes.

Ils doivent partout faciliter les recherches, et fournir les renseignemens nécessaires aux inspecteurs des divisions forestières, pour le martelage, la coupe, l'exploitation et les transports des bois de construction, pour les autres parties du matériel, pour le service des vivres et autres fournitures, pour l'inspection des manufactures, forges et ateliers, pour le transport de l'artillerie, pour tous les charrois, etc., etc.

Ils doivent, en outre, dans les départemens maritimes, surveiller l'entretien et réparation des fortifications, des vatringues et polders, les bris, naufrages et échouemens ; dresser les procès-verbaux propres à conserver les effets et marchandises sauvés ; recueillir ces

objets, les mettre sous bonne garde, prendre
toutes les mesures et moyens de conservation,
fournir à ce sujet tous renseignemens, et donner toute publicité nécessaire (*a*), etc., etc.

Aperçu de la Législation, Jurisprudence et Coutume,
sous ce septième rapport.

Amers ou Balises. Loi du 15-17 sept. 1792 ; etc.
— Cette loi, relative aux phares, amers, tonnes
et balises (signes destinés à avertir les vaisseaux
d'éviter les endroits périlleux), enjoint aux pilotes
lamaneurs, sous peine de trois jours de prison, de
prévenir les officiers municipaux du canton ou
ceux de l'endroit où ils abordent, de la destruction
des balises, lorsqu'ils en ont connaissance, afin
qu'on puisse y pourvoir. etc., etc.

Arbres et Martelage. Arrêt du Conseil du 23
juillet 1748 ; Ordonnance de 1669 ; Loi du 9 floréal an XI ; Arrêté du Gouvernement du 28 floréal
an XI ; Avis du Conseil-d'État du 18 septembre
1807 ; Décrets du 15 avril, du 16 décembre 1811 ;
Loi du 26 février 1817 ; Ordonnance du 22 septembre 1819 ; etc., etc.

— Le décret du 15 avril 1811, relatif au martelage
des arbres-futaies, appartenans à des particuliers,
porte, *art.* 8, que les propriétaires feront constater

(*a*) *Voy. ci-dessus*, 1re Part., vol. iii, pag. 1 *et suiv.*

l'époque de l'abattage de ces arbres, par un certificat du contre-maître de la marine, ou des agens
forestiers, ou du maire de la commune de la situation de ces bois. etc., etc.

CLASSES ET INSCRIPTIONS MARITIMES: Loi du 7 janvier 1791 ; Lois et Arrêtés des 21 septembre 1793,
et 3 floréal an III ; Loi du 3 brumaire an IV ; Arrêté
du 24 fructidor an IV ; Décret du 8 fructidor
an XIII ; etc., etc.

— Il y a une inscription particulière des citoyens
français qui se destinent à la marine.

Cette inscription comprend :

1° Les marins de tout grade et de toute profession, naviguant dans l'armée navale ou sur les bâtimens de commerce ;

2° Ceux qui font la navigation ou la pêche de
mer sur les côtes, ou dans les rivières jusqu'où re-
monte la marée, et, pour celles où il n'y en a pas,
jusqu'à l'endroit où les bâtimens de mer peuvent
remonter ;

3° Ceux qui naviguent sur les pataches et cha-
loupes, dans les rades et dans les rivières, jusqu'aux
limites ci-dessus indiquées....

En cas de refus ou retardement de l'exécution
des ordres du commissaire des classes de la marine,
l'administration municipale est tenue de prêter main-
forte à la première réquisition du syndic, à peine
d'en répondre.

Si un homme réclame contre l'indication du syndic pour composer la levée, la réclamation est portée devant la municipalité du chef-lieu, qui entend le plaignant, celui qu'il prétend devoir lui être substitué, enfin le syndic, et prononce de suite, de manière que la même décision indique et ordonne le remplacement, s'il y a lieu.

Les chefs des travaux dans les ports, et les commissaires-ordonnateurs peuvent requérir les municipalités de mettre en réquisition les ouvriers en bois, en fer, et autres non classés.

Les sous-préfets, les maires et adjoints, dans l'arrondissement desquels se trouvent des marins déserteurs ou fuyards, sont tenus de faire les diligences nécessaires pour les faire rejoindre, à peine d'être personnellement responsables des frais de recherche et d'arrestation des marins et ouvriers requis pour le service des vaisseaux, ports et arsenaux de l'État, et de leur conduite, par la gendarmerie ou la force armée. etc., etc.

ÉCHOUEMENS, BRIS ET NAUFRAGES. Lois des 9, 13 et 28 août 1791; Code des délits et des peines (liv. 1, tit. v); Arrêté du 27 thermidor an VII; Loi du 7 pluviose an IX; etc., etc.

— Le maire, le syndic des gens de mer, le juge de paix, sont tenus de se rendre sur les lieux au premier avertissement de quelque échouement, bris ou naufrage, pour procurer les secours nécessaires. etc., etc. (a).

Lais et Relais de la mer. Loi du 18 juin 1793; Code civil, *art.* 538, 542 et 543; etc., etc.

— D'après l'article 5 de la loi du 18 juin 1793, confirmé par l'art. 538, 542 et 543 du Code civil, les lais et relais de la mer, les rivages, ports, hâvres et rades, et généralement toutes les portions du territoire qui ne sont pas susceptibles d'une propriété privée, sont considérés comme une dépendance du domaine public, et ne sont pas compris au nombre des biens communaux. etc., etc.

Polders. Décret du 11 janvier 1811; Décret du 16 décembre suivant; etc., etc.

— Le décret du 11 janvier 1811 contient règlement sur l'administration et l'entretien des polders; et celui du 16 décembre suivant, renfermant des dispositions sur la police de ceux du département de l'Escaut, des Bouches-de-l'Escaut, de la Lys, des Deux-Nèthes, des Bouches-du-Rhin et de la Roër, porte, *art.* 1er, qu'en cas de circonstances propres à amener une rupture ou le débordement de la digue, tous les habitans au-dessus de l'âge de dix-huit ans sont tenus de se rendre sur les points que le maire désigne chaque année par une publi-

---

(a) *Voy. aussi*, à ce sujet, la 1re Part. de cet ouvrage, vol. III, pag. 1 *et suiv.*

cation; que le refus d'obéir est puni d'une amende
égale au prix de deux journées de travail, et qu'après
un avertissement donné par le maire, sur l'invitation de la direction, il y aura en sus de l'amende
une peine de quatre jours de prison.

On ne peut, suivant l'art. 19, faire aucune fouille
dans les dunes de la mer, sans la permission écrite
de la direction du polder et l'autorisation du préfet;
les fouilles et les enlèvemens de sable sont punis
d'une amende de trois francs. Les art. 20 et 21 défendent également d'y faire paître des bestiaux; et,
d'après l'art. 42, il n'est pas permis d'extraire de la
tourbe dans les terrains adjacens aux polders, sans
en avoir réclamé la permission au préfet qui communique la demande au directeur général des polders, dont l'avis est ensuite affiché dans la commune. etc., etc.

PORTS DE MER. Décret du 22 nivose an XIII
(B. 25); etc., etc.

— Il a été ordonné par ce décret, que, pendant
la durée de la guerre, lorsqu'un navire de commerce français ou étranger arriverait dans un port
de France, aucune personne de l'état-major et de
l'équipage, ni aucun passager, ne pourrait débar-
quer sans une permission du commissaire général de
police, de son délégué, du sous-préfet ou du maire,
qui seraient avertis de l'arrivée des bâtimens par
l'officier du port, et qui, accompagnés d'un pré-

13.

posé des douanes et d'un interprète, en cas de besoin, procèderaient et feraient procéder à la visite des personnes, des papiers et de la cargaison. Le même décret a enjoint à ces fonctionnaires d'informer le ministre de la police de l'arrivée des bâtimens et du résultat de la visite, en lui transmettant en original les papiers qui pourraient intéresser la sûreté intérieure du royaume.

En général, les maires doivent surveiller les ports de mer et de rivière, les quais, berges, gares, estacades, navires, bateaux, coches, galiotes, et tous les établissemens faits sur les rivières, chantiers, hallages, passages d'eau avec bacs et batelets, bains publics, écoles de natation; et les matelots, mariniers, ouvriers, arrimeurs, chargeurs, déchargeurs, tireurs de bois, pêcheurs, blanchisseurs. etc., etc.

8° *Police.*

C'est surtout sous le rapport des mesures d'administration correspondantes aux attributions des deux Directions dépendantes du Sous-Ministère de la Police générale, que les attributions des Préfets, des Sous-Préfets et des Maires ont et doivent avoir une grande étendue.

Sûreté générale ou *Police proprement dite.* Partout où, en raison de l'étendue du territoire

ou de l'importance de la population, il existe
des agens spéciaux ou commissaires de police,
c'est toujours sous la surveillance et autorité
des Préfets, des Sous-Préfets et des Maires,
que ces agens et commissaires doivent être
placés et doivent agir ; et dans les lieux où ces
mêmes agens spéciaux et commissaires ne sont
pas jugés nécessaires, et n'existent pas, c'est
aux Préfets, aux Sous-Préfets et aux Maires
que leurs attributions sont directement dévo-
lues, et par eux qu'elles doivent être exercées.

En conséquence toutes les mesures d'administration relatives à la sûreté et police des
campagnes, des routes et des villes, les concernent spécialement ; comme aussi celles qui
ont pour objet l'exécution des lois et règlemens sur les passe-ports, la délivrance des
permis de ports-d'armes, la prohibition de
certaines armes, la répression du vagabondage, les secours à délivrer aux indigens ; la
surveillance des dépôts et ateliers dits de mendicité, des hospices et hôpitaux, des maisons
de charité et de bienfaisance, des maisons
d'arrêts, de réclusion et autres prisons, etc.

Grande et petite Voieries ; Ponts et Chaussées , Mines , Minières et Carrières , etc. Tous les détails relatifs à cette autre branche d'administration concernent spécialement les mêmes agens du Pouvoir exécutif; et par conséquent sont de leur compétence toutes les mesures ayant pour but l'exécution des résolutions législatives , soit nationales, soit locales, sur le percement, la confection et l'entretien des routes et chemins de toutes classes, sur leur alignement et redressement, sur les acquisitions, ventes et démolitions pour causes d'utilité publique , sur la construction ou réparation des hôtels de ville, hospices, prisons, halles, marchés, boucheries, ports, ponts et chaussées, écluses, bacs , canaux, phares et fanaux, et autres monumens et établissemens publics ; la direction et la surveillance de ces divers genres de travaux ; la surveillance des mines, minières et carrières, des poudres et salpêtres, des fabriques et usines, verreries, fours à chaux et ateliers qui peuvent menacer du feu ou des inondations, et des autres établissemens incommodes ou insalubres, etc.; les eaux thermales, la propagation de la vaccine et autres découvertes utiles à l'humanité sous le rapport de la santé, la police des hôpitaux et prisons sous ce même rapport, la surveillance sur la vente des comestibles et boissons, sur celles des médicamens et substances vénéneuses, sur les médecins, chirurgiens et sages-femmes; les visites particulières propres à prévenir les incendies; les visites des fours et cheminées; les secours aux noyés et asphyxiés; la police des cimetières et des inhumations; la destruction des chiens errans et vagabonds, des animaux nuisibles; l'enlèvement et l'enfouissement de ceux qui sont morts et abandonnés sur la voie publique, et généralement enfin toutes autres mesures sanitaires, ou d'ordre, de police et de sûreté, etc., etc.

Aperçu de la Législation, Jurisprudence et Coutume, sous ce huitième rapport.

Affiches, Annonces, Colporteurs et Crieurs. Ordonnance de police, du 6 avril 1740; Règlement du 26 février 1783, *art.* 69 et 74; Lois du 10, 18 et 22 mai, 22—28 juillet 1791; du 4 thermidor an III; du 12 vendémiaire, du 24—28 ger-

minal, du 3 thermidor an IV; du 3—5 nivose an V;
du 9—29 vendémiaire an VI (*art.* 56, 60 et 61);
Arrêtés du 3 brumaire suivant; du 15 frim. an VI;
Lois du 3 frimaire, du 7 nivose an VII (*art.* 60);
Ordonnances du préfet de police, du 4 pluviose
an IX, du 17 germinal an XI ; Décrets du 3 août,
du 14 décembre 1810; Cod. pén.(*art.* 290); etc., etc.

— Toute affiche imprimée doit porter le nom
de l'auteur, ou le nom et la demeure de l'imprimeur. (*Lois du 24 germinal an IV, art.* 1 *et* 2).

La loi du 22 mai 1791, porte que dans les villes
et dans chaque municipalité, les officiers municipaux désigneront les lieux exclusivement destinés
à recevoir l'affiche des lois et actes de l'autorité
publique (*art.* 11).

La loi du 22-28 juillet 1791 a ordonné que les
affiches des actes émanés de l'autorité publique,
seraient seules imprimées sur papier blanc; et que
celles qui n'intéresseraient que des particuliers ne
pourraient l'être que sur papier de couleur, sous
peine d'amende.

Ceux qui suppriment, arrachent ou gâtent les
affiches des autorités publiques, sont passibles d'une
amende, selon la gravité des circonstances.

Les avis imprimés qui se crient et se distribuent
dans les rues et lieux publics, ou que l'on fait cir-
culer de toute autre manière, sont assujettis au droit
de timbre, à l'exception des adresses portant la

simple indication ou le changement de domicile.

Dans les cas de contravention, les maires, les adjoints et les gardes champêtres en dressent des procès-verbaux; les affiches sont arrachées et envoyées avec le procès-verbal au préfet, qui provoque les poursuites.

Aux termes de l'ordonnance du 4 pluviose an IX, nul individu ne peut être crieur et colporteur, s'il ne sait lire.

Tout colporteur est tenu d'avoir sur son habit une plaque de cuivre sur laquelle est gravé le mot *colporteur*, avec le n° de sa permission.

Tout individu qui, sans y avoir été autorisé par la police, ferait le métier de crieur ou d'afficheur d'écrits, imprimés, dessins ou gravures, même lorsque le nom des auteurs, imprimeurs, dessinateurs ou graveurs y serait indiqué, encourt la peine d'un emprisonnement de six jours à deux mois. (*Code pénal, art.* 290.)

Les colporteurs ne peuvent s'arrêter sur la voie publique. etc., etc.

ALIGNEMENT; BATIMENS; CONSTRUCTION; DÉMO-LITION; DÉCOMBRES; COUVREURS. Édit du mois de décembre 1607; Règlement du 30 avril 1663; Déclaration du 16 juin 1693; Règlemens des 1er juillet 1712, 20-22 mars 1720, 18 août 1730, 28 novembre 1750, 25 avril 1766, 1er septembre 1769; Déclaration du 10 avril 1783; Ordonnance du 28 janvier

1786; Lois du 16-24 août 1790, du 22 juillet 1791, du 16 septembre 1807; Décret du 11 janvier 1808; Loi du 8 mars 1810; Avis du Conseil-d'état du 3 août — 3 septembre 1811; Ordonnances du 29 février 1816, du 18 mars 1818; Code pénal, art. 471; etc., etc.

— L'art. 3 du titre II de la loi du 24 août 1790, et l'art. 18 du titre 1er de la loi du 22 juillet 1791, comprennent, parmi les objets confiés à la vigilance et à l'autorité des officiers municipaux, l'alignement des maisons, la démolition ou la réparation des bâtimens menaçant ruine, et ils prononcent une amende contre ceux qui refuseraient de se conformer aux règlemens sur la construction des bâtimens dont l'exécution est ordonnée par l'art. 29 du même titre.

L'art. 52 de la loi du 16 septembre 1807 est conçu en ces termes : « Dans les villes, les alignemens pour l'ouverture des nouvelles rues, pour l'élargissement des anciennes qui ne font pas partie d'une grande route, ou pour tout autre objet d'utilité publique, seront donnés par les maires, conformément au plan dont les projets auront été adressés au préfet, transmis avec leur avis au ministre de l'intérieur, et arrêtés en Conseil-d'État ».

Les plans généraux d'alignemens, dans toutes les villes, sont proposés d'après l'avis des Conseils municipaux. Lorsqu'ils sont approuvés, les constructions à faire sur les alignemens fixés, ne sont entreprises dans les rues anciennes, que quand les propriétaires font abattre leurs maisons, ou bien y sont contraints à raison de la caducité des bâtimens; et pour les rues nouvelles, que lorsque les villes ont les moyens d'acquérir les terrains sur lesquels ces rues seront ouvertes. Toutes les rues sont représentées sur les plans. On indique par une échelle métrique leur largeur actuelle, celle qu'il convient de leur donner, et l'alignement à régler. On désigne les rues à percer, leur direction, leur largeur, et les bâtimens qu'il faudrait détruire; à chaque plan doit être joint un rapport du géomètre qui l'explique.

À mesure que les plans des villes sont terminés, les préfets les font exposer pendant huit jours consécutifs à l'hôtel de la mairie, et préviennent le public de cette exposition par une affiche. Les réclamations sont adressées au maire; un procès-verbal en indique le nombre et la nature. Dans le cas où aucune réclamation n'est faite, un procès-verbal le constate. Le Conseil municipal donne son avis sur les réclamations; le sous-préfet y joint le sien; le préfet donne également son avis, et il adresse ensuite le tout au ministre.

Les maires des villes susceptibles de l'application de l'art. 152 de la loi du 16 septembre 1807, et dont les plans généraux d'alignement n'ont pas encore été arrêtés en Conseil-d'État, peuvent, en cas d'urgence, donner des alignemens partiels pour les constructions à faire dans les rues, qui ne dépendent pas de la grande voirie des ponts et chaussées, après avoir pris l'avis des architectes voyers, et sous l'approbation des préfets.

En cas de réclamation contre ces alignemens particuliers, il est statué en Conseil-d'état sur le rapport du ministre de l'intérieur, après l'observation des formalités prescrites par la loi du 8 mars 1810.

Toute personne qui veut faire bâtir, ou reconstruire des bâtimens existans, doit en prévenir le maire de sa commune; celui-ci, lorsqu'il s'agit d'une rue ou d'un chemin communal, se transporte sur les lieux. Il se fait accompagner d'un arpenteur ou de toute autre personne de l'art, trace l'alignement, le fixe, et enjoint au propriétaire de s'y conformer; il en instruit le sous-préfet de l'arrondissement.

Quant aux villes et grandes routes, les maires renvoient les particuliers devant les ingénieurs, qui seuls sont désignés par la loi pour faire ces sortes d'alignement. Le préfet, sur l'avis du maire et du sous-préfet, approuve, s'il y a lieu, la détermination des ingénieurs.

En cas de contravention à ces dispositions, les maires la font constater, et en dressent un procès-

verbal qu'ils envoient au sous-préfet de leur arrondissement. Le sous-préfet le fait passer avec son
avis au préfet, pour être remis au Conseil de préfecture, lequel autorise à poursuivre le contrevenant devant les tribunaux compétens.

Les maires doivent faire sommer les propriétaires
d'édifices menaçant ruine sur la voie publique, de
les réparer ou démolir ; et si les propriétaires ne
défèrent point à leur sommation, ils en dressent
procès-verbal, et les font traduire au tribunal de
police.

Par l'ordonnance du 20 mars 1720, il a été enjoint aux propriétaires de maisons, etc., de faire
emporter les gravois, vieux plâtres ou décombres,
lorsque l'avertissement leur en est donné par le
commissaire du quartier ; et, faute de le faire dans
les vingt-quatre heures, l'ordonnance porte que
cet enlèvement aura lieu à leurs frais.

Les ordonnances des 1er septembre 1769, et 28
janvier 1786, ont aussi enjoint, sous peine d'a-
mende, aux entrepreneurs, maîtres-maçons et
autres, de ne pas laisser séjourner plus de vingt-
quatre heures, sur la voie publique, les terres, décombres, gravois et immondices, provenant des
démolitions et des fouilles.

Les couvreurs sont tenus de suspendre, au-devant
des maisons sur lesquelles ils travaillent, deux lattes
en forme de croix, pour prévenir les passans des

dangers qu'ils peuvent courir (*Ordonnance de police du 28 janvier* 1786). etc., etc.

ARMES; PORT-D'ARMES. Déclarations du 18 décembre 1660, du 23 mars, du 23 mai 1728, du 7 mars 1733; Édit du mois de décembre 1766; Lois du 30 avril 1790., du 6 octobre 1791, du 23 thermidor an IV; Arrêtés du 12 messidor an VIII, du 24 prairial an IX, des 9 vendémiaire et 1er nivose an XIII; Décrets des 8 vendémiaire, et 2 nivose an XIV; Instructions du ministre de la police générale des 10 mars, 22 avril 1806; Décret du 12 mars 1806; Instructions du ministre de la police générale des 3 et 6 mai, 3 et 19 juin, 30 août, 3 et 13 septembre 1806; Arrêté du préfet du département de Sambre-et-Meuse, publié le 24 novembre 1806, d'après les instructions du ministre; Arrêté du ministre de la police générale du 25 avril 1807; Décrets des 11 juillet, du 14 décembre 1810; Avis du Conseil-d'état, approuvé le 17 mai 1811; Décret du 4 mai 1812. etc., etc.

— La faculté de porter en voyage des armes destinées à la défense personnelle, n'est assujettie à aucune formalité.

Le port d'armes de chasse, sans un permis, est puni correctionnellement d'une amende de 30 à 60 fr., et en cas de récidive, de 60 à 200 fr., d'un emprisonnement de six jours à un mois, et de la confiscation des armes. (*Décret du 4 mai* 1812.)

Par le décret du 2 nivose an XIV, les fusils et pistolets à vent ont été compris dans les armes offensives et dangereuses, cachées et secrètes, dont la fabrication, l'usage et le port sont interdits par les lois; et à ce sujet l'exécution des Déclarations du 18 décembre 1660, et 23 mars 1728, a été ordonnée.

Tout fourbisseur, tout armurier, tout homme, faisant le commerce des armes, doit tenir un registre, et y inscrire, jour par jour, la quantité et l'espèce de toutes les armes qu'il a vendues ou achetées, les dates des ventes et des achats, les noms des personnes à qui il les a vendues, ceux des personnes de qui il les a achetées, ou des manufactures et magasins où il s'est approvisionné; enfin le nombre des fusils qu'il a raccommodés, et le nom des personnes à qui ces fusils appartiennent.

Dans les cinq premiers jours de chaque trimestre, ces fourbisseurs, armuriers et autres, remettent au maire de leur commune un relevé de ces registres pour être transmis au sous-préfet.

C'est à chaque maire à surveiller l'exécution de ces dispositions dans sa commune, s'il y existe des personnes auxquelles elles sont applicables : il doit même faire chez elles des visites, pour s'assurer si leurs registres sont tenus exactement; et s'il y remarque des contraventions, il en prévient l'autorité supérieure.

Le décret du 14 décembre 1810 contient, entre autres, les dispositions suivantes :

« *Art.* 2. Les armes de commerce n'auront jamais le calibre de guerre....

« *Art.* 3. Il sera nommé un éprouveur dans chacune des villes où l'on fabrique des armes de commerce ; le maire présentera, pour occuper cette place, trois sujets qui lui auront été désignés par les principaux fabricans d'armes à feu. Le préfet choisira parmi les trois celui qu'il jugera le plus capable de faire les épreuves, et lui délivrera à cet effet une commission qui sera enregistrée à la mairie.

« *Art.* 6. Les canons qui auront supporté l'épreuve seront examinés par l'éprouveur. Ceux qu'il jugera bons seront marqués du poinçon d'acceptation.

« *Art.* 7. Le poinçon d'acceptation portera une marque particulière pour chaque ville de fabrication : cette empreinte sera déterminée par le préfet sur la proposition du maire et du conseil municipal....

« Il sera gravé trois poinçons pour chaque calibre : le premier sera déposé à la préfecture du département ; le second à l'hôtel de la mairie, où l'un et l'autre serviront de matrice au besoin ; le troisième restera entre les mains de l'éprouveur qui ne pourra le faire rectifier, si l'empreinte s'altère ou se déforme, qu'après vérification de l'esquisse sur une des matrices originales.

« L'empreinte sera imprimée sur le tonnerre des canons, de manière à être facilement reconnue, lorsque le fusil sera monté....

« *Art.* 11. L'éprouveur se pourvoira à ses frais d'un local commode; le choix en sera approuvé par le maire; ce local sera uniquement destiné aux épreuves....

« *Art.* 13. Le maire présentera chaque année au préfet, dans les premiers jours de décembre, six marchands armuriers ou maîtres arquebusiers, que le préfet nommera; savoir : les trois premiers, sous le titre de syndics, et les trois autres, sous celui d'adjoints, pour assister aux épreuves....

« L'un des syndics et l'un des adjoints devront toujours être présens aux épreuves; les syndics et les adjoints y assisteront à tour de rôle. En cas d'absence ou d'empêchement, l'absent sera remplacé par celui dont le tour vient immédiatement après le sien ». etc., etc.

ARRESTATION. Acte constitutionnel de l'an VIII (*art.* 77, 78, 81, 83); Loi du 10 vendémiaire, et Arrêté du 2 germinal an IV; Lois du 4 vendémiaire, et du 29 nivose an VI; etc., etc.

— Par les articles 1, 2 et 3 de cette dernière loi, les maires des communes, au-dessous de 5,000 habitans, sont autorisés à décerner des mandats d'amener contre les prévenus de vols à force ouverte ou par violence, sur les routes ou voies publiques,

et dans les maisons habitées avec effraction extérieure ou escalade ; d'avoir attaqué, sur les routes,
les voitures publiques de terre ou d'eau, les courriers de la poste ou leur malle, les courriers porteurs de dépêches du Gouvernement, ou les voyageurs.

Les maires et adjoints sont aussi tenus de faire
arrêter les individus qui se trouvent en contravention aux lois de la police administrative.

Ceux qui, n'ayant pas reçu de la loi le pouvoir
de faire arrêter, donneraient, signeraient ou exé-
cuteraient l'ordre d'arrestation d'une personne quelconque; et ceux qui, même dans le cas d'arrestation
autorisée par la loi, recevraient ou retiendraient
la personne arrêtée dans un lieu de détention non
publiquement et légalement désigné comme tel,
ainsi que tous les gardiens ou geoliers qui contre-
viendraient aux obligations qui leur sont prescrites (a), sont coupables de détention arbitraire.

Toutes rigueurs employées dans les arrestations,
détentions ou exécutions, autres que celles autorisées par les lois, sont des crimes. (*Constitution de
l'an VIII, art.* 81 *et* 83.) etc., etc.

ARTIFICES ET FUSÉES. Ordonnance de police du 15
novembre 1781 ; Code pénal, *art.* 471 *et* 473 ; etc.

— L'ordonnance de police du 15 novembre 1781

(a) *Voy. ci-après* le mot *Prison.*

a fait défense de tirer des pétards, fusées, boîtes, pistolets ou autres armes à feu, dans les rues, dans les cours ou jardins, et par les fenêtres des maisons, pour quelque cause ou occasion que ce fût, et notamment les jours de fêtes et réjouissances publiques, à peine de 400 francs d'amende, dont les pères et mères seraient civilement responsables pour leurs enfans, et les maîtres et chefs de maisons pour leurs apprentis, compagnons, serviteurs et domestiques. Cette ordonnance portait en outre que les contrevenans pourraient être emprisonnés sur-le-champ.

Les peines prononcées par le Code pénal de 1810 sont plus modérées. Il met ces actions au rang des contraventions de simple police, et statue ainsi qu'il suit :

« *Art.* 471. Seront punis d'amende, depuis 1 franc jusqu'à 5 francs inclusivement.... ceux qui auront violé la défense de tirer, en certains lieux, des pièces d'artifice....

« *Art.* 473. La peine d'emprisonnement, pendant trois jours au plus, pourra de plus être prononcée, selon les circonstances, contre ceux qui auront tiré des pièces d'artifice.... etc., etc.

Asphyxiés; Noyés. Arrêté du 12 messidor an IV ; etc.

— Cet arrêté a ordonné l'envoi à chaque canton

14.

d'une instruction sur le traitement des asphyxiés par le méphitisme.

Des instructions sur le traitement des asphyxiés par la chaleur ou par le froid, et sur celui des noyés, ont également été publiées et affichées.

Il appartient spécialement aux maires, aux adjoints et aux commissaires de police de surveiller l'application des secours dont l'emploi a été ainsi recommandé dans ces différentes circonstances; mais, comme il est essentiel que ceux qui les administrent connaissent parfaitement la marche à suivre, les maires doivent appeler un officier de santé. etc., etc.

ATTROUPEMENS, BRUITS NOCTURNES, ÉMEUTES, OBÉISSANCE A LA LOI, RASSEMBLEMENS SÉDITIEUX, RÉVOLTES. Lois du 16-24-25 août 1790, du 19-22, 26-27 juillet — 3 août 1791, du 10 vendémiaire, du 27 germinal an IV, du 28 germinal an VI, *art.* 231, 232; Code pénal, *art.* 100, 209, 479, 480; etc., etc.

— L'*art.* 8 de la loi du 24 août 1790 a chargé les officiers municipaux de dissiper les attroupemens et émeutes populaires, et les a rendus responsables de leur négligence à cet égard.

D'après les dispositions de l'*art.* 7 du titre II de la loi du 25 août 1790, et celles de l'*art.* 12 de la loi du 3-5 août 1791, les maires ont de nouveau été chargés de dissiper les émeutes populaires, et autorisés à requérir, au besoin, la force armée, pour maintenir ou rétablir la tranquillité.

L'*art.* 6 de la loi du 27 germinal an IV enjoint à tous ceux qui se trouveraient dans des rassemblemens qui prendront le caractère de la sédition, de se retirer aussitôt qu'ils en auront été sommés par le maire ou le commandant de la force armée.

Aux termes de l'*art.* 231 de la loi du 28 germinal an VI, le maire doit, dans ces cas d'attroupemens séditieux, rappeler trois fois, à haute voix, *l'obéissance à la loi,* avant de faire employer la force des armes.

Suivant les *art.* 100 et 213 du Code pénal de 1810, il n'est prononcé aucune peine pour fait de sédition contre ceux qui, ayant fait partie de bandes ou réunions séditieuses sans y exercer aucun commandement, emploi ni fonctions, se seront retirés au premier avertissement des autorités civiles ou militaires, ou même depuis, lorsqu'ils n'auront été saisis que hors des lieux de la réunion séditieuse, sans opposer de résistance et sans armes.

L'*art.* 3 du tit. II de la loi du 24 août 1791 et l'*art.* 19 du tit. 1er de la loi du 22 juillet 1791 mettent les bruits nocturnes propres à troubler le repos des citoyens au nombre des délits que les maires et les commissaires de police doivent réprimer ; et le Code pénal porte : « *art.* 479. Seront punis d'une amende de 11 à 15 fr. inclusivement les auteurs ou complices de bruits ou tapages injurieux et nocturnes, troublant la tranquillité des citoyens.

« *Art.* 480. Pourra, selon les circonstances, être prononcée la peine d'emprisonnement pendant cinq jours au plus. » etc., etc.

AUBERGES; CABARETS; CAFÉS; ESTAMINETS; HÔTELLERIES; LOGEURS; MAISONS GARNIES; TABAGIES; TAVERNES ET AUTRES LIEUX PUBLICS. Ordonnance d'Orléans de 1560; Édit du mois de décembre 1666; Ordonnance de police du 26 juillet 1717; Arrêt du Conseil du 4 janvier 1724; Ordonnance de police du 8 novembre 1780; Arrêt du Conseil du 28 janvier 1786; Lois du 24 août 1790, du 19-22 juillet 1791, du 10 vendémiaire, du 17 ventose an IV; Arrêté du 2 germinal an IV; Lois du 18-28 germinal an VI; Ordonnance du préfet de police du 25 pluviose an XI; Code civil, *art.* 1952 et 1953; Code pénal, *art.* 73, 471 et 475; etc., etc.

— L'Ordonnance de 1560 défend aux maîtres d'hôtelleries de loger plus d'une nuit dans leurs maisons des gens sans aveu et inconnus; et leur enjoint de les dénoncer à peine de prison et d'amende.

La loi du 22 juillet 1791 enjoint aux aubergistes, maîtres de maisons garnies et logeurs, d'inscrire sans aucun blanc sur un registre en papier timbré, et paraphé par un officier municipal ou un commissaire de police, les noms, qualités, domicile habituel, dates d'entrée et de sortie de tous ceux qui couchent chez eux, même une seule nuit, et de représenter ce registre tous les 15 jours, et en outre toutes les fois qu'ils en sont requis par les officiers municipaux ou de police.

La loi du 17 ventose an IV porte que les logeurs ou aubergistes qui inscrivent sur leurs registres des noms qu'ils savent n'être pas ceux des individus logés chez eux, sont punis, par voie de police correctionnelle, d'un emprisonnement qui ne peut être moindre de trois mois, ni excéder une année.

Outre la représentation des registres, le maire accompagné du garde champêtre ou d'un agent de police, se transporte, au moins une fois par mois, chez les habitans de sa commune qui donnent à loger, et visitent les passe-ports des personnes qu'ils trouvent chez eux.

La loi du 19-22 juillet 1791 autorise spécialement tous officiers de police à entrer en tous temps dans les lieux publics.

Il est défendu sous peine d'amende à tout vendeur de boissons d'avoir sa boutique ouverte et d'y donner à boire après dix heures du soir et avant cinq heures du matin en hiver, après onze heures du soir et avant quatre heures du matin en été.

Il est également défendu aux traiteurs et restaurateurs de recevoir chez eux et d'y donner à manger après onze heures du soir en hiver, et minuit en été. etc., etc.

AUVENTS. Ordonnances du 26 octobre 1666, du mois de septembre 1677, du 22 novembre 1752; etc., etc.

— L'Ordonnance du 26 octobre 1666 ordonne de réduire les auvents à la hauteur de dix à douze pieds (3 mètres 24 à 90 centimètres), à prendre du rez-de-chaussée du pavé, et à la largeur de deux pieds et demi (81 centimètres) au plus.

Celles du mois de septembre 1677 et du 21 novembre 1752 défendent de les couvrir en plomb, tuiles ou ardoises.

Les auvents en plâtre, formant corniche, sont fixés en général à une saillie de 44 centimètres, à la charge d'y employer une quantité suffisante de fer et de sentons. etc, etc.

BACS ET BATEAUX. Lois du 6 frimaire an VII, du 6 fructidor an VII; Décision du ministre de l'intérieur, du 28 floréal an VIII; Loi du 14 floréal an X, *relative aux contributions indirectes de l'an XI* (tit. 4, *art.* 9); Ordonnance du préfet de police, du 18 prairial an XI; etc., etc.

— La loi du 6 frimaire an VII détermine le régime à suivre et la police à exercer pour l'administration des bacs et bateaux établis à lieux fixes, pour le passage public sur les fleuves, rivières et canaux navigables.

Tous ces bacs et bateaux appartiennent au Gouvernement, qui en adjuge la location à son profit.

Les propriétaires et conducteurs de barques, batelets et bachots à l'usage de la pêche et de la marine, ne peuvent établir des passages à heures ni lieux fixes; et les particuliers ne peuvent avoir de bacs et bateaux, soit pour leur usage personnel, soit pour l'exploitation de leurs propriétés circonscrites par les eaux, sans en avoir obtenu la permission spéciale.

La sûreté publique exige que les maires des communes où il existe des bacs et bateaux de passage à lieux et heures fixes, surveillent avec soin l'exécution des obligations imposées aux passeurs, telles que d'entretenir en bon état les bacs et bateaux, agrès et cordes, pour la sûreté du passage; de faire placer le tarif des droits à percevoir, sur un poteau, et en lieu apparent, de l'un et de l'autre côté de la rivière; de n'exiger des passagers, sous quelque prétexte que ce soit, de plus fortes sommes que celles réglées par le tarif; de ne faire porter aux bacs et bateaux de plus fortes charges que celles déterminées par le cahier des clauses et conditions; d'avoir toujours, pour le service des bacs et bateaux, le nombre de mariniers fixé par le cahier des clauses (ces mariniers doivent être âgés de 21 ans au moins, de bonnes vie et mœurs, et au fait de la navigation); de faire balayer exactement les ports et cales lors des crues, et de les tenir toujours vides d'eau; de tenir les bacs et bateaux amarrés au moment de l'embarquement, afin d'éviter les accidens. Ils doivent enfin veiller à ce qu'en général le service soit fait avec exactitude, et rendre compte au sous-préfet de l'arrondissement de toute infraction aux dispositions des lois et des baux; ils peuvent requérir la représentation de ces baux, afin de vérifier si toutes les dispositions en sont remplies par les fermiers. etc., etc.

Bains. Sentence du prévôt des marchands, du 22 juin 1742; Ordonnances du préfet de police des 29 germinal an VIII, et 12 germinal an X; etc., etc.

— Les ordonnances sus-relatées renferment des dispositions qui peuvent recevoir leur application, dans toutes les grandes villes.

Elles défendent à toutes personnes de se baigner dans la rivière, si ce n'est dans des bains couverts; de sortir et de se montrer nues au-dehors de ces bains.

Elles enjoignent de séparer et éloigner les bains des hommes de ceux des femmes.

Elles défendent à toutes personnes en batelets de s'approcher des bains. etc., etc.

Boissons. Ordonnances du 27 décembre 1697, du 8 novembre 1780; Loi du 19—22 juillet 1791; Décret du 22 décembre 1899; Instructions du ministre de l'intérieur, y relatives; Code pénal, *art.* 318 et 475; etc., etc.

— Les maires et les commissaires de police sont

autorisés à faire des visites pour constater la qualité des boissons et en dresser procès-verbal.

Les *art.* 20 et 21 du tit. 1er, et l'*art.* 38 du tit. II de la loi du 22 juillet, portaient la peine de la confiscation et de l'amende du tiers de la contribution mobilière pour vente de boissons gâtées et corrompues, et une amende de 1,000 fr., avec emprisonnement d'une année, et impression du jugement, pour vente de boissons falsifiées par des mixtions nuisibles à la santé. Aux termes de l'*art.* 318 du Code pénal, la peine de ce dernier délit est actuellement d'un emprisonnement de six jours à deux ans, et d'une amende de 16 à 300 fr. etc., etc.

BOUCHERIES ; TUERIES ; BOULANGERIES. Ordonnance de police, du 24 septembre 1715 ; Statuts homologués par lettres-patentes du 1er juin 1782 ; Loi du 19—22 juillet 1791 ; Code des délits et des peines, du 3 brumaire an IV ; Arrêtés du Bureau central de Paris, du 7 fructidor an IV, et du 13 vendémiaire an V ; Arrêté du 27 messidor an V ; Réglement du 8 vendémiaire an XI ; Ordonnances du préfet de police, du 5 nivose an XI, et du 25 brumaire an XII ; etc., etc.

— Les maires et commissaires de police, devant veiller à ce que les établissemens de boucheries et de boulangeries ne puissent devenir nuisibles à la santé des citoyens, peuvent consulter à cet effet les règlemens et ordonnances sus-relatés.

Il est défendu aux bouchers, entre autres choses, d'exposer en vente aucune viande provenante de bêtes mortes de maladie, étouffées, ou trop jeunes; et d'acheter les bestiaux ailleurs que dans les marchés.

La viande ne doit pas être vendue chaude, ni le même jour que les animaux ont été tués.

Le sang doit être reçu dans des tines, et être ensuite porté au-dehors, dans des endroits où l'on n'ait aucun inconvénient à craindre; il en est de même des débris de l'abattage.

L'Ordonnance du 24 septembre 1715 porte défense aux bouchers d'être en même temps aubergistes ou taverniers, afin qu'ils ne puissent pas déguiser les mauvaises viandes par la cuisson.

Si des blés sont reconnus avoir souffert quelque altération dans leurs principes par l'humidité ou autrement, le maire, après avoir fait constater par deux médecins le danger d'en faire usage, peut défendre de les exposer en vente, aux meûniers d'en moudre, et aux boulangers d'en acheter.

L'*art*. 30 du tit. 1er de la loi du 19—22 juillet 1791, a donné aux officiers municipaux la faculté de taxer le pain et la viande de boucherie.

Le Code des délits et des peines, *art*. 605, contient cette disposition, que les bouchers et boulangers qui vendent au-delà des prix fixés par la taxe légalement faite et publiée, sont punissables des peines de simple police. etc. , etc.

BUREAUX ET ÉTABLISSEMENS DE BIENFAISANCE ET DE CHARITÉ; HÔPITAUX ET HOSPICES. Il ne peut être question, ici, que des mesures de surveillance, de police et de salubrité.

(*Voy.*, quant aux règles d'administration et de comptabilité, *ci-après*, à l'article FINANCES).

CANAUX; COURS D'EAU; NAVIGATION INTÉRIEURE; USINES. Ordonnance de 1669 (tit. 11, *art.* 42, 43, et tit. 28, *art.* 7); Loi du 12—20 août 1790; Loi du 28 septembre—6 octobre 1791; Arrêtés du 19 vendémiaire, du 19 ventose an VI; Instruction du ministre de l'intérieur, du 19 thermidor an VI; Lois du 6 frimaire an VII, du 30 floréal an X ; Arrêté du 30 frimaire an XI; Loi du 24 floréal an XI; Décrets du 21 brumaire, du 13 fructidor an XIII ; Loi du 16 septembre 1807, tit. VII *et suiv.*; Décret du 22 janvier 1808; Décret du 28 janvier 1811, *contenant règlement relatif au service de la navigation sous les ponts de Paris;* Décrets du 12 juin, du 16 décembre 1811, du 10 avril 1812; Code civil, *art.* 644; Code de procédure civile, *art.* 3 ; etc., etc.

—La Loi du 14 floréal an XI porte :« 1° qu'il sera pourvu au curage des canaux et rivières non navigables, et à l'entretien des digues et ouvrages d'art qui y correspondent, de la manière prescrite par les anciens règlemens, ou d'après les usages locaux.

« 2° Que quand l'application des règlemens ou l'exécution du mode consacré par l'usage éprouverait des difficultés, ou lorsque des changemens survenus exigeraient des dispositions nouvelles, il y serait pourvu par le Gouvernement dans un règlement d'administration publique, rendu sur la proposition du préfet du département, de manière que la quotité de contribution de chaque imposé fût toujours relative au degré d'intérêt qu'il aurait aux travaux qui devront s'effectuer;

« 3° Que les rôles de répartition des sommes nécessaires au paiement des travaux d'entretien, réparation ou reconstruction, seraient dressés sous la surveillance du préfet, rendus exécutoires par lui, et que le recouvrement s'en opèrerait de la même manière que celui des contributions publiques;

« 4° Que toutes les contestations relatives au recouvrement des rôles, aux réclamations des individus imposés et à la confection des travaux, seraient portées devant le Conseil de préfecture, sauf le recours au Gouvernement, qui déciderait en Conseil-d'État..... ».

La loi, en forme d'instruction, du 12—20 août 1790, charge les administrations d'indiquer les moyens de procurer le libre cours des eaux, et de les diriger, autant qu'il est possible, vers un but d'utilité générale. Celle du 28 septembre—6 octobre 1791, sur la police rurale, rend les propriétaires ou fermiers des moulins et usines , garans de tout dommage que les eaux pourraient causer aux chemins ou aux propriétés voisines par la trop grande élévation des déversoirs ou autrement ; elle veut enfin que la hauteur à laquelle ils pourront tenir les eaux , soit fixée par l'administration.

D'après ces dispositions , il ne peut être établi de moulins et usines, sans permission, même sur les rivières et ruisseaux non navigables, et il ne peut être apporté aucun changement dans les hauteurs et diminutions des vannages et déversoirs des moulins établis légalement. Les maires doivent informer les préfets des entreprises de cette nature et de toutes celles qui tendraient à empêcher le libre cours des eaux. Ils doivent aussi tenir la main à l'exécution des règlemens particuliers des préfets, qui peuvent leur être adressés sur l'usage des cours d'eau qui existent dans l'étendue de leur commune.

Cependant la répression des entreprises qui se commettent sur les cours d'eau non navigables, est dévolue à l'autorité judiciaire ; et en conséquence, lorsque, par l'effet de ces entreprises, les chemins et les autres propriétés publiques ou communales ont été endommagées, les maires doivent en dresser procès-verbal, l'envoyer au procureur du Roi, pour y être donné suite contre les délinquans, et en faire part au sous-préfet. Quant aux dégâts causés sur les propriétés particulières par le fait des meuniers et autres particuliers, c'est aux propriétaires à poursuivre la réparation des dommages qu'ils ont éprouvés....

Toute personne qui désire établir un pont, une chaussée permanente ou mobile, une écluse ou usine, un batardeau, moulin, digue, usine, ou tout autre obstacle quelconque au libre cours des eaux, dans les rivières navigables ou flottables, dans les canaux d'irrigation ou de dessèchemens généraux, doit présenter sa demande motivée et circonstanciée au préfet du département où l'établissement est projeté. Le préfet, après avoir examiné la pétition, la renvoie au maire de la commune, à l'ingénieur ordinaire de l'arrondissement et à l'inspecteur de la navigation, partout où il y en a d'établi.

Le maire examine les convenances locales et l'intérêt des propriétaires riverains ; et afin d'obtenir à cet égard tous les renseignemens, et de mettre les intéressés en état de former leurs réclamations, il fait afficher la pétition à la porte principale de la maison commune. Cette affiche y demeure apposée pendant vingt jours, avec une invitation aux habitans qui auraient des observations à proposer, de les faire à la mairie dans ces vingt jours, ou, au plus tard, dans les trois jours qui suivront l'expiration du délai de l'affiche.

Le maire transmet ensuite au préfet, toujours

par l'intermédiaire du sous-préfet, les réclamations
qui peuvent être faites, et les accompagne d'un
certificat qui constate que l'affiche a eu lieu pendant vingt jours. Ce certificat, s'il n'est point sur-
venu de réclamation, doit l'attester. Les maires
doivent en outre donner leur avis particulier ; et
en conséquence, indépendamment de la précaution
ci-dessus indiquée, il ne néglige aucune des con-
naissances qu'il peut acquérir par lui-même, soit
par son transport sur les lieux, soit par la réunion
des propriétaires d'héritages riverains et de ceux
des usines inférieures et supérieures, soit enfin par
le concours des ingénieurs et inspecteurs, s'ils peuvent être réunis au maire par le sous-préfet

Si l'ingénieur opère séparément, afin de le faire
en plus grande connaissance de cause, il attend
l'expiration des délais indiqués et la formation des
observations du maire, qui lui sont remises avec
toutes les pièces par le sous-préfet, auquel le maire
les a adressées.

L'inspecteur de la navigation se concerte, autant
qu'il est possible, avec l'ingénieur ordinaire, qui
dans tous les cas doit lui donner communication
des pièces...

L'ingénieur en chef donne son avis sur le rapport
de l'ingénieur ordinaire.

Quant à l'inspecteur de la navigation, soit qu'il
opère seul ou concurremment, il doit toujours

adresser une expédition de son rapport au bureau de la navigation, indépendamment de celle qu'il remet au préfet.

Aussitôt après la clôture des visites et rapports, toutes les pièces doivent être remises au préfet pour former son arrêté motivé, lequel, par une disposition expresse, porte surséance d'exécution jusqu'à la sanction du Gouvernement.

L'arrêté du préfet étant dressé est envoyé au ministre de l'intérieur, pour, d'après l'examen, être homologué, s'il y a lieu. etc., etc.

CAVES. Édit du mois de décembre 1607; etc., etc.

— Il est fait défense de pratiquer aucune cave sous les rues. etc., etc.

CHEMIN DE HALLAGE. Ordonnance de 1669, tit. XXIII, *art.* 7; Arrêté du 13 nivose an V; Loi du 16 septembre 1807, *relative au dessèchement des marais, art.* 49; Décret du 22 janvier 1808, Code civil, *art.* 556; etc., etc.

— L'arrêté du 13 nivose an V, en prescrivant l'exécution des lois et règlemens antérieurs sur la navigation, ordonne à tous propriétaires d'héritages aboutissant aux rivières navigables de laisser le long des bords, vingt-quatre pieds pour le trait des chevaux, sans pouvoir planter des arbres, faire des clôtures, ni ouvrir des fossés, plus près du bord que de trente pieds. Il est aussi enjoint à tous propriétaires d'héritages aboutissant aux rivières et ruisseaux flottables à bûches perdues, de laisser le long des bords quatre pieds pour le passage des employés à la conduite des flots.

En cas de contravention, les arbres sont arrachés, les fossés comblés, les ouvrages détruits, et les localités réparées aux frais des contrevenans, sans préjudice des dommages-intérêts résultant des pertes occasionées par les entreprises. etc., etc.

Chemins vicinaux. Loi du 28 septembre — 6 octobre 1791; Arrêtés du 23 messidor an V (11 juillet 1797), du 4 thermidor an X (23 juillet 1802); Loi du 9 ventose an XIII (28 février 1805); Loi du 16 septembre 1807; Décret 4 août 1811; Décret du 6 octobre 1813; Avis du Conseil-d'État, du 8 novembre 1813; Loi du 15 mai 1818; Ordonnance du 18 août 1821, transcrite ci-dessus, pag. 24 et *suiv.;* etc., etc.

— On entend par chemins *vicinaux,* non-seulement les chemins établis en pleine campagne pour les communications de paroisse à paroisse, mais encore toutes les rues de l'intérieur des communes qui ne sont pas sur la traverse des grandes routes.

L'arrêté du 4 thermidor an X, tit. 11, *art.* 6, porte que les chemins vicinaux sont à la charge des communes. Les Conseils municipaux émettent leur vœu sur le mode qu'ils jugent le plus convenable pour parvenir à leur réparation, et ils proposent, à cet

15.

effet, l'organisation qui leur paraît devoir être pré-
férée pour la prestation en nature.....

L'état des chemins vicinaux est dressé par le
maire, discuté en Conseil municipal, publié par
affiche, et arrêté définitivement par le préfet.

Si, pendant le temps de la publication, qui ne
peut être moindre de quinze jours, des habitans
ont réclamé contre le projet, soit pour raison d'en-
vahissement de leurs terrains, soit contre la direction, la suppression ou le changement de certains
chemins, soit enfin pour tout autre motif d'intérêt
public ou privé, le Conseil municipal qui a dû recevoir leurs observations, en tient note dans le travail, et l'état n'est définitivement arrêté que d'après
l'avis du Conseil de préfecture, qui prononce sur
les questions de compétence.

Les propriétaires riverains dont le terrain serait
nécessaire pour l'élargissement d'un chemin, d'après
l'alignement donné par le préfet, ont droit à une
indemnité qui est fixée à dire d'experts. En cas de
refus ou d'opposition de leur part, il y a lieu à
l'application de la loi du 8 mars 1810 sur les ex-
propriations forcées pour cause d'utilité publique.

Les chemins vicinaux ne peuvent être un objet
de luxe ou de décoration. La nécessité et l'étendue
des besoins du public doivent être la base des actes
administratifs des préfets à cet égard.

Les chemins vicinaux compris dans l'état définitivement arrêté par le préfet, ainsi que les fossés qui en dépendent, sont réparés au moyen de prestations en nature, excepté en ce qui concerne les travaux d'art et les constructions, telles que celles de ponts, ponteaux et aquéducs, dont les matériaux ne peuvent être fournis, ni l'exécution dirigée par voie de prestation.

Les travaux d'art et les fournitures de matériaux, s'ils n'ont pu être compris dans la prestation en nature, sont adjugés au rabais, et payés sur les fonds libres de la commune. A défaut de toute ressource, ou en cas d'insuffisance de la ressource actuelle, il peut y être pourvu par une imposition extraordinaire, moyennant l'autorisation du Gouvernement.....

Les chemins vicinaux sur lesquels les propriétaires riverains auraient fait des entreprises, peuvent être élargis jusqu'à six mètres, selon les besoins. Pour cet effet, les maires peuvent publier un état des chemins dont il s'agit, et recevoir les réclamations des personnes intéressées, après quoi la délibération que prend le Conseil municipal est envoyée au sous-préfet, qui la transmet au préfet, avec son avis et les pièces à l'appui (*Loi du 9 ventose an XIII, art. 6*).

Sur la réclamation d'une commune ou sur celle des particuliers, le préfet, après avoir pris l'avis du sous-préfet, ordonne l'amélioration d'un mau-

vais chemin pour que la communication ne soit in-
terrompue dans aucune saison, et il en détermine
la largeur.

L'emplacement de ces chemins reconnus inutiles
doit être rendu à l'agriculture (*Arrêté du* 23 *messidor an V.* B. 132). etc., etc.

CIMETIÈRES ET ENTERREMENS; SÉPULTURES ET
TOMBEAUX. Règlement du 21 mai 1765; Déclaration du 10 mars 1776; Loi du 6—15 mai 1791;
Arrêté du. 8 germinal an IX; Loi du 20 ventose
an XI; Décrets du 23 prairial an XII, du 4 thermidor an XIII, du 18 mai 1806, du 7 mars 1808;
Code civil, *art.* 77; etc., etc.

— Aucune inhumation ne doit être faite qu'en
vertu d'une autorisation donnée par les maires sur
papier libre; et ils ne doivent la donner qu'après
avoir fait vérifier le décès, et avoir constaté s'il
n'est pas l'effet d'une cause extraordinaire. Il est
aussi , dans tous les cas , indispensable que les
parens ou amis du décédé fassent inscrire sur les
registres de l'état-civil un acte de déclaration de
décès.

Il doit s'être écoulé un délai de 24 heures depuis le décès jusqu'au moment de l'inhumation ,
sauf les cas prévus par les règlemens de police et
ceux où la décomposition rapide du cadavre oblige
à abréger ce délai.

Il est défendu 1° aux maires, adjoints et membres

d'administrations municipales, de souffrir le transport, présentation, dépôt, inhumation des corps,
ni l'ouverture des lieux de sépulture; 2° à toutes
fabriques d'églises ou consistoires, ou autres ayant
droit de faire les fournitures requises pour les funérailles, de délivrer lesdites fournitures; 3° à tous
curés, desservans et pasteurs d'aller lever aucun
corps, ou de les accompagner hors des églises et
des temples, qu'il ne leur apparaisse de l'autorisation
donnée par l'officier de l'état-civil pour l'inhumation, à peine d'être poursuivis, comme contrevenant aux lois.

Aucune inhumation ne doit avoir lieu dans les
églises, temples, synagogues, hôpitaux, chapelles
publiques, et généralement dans aucun des édifices
clos et fermés où les citoyens se réunissent pour la
célébration de leur culte, ni dans l'enceinte des
villes et bourgs.

Il doit y avoir, hors de chacune de ces villes ou
bourgs, à distance de 25 à 40 mètres au moins de
leur enceinte, des terrains spécialement consacrés
à l'inhumation des morts.

Les terrains les plus élevés et exposés au nord
doivent être choisis de préférence.

L'ouverture des fosses pour de nouvelles sépultures ne peut avoir lieu que de cinq ans en cinq ans.

Toute personne peut être enterrée sur sa propriété, pourvu que cette propriété soit hors et à

la distance prescrite de l'enceinte des villes et bourgs.
Lorsqu'on veut faire usage de cette faculté, on doit,
au moment de la déclaration du décès, en instruire l'officier public de l'état civil, qui dresse un
procès-verbal de l'état du corps, et délivre un passe-
port motivé au conducteur, à la charge par lui, si
l'inhumation a lieu dans une autre commune, de
représenter le corps au maire de cette commune,
auquel il convient même que l'officier public fasse
passer une copie du rapport.

Dans les communes où l'on professe plusieurs
cultes, chaque culte doit avoir un lieu d'inhumation particulier, et, dans le cas où il n'y aurait qu'un
seul cimetière, on le partage par des murs, haies
ou fossés, en autant de parties qu'il y a de cultes
différens, avec une entrée particulière pour chacune, et en proportionnant cet espace au nombre
d'habitans de chaque culte.

On ne peut sans autorisation élever aucune habitation ni creuser aucun puits, à moins de cent
mètres, des nouveaux cimetières, transférés hors
des communes en vertu des lois et règlemens. Les
bâtimens ne peuvent également être restaurés ni
augmentés sans autorisation, et les puits peuvent,
après une visite contradictoire d'experts, être comblés en vertu d'ordonnance du préfet du département, sur la demande de la police locale.

Conformément à la loi du 8 germinal an IX,

art. 45, hors de l'enceinte des églises et des lieux de sépulture, les cérémonies religieuses ne sont permises que dans les communes où l'on ne professe qu'un seul culte (*a*).

Le mode le plus convenable pour le transport des corps est réglé, suivant les localités par les maires, sauf l'approbation des préfets.

Les fabriques des églises et les consistoires jouissent seuls du droit de fournir les voitures, tentures, ornemens, et de faire généralement toutes les fournitures quelconques nécessaires pour les enterremens et pour la décence ou la pompe des funérailles.

Les fabriques et consistoires peuvent faire exercer ou affermer ce droit d'après l'approbation des autorités civiles, sous la surveillance desquelles ils sont placés.

L'emploi des sommes provenant de l'exercice ou de l'affermage de ce droit est consacré à l'entretien des églises, des lieux d'inhumation et au paiement des desservans ; cet emploi est réglé et réparti par le Gouvernement d'après l'avis des évêques et des préfets.

Les frais à payer, sur les successions des personnes décédées, pour les billets d'enterrement, le prix des

_____

(*a*) *Voy. ci-dessus,* à l'article Cultes, le mot *Cérémonies religieuses.*

tentures, les bières et le transport des corps, sont fixés par un tarif proposé par les administrations municipales et arrêté par le préfet.

Dans les villages ou autres lieux où le droit précité ne peut être exercé par les fabriques, les autorités locales y pourvoient, sauf l'approbation des préfets. etc., etc.

COMESTIBLES. Ordonnance de police du 24 septembre 1517; Arrêts du parlement du 15 mai 1540, du 15 juillet 1568, du 23 janvier et du 2 juillet 1687; Arrêté du 22 février 1691; Ordonnance de police du 25 avril 1732; Lois du 16—24 août 1790 (tit. 11), du 19—22 juillet 1791; Code des délits et des peines, *art.* 605; etc., etc.

— La loi du 24 août 1790 donne, aux maires et aux commissaires de police, l'inspection des comestibles exposés en vente; ils font constater leur salubrité par les gens de l'art, et saisir ceux qui se trouvent gâtés, corrompus ou nuisibles; et sur le procès-verbal qu'ils en dressent, le tribunal de police condamne les délinquans à l'amende.

L'*art.* 29 du tit. 1er de la loi du 22 juillet 1791, ordonne à ce sujet l'exécution des anciens règlemens.

D'après ces règlemens les marchands de volailles et de gibier ne peuvent vendre que sur les marchés, à peine de confiscation et d'amende, même contre les recéleurs.

Ils ne peuvent exposer en vente aucune volaille étouffée ou morte de maladie, sous les mêmes peines.

Les marchands de poisson en détail ne peuvent acheter qu'au marché, et il leur est défendu de le falsifier avec de la chaux ou autrement, et de le vendre corrompu.

En général, tous fruits ou légumes gâtés ou corrompus ne peuvent être exposés en vente, sous peine d'amende et de confiscation.

L'art. 606 du Code des délits et des peines a réduit, aux peines de simple police, celles qui sont encourues pour plusieurs des cas spécifiés dans les anciens règlemens. etc., etc.

DÉBORDEMENS, DÉBACLES, INONDATIONS. Loi du 26 germinal an VI, *art.* 131 ; Instructions du ministre de l'intérieur *sur les effets funestes des inondations et de la gelée, et sur les moyens d'y remédier, publiées en l'an IV, en l'an VII et en l'an X ;* Code pénal, *art.* 475 ; etc., etc.

—En cas de débordemens ou débâcles, les maires ordonnent les précautions à prendre, telles que la rupture des glaces, le placement, le garage et l'amarrage des bateaux, barques ou navires, le déménagement des maisons menacées.

Les principales mesures à prendre dans les cas d'inondation, consistent à faire supprimer les batardeaux et digues en terre qui existent dans les fossés d'écoulement et de dégorgement, à faire rehausser et consolider les bords dégradés des ruisseaux, ravins et rivières ; à faire reboucher de suite les saignées qui auraient pû être pratiquées ; à surveiller la hausse et la baisse, suivant le besoin, des relais et vannes, afin que les eaux trouvent une libre issue. Si les propriétaires se refusent à ces dispositions, elles sont faites à leurs frais.

Les maires et adjoints peuvent, dans ces cas d'inondation et dans ceux d'incendie, requérir les secours des citoyens ; et ils dénoncent au tribunal de police ceux qui auraient refusé leur assistance.

Ils font viser et enregistrer par débet, dans les délais prescrits, leur procès-verbal, et l'envoient de suite au procureur du roi près le tribunal de l'arrondissement, qui fait condamner les refusans à l'amende. etc., etc.

Dégel, Glaces, Neiges, Verglas. Ordonnance du 8 novembre 1780 ; Loi du 22 juillet 1791 ; Code des délits et des peines, du 3 brumaire an IV, *art.* 605 ; Arrêté du 5 brumaire an IX, *art.* 17 ; Décret du 10 août 1810 ; Code pénal, *art* 471 ; etc.

— L'ordonnance du 8 novembre 1780 enjoint de relever les neiges et de rompre les glaces au devant des maisons et dans le ruisseau, et de les mettre par tas le long des murs ; elle défend de porter celles des cours dans les rues avant le dégel.

Lorsqu'il survient du verglas, les maires et officiers de police doivent, surtout dans les grandes villes, faire sabler les rues; et après un dégel, ils doivent faire déblayer les ponts et les lieux glissans. etc., etc.

DIVAGATION D'ANIMAUX MALFAISANS. Ordonnance de police du 21 mai 1784; Lois du 16—24 août 1790 (tit. II, *art.* 3), du 19 — 21 juillet 1791 (tit. 1er, *art.* 15), du 28 septembre — 6 octobre 1791 (tit. II, *art.* 30) ; Arrêté du 27 messidor an V; Code pénal, *art.* 475, 478; etc., etc.

—Lorsqu'il se manifeste des signes d'hydrophobie ou de rage parmi les chiens, les maires doivent ordonner, par publication et par affiches, de les retenir à l'attache, et faire tuer tous ceux qui, après cette publication, seraient trouvés errans.

Ils informent de suite le sous-préfet des mesures qu'ils ont prises à ce sujet.

Ils doivent aussi faire tuer ceux qui auraient été mordus, ou veiller avec soin à ce qu'ils soient tenus renfermés et séparés de tous autres animaux pendant un délai de quarante jours au moins. etc, etc.

EAUX MINÉRALES. Déclaration du 25 avril 1772; Arrêts du Conseil des 1er avril 1774 et 12 mai 1775; Déclaration du 26 mai 1780; Arrêt du Conseil, du 5 mai 1781; Lois du 5 novembre 1790, du 11 février 1791, du 21 fructidor an III; Arrêtés du 23 vendémiaire an VI, du 29 floréal an VII, du 3 floréal an VIII, du 4 thermidor an X; Loi du 6 nivose an XI ; etc., etc.

— Aucune réparation, changement ou amélioration aux sources et fontaines n'ont lieu sans l'approbation du préfet, qui en rend compte au ministre de l'intérieur.

Les plaintes et réclamations qui s'élèvent relativement au service sont portées par devant le maire, sauf le recours à l'autorité supérieure.

Les dépenses et frais de route des indigens qui se présentent pour recevoir gratuitement le secours des eaux, sont à la charge des communes qui les ont adressés, comme objet de dépenses communales ; ces communes doivent prendre les mesures convenables pour y pourvoir.

Tout propriétaire qui découvre dans son terrain une source d'eau minérale, est tenu d'en instruire le Gouvernement, pour qu'il en fasse faire l'examen ; et d'après le rapport des commissaires nommés à cet effet, la distribution en est permise ou prohibée, suivant le jugement qui en a été porté.

Les règles de police consacrées par les Arrêtés des 23 vendémiaire an VI (14 octobre 1797), et 29 floréal an VII (18 mai 1799), s'appliquent à l'exploitation de toutes les sources minérales, soit qu'elles appartiennent à l'État, à des communes ou à des particuliers ; et le propriétaire d'une source qu'il exploite, est en outre tenu de pourvoir, sur le produit des eaux, au paiement du traitement de l'officier de santé que le Gouvernement juge nécessaire de commettre pour leur inspection.

Les baux à ferme des eaux minérales, biens et établissements en dépendant, dont les communes sont reconnues propriétaires, sont adjugés, devant le sous-préfet de l'arrondissement, en présence du maire de la commune sur le territoire de laquelle les eaux sont situées. etc., etc.

Éclairage et Illuminations. Lois du 16—24 août 1790, du 19—22 juillet 1791 ; Code des délits et des peines, du 3 brumaire an IV; Circulaire du 9 avril 1808 ; Code pénal; etc., etc.

—L'éclairage des rues, des quais, des places, etc. ; est un des objets confiés spécialement, par la loi du 16—24 août 1790, à la surveillance des municipalités.

C'est au Conseil municipal à décider s'il doit avoir lieu, et au maire à suivre l'exécution de sa décision à cet égard.

La circulaire du 9 avril 1808 informe les préfets d'une décision prise en Conseil-d'État et portant que les frais d'illumination des préfectures, dans les fêtes nationales, doivent être payés par les villes. etc.

Égouts. Loi du 10—24 août 1790, titre xi, *art.* 3 ; etc., etc.

— Il est défendu de dégrader les égouts publics et de rien faire qui puisse nuire à leur destination : en cas de contravention, les délinquans sont tenus de faire faire les réparations à leurs frais.

Les maires doivent veiller non-seulement à prévenir ou à constater ces contraventions; mais aussi à ce que les immondices qui s'y trouvent entraînées, n'occasionent pas, par leur séjour, des exhalaisons insalubres et pernicieuses.

Les égouts doivent être fermés pendant la nuit. etc.

EMPIRIQUES ET BATELEURS. Arrêté du Bureau central de Paris, du 3 messidor an IV; Loi du 21 germinal an XI; Loi interprétative du 29 pluviose an XIII; Code pénal, *art* 479; etc., etc.

— L'arrêté ci-dessus relaté astreint tous ceux qui veulent vendre des remèdes, à justifier, pour obtenir la permission de s'établir momentanément sur les places publiques, d'une approbation donnée par les gens de l'art à ce commis, sur la qualité de leurs médicamens. etc., etc.

ENFANS ABANDONNÉS ET TROUVÉS. Lois du 20 septembre 1792 (tit. 3, *art.* 9), du 27 frimaire an V; Arrêté du 30 ventose an V; Lois du 13 brumaire an VII, du 7 pluviose an XII, du 15 pluviose an XIII; Décrets du 11 juin 1810, du 19 juillet 1811; Loi des finances, du 15 mai 1818, *art.* 77; Code civil, *art.* 58; *ibid.*, tit. X, chap. 2, sect. 4, *art.* 561; Code pénal, *art.* 345 à 353; etc., etc.

— Dans chaque hospice destiné à recevoir des enfans trouvés, il y a un tour où ils peuvent être déposés.

L'admission des enfans trouvés a lieu, 1° au moyen de leur exposition au tour; 2° au moyen de leur

apport à l'hospice, immédiatement après leur naissance, par l'officier de santé ou la sage-femme qui a
fait l'accouchement; 3° sur l'abandon de l'enfant de
la part de sa mère, si, admise pour faire ses couches,
elle est reconnue dans l'impossibilité de l'élever;
4° sur la remise du procès-verbal dressé par l'officier de l'état civil pour les enfans exposés dans tout
autre lieu que l'hospice.

A l'arrivée de l'enfant, le préposé à la tenue du
registre des entrées doit l'inscrire sur ce registre avec
mention des circonstances de l'exposition ou de l'apport à l'hospice.

Il doit nommer l'enfant s'il ne l'a déja été par l'officier de l'état civil, ou si en l'exposant ou l'appor-
tant on n'a pas déposé avec lui des papiers indiquant
ses noms.

Il doit adresser, dans les vingt-quatre heures de
l'inscription d'un enfant, un extrait du registre en
ce qui concerne cet enfant, à l'officier de l'état civil,
pour être immédiatement transcrit sur le registre
des actes de naissance.

Les enfans abandonnés ou orphelins ne sont admis dans les hospices que jusqu'à l'âge de douze ans,
et d'après l'acte de notoriété du juge de paix ou du
maire, constatant l'absence de leurs pères et mères;
ou sur l'expédition des jugemens correctionnels ou
criminels qui les privent de l'assistance de leurs pa-
rents. etc., etc.

MONARCHIE.

ENSEIGNES. Ordonnance du 27 décembre 1761;
Loi du 22 juillet 1791 (*art.* 18); Arrêté du Bureau
central du canton de Paris, du 1er frim. an VIII; etc.

—— L'ordonnance du 27 décembre 1761 a enjoint
aux personnes qui se servent d'enseignes pour l'exercice et l'indication de leur commerce à Paris, de
les faire appliquer en forme de tableau contre le mur
des boutiques ou maisons par eux occupées. Ces enseignes ne peuvent avoir plus de onze centimètres
(quatre pouces) de saillie, et elles doivent être at-
tachées avec des crampons de fer scellés en plâtre
dans le mur, et non simplement accrochées ou sus-
pendues. Les figures en relief sont interdites, ainsi
que les tableaux en équerre.

Par l'arrêté du 1er frimaire an VIII, le Bureau
central a ordonné :

1° Que les habitans du canton feraient réformer
et corriger sur les enseignes, tableaux, écriteaux et
indications du genre de leur profession ou des objets
de leur commerce, tout ce qui pourrait s'y rencon-
trer de contraire aux lois, aux mœurs, et aux règles
de la langue française.

2° Que les enseignes, massifs et figures en relief
servant d'enseignes, seraient réduits à un tableau
appliqué contre mur, attaché du haut et du bas,
avec des crampons de fer scellés en plâtre dans le
mur, et recouvrant les bords du tableau, sous les
peines portées par l'art. 18 du tit. 1er de la loi du
22 juillet 1791.

3° Qu'à l'avenir, tous les citoyens qui voudraient ou changer leurs enseignes, ou en placer de nouvelles, seraient tenus, dans la déclaration qu'ils étaient obligés d'en faire, suivant les règlemens de voirie, de donner copie littérale et fidèle des signes, emblêmes, inscriptions, et indications qu'ils seraient dans l'intention d'exposer aux yeux du public, et d'observer exactement les corrections dont elles pourraient être susceptibles, telles qu'elles seraient transcrites dans les permissions délivrées à cet effet.

Il serait à désirer que de semblables règlemens fussent adoptés pour toute l'étendue du territoire, et que les maires tinssent exactement la main à leur observation. etc, etc.

Étais. Ordonnance du 26 octobre 1666 et 1er avril 1697 ; etc. , etc.

— Ces ordonnances défendent aux charpentiers et autres ouvriers de mettre sans permission, dans les rues et places publiques, des étais, poutres ou pièces de bois, pour appuyer une muraille, ou soutenir un bâtiment qui menace ruine; et elles leur enjoignent de réparer, après leur enlèvement, les dégradations du pavé. etc. , etc.

Étalage. Ordonnance du 22 septembre 1600 ; Loi du 19-21 juillet 1791, tit. 1, *art.* 29; Arrêté du Bureau central de Paris, du 1er prairial an IV ; Code des délits et des peines, du 3 brumaire an IV, *art.* 605; etc.

— Une bonne police ne doit pas permettre les éta-

16.

lages dans les lieux où ils pourraient embarrasser la voie publique ; et si les jours de foires et de marchés, on ne peut empêcher l'emploi des bancs et des tables dans les rues, les maires doivent au moins veiller à ce qu'ils ne soient pas placés de manière à trop gêner, et à causer des accidens. etc., etc.

ÉVIER. Édit du mois de décembre 1607.

— Cet édit défendait de faire les éviers plus hauts que le rez-de-chaussée, à moins qu'ils ne fussent couverts et qu'on n'eût, à cet effet, obtenu la permission du voyer.

EXPROPRIATION *pour cause d'utilité publique.* Loi du 8 mars 1810, *art.* 6, 7 et 8; etc., etc.

— Les plans terriers ou figurés des terrains ou édifices dont la cession a été reconnue nécessaire pour cause d'utilité publique, sont déposés pendant huit jours, entre les mains du maire de la commune où les propriétés sont situées, afin que chacun puisse en prendre communication. Ce délai ne court qu'à compter d'un avertissement qui est publié à son de trompe ou de caisse, et affiché tant à la principale porte de l'église du lieu qu'à celle de la maison commune. Les publications et affiches sont certifiées par le maire, et à l'expiration du délai une commission présidée par le sous-préfet de l'arrondissement et composée de deux membres du conseil d'arrondissement, du maire de la commune et d'un ingénieur, se réunit au local de la commune, et reçoit les demandes et les plaintes des propriétaires, sur lesquelles il est statué par le préfet. etc., etc.

Fenêtres. Édit du mois de décembre 1707; Ordonnance de police du 8 novembre 1780; Lois du 16—24 août 1790 (tit. 11, *art.* 3), du 19—22 juillet 1791 (tit. 1, *art.* 15); Code pénal, *art.* 471; etc.

—Aux termes de la loi du 16—24 août 1790 et de celle du 19—22 juillet 1791, les maires et les commissaires de police doivent tenir la main à ce qu'on n'expose pas sur les toits et aux fenêtres donnant sur la voie publique, des objets propres à blesser les passans par leur chute, et à ce qu'on n'y jette rien qui puisse nuire ou causer de mauvaises exhalaisons. etc., etc.

Feu et Incendie : *Cheminées, Fours, Pompes, Ramonage*, etc. Ordonnances du 21 juin 1726, du 15 décembre 1730, du 19 juillet 1765, du 1er septembre 1779, du 15 novembre 1781; Loi du 19—22 juillet, du 28 septembre—6 octobre 1791, tit. 2; Code pénal, *art.* 458, 471, 475; etc., etc.

—L'ordonnance du 21 juin 1726 défend de tirer dans les cheminées où le feu aurait pris, des coups de fusil chargés autrement que de sel, cendrée ou menu plomb.

Entre autres précautions propres à prévenir les incendies, l'ordonnance du 17 novembre 1781 prescrit de faire ramoner les cheminées au moins quatre fois dans l'année, de ne pas laisser brûler de pailles ou fumiers dans les rues, d'empêcher les charretiers, palfreniers et autres domestiques d'entrer avec des lumières et sans lanternes dans les écuries, granges, et autres lieux où l'on conserve des fourrages ou autres matières combustibles.

Elle enjoint aux propriétaires de maisons de tenir leurs puits en bon état, et d'ouvrir leurs portes en cas d'incendie.

L'*art.* 9 du titre 11 de la loi du 6 octobre 1791 enjoint aux maires, de faire, au moins une fois par an, la visite des fours et cheminées dans les maisons et bâtimens éloignés de moins de cent toises (cent quatre-vingt-quinze mètres) des autres habitations, en annonçant cette visite huit jours d'avance. Ils se transportent à cet effet, accompagnés d'un ou de deux maçons et du garde-champêtre, chez les habitans de leur commune, et notent les fours et cheminées que les maçons reconnaissent et signalent comme étant dans un état de dégradation qui pourrait faire craindre un incendie ou d'autres accidens. Ils ordonnent la réparation ou démolition de ces fours et cheminées, et fixent, en conséquence, un délai convenable, passé lequel ils font une contre-visite des fours et cheminées qu'ils ont notés. En cas de refus ou de négligence de la part des propriétaires, ils en dressent procès-verbal, et ils le remettent au procureur du roi, qui fait faire les poursuites nécessaires.

Ils doivent aussi se faire représenter les lanternes et vérifier si elles sont garnies de leurs cornes.

Ils veillent à ce que le ramonage des cheminées s'effectue règulièrement, et cela principalement chez les manufacturiers, dans les maisons publiques, les hopitaux, etc.

Ils peuvent recourir à des souscriptions volontaires pour l'acquisition de pompes et seaux à incendie, lorsque les revenus des communes sont insuffisans, et exciter le zèle des ouvriers pour former des compagnies de pompiers.

En général, ils sont spécialement chargés de prendre les mesures propres à prévenir ou à arrêter les incendies. Ils donnent des ordres aux pompiers, requièrent les ouvriers, maçons, charpentiers, couvreurs, plombiers, et autres, qui doivent déférer à leurs ordres sous peine d'amende ; ils requièrent aussi la force publique existant dans la commune, et en déterminent l'emploi. S'il est nécessaire, pour arrêter le cours d'un incendie, d'abattre les maisons voisines, ils peuvent l'ordonner sur l'avis des ouvriers. Ils doivent commettre des gardes pour la conservation des effets sauvés.

L'*art.* 475 du Code pénal de 1810 prononce une amende de 6 à 10 francs contre ceux qui refuseraient leurs secours en cas d'incendie. etc., etc.

(*Voy*. encore ci-dessus à l'article Aɢʀɪᴄᴜʟᴛᴜʀᴇ).

FONDERIES. Arrêté du Bureau central de Paris du 7 fructidor an IV.; Code des délits et des peines, *art.* 605, 606; etc.; etc.

— Il est défendu aux bouchers et entrepreneurs de fonderies de suif d'en établir ailleurs qu'au dernier étage de leur maison ; et il est enjoint aux commissaires de police de visiter, tous les trois mois, les fonderies établies dans leurs arrondissemens, et de dresser, en présence du maître de la fonderie ou du principal locataire de la maison, procès-verbal de l'état dans lequel cette fonderie aura été trouvée, et des réparations qui pourraient y être nécessaires. etc., etc.

FORÇATS LIBÉRÉS. Décrets du 19 ventose an XIII, du 17 juillet 1806; etc., etc.

— Ils sont remis, avec leur congé, à la disposition du maire ou du commissaire de police du lieu de leur bagne ; ce fonctionnaire en donne une décharge à l'administration de la marine.

Arrivés à leur destination, ils se présentent au maire ou au commissaire de police de la commune, qui leur délivre les congés à lui transmis, en échange des feuilles de route qu'il leur retire. etc., etc.

FOSSES D'AISANCE, LATRINES ET VIDANGES. Ordonnance de police du 18 octobre 1771, du 8 novembre 1780; Décret du 10 mars 1809; Ordonnance du préfet de police, du 24 août 1808; etc.

— Entre autres mesures de police, l'ordonnance

du 18 octobre 1771 enjoint aux vidangeurs de ne commencer leur travail qu'après dix heures du soir et de le cesser avant le jour.

Le décret du 10 mars 1809, contient, sur les fosses d'aisance de la ville de Paris, un règlement dont quelques dispositions, sans être obligatoires pour les autres villes, peuvent cependant leur être applicables dans quelques cas et sous le rapport de la salubrité. ·

En général, les maires et commissaires de police doivent veiller à ce que les opérations relatives à la vidange de ces fosses n'occasionnent pas d'accidens. etc., etc.

(*Voy.* encore ci-dessus le mot *Asphyxiés*).

Fous, Furieux et Insensés. Lois du 16—24 août 1790, du 22 juillet 1791, du 8 germinal an XI; Circulaire du ministre de l'intérieur, du 30 fructidor an XII; Décrets du 6 novembre 1815, du 27 juillet 1818; Code civil, *art.* 489 et suiv.; Code de procédure civile, 2e part., liv. 1, tit. 11; Code pénal, *art.* 475, 479; etc., etc.

— Lorsqu'un maire est informé qu'il existe dans une commune un individu tombé dans un état de fureur ou de démence, tel qu'il ne puisse user de sa liberté sans commettre de désordre, ce maire doit notifier aux parens d'avoir à veiller sur lui, de l'empêcher de divaguer, et de provoquer son interdiction dans les formes prescrites par la loi du

8 germinal an XI (28 mars 1803), et conformément aux dispositions du Code civil, *art.* 489 et *suiv.* Il doit en même temps faire connaître aux parens qu'ils sont responsables des dommages qui seraient occasionés par l'insensé, et que la loi du 22 juillet 1791 prononce contre eux, outre l'amende, la peine de la détention.

Dans le cas où les parens de l'aliéné ne se conformeraient point à l'avis du maire, celui-ci le fait déposer en lieu de sûreté ; mais la mesure prise alors par le maire est essentiellement provisoire. Ce fonctionnaire public ne peut se dispenser d'en instruire, dans les vingt-quatre heures, le procureur du roi près le tribunal de première instance de l'arrondissement, pour qu'il provoque d'office l'interdiction de l'aliéné. L'interdiction prononcée, le maire se fait délivrer une expédition du jugement, et l'envoie au sous-préfet, qui la fait parvenir au préfet. Si la demande en interdiction est rejetée, l'individu arrêté provisoirement est remis aussitôt en liberté. Les frais de l'instruction de la procédure provoquée d'office sont acquittés comme frais de justice.

Les pensions des aliénés dont les familles seront reconnues hors d'état de subvenir à leur entretien, sont payées par la commune ou par le département auxquels les aliénés appartiennent.

Elles sont mises à la charge de la commune, si la commune présente des ressources suffisantes ; et,

dans le cas contraire, elles sont imputées soit sur
les fonds spéciaux compris au budget départemen-
tal pour le traitement des aliénés, soit sur les
fonds affectés aux dépenses imprévues du département.

Les préfets peuvent faire acquitter, sans recourir
à l'autorisation du ministre, soit sur les fonds des
dépenses imprévues, soit sur les fonds spéciaux
compris aux budgets de leurs départemens pour les
insensés, 1° les frais de transport des aliénés, 2° les
frais de traitemens dans les hospices des aliénés
dont la pension ne peut être supportée ni par leurs
familles, ni par les communes auxquelles ils appartiennent.

Dans les hospices, entre autres mesures sanitaires
indispensables, les aliénés, même les plus furieux,
ne doivent jamais être laissés couchés sur la terre
ou le pavé ; il faut que le sol de leur cellule soit ex-
haussé, garni de dalles et de planchers ; il faut leur
procurer de fortes couchettes scellées dans le mur.
Partout la camisole ou gilet de force doit être sub-
stituée aux chaînes et colliers dont on paraît encore faire usage dans quelques établissemens. Les
gardiens ne doivent jamais être armés de bâtons,
de nerfs de bœufs, de trousseaux de clefs, ni accompagnés de chiens. etc., etc.

Fourrière. Lois du 28 septembre — 6 octobre
1791 (tit. 11, *art.* 10), du 15—29 septembre 1791

(tit. IV, *art.* 9), du 15 germinal an VI (tit, 1, *art.* 8.); etc., etc.

— Lorsque des animaux ont été trouvés en délit, le garde champêtre ou forestier dresse procès-verbal des dégats commis; il les saisit et les met en fourrière ou en dépôt dans le lieu que le maire lui désigne.

Les gardiens des animaux et des objets mis en fourrière en sont responsables par corps comme dépositaires de justice. etc., etc.

GARES. Lois du 6 germinal an VIII, du 7 pluviose an IX; etc., etc.

— Les maires sont chargés du soin de leur désignation. etc., etc.

(*Voy.* ci-dessus, les mots *Débordemens*, *Débâcles*, *Inondations*).

GENDARMERIE. Lois du 6 janvier—16 février 1791, du 28 germinal an VI; Décret du 4 août 1809; etc.

— Les maires et adjoints certifient sur les livrets des gendarmes, les tournées qu'ils ont faites, ou leurs voyages, pour que ces derniers soient payés de leurs frais extraordinaires.

Ils certifient aussi les tournées ordinaires des gendarmes dans leurs communes, et préviennent le sous-préfet quand ceux-ci négligent de les faire.

Ils fournissent aux gendarmes, en cas de besoin et sur leur réquisition, un secours de garde nationale; et, dans ce cas, comme dans toutes les circonstances extraordinaires, ils doivent instruire le sous-préfet des évènemens et de la conduite qu'ils ont cru devoir tenir.

Ils remettent aux gendarmes, lors de leurs tournées régulières ou extraordinaires, et dans leur passage aux jours de correspondance, les lettres et paquets destinés pour le sous-préfet. etc. , etc.

Gouttières. Ordonnances de police des 13 juillet 1764 et 1er septembre 1769 ; Loi du 19—22 juillet 1791, tit. 1, *art.* 18 ; etc., etc.

— Il est défendu de construire aucune gouttière saillante dans les rues, à peine d'amende et de confiscation des gouttières. etc., etc.

Immondices, Boues, Arrosement, Balayage. Arrêt. du parlement et Ordonnances du 30 avril 1663, du 2 décembre 1775, de 1777, du 6—8 novembre 1780 ; Loi du 24 août 1790 ; Code des délits et des peines, du 3 brumaire IV, *art.* 605 ; Décret du 5 brumaire an IX ; Ordonnances du préfet de police, du 22 frimaire an IX, du 20 brumaire an XII ; Décret du 22 fructidor an XIII ; Code pénal de 1810, *art.* 458 *et* 471 ; etc., etc.

— Par les dispositions de l'*art.* 3 du tit. 11 de la loi du 24 août 1790, les maires et les officiers de police ont été chargés de surveiller l'enlèvement des boues.

L'arrosement des rues et des promenades, particulièrement dans les grandes villes, est aussi un moyen de salubrité qu'ils ne doivent pas négliger.

Ils doivent faire effectuer par les habitans le balayage, auquel ceux-ci sont tenus devant leurs maisons, et le faire faire aux frais de la commune, dans les places et autour des jardins et édifices publics. etc., etc.

Jeux de hasard et Loteries. Ordonnances, Déclarations et Arrêts de 1485, de 1532, de 1560, de 1577, de 1611 et 1629, de 1765, du 8 février 1708, du 30 juin 1750, du 26 juillet 1777, du 1er mars 1781, du 28 janvier 1786; Lois du 16—24 août 1790 (tit. xi, *art.* 3),du 19—22 juillet 1791 (tit. 1er, *art.* 7, et tit. ii, *art.* 36 et 37), du 9 vendémiaire, du 3 frimaire, du 9, du 28 germinal an VI, *art.* 125; Arrêté du 5 fructidor an VI; Circulaire du ministre de la police générale, du 16 frimaire an VII; Arrêté du 7 ventose an VII; Circulaire du ministre de l'intérieur, du 4 germinal an VIII; Décret du 24 juin 1806 ; Code civil, *art.* 1965 ; Code pénal, *art.* 410, 475, 477; etc.

— L'ordonnance de police du 26 juillet 1777, entre autres, a défendu aux marchands de vins, cabaretiers et limonadiers, etc., de souffrir qu'on jouât chez eux aux jeux de hasard.

La loi du 24 août 1790 a placé la surveillance des jeux au nombre des attributions des maires.

La loi du 22 juillet 1791 donne mission aux officiers de police de faire des visites dans les lieux qui leur auraient été dénoncés par deux citoyens, d'y dresser procès-verbal et de confisquer les objets trouvés au jeu.

Le décret du 24 juin 1806 contient à ce sujet les dispositions suivantes :

« *Art.* 1er. Les maisons de jeux de hasard sont prohibées.

« Les préfets, maires et commissaires de police sont chargés de veiller à l'exécution de la présente disposition.

« *Art.* 2. Les procureurs-généraux près des cours criminelles et leurs substituts, poursuivront d'office les contrevenans, qui seront punis des peines portées par la loi du 22 juillet 1791.

« *Art.* 3. Tout fonctionnaire public, soit civil, soit militaire, qui autorisera une maison de jeu, qui s'intéressera dans ses produits, ou qui, pour la favoriser, recevra quelque somme d'argent ou autre présent de ceux qui la tiendront, sera poursuivi comme leur complice ».

Le Code pénal contient les dispositions suivantes :

« *Art.* 410. Ceux qui auront tenu une maison de jeux de hasard, et y auront admis le public, soit librement, soit sur la présentation des intéressés ou affiliés, les banquiers de cette maison, tous ceux qui auront établi ou tenu des loteries non autorisées par la loi, tous administrateurs, préposés ou agens de ces établissemens, seront punis d'un emprisonnement de deux mois au moins, et de six mois au plus, et d'une amende de cent francs à six mille francs.

« Les coupables pourront être de plus, à compter du jour où ils auront subi leur peine, interdits, pendant cinq ans au moins, et dix ans au plus, des droits mentionnés en l'article 42 dudit Code.

« Dans tous les cas, seront confisqués tous les fonds ou effets qui seront trouvés exposés au jeu ou mis à la loterie, les meubles, instrumens, ustensiles, appareils, employés ou destinés au service des jeux ou des loteries, les meubles et effets mobiliers dont les lieux seront garnis ou décorés....

« *Art.* 475. Seront punis d'amendes depuis six fr. jusqu'à dix fr. inclusivement..., ceux qui auront établi ou tenu dans les rues, chemins, places ou lieux publics, des jeux de loterie ou d'autres jeux de hasard....

« *Art.* 477. Seront saisis et confisqués, les tables, instrumens, appareils, des jeux ou des loteries établis dans les rues, chemins et voies publiques, ainsi que les enjeux, les fonds, denrées, objets ou lots proposés aux joueurs, dans le cas de l'article 475....

« *Art.* 478. La peine de l'emprisonnement pendant cinq jours au plus, sera toujours prononcée, en cas de récidive, contre toutes les personnes mentionnées dans ce même article 475 ». etc., etc. (*a*).

_____

(*a*) *Voy.*, au sujet de la non exécution des lois sous

Maison de police municipale. Circulaire du ministre de l'intérieur, du 10 octobre 1810; etc., etc.

— D'après cette circulaire, il faut pour la police municipale, une prison dans chaque municipalité, ou du moins dans chaque arrondissement de justice de paix; néanmoins dans les lieux où il y a des maisons d'arrêt, ces maisons peuvent servir à la fois de prison municipale, en ayant soin de placer les condamnés par voie de police municipale dans un corps de bâtiment distinct et séparé. etc., etc.

Maisons de répression. Loi du 24 vendémiaire an IV; etc., etc.

— Ces maisons peuvent, d'après l'article 18 de la loi sus-relatée, servir aux tribunaux de police correctionnelle, pour y placer les condamnés à la réclusion. etc., etc.

(*Voy.* ci-après le mot Prisons).

Marchands forains. Ordonnance de police du 22 septembre 1820; etc., etc.

—Cette ordonnance défend aux artisans et marchands ambulans ou revendeurs, de poser leurs établis au-devant des maisons particulières sans le consentement des propriétaires ou locataires, et

---

ce rapport, ci-dessus, 1re Part., vol. 1, pag. 298 *et suiv.;* et la Réclamation adressée à la Chambre des Pairs, par M. le comte Boissy-d'Anglas, au mois de juillet 1822, *contre l'existence des Maisons de Jeux de hasard.*

sans qu'au préalable le lieu n'ait été visité par le voyer. etc., etc.

MÉDECINS, CHIRURGIENS, OFFICIERS DE SANTÉ, ACCOUCHEURS, SAGES-FEMMES. Édit du mois de décembre 1666; Ordonnance de police du 8 novembre 1780; Lois du 16—29 septembre 1791, du 20 septembre (tit. III, *art.* 3), du 19 décembre 1792, du 3 brumaire an IV, du 19 ventose an XI; Circulaire du ministre de l'intérieur, du 13 fructidor an XI; Ordonnance du préfet de police, du 25 août 1806; Code civil, *art.* 56; Code d'instruction criminelle, *art.* 43 et 44; etc., etc.

— Suivant l'édit du mois de décembre 1666 et l'ordonnance de police du 8 novembre 1780, réitérés par des lois subséquentes, et rappelés par l'ordonnance du préfet de police de Paris, du 25 août 1806, tout médecin, chirurgien ou officier de santé qui, hors le cas de réquisition légale, a administré des secours à des blessés, est tenu d'en faire sur-le-champ sa déclaration au commissaire de police à Paris, et aux maires dans les communes rurales, sous peine de 300 fr. d'amende.

La déclaration doit contenir les noms, prénoms, professions et demeures des blessés, la cause des blessures, leur gravité, et, autant qu'il est possible, les circonstances qui y ont donné lieu.

Les médecins et chirurgiens en chef des hospices doivent faire la même déclaration pour tous les blessés admis dans les hospices, à peine de 200 fr. d'amende. etc., etc.

Médicamens, Poison, Substances vénéneuses : Remèdes secrets; Épiciers- Droguistes, Pharmaciens, Herboristes. Ordonnance de 1669, tit. xxxi; Édit de 1682; Loi du 17 avril 1791—Lois du 22 juillet 1791 (tit. 1er, *art.* 9 et 29), du 21 germinal an XI, *art.* 37; Règlement du 25 thermidor an XI; Loi du 29 pluviose an XIII; Décrets du 2 prairial an XIII, du 18 août et du 26 décembre 1810; Circulaire du ministre de l'intérieur, du 22 novembre 1811; etc., etc.

—Les maires sont autorisés à faire chez les pharmaciens et autres personnes qui vendent des médicamens, des visites pour s'assurer de leur salubrité.

Lorsqu'ils en trouvent de gâtés, ils doivent les saisir et dénoncer le délinquant au tribunal de police, pour le faire condamner à une amende.

Ils doivent aussi dresser procès-verbal des visites faites par les gens de l'art en exécution de la loi du 21 germinal an XI.

Les pharmaciens et épiciers peuvent seuls tenir et vendre des substances vénéneuses; ils doivent avoir un registre pour recevoir et inscrire les déclarations des acheteurs. La loi du 21 germinal an XI exige que ce registre soit coté et paraphé par le maire ou par le commissaire de police. etc, etc.

MENDICITÉ, VAGABONDAGE, VOYAGEURS INDIGENS.
Lois du 13 juin 1790, du 19-22 juillet 1791 (tit. II),
du 24 vendémiaire an II, du 10 vendémiaire an IV,
du 7 frimaire an V, du 28 germinal an IX; Décret
du 23 fructidor an XIII; Avis du Conseil-d'État du
10 janvier—10 février 1807, du 1er décembre 1807
— 11 janvier 1808; Décret du 5 juillet, Circulaires
du ministre de l'intérieur, du 19 décembre 1808,
du 31 octobre 1809; Décret du 28 février, du 23
mars 1810; Décision du 6 février 1816; Code pénal,
art. 269, 274 *et suiv.;* etc., etc.

— La loi du 13 juin 1790 a ordonné que tous les
pauvres valides, trouvés mendians, seraient renvoyés dans leurs départemens respectifs avec des
passe-ports qui contiendraient leur signalement, et
qu'il serait accordé trois sous par lieue aux individus
porteurs de ces passe-ports, au bas desquels les officiers municipaux, en les visant, relateraient la
somme délivrée.

La loi du 24 vendémiaire an II a ordonné l'établissement de travaux de secours destinés aux indigens valides, l'arrestation de ceux qui seraient
ensuite convaincus d'avoir demandé de l'argent ou
du pain dans les rues ou voies publiques, l'établissement dans chaque département de maisons de
répression, où les détenus seraient obligés au travail, et la transportation des mendians domiciliés et
repris en troisième récidive.

Le décret du 5 juillet 1808 a ordonné ce qui suit :

« *Art.* 1ᵉʳ. La mendicité est défendue en France.

« *Art.* 2. Les mendians de chaque département seront arrêtés et traduits dans le dépôt de mendicité dudit département, aussitôt que ledit dépôt sera établi et que les formalités ci-après auront été remplies.

Art. 3. Dans les quinze jours qui suivront l'établissement et l'organisation de chaque dépôt de mendicité, le préfet du département fera connaître, par un avis, que ledit dépôt étant établi et organisé tous les individus mendians et n'ayant aucun moyen de subsistance sont tenus de s'y rendre.

« Cet avis sera publié et répété dans toutes les communes du département pendant trois dimanches consécutifs.

« *Art.* 4. A dater de la troisième publication, tout individu qui sera trouvé mendiant dans ledit département, sera arrêté, d'après les ordres de l'autorité locale et par les soins de la gendarmerie ou de toute autre force armée.

« Il sera aussi traduit au dépôt de mendicité.

« *Art.* 5. Les mendians vagabonds seront arrêtés et traduits dans les maisons de détention.

« *Art.* 6. Chaque dépôt de mendicité sera créé et organisé par un décret particulier.

« Les sexes et les âges y seront placés d'une manière distincte.

« *Art.* 7. Les dépenses de l'établissement des dépôts de mendicité seront faites concurremment par
le trésor public, les départemens et les villes.

« *Art.* 8. Dans le mois de la publication du présent décret, les préfets adresseront au ministre de
l'intérieur un rapport sur l'établissement de la maison du dépôt de mendicité de leur département.

« Ce rapport fera connaître le nom de la maison
proposée, le montant et le devis des dépenses à faire
pour la rendre propre à sa destination, le montant
des fonds qui pourront être fournis à cet effet par le
département et par les communes du département,
et celui des fonds à faire par le trésor public; le
nombre présumé des mendians du département;
celui des individus que la maison pourra recevoir;
la force armée à établir pour sa garde; les employés
qui composeront son administration; les ateliers et
travaux qui pourront être établis pour occuper les
détenus; le règlement d'administration tant pour la
discipline et la nourriture que pour toutes les autres
parties du régime intérieur de la maison; enfin, les
dépenses d'entretien annuel de la maison, et les
moyens d'y pourvoir aux frais du département et
des communes ».

La dépense des trois sous par lieue que la loi
du 13 juin 1790 a accordés aux mendians munis
de passe-ports pour retourner dans leur domicile,
doit, au termes du décret du 28 février 1810, être
avancée par les caisses communales et remboursée

sur le fonds des dépenses imprévues des départemens ; mais le ministre de l'intérieur a, par la
circulaire du 23ᵉ mars suivant, prévenu que tout
passe-port n'indiquant pas la route à suivre par le
porteur, était défectueux, et que les autorités municipales seraient responsables des secours remis à
des individus trouvés ailleurs que sur les routes
désignées par leurs passe-ports.

Ces passe-ports doivent aussi être visés par les
sous-préfets des arrondissemens où ils sont accordés, et les sous-préfets ne doivent y apposer leur
visa qu'après s'être assurés de l'état et des motifs du
voyage de ceux qui les sollicitent.

Ils doivent préciser la durée et le terme du voyage,
être individuels, et contenir un signalement très-
exact de celui qui l'obtient; ou s'ils sont collectifs,
ils ne sont délivrés qu'à une famille peu nombreuse,
composée du mari, de sa femme et d'enfans en
bas âge, dont ils doivent également indiquer l'âge
et le signalement.

Le remboursement des sommes payées n'a lieu
que lorsque les états de paiement indiquent, pour
le paiement fait à chaque individu, la date de son
passe-port, le lieu de son départ, le lieu de sa destination, et les principales villes de l'itinéraire qui
lui a été prescrit.

En vertu de la décision du 6 février 1816, les
préfets peuvent faire acquitter, sans l'autorisation du

ministre, auparavant nécessaire, sur les fonds ci-dessus indiqués : 1° les avances qui sont faites par les communes, pour le paiement des trois sous par lieue, accordés aux voyageurs indigens ; 2° les sommes dues pour les frais de transport des mendians et vagabonds.

Les états de ces dépenses sont seulement mis sous les yeux du Conseil général du département, dans les comptes que ce Conseil est chargé d'examiner ; mais les préfets doivent veiller à ce que l'on ne confonde pas, dans les états ou dans les demandes en remboursement, le paiement des secours accordés aux voyageurs indigens, et le paiement des frais de translation des mendians et vagabonds conduits par mesure de police.

Lorsqu'un indigent se trouve dans l'impossibilité de continuer sa route, il doit être reçu à l'hospice le plus voisin, jusqu'à ce qu'il soit en état de marcher. etc., etc.

MINES, MINIÈRES, CARRIÈRES. Arrêt du Conseil du 14 mars 1741; Ordonnance de police du 1er mai 1779; Décret du 27 mars, Loi du 28 juillet 1791; Loi du 13 pluviose ; Ordonnance de police du 2 ventose; Instruction du ministre de l'intérieur du 13 messidor an IX ; Loi du 21 avril 1810; Décret du 6 mai 1811; etc., etc.

— Les masses des substances minérales ou fossiles renfermées dans le sein de la terre ou existantes à la surface sont classées, relativement aux règles de l'exploitation de chacune d'elles, sous ces trois qualifications de *mines, minières et carrières.*

Sont considérées comme *mines* celles qui sont connues pour contenir en filons, en couches ou en amas, de l'or, de l'argent, du platine, du mercure, du plomb, du fer en filons ou en couches, du cuivre, de l'étain, du zinc, de la calamine, du bismuth, du cobalt, de l'arsenic, du manganèse, de l'antimoine, du molybdène, de la plombagine ou autres matières métalliques; du soufre, du charbon de terre ou de pierre; du bois fossile, des bitumes, de l'alun et des sulfates à base métallique.

Les *minières* comprennent les minerais de fer dits d'alluvion, les terres pyriteuses propres à être converties en sulfates de fer, les terres alumineuses et les tourbes.

Les *carrières* renferment les ardoises, les grès, pierres à bâtir et autres; les marbres, granits, pierres à chaux, pierres à plâtre, les pouzzolanes, le trass, les basaltes, les laves; les marnes, craies, sables, pierres à fusil, argiles, kaolins, terres à foulon, terres à poterie; les substances terreuses et les cailloux de toute nature; les terres pyriteuses regardées comme engrais : le tout exploité à ciel ouvert ou avec des galeries souterraines....

Les mines ne peuvent être exploitées qu'en vertu d'un acte de concession délibéré au Conseil d'état.

Cet acte règle les droits des propriétaires de la surface sur le produit des mines concédées.....

Tout Français ou tout étranger naturalisé ou non en France, agissant isolément ou en société, a le droit de demander, et peut obtenir, s'il y a lieu, une concession de mine.....

La demande en concession est faite par voie de simple pétition adressée au préfet, qui est tenu de la faire enregistrer à sa date sur un registre particulier, et d'ordonner les publications et affiches dans les dix jours.....

Les publications des demandes en concession de mines ont lieu devant la porte de la maison commune et des églises paroissiales et consistoriales, à la diligence des maires,.... Les maires sont tenus de certifier ces publications....

Si l'exploitation est restreinte ou suspendue, de manière à inquiéter la sûreté publique ou les besoins des consommateurs, les préfets, après avoir entendu les propriétaires, en rendent compte au ministre de l'intérieur pour y être pourvu ainsi qu'il appartiendra. Si l'exploitation compromet la sûreté publique, la conservation des puits, la solidité des travaux, la sûreté des ouvriers mineurs ou des habitations de la surface, il y est pourvu par le préfet, ainsi qu'en matière de grande voirie....

L'exploitation des minières est assujettie à des règles spéciales, et elle ne peut avoir lieu sans permission.

La permission détermine les limites de l'exploitation et les règles sous les rapports de sûreté et de salubrité publiques....

L'exploitation des carrières à ciel ouvert a lieu sans permission, sous la simple surveillance de la police, et avec l'observation des lois ou règlemens généraux ou locaux.

Quand l'exploitation a lieu par galeries souterraines, elle est soumise à la surveillance de l'administration, ainsi qu'il est dit au § V de la loi sus-énoncée du 21 avril 1810.

Le décret du 6 mai 1811 relatif au mode d'assiette des redevances fixes et proportionnelles, porte, *art.* 20, que les maires, adjoints et répartiteurs doivent, chaque année, et à une époque déterminée par le préfet, se réunir aux ingénieurs des mines, pour arrêter, avant le 15 mai, les changemens à faire à la matrice des rôles.

Aux termes de l'*art.* 40, les réclamations des concessionnaires qui se croiraient trop imposés doivent être envoyées par le préfet au maire de la commune, pour avoir l'avis des répartiteurs. etc., etc.

NOURRICES. Arrêté du 5 messidor an IV ; Arrêté du 25 floréal an VIII; etc., etc.

— Les fonds provenans du versement des portions d'amendes et de confiscations attribuées aux hôpitaux antérieurement à l'arrêté du 25 floréal an VIII, sont exclusivement employés au paiement des mois

de nourrice des enfans abandonnés, sur la répartition que le préfet est tenu d'en faire, d'après le bordereau de ces sommes que lui adresse le receveur
des hospices du chef-lieu du département, et d'a-
près les états des enfans, qui lui sont remis par les
commissions administratives des hospices du département.

Tous les ans, les préfets rendent compte au ministre de l'intérieur du montant et de l'emploi des
sommes ainsi réparties. etc., etc.

PASSE-PORTS. Lois des 1er février, 28 mars, 19
septembre 1792, 10 vendémiaire, 4 frimaire, 14
et 17 ventose an IV; Arrêtés du 27 ventose, du
2 germinal an IV, du 6 vendémiaire, 3 frimaire,
12 germinal an V, du 4, du 28 vendémiaire an VI,
du 19 vendémiaire, du 25 thermidor an VIII; Circulaire du ministre de la police, du mois de prairial
an IX; Arrêté du mois de prairial an X; Décret
du 18 septembre 1807, du 11 juillet 1810; etc.

— Les maires ne doivent donner de passe-ports
qu'aux personnes qu'ils connaissent personnellement,
ou sur l'attestation de deux citoyens connus; et, dans
ce dernier cas, ils désignent leurs noms dans le passe-
port, et les font signer avec le requérant; ils tiennent
à cet effet un registre sur lequel ils inscrivent, avant
la délivrance du passe-port, le signalement de l'in-
vidu et le numéro de son inscription au tableau de
la commune : le demandeur signe sur ce registre, ou

mention y est faite qu'il ne sait ou ne peut signer. Le passe-port est ensuite expédié conformément au registre, et on le fait de même signer. Il doit être renouvelé au moins une fois l'an.

Les passe-ports sont soumis au *visa* du sous-préfet de l'arrondissement. Le passe-port indique les lieux où les voyageurs déclarent vouloir se rendre.

Ceux qui veulent changer leur route doivent se faire délivrer un nouveau passe-port par l'autorité municipale sur le territoire de laquelle ils se trouvent; copie en est envoyée à celle du domicile de ces voyageurs.

Les maires ne sont pas compétens pour délivrer des passe-ports à ceux qui sont dans l'intention de sortir du royaume. Ceux qui sollicitent des passe-ports à cet effet doivent, dans une pétition au préfet, annoncer la nécessité où ils sont de sortir du territoire pour leurs intérêts ou leurs affaires; ils y joignent l'avis motivé du maire et du sous-préfet. Le maire insère dans son avis le numéro sous lequel le pétitionnaire est inscrit au bureau de la commune.

Les officiers de police doivent user du droit d'arrestation contre les citoyens qui ne sont pas porteurs de passe-ports en règle, de manière à garantir la tranquillité générale, sans faire essuyer aux individus des rigueurs inutiles. Ils doivent avoir égard aux circonstances et cas particuliers, et laisser passer les citoyens qui, coupables d'erreur ou de négligence, présentent des répondans connus.

Les sous-préfets et maires doivent regarder comme
nuls tous les passe-ports délivrés par les autorités étrangères, lorsqu'ils n'ont pas été soumis au *visa* des ministres, résidans ou chargés d'affaires de France, et à
celui des préfets des départemens où les individus
arrivant en France commencent à toucher le sol du
territoire.

Le *visa* des passe-ports des individus partant pour
les colonies est donné par les commissaires de marine des ports d'embarquement.

Il ne peut être payé pour chaque passe-port, et
pour tous frais, y compris ceux de fabrication et
de timbre, que deux francs.

Les *visa* ordonnés par les lois et règlemens sur
les passe-ports accordés sont donnés gratuitement
soit aux frontières, soit dans l'intérieur.

Les passe-ports ne sont expédiés que sur papier
uniforme fourni par le ministre de la police générale, aujourd'hui par le ministre de l'intérieur.

Les passe-ports pour cause d'indigence sont délivrés gratuitement : c'est le trésor qui en fait les
frais. etc., etc.

Pavé. Arrêt du Conseil du 22 mai 1725; Loi du
11 frimaire an VII; Avis du Conseil d'état, du 3 mars
1807, approuvé le 25 du même mois ; etc., etc.

— D'après cet avis du Conseil d'état du 3 mars
1807, dans les villes où les revenus ordinaires ne
suffisent pas à l'établissement, restauration et en-

tretien du pavé, les préfets pourraient en autoriser la dépense à la charge des propriétaires, ainsi que cela se pratiquait avant la loi du 11 frimaire an VII.

Les propriétaires qui bâtissent dans une rue non encore pavée, sont tenus, avant de poser les seuils des portes, de demander le règlement des pentes du pavé. L'Arrêt du conseil du 22 mai 1725 prononçait, pour inexécution de cette formalité, une amende de cinquante francs contre le propriétaire, contre l'architecte et les maçons, outre l'injonction de rétablir les seuils selon le niveau, s'ils étaient plus haut ou plus bas. etc., etc.

(*Voy. ci-après*, le même mot, à l'art. Finances).

Portes. Ordonnances de police du 8 novembre 1780, du 8 mai 1784; etc., etc.

— *L'art.* 25 de l'ordonnance de police du 8 novembre 1780 a enjoint aux habitans de Paris de tenir leurs portes fermées pendant la nuit.

L'art. 8 de l'ordonnance du 8 mai 1784 a renouvelé la même injonction. etc., etc.

Postes. Loi du 19 frimaire an VII; Arrêté du 1er prairial an VII; etc., etc.

— Les maîtres de poste sont tenus de faire enregistrer à leurs municipalités respectives les commissions que leur délivre l'administration des postes.

L'art. 24 de la loi du 19 frimaire an VII leur enjoint de tenir un registre coté et paraphé par le maire, où les voyageurs ont la faculté de consigner leurs plaintes, notamment sur l'inexécution de *l'art.* 23,

qui défend à tout postillon d'exiger aucune somme
au-delà des guides fixés par la loi, et d'insulter ceux
qu'ils conduisent.

Les postillons doivent se faire enregistrer chez le
sous-préfet de leur arrondissement, ainsi que l'*art.* 13
de l'arrêté du 1ᵉʳ prairial an VII les obligeait de le
faire au greffe de l'administration municipale. Le
droit à la pension ne court pour eux que du jour de
cette inscription. etc., etc.

POUDRES, SALPÊTRES. Loi du 7—13 fructidor an
V; Arrêté du 1ᵉʳ jour complémentaire an V; Décret
du 23 pluviose an XIII; Lois du 24 avril 1806, du
16 février 1807; etc., etc.

— La loi du 13 fructidor an V, relative à la fabrication et à la vente des poudres, entre autres
dispositions, porte :

« *Art.* 2. Les propriétaires qui veulent faire démolir ou ceux qui en seront chargés par eux, ne le
pourront qu'après en avoir prévenu leur municipalité, afin que le salpétrier puisse en prendre connaissance. Cet avertissement doit précéder de dix
jours au moins la démolition.

« *Art.* 6. L'époque des fouilles et l'ordre à suivre
entre les communes où elles doivent être faites, seront déterminés par les préposés des poudres avec
l'attache de l'administration centrale du département (du préfet) et à l'égard des maisons d'une
même commune, avec l'attache de la municipalité
(du maire).

« Ces autorités protégeront ce service, et veilleront en même temps à ce qu'il ne soit exercé aucune vexation contre les citoyens....

« *Art.* 24. La fabrication et la vente des poudres
continueront d'être interdites à tous les citoyens,
autres que ceux qui y seront autorisés par une commission spéciale de l'administration nationale des
poudres.

« Il est également interdit aux citoyens qui ne
seraient pas autorisés, de conserver chez eux de la
poudre au-delà de la quantité de cinq kilogrammes
(environ dix livres un quart).

« La surveillance de ces dispositions est confiée
aux préfets, aux sous-préfets et aux officiers de
police.

« *Art.* 25. Lorsque l'une de ces autorités, ou les
préposés de l'administration des poudres, auront
connaissance d'une violation du présent article, ils
requerront la municipalité du lieu de prendre les
moyens nécessaires pour constater les délits.

« *Art.* 26. La municipalité sera tenue de déférer
à cette réquisition; en conséquence elle fera procéder à une visite dans la maison désignée. Cette visite ne pourra s'exécuter qu'en plein jour par le
maire ou son adjoint, assisté d'un commissaire de
police ou de la gendarmerie. Dans le cas de convic-
tion, l'affaire sera renvoyée aux tribunaux, qui feront la poursuite suivant les lois.

« *Art.* 27. Dans les cas de contravention à la présente loi, toutes les demandes et poursuites pouvant
donner lieu à condamnation, seront faites par-devant
le juge de paix ou le tribunal de police correctionnelle, suivant l'étendue de leur compétence, et sauf
l'appel. »

Tout individu commissionné pour la distribution
des poudres est tenu de faire viser sa commission
par le maire de la commune où il doit résider.

Lorsque les maires soupçonnent une vente de
poudre de contrebande, ils doivent, même sans
provocation, faire une visite chez le débitant.

Aucun voyageur ne peut transporter sans ordre
plus de cinq kilogrammes (ou dix livres un quart)
de poudre, à peine d'une amende de 20 fr. 44 c.
par kilogramme (ou 10 fr. par livre). Les maires pro-
cèdent à la saisie, et provoquent la condamnation par
l'intermédiaire du procureur du roi.

Le livret des débitans, visé par le maire du lieu
de leur départ, vaut passe-port pour la poudre qu'ils
ont tirée des magasins. etc., etc.

PRISONS. Lois du 12—22 août 1790, du 6 octobre
1791, du 3 brumaire an IV; Circulaire du ministre de l'intérieur, du mois de vendémiaire an IX;
Arrêtés du ministre de l'intérieur, du 23 nivose
an IX, du 8 pluviose an IX; Circulaire du même
ministre, du 28 ventose an IX; Décrets du 16 juin
1808, du 11 juin 1810; Arrêté du ministre de l'in-

térieur, du 20 octobre 1810; Code d'instruction criminelle, *art.* 603 à 613; etc.; etc.

— D'après la loi du 3 brumaire an IV, *art.* 587, si l'officier municipal, lors de sa visite dans les prisons, découvrait qu'un homme était détenu sans que sa détention fût justifiée par aucun des actes exigés par la loi, il en devait dresser sur-le-champ procès-verbal, et faire conduire le détenu à la municipalité, laquelle, après avoir de nouveau constaté le fait, le mettait définitivement en liberté, et dans ce cas poursuivait la punition du gardien et du geolier.

Les préfets, les sous-préfets et les maires ont aujourd'hui la surveillance des prisons.

C'est habituellement sur la présentation des maires que les préfets usent du droit qui leur est attribué d'en nommer les geoliers, guichetiers et gardiens.

Les préfets sont tenus de visiter, au moins une fois par an, toutes les prisons et tous les prisonniers de leur département.

Les maires doivent visiter celles qui existent dans leur commune une fois par mois. Ils doivent veiller à ce que la nourriture soit suffisante et saine.

L'arrêté du ministre de l'intérieur, du 20 octobre 1810, contient, relativement aux prisons, les dispositions suivantes :

« *Art.* 2. Les prisons sont divisées en cinq espèces et désormais connues sous la dénomination de

18.

maisons de police municipale, maisons d'arrêt, maisons de justice, maisons de correction et maisons de détention.

« *Art.* 3. Les maisons de justice seront distinctes des maisons d'arrêt; les condamnés par voie de police correctionnelle ou par les cours d'assises, ne pourront être renfermés dans l'une ou l'autre de ces maisons, sauf les exceptions que les localités permettent d'autoriser.

« *Art.* 4. Les maisons de police municipale seront établies par chaque arrondissement de justice de paix. Dans les villes où il y aura maison d'arrêt, la maison de police municipale pourra être placée dans un quartier distinct et séparé.

« *Art.* 5. Il y aura pour chaque arrondissement communal une maison d'arrêt, et pour chaque département une maison de justice. Les maisons de justice et les maisons d'arrêt ne pourront être réunies dans la même enceinte, qu'autant que l'édifice présenterait par son étendue les moyens d'affecter à chacune de ces maisons un corps de bâtiment séparé.

« *Art.* 6. Les maisons de correction seront établies à raison d'une par département, sauf à statuer ultérieurement sur les départemens où il serait nécessaire de les établir en plus grand nombre.

« *Art.* 7. Les maisons de détention continueront d'être organisées ainsi qu'il est prescrit par le décret du 16 juin 1808.

« *Art.* 8. Les maisons de police municipale seront destinées à la réclusion des condamnés par voie de police municipale. Elles serviront aussi de dépôts de sûreté pour les prévenus, les accusés et les condamnés que l'on transfère d'une prison dans une autre, ou qui ne sont pas encore frappés d'un mandat d'arrêt.

« *Art.* 9. Les prévenus de délit de la compétence des tribunaux de police correctionnelle, seront traduits dans les maisons d'arrêt : les prévenus et les accusés de crimes et délits de la compétence des cours d'assises y seront également tenus dans des quartiers séparés, jusqu'à ce que, placés sous les liens d'une ordonnance de prise de corps, il y ait lieu de les transférer dans les maisons de justice.

« *Art.* 10. Les maisons de justice seront exclusivement réservées à la réclusion des accusés frappés d'une ordonnance de prise de corps.

« *Art.* 11. Les condamnés par voie de police correctionelle seront transférés des maisons d'arrêt dans les maisons de correction : pourront, en outre, être reçus dans ces maisons les prisonniers pour dettes, les individus à sequestrer par voie de police administrative, et les enfans à renfermer sur la demande de leurs familles : pourra pareillement la police administrative y faire traduire les filles publiques, pour y être traitées, dans des quartiers distincts et séparés, des maladies dont elles seraient atteintes.

« *Art* 12. Les maisons de détention, telles que l'organisation en est prescrite par le décret du 16 juin 1808, seront spécialement destinées à la réclusion des condamnés par les cours d'assises, et des condamnés, par voie de police correctionnelle, à plus d'un an de détention.

« *Art.* 13. Il sera fait, dans ces diverses maisons, toutes les dispositions nécessaires, tant pour les mettre en état de sûreté et de salubrité, que pour la classification des malades et la séparation des âges, des sexes et des différents genres de délits.

« *Art.* 14. Il sera, de plus, établi dans celles où le séjour des détenus doit être de quelque durée, des ateliers de travail dont le produit puisse compenser en partie les dépenses des détenus.

« *Art.* 15. L'administration, le régime et la police intérieure de ces maisons sont placées sous l'autorité des préfets et la surveillance des sous-préfets ; elles seront, de plus, soumises à l'inspection particulière d'un Conseil gratuit et charitable de cinq membres, dont le maire du lieu sera chef et président. Les procureurs du roi seront, en outre, membres nés du Conseil, et pourront en conséquence assister aux séances et prendre part aux délibérations. Les cinq membres du Conseil seront nommés par le ministre sur la proposition des préfets, dans les formes prescrites pour les établissemens de charité », etc., etc. (*a*).

PUBLICATION. Loi du 18 germinal an X; Circulaire du ministre de l'intérieur, du 12 novembre 1807; Code pénal, *art.* 201 *et suiv.*; etc., etc.

— Aucune publication ne doit se faire dans une commune sans l'autorisation du maire.

Le ministre de l'intérieur, par la circulaire du 12 novembre 1807, a chargé les préfets de réitérer aux sous-préfets et aux maires les défenses de rien imprimer ni publier dans les affaires contentieuses de l'administration.

Les prêtres ne peuvent faire au prône aucune publication étrangère à l'exercice du culte, si ce n'est celles qui seraient ordonnées par le Gouvernement. etc., etc.

PUITS. Ordonnances du 20 janvier 1727, du 15 mai 1734, du 15 novembre 1781; Instructions du Gouvernement, *sur le danger du méphitisme;* etc.

— *L'art.* 27 de l'ordonnance de police du 15 novembre 1781, concernant les incendies, a enjoint à tous propriétaires de maisons où il y a des puits, de les entretenir en bon état, en sorte qu'il y eut au moins vingt-deux pouces d'eau, de les faire nettoyer, curer, et même creuser, et de les entretenir de bonnes cordes et poulies.

_____

(*a*) *Voy.*, à ce sujet, *ci-dessus*, 1re PART., vol. 1, p. 329 *et suiv.*

Outre leur surveillance, quant à la propreté et au curement des puits publics, les maires doivent avoir soin qu'on entretienne en bon état les défenses ou mardelles destinées à prévenir les accidents. etc., etc. (a).

RÈGLEMENS DE POLICE. Loi du 19—22 juillet 1791; Arrêts de la Cour de cassation des 17 mars et 11 mai, du 18 mai, du 8 juin, du 3 août 1810; etc., etc.

— L'art. 29 de la loi du 22 juillet 1791 est ainsi conçu : « Les règlemens actuellement existans sur le titre des matières d'or et d'argent, sur la vérification de la qualité des pierres fines ou fausses, sur la salubrité des comestibles et des médicamens, sur les objets de serrurerie, continueront d'être exécutés jusqu'à ce qu'il en ait été autrement ordonné. Il en sera de même de ceux qui établissent des dispositions de sûreté, tant pour l'achat et la vente des matières d'or et d'argent, les drogues, médicamens et poisons, que pour la présentation, les dépôts ou adjudications des effets précieux dans les monts de piété, lombards et autres maisons de ce genre.

« Sont également confirmés provisoirement les règlemens qui subsistent touchant la voirie, ainsi que ceux actuellement existans à l'égard de la construction des bâtimens et relatifs à leur solidité et

_____

(a) Voy. ci-dessus, aux mots Feu et Incendies.

sûreté, sans que de la présente disposition il puisse résulter la conservation des attributions ci-devant données sur cet objet à des tribunaux particuliers ».

De cette disposition, on a induit qu'en général les anciens règlemens, à l'exception de ceux sur lesquels le Code pénal de 1810 a des dispositions formelles, peuvent toujours être invoqués ; et par les arrêts de la Cour de cassation des 17 mars et 11 mai 1810, il a été jugé que les tribunaux ne peuvent ni les modifier, ni les restreindre.

Cette Cour a aussi jugé, par l'arrêt du 8 mai 1810, qu'il n'est pas besoin d'un règlement de police particulier à une commune, pour appliquer à un délit de simple police, qui s'y commet, et qui est prévu par des lois générales, les peines que ces lois prononcent.

Les autorités judiciaires n'ont pas droit de censurer les règlemens faits par les Corps municipaux, sur des objets confiés à leur surveillance. (*Arrêt du 8 juin* 1810.)

Elles ne peuvent cependant prononcer des peines pour infraction à ces règlemens, qu'autant qu'ils se rattachent à l'exécution d'une loi existante, et portant une peine contre les contrevenans (*Arrêt du 3 août* 1810) (a).

_____

(a) Cette même loi, du 22 juillet 1791, porte encore : « *Art.* 46. N° 1. Aucun tribunal de police ni aucun

ROUTES ET PLANTATIONS. Loi du 28 septembre—
6 octobre 1791, tit 11, *art.* 29; Loi du 29 ventose
an XIII; Circulaire du ministre de l'intérieur, du 23
juillet 1807; Décret du 16 décembre 1811; etc., etc.
— La loi du 9 ventose an XIII porte que les

Corps municipal ne pourra faire de règlement. Le *Corps
municipal* néanmoins pourra, sous le nom et l'intitulé
de *Délibérations*, et, sauf la réformation, s'il y a lieu,
par l'Administration du département, sur l'avis de celle
du district, faire des arrêtés sur les objets qui suivent :
1° Lorsqu'il s'agira d'ordonner les précautions locales
sur les objets confiés à sa vigilance et à son autorité, par
les *art.* 3 et 4 du titre xi du décret sur l'organisation
judiciaire; 2° de publier de nouveau les lois et réglemens
de police, ou de rappeler les citoyens à leur observation. »
Dans l'état actuel des institutions, pour se conformer
réellement à l'esprit de cette loi, le droit de publier des
réglemens, arrêtés ou délibérations, ne devrait donc
être exercé par les maires que conjointement et d'accord
avec les *Conseils municipaux;* et, dans le système général
d'organisation constitutionnelle, dont cet ouvrage a pour
but de développer les principes, ces arrêtés ou règlemens
devraient être préalablement présentés, débattus et dis-
cutés dans les Chambres communales dont il a été précédemment question, du moins quant à la partie des
dispositions qui ne pourraient pas être considérées comme
simples mesures d'exécution.

(*Voy. ci-dessus*, vol. vii, pag. 254 *et suiv.; et ci-après*,
même Division, Section 3ᵉ).

grandes routes non plantées d'arbres le seront par les propriétaires riverains, qui auront la propriété de ces arbres; mais elle ne s'est pas expliquée sur la propriété des anciens arbres existans sur les routes.

D'après l'*art.* 87 du décret du 16 décembre 1811, tous les arbres plantés avant la publication de ce décret, le long des grandes routes, et sur le terrain des propriétés communales ou particulières, appartiennent aux communes ou aux particuliers propriétaires du terrain; et, suivant les *art.* 88, 89 et 90, toutes les routes royales non plantées, doivent, à moins qu'il n'y ait des inconvéniens, l'être par les particuliers ou communes propriétaires riverains de ces routes, dans la traversée de leurs propriétés respectives, lesquelles demeureront propriétaires de ces arbres, qu'on ne peut planter à une distance moindre d'un mètre du bord extérieur des fossés. Les maires sont chargés, par l'*art.* 94, de surveiller les plantations effectuées au compte et par les soins des communes propriétaires, lesquelles plantations doivent être faites par voie d'adjudication publique, au rabais. Les *art.* 100, 103 et 104 portent que le prix de la vente des arbres appartenans aux communes doit être versé dans leurs caisses; que les travaux d'élagage des arbres appartenans aux communes doivent également être exécutés au rabais, et que les branches doivent être vendues par adjudication publique pour en verser le prix dans

les mêmes caisses. Les travaux d'entretien, de curement et de réparation des fossés des grandes routes
doivent, aux termes de l'*art.* 95, être exécutés par
les propriétaires riverains, sur les indications et
alignemens des agens des ponts et chaussées. Enfin,
d'après les *art.* 112 et 113, les préposés à la surveillance de la police des routes peuvent affirmer leurs
procès-verbaux de contraventions et de délits devant le maire ou l'adjoint du lieu, qui les adresse
au sous-préfet.

Les agens de l'administration ne peuvent fouiller
dans un champ pour y chercher des pierres, de la
terre ou du sable, nécessaires à l'entretien des
grandes routes ou autres ouvrages publics, qu'au
préalable ils n'aient averti le propriétaire, et que
celui-ci n'ait été justement indemnisé à l'amiable ou
à dire d'experts.

L'*art.* 44 du tit. 11 de la loi du 6 octobre 1791
prononce des peines contre ceux qui enlèvent des
gazons sur les chemins publics. etc., etc.

RUES. Ordonnance de police du 22 septembre
1600 ; Arrêt du Parlement du 30 avril 1663 ; Ordonnances de police du 8 novembre 1780, du 28
janvier 1786 ; Déclaration du 10 avril 1743 ; Loi
du 16—24 août 1790 ; Code pénal, *art.* 471 ; etc.

—La déclaration du 10 avril 1743 exigeait, pour
l'ouverture des rues nouvelles, l'obtention de lettres-patentes. Aujourd'hui, ces ouvertures ne peu-

vent s'exécuter sans l'intervention de la municipalité, du sous-préfet, et du préfet, lequel confirme l'avis donné par la première autorité et approuvé par la seconde.

(*Voy.* aussi, ci - dessus, les mots : *Alignement, Caves, Dégel, Immondices,* etc.)

Salubrité. Ordonnance du 8 août 1713 ; Règlement du 20 juillet 1752 ; Lois du 16—24 août 1790 (tit. ii, *art.*3), du 28 septembre—6 octobre 1791 (tit. ii, *art.* 33) ; Arrêtés du 7 fructidor an IV, du 27 messidor an V, du 3 vendémiaire an VII, du 1er brumaire an X ; Instruction du ministre de l'intérieur, du 7 messidor an XII ; Décret du 15 octobre 1810 ; etc., etc.

— Indépendamment des mesures indiquées dans les articles et aux mots qui précèdent (*a*), et qui sont propres à assurer la salubrité, l'autorité administrative, les maires et officiers de police doivent encore, entre autres choses, veiller à ce que dans chaque maison il y ait des latrines suffisantes pour le nombre de personnes qui les habitent ; à ce que les fosses en soient bien entretenues et bien closes, exactement et sûrement vidées toutes les fois qu'il en est besoin, et avec le moins de danger ou d'incommodité pour

_____

(*a*) *Voy. ci-dessus*, entre autres, les mots *Boissons, Boucheries et Boulangeries, Cimetières, Comestibles,* etc., et à l'article Agriculture, le mot *Épizootie.*

les voisins et pour le public en général; à ce qu'il y ait dans les maisons les conduits nécessaires pour l'écoulement des eaux salies de l'intérieur.

Une des causes de malpropreté et de fétidité que la police doit surtout écarter des endroits habités est l'entretien d'animaux, de quelque espèce que ce soit, dont l'odeur donne des infections locales et habituelles, et qui ne permettent pas, quelle que puisse être leur utilité générale, de les nourrir et faire habiter ailleurs que dans les lieux exposés au grand air; tels sont les volailles, les lapins, les pigeons, les porcs, les vaches, les chèvres, les moutons. L'existence de ces animaux est particulièrement nuisible, et peut être plus rigoureusement défendue, dans les grandes villes.

Les maires doivent aussi veiller à ce qu'on ne laisse pas séjourner, même dans les communes rurales, des fumiers dont les exhalaisons pourraient être préjudiciables à la santé.

Il est défendu, par exemple, de se servir de fumier de porc ou de vidanges de latrines pour l'engrais des terres employées à la culture des légumes; et les vidanges ne doivent servir d'engrais, même sur les terres labourables, qu'après avoir reposé un certain temps dans les fosses publiques, et sur la permission de la police : le transport n'en doit être fait que pendant l'hiver.

Le rouissage du chanvre dans les rivières ou dans

les marres, rend les eaux où se fait cette opération, insalubres pour les bestiaux, et infecte l'air quand on le retire pour le laver. Les maires doivent avoir soin de l'interdire dans le voisinage des habitations. (*a*)

Les corps des animaux morts doivent être enfouis dans la journée, à quatre pieds au moins de profondeur.

Cet enfouissement doit s'effectuer dans le terrain du propriétaire, et non dans celui de ses voisins, ou bien il doit être fait dans un lieu désigné par le maire.

A défaut de se conformer à cette mesure de police, soit pour le lieu, soit pour la profondeur de l'enfouissement, le maire doit y faire procéder aux frais et dépens du délinquant ; l'adjoint obtient à cet effet un jugement du tribunal de police municipale, et le fait condamner à une amende (*Loi du 6 octobre* 1791, *tit.* 11, *art.* 13).

Si l'animal est mort d'une maladie contagieuse, l'enfouissement doit être fait dans une fosse de huit pieds de profondeur, à cinquante toises au moins

_____

(*a*) L'instruction du ministre de l'intérieur, du 7 messidor an XII, indique et tend à répandre la méthode inventée, l'année précédente, par M. Bralle, et au moyen de laquelle le rouissage se fait en deux heures, et n'entraîne plus les mêmes inconvéniens.

des habitations (*Arrêté du 27 thermidor an* V) (B. 133).

Quand les signes d'une épidémie se manifestent, les maires doivent en instruire le sous-préfet, afin que celui-ci puisse faire vérifier sans retard, par le médecin des épidémies, quel est le vrai caractère de la maladie dont les suites s'annoncent d'une manière alarmante, et aviser aux mesures les plus propres à en arrêter les progrès.

Les maires des communes maritimes ou frontières ont en outre des soins à prendre relativement aux vaisseaux étrangers et aux personnes, denrées, marchandises, bestiaux et autres choses venant de pays attaqués de maladies contagieuses. Ils trouveront leurs devoirs prescrits, en partie, dans l'ordonnance du 8 août 1713 et le règlement du 20 juillet 1752.

Le décret du 15 octobre 1810 est relatif aux ateliers, manufactures, et établissemens qui répandent une odeur insalubre ou incommode, et dont la formation ne peut avoir lieu sans permission de l'autorité administrative (a). etc., etc.

(a) *Voici la nomenclature de ces ateliers, manufactures et établissemens.*

1° Établissemens et ateliers qui ne peuvent être formés dans le voisinage des habitations particulières, et pour

Serruriers. Ordonnance de police du 8 novembre 1780 ; Loi du 19—22 juillet 1791 ; etc., etc.

— L'*art.* 8 de l'ordonnance du 8 novembre 1780, fait défenses aux serruriers, ferrailleurs, etc., d'exposer en vente des clefs neuves ou vieilles, séparément de leur serrure.

Les articles suivans prescrivent des mesures pour

la création desquels il est nécessaire de se pourvoir de l'autorisation du ministre de l'intérieur.

Amidonniers.	*Fabriques d'huile de pied*
Artificiers.	*ou corne de bœuf.*
Bleu de Prusse.	*Fours à chaux.*
Boyaudiers.	*Fours à plâtre.*
Cartonniers.	*Ménagerie.*
Charbon de terre épuré.	*Minium.*
Charbon de bois épuré.	*Porcheries.*
Chiffonniers.	*Poudrette.*
Colle forte.	*Rouissage du chanvre.*
Cordes à instrumens.	*Sel ammoniac.*
Cretonniers.	*Soude artificielle.*
Cuirs vernis.	*Suif brun.*
Écarrissage.	*Taffetas et Toiles vernis.*
Eau forte, acide sulfuri-	*Tourbe carbonisée.*
que, etc.	*Triperies.*
Échaudoirs.	*Tueries.*
Fabriques de vernis.	

2° Établissemens et ateliers dont l'éloignement des ha-

empêcher les ouvriers et ferrailleurs de travailler à la dérobée aux ouvrages de la serrurerie, objets pour lesquels les anciens règlemens ont été conservés en vigueur par l'*art.* 29 du tit. 1er de la loi du 19—22 juillet 1791. etc., etc.

(*Voy. ci-dessus* au mot RÈGLEMENS DE POLICE).

---

bitations n'est pas rigoureusement nécessaire ; mais dont il importe néanmoins de ne permettre la formation qu'après avoir acquis la certitude que les opérations qu'on y pratique sont exécutées de manière à ne pas incommoder les propriétaires du voisinage, ni à leur causer des dommages. Pour former ces établissemens, l'autorisation du préfet est nécessaire.

Blanc de céruse.	*Suif en branche.*
Chandeliers.	*Noir d'ivoire.*
Corroyeurs.	*Noir de fumée.*
Couverturiers.	*Plomberies.*
Dépôt de cuirs verts.	*Plomb de chasse.*
Distilleries d'eau-de-vie.	*Salles de dissection.*
Fonderies de métaux.	*Fabriques de tabac.*
Affinage des métaux, ou	*Taffetas cirés.*
Fourneaux à manche.	*Vacheries.*
Teinturiers.	*Blanchiment des toiles par*
Hongroyeurs.	*l'acide muriatique oxi-*
Mégissiers.	*géné.*
Pompes à feu.	*Filatures de soie.*

3° Établissemens et ateliers qui peuvent rester sans

Taxe. Loi du 19—22 juillet 1791, tit. 1er, *art.* 30 ; Code des délits et des peines, du 3 brumaire an IV, *art.* 605 ; etc., etc.

— Le droit de surveiller la vente des comestibles ne donne pas aux maires celui de les taxer.

Le pain et la viande de boucherie sont seuls susceptibles d'être taxés par l'autorité locale ; le vin, le blé, et toutes autres espèces de denrées n'y peuvent être assujetties en aucun cas. etc., etc.

(*Voy.* au surplus, ci-dessus, le même mot à l'article Agriculture ; et *ci-après*, à l'article Finances, le mot *octrois*).

Teinturiers, Foulons, Tondeurs, Fripiers, etc. Ordonnance du 22 septembre 1600 ; Édit du mois de décembre 1607 ; etc., etc.

— L'ordonnance du 22 septembre 1600 leur a défendu, sous peine d'amende, de mettre sécher sur des perches, aux fenêtres de leurs greniers ou au-

---

inconvénient auprès des habitations particulières, et pour la formation desquels il est nécessaire de se munir d'une permission du sous-préfet.

Alun.	*Cornes transparentes.*
Boutons.	*Caractères d'imprimerie.*
Brasseries.	*Doreurs sur métaux.*
Ciriers.	*Papiers peints.*
Colle de parchemin et d'amidon.	*Savonneries, etc.*
	Vitriols.

tres, donnant sur rue, des draps, des toiles ou d'autres choses qui pussent incommoder ou offusquer la vue.

Les mêmes défenses ont été renouvelées par l'édit du mois de décembre 1607. etc., etc.

THÉÂTRES. Ordonnance du 24 décembre 1769 ; Lois du 16—24 août 1790 (tit. II, *art.* 3), du 19 janvier 1791 ; Arrêté du 1er germinal an VII ; Circulaire du ministre de l'intérieur aux préfets, du 22 germinal an VIII ; Ordonnance du préfet de police de Paris, du 8 brumaire an IX ; Décret du 29 juillet 1807 (B. 157); Décision du ministre de l'intérieur du 1er juillet 1808 ; etc., etc.

—L'arrêté du directoire exécutif du 1er germinal an VII, dont les dispositions ont été rappelées par les ordonnances et règlemens postérieurs, entre autres dispositions, porte : « A la fin des spectacles, le concierge, accompagné d'un chien de ronde, doit visiter toutes les parties de la salle, pour s'assurer que personne n'est resté caché dans l'intérieur, et qu'il ne subsiste aucun indice qui puisse faire craindre un incendie.

« Cette visite, après le spectacle, doit se faire en présence d'un administrateur municipal (le maire ou son adjoint) ou d'un commissaire de police, qui doit le constater sur un registre tenu à cet effet par le concierge.

« Tout théâtre dans lequel les précautions et formalités ci-dessus prescrites auraient été négligées ou omises un seul jour, serait fermé à l'instant ».

L'*art.* 2 du Décret du 29 juillet 1807 contient la disposition suivante : « Les préfets, sous-préfets et maires sont tenus de ne pas souffrir que, sous aucun prétexte, les acteurs des quatre grands théâtres de la capitale qui auront obtenu un congé pour aller dans les départemens, y prolongent leur séjour au-delà du temps fixé par le congé : en cas de contravention, les directeurs de spectacles seront condamnés à verser à la caisse des pauvres, le montant de la recette des représentations qui auront eu lieu après l'expiration du congé ». etc., etc.

Voirie. Édit du mois de décembre 1607; Ordonnance du lieutenant de police, du 26 janvier 1672; Ordonnance du Bureau des finances, du 18 août 1667; Jugemens du Maître-général des bâtimens, du 29 octobre 1685, du 1er juillet 1712, du 28 avril 1719; Règlement des juges de la maçonnerie, du 15 octobre 1724; Déclaration du 18 juillet 1729, du 18 août 1730; Ordonnance du lieutenant de police, du 16 février 1735, du 1er septembre 1769; Ordonnance du Bureau des finances, du 27 juillet 1781; Déclarations du 10 avril 1783, et du mois de mai 1784; Ordonnance de police, du 28 janvier 1786; Lois des 14, 22 décembre 1789, 24 août, 11 septembre et 7 octobre 1790, 22 juillet, 28 septembre—6 octobre 1791; Décrets du 12 messidor an VIII, *relatif aux attributions du préfet de police à Paris*, du 29 floréal an X ; Décision du grand-juge ministre de la justice, du 28 vendémiaire, et Circulaire du conseiller-d'état chargé spécialement des ponts et chaussées, du 13 frimaire an XI ; Circulaire du ministre de l'intérieur, du 31 décembre 1808 ; Lois du 15 novembre 1807, du 8 mars 1810 ; Décret du 18 août, Loi du 27 octobre 1810 ; Code pénal, *art.* 471 ; etc., etc.

— La voirie se divise en grande et petite voirie. La *Grande voirie* est celle qui est administrée sous l'autorité immédiate du Gouvernement, et dont la dépense est à la charge de l'État.

D'après les lois des 22 décembre 1789, 11 septembre et 7 octobre 1790, la grande voirie comprend les grandes routes, les canaux, les fleuves et les rivières navigables, et les rues des communes qui font partie des grandes routes. Elle appartient aux préfets ; et les seules fonctions que les maires et adjoints aient à remplir à cet égard, se bornent à instruire le sous-préfet des dégradations aux pavés, aux chaussées, aux arbres, et à rechercher les auteurs des délits.

La loi du 29 floréal an X contient, relativement aux contraventions en matière de grande voirie, les dispositions suivantes :

« *Art.* 1er. Les contraventions en matière de grande voirie, telles qu'anticipations, dépôts de fumier ou

autres objets , et toutes espèces de détériorations
commises sur les grandes routes , sur les arbres qui
les bordent , sur les fossés , ouvrages d'art , et matériaux destinés à leur entretien , sur les canaux ,
fleuves et rivières navigables , leurs chemins de
hallage , francs-bords , fossés et ouvrages d'art , seront constatées , réprimées et poursuivies par voie
administrative.

« *Art.* 2. Les contraventions seront constatées par
les maires et adjoints , les ingénieurs des ponts et
chaussées, leurs conducteurs , les agens de la navigation , les commissaires de police, et par la gendarmerie : à cet effet, ceux des fonctionnaires publics
ci-dessus désignés qui n'ont pas prêté serment en
justice , le prêteront devant le préfet.

« *Art.* 3. Les procès-verbaux sur les contraventions seront adressés au sous-préfet , qui , ordonnera, par provision, et sauf le recours au préfet ,
ce que de droit , pour faire cesser les dommages.

« *Art.* 4. Il sera statué définitivement en Conseil de
préfecture ; les arrêtés seront exécutés sans *visa* ni
mandement des tribunaux, nonobstant et sauf tout
recours, et les individus condamnés seront contraints
par l'envoi de garnisaires et saisie de meubles , en
vertu desdits arrêtés qui seront exécutoires et em-
porteront hypothèque (*a*).

(*a*) Cette extension des attributions de la Puissance

La *Petite voirie* est celle qui est administrée par les Corps municipaux, sous l'autorité et direction des préfets, sauf le recours au Gouvernement, et dont la dépense est à la charge des communes.

On divise cette seconde espèce de voirie en police *urbaine* et en police *vicinale*.

La police urbaine comprend tous les objets concentrés dans l'intérieur des communes, et qui se trouvent spécifiés dans les lois des 14 décembre 1789, 24 août 1790, et 22 juillet 1791.

La police vicinale est relative au territoire extérieur et aux objets désignés dans la loi du 28 septembre—6 octobre 1791. etc., etc,

(*Voy.* au surplus, à ce sujet, ci-dessus et entre autres, les mots : *Alignemens ; Bâtimens, Constructions, Décombres; Auvens; Boutiques; Etalage; Dégel, Neige, Glace; Fenêtres; Feu, Incendies; Cheminées, Fours*, etc. ; *Illuminations, Éclairage ; Immondices, Nettoiement, Balayage, Boues ; Pavé ; Rues ; Routes et Plantations.*

VOITURES, PLAQUES, PONTS A BASCULE, ROUES A LARGES JANTES; CAROSSES, CABRIOLETS; CONDUCTEURS, CHARRETIERS, etc. Ordonnance du 10 février 1735, du 5 octobre et du 5 décembre 1738; Arrêts du

---

administrative dans le domaine de la Puissance judiciaire a été confirmée, entre autres, par la Décision du Grand-Juge ministre de la justice, du 28 vendémiaire an XI, sus-relatée.

29 septembre et du 19 décembre 1747; Règlemens des 18 juin et 20 novembre 1781; Ordonnances du 17 juillet, du 21 décembre 1781; Arrêt du Conseil du 28 décembre 1783; Ordonnances du 4 février 1786, du 21 décembre 1787, du 19 février 1790; Loi du 28 septembre—6 octobre 1791, tit. 11, *art.* 27 et 32; Arrêté du 2, Loi du 3 nivose; Arrêtés du 7 fructidor an VI, du 26 ventose an VII; Instruction du ministre de l'intérieur du 7 germinal; Ordonnance de police du 1er messidor an VIII, du 16 pluviose, du deuxième jour complémentaire an IX; Ordonnance de police du 28 vendémiaire, Lois du 29 floréal an X, du 7 ventose an XII, du 4—7 prairial an XIII, du 4 avril 1806, *portant suppression des barrières;* Décret du 20—23 juin 1806; Instructions du Conseiller-d'État Directeur-Général des ponts et chaussées, des mois de juin 1807 et avril 1808; Ordonnance de police du 21 décembre 1807; Code pénal, *art.* 475 *et suiv.;* etc.

— L'ordonnance du 21 décembre 1787 prescrit plusieurs mesures propres à prévenir, surtout dans les grandes villes, les accidents que pourraient occasioner les charretiers et voituriers, soit en chargeant trop leurs voitures, soit en s'écartant de leurs chevaux ou en les confiant à des enfans.

L'*art.* 9 de la loi du 3 nivose an VI enjoint aux propriétaires des voitures de roulage de faire clouer en avant de la roue et au côté gauche de la voiture,

une plaque de métal contenant, en caractères apparens, leur nom et leur domicile. Le ministre de l'intérieur, consulté sur la question de savoir si cette disposition n'était pas applicable à toute voiture non
suspendue, a décidé, chapitre 7 de l'instruction du
7 germinal an VIII, que les voitures de roulage
proprement dit, étaient seules sujettes à cette formalité. Mais l'article 7 de l'ordonnance du 21 décembre
1809, concernant les charretiers et conducteurs de
chevaux dans Paris, a aussi enjoint aux plâtriers, bras-
seurs, bouchers, et à tous ceux qui se servent de
charrettes, haquets ou tombereaux, d'y faire apposer des plaques de fer, peintes en blanc, et portant
un numéro avec le nom du propriétaire. etc., etc.

(*Voy.* ci-après, à l'article FINANCES, le mot *Octrois*).

9° *Administration, Comptabilité, Domaines et Finances.*

Si quelques-unes des idées que nous avons
précédemment exposées relativement à l'établissement et à la perception d'un impôt unique et volontaire, étaient prises en considération, approfondies par le Conseil-d'État,
soumises à la délibération des Chambres,
adoptées, converties en lois et mises à exé-

cution, nous avons vu de quelle utilité serait alors le ministère des Préfets, des Sous-Préfets et des Maires ; combien il pourrait être apporté, par leur intermédiaire, de simplicité, d'économie et de promptitude, dans la marche et le mouvement de cette branche d'administration, aujourd'hui si compliquée et si onéreuse. Alors surtout, l'application directe d'une partie des revenus aux dépenses locales et le versement de l'excédant des fonds au Trésor, pourraient avoir lieu sans qu'il fût nécessaire de recourir à aucun revirement de capitaux, opération toujours lente, insuffisante et dispendieuse, etc. (*a*).

Mais, même dans l'état actuel de l'organisation ministérielle et administrative, les attributions des Préfets, des Sous-Préfets et des Maires ne sont pas sans rapports et relations directes et nécessaires avec les attributions que nous avons assignées au moins aux trois premières Directions qui doivent dépendre du sous-ministère des Finances.

Ainsi, sous ces trois rapports, les Attri-

(*a*) *Voy. ci-dessus,* vol. VI, pag. 371 *et suiv.*

butions des Préfets, des Sous-Préfets et des Maires peuvent être spécifiées, comme il suit :

Domaines ; Eaux et Foréts ; Salines ; etc. Surveillance des gardes, agens et employés de cette partie d'administration ; réception de leurs déclarations ; rédaction ou affirmation des procès - verbaux ; et en général mesures administratives et correspondance relatives à la conservation, régie et administration des Domaines, et de tous établissemens pouvant donner un revenu à l'État ou aux Communes; baux, fermages, locations, particulièrement celles des places aux halles et sur les foires, marchés, chantiers, rivières, ports, promenades publiques, etc. ; partages, aliénations, ventes; droits d'usage et servitudes actives ou passives; octrois; établissement, perception, surveillance des droits de pesage, mesurage et jaugeage ; centimes additionnels ; emploi des revenus et autres ressources des communes; paiement des dépenses; etc., etc.

Contributions directes. Examen et discussion, dans les Conseils de préfecture, de sous-préfecture et de mairie, des états ou rôles de répartition, des demandes de décharge ou de dégrèvement ; suite et exécution des arrêtés de ces Conseils ; Avis à donner relativement à toutes espèces de réclamations ; etc., etc.

Contributions indirectes. Publication des avis des autorités supérieures ; surveillance des préposés, réception de leurs déclarations, rédaction ou affirmation des procès-verbaux ; et en général mesures administratives, correspondance et renseignemens relatifs à cette branche d'administration ; etc., etc.

Aperçu de la Législation, Jurisprudence et Coutume, sous ce neuvième et dernier rapport.

ABONNEMENT. Loi du 24 avril 1806 ; Décrets des 25 avril, 7 août et 15 octobre 1810 ; Avis du Conseil d'état, approuvé le 19 mars 1811 ; Loi du 15 mai et ordonnance du 15 août 1818 ; etc., etc.

(*Voy.* ci-dessus, à l'article ORGANISATION DES ARMÉES DE TERRE, les mots *Casernement, Lits militaires.*)

ABSENCE, INSOLVABILITÉ. Arrêté du 6 messidor an X (B. 199) ; etc., etc.

— Nous avons vu précédemment que cet arrêté a chargé les maires et adjoints, sous leur responsabilité personnelle , de constater par des certificats l'absence ou l'insolvabilité des redevables du Trésor public. etc. , etc.

(*Voy.* encore ci-dessus, vol. VIII, pag. 548, n. *a.*)

AFFECTATION DE BIENS. Loi du 16 vendémiaire an V; Arrêtés des 15 brumaire an IX et 14 nivose an XI; etc. , etc.

— Lorsque, d'après l'avis du préfet et du directeur des domaines, des biens nationaux sont jugés dans le cas d'être affectés à un objet quelconque, un arrêté du Gouvernement ordonne provisoirement cette affectation, qui est ensuite proposée au Corps législatif, conformément aux dispositions de la loi et des arrêtés ci-dessus cités. etc. , etc.

AFFOUAGE. Déclaration du 23 juin 1724; Lois du 26 nivose an II, du 28 pluviose an VIII; Décret du 17 janvier 1813; etc. etc.

— Aux termes de l'*art.* 15 de la loi du 28 pluviose an VIII, les Conseils municipaux règlent le partage des bois communaux d'affouage, dans leur assemblée annuelle du 15 au 3o pluviose.

Conformément à la déclaration du 13 juin 1724 et à la loi du 26 nivose an II, ce partage devait se faire par tête.

La réunion de plusieurs communes ne porte aucune atteinte à leurs droits respectifs de propriété. Ainsi, lorsque les habitans d'un hameau ne produisent, indépendamment de l'acte de leur réunion à la commune voisine, aucun titre qui les constitue propriétaires des bois appartenans à cette commune, ils ne sont pas fondés à prétendre à la distribution de l'affouage de ces bois. etc., etc.

(*Voy.* aussi, ci-après, au mot *Bois.*)

AMENDES. Loi du 22 juillet—6 octobre 1791 ; Arrêtés du 25 floréal an VIII, du 26 brumaire an X ; Circulaire du ministre de l'intérieur, du 15 messidor an X; Arrêté du 17 mai 1809; Avis du Conseil d'état, du 9 novembre 1814; Code pénal, *art.* 466 ; etc., etc.

—L'arrêté du 26 brumaire an X a ordonné que les communes seraient rétablies dans la jouissance des amendes de police, à elles attribuées par la loi du 6 octobre 1791 sur la police rurale, sect. 7, *art.* 3, pour être affectées au paiement de leurs charges communales. Les communes ont aussi une part dans les amendes de police correctionnelle. Les états des amendes recouvrées sont fournis par le directeur de l'enregistrement, et ce n'est, comme pour les patentes, qu'après l'apurement de l'exercice que les communes peuvent en percevoir le montant. Les percepteurs n'en comptent que dans l'année pendant le cours de laquelle le préfet délivre ses ordonnances, qui sont expédiées au nom du percepteur.

Par la circulaire du 15 messidor an X, le ministre de l'intérieur a indiqué aux préfets les mesures propres à assurer le recouvrement des amendes.

Il y a fait observer que la loi du 22 juillet 1791 , sur
la police municipale et correctionnelle, affecte, par
l'*art.* 4 du tit. 1ᵉʳ, au profit des pauvres, le quart du
produit de celles qui se prononcent par voie de police municipale, et que l'*art.* 70 leur adjuge le tiers
de celles qui peuvent être prononcées par voie de
police correctionnelle ; que des lois sur la loterie, sur
les octrois municipaux, etc. , ont déterminé les portions d'amendes et de confiscations que les établissemens d'humanité ont à réclamer ; qu'enfin beaucoup d'autres lois déterminent les différens cas où
des amendes et des confiscations peuvent être encourues , telles que celles qui concernent le timbre,
la police rurale , les bois et forêts , les patentes , les
poids et mesures ; mais que, ces lois ne renfermant
rien de relatif à leur application , il fallait toujours
se reporter à l'*art.* 70 de la loi du 22 juillet 1791.

Quant aux moyens d'assurer au receveur des hospices du chef-lieu du département, la connaissance
des jugemens qui prononceraient des amendes et
confiscations, le ministre observe que les greffiers
des tribunaux doivent l'en instruire ; et il termine
par recommander aux préfets de toujours comprendre dans les projets d'établissement d'octrois et
de bienfaisance, une disposition pour l'application
des amendes et confiscations à la dépense des enfans trouvés.

L'arrêté du 25 floréal an VIII porte, à ce sujet,

1º que les portions d'amendes et de confiscations attribuées par les lois rendues jusqu'alors, aux hôpitaux, aux maisons dè secours et aux pauvres, seront versées dans la caisse du receveur des hospices du chef-lieu du département; 2º que les fonds provenant de ces versemens seront exclusivement employés au paiement des mois de nourrice des enfans abandonnés, sur la répartition que le préfet sera tenu d'en faire, d'après le bordereau de ces sommes, que lui adressera le receveur, et d'après les états des enfans, qui lui seront remis par les commissions administratives des hospices des départemens; 3º que tous les ans les préfets rendront compte au ministre de l'intérieur du montant et de l'emploi de ces fonds.

L'Arrêté du 17 mai 1809 a ordonné que l'administration de l'enregistrement et des domaines cesserait de faire verser, par ses préposés, dans les caisses municipales, les amendes de police municipale, correctionnelle et rurale, et qu'à compter du 1ᵉʳ janvier de la même année, les attributions des communes dans ces amendes seraient les deux tiers du produit net, l'autre tiers étant attribué aux hospices du chef-lieu de département.

L'*art.* 5 du même Arrêté porte que les deux tiers du principal de ces amendes, versés avec le décime pour franc, à la caisse du receveur-général, formeront un fonds commun qui sera réparti, par le préfet, sur ses mandats, proportionnellement aux besoins de chaque commune ; et, suivant l'*art.* 4, l'autre tiers affecté à la nourriture des enfans abandonnés, doit être versé, par les receveurs de l'enregistrement, dans la caisse du receveur de l'hospice.

D'après l'Avis du Conseil d'état, du 9 novembre 1814, le produit des amendes de police ne forme plus un fonds commun, et doit être inscrit dans chaque budget.

Aux termes de l'*art.* 466 du Cod. pén., les amendes pour contravention peuvent être prononcées depuis 1 franc jusqu'à 15 francs exclusivement ; et elles s'appliquent au profit de la commune où la contravention a été commise. etc., etc.

ACQUISITIONS ; ALIÉNATIONS ; ÉCHANGES ; TRANSACTIONS. Lois du 14—18 décembre 1789, du 5—18 février, du 5—10 août 1791, du 28 août 1792, du 24 avril—2 mai, du 10 juin, du 24 août 1793, du 24 prairial an IV, du 2 prairial an V ; Décret du 16 thermidor an V ; Arrêtés du 7 germinal, du 23 prairial an IX, du 29 nivose an X ; Règlement du 21 frimaire an XI ; Décision du ministre de l'intérieur, du 25 pluviose an XI ; Arrêté du 21 frimaire an XII ; Lois des 7, 23, 30 avril, Circulaire du 18 juin 1806 ; Lois des 7, 8, 10, 16 septembre 1807 ; Décret du 18 janvier, Loi du 20 mars 1813 ; Code civil, *art.* 2045, 2046 ; Code de procédure civile, *art.* 683 ; etc., etc.

—*Acquisition.* Les communes ne peuvent acheter aucun immeuble sans y avoir été préalablement autorisées par une ordonnance du roi, sous peine de nullité de la vente.

Pour obtenir cette autorisation d'acquérir pour les communes, il faut produire : 1° un procès-verbal descriptif et estimatif des objets que l'on veut acquérir (ce procès-verbal doit être fait contradictoirement par deux experts nommés, l'un par le maire, et l'autre par le propriétaire vendeur); 2° le plan des lieux, s'il s'agit d'un édifice important, et le devis des travaux à faire pour la destination que l'on veut lui donner; 3° le consentement du propriétaire; 4° la délibération du Conseil municipal (s'il s'agit de pourvoir par voie d'imposition, on doit adjoindre au Conseil municipal les plus forts contribuables en nombre égal); 5° le budget de la commune; 6° une enquête de *commodo et incommodo* (cette enquête doit être faite par voie administrative, et conséquemment par tel commissaire que le préfet juge convenable d'en charger. Elle n'est rigoureusement exigée que quand il s'agit d'un terrain pour un chemin vicinal, ou pour un cimetière, ou pour construire un édifice d'une grande importance); 7° l'avis du sous-préfet; 8° l'avis du préfet....

Aliénation. Le maire ne peut consentir à l'aliénation d'un terrain communal sans l'autorisation du

20.

Conseil municipal et sans estimation préalable. Il expose au Conseil municipal les motifs du projet. Le Conseil l'autorise à faire faire la description topographique et l'évaluation par expert de l'immeuble à aliéner. Le procès-verbal de description et d'évaluation est envoyé au sous-préfet, et transmis par ce dernier, avec son avis, au préfet. Celui-ci l'adresse au ministre de l'intérieur avec son avis et les pièces suivantes : 1° La délibération du Conseil municipal ; 2° une information de *commodo et incommodo*, faite dans les formes accoutumées en vertu d'ordre du sous-préfet ; 3° le budget de la commune ; 4° le consentement par écrit des parties ; 5° l'avis du sous-préfet. Le ministre renvoie la demande à l'examen du Conseil d'état, sur l'avis duquel l'aliénation est ordonnée par une ordonnance du roi, s'il y a lieu.

La vente doit être faite, par-devant notaire, en présence du préfet, du sous-préfet ou du maire, après deux publications, et par voie d'adjudication publique aux enchères, entre les concurrens dont les soumissions, déposées au secrétariat de l'administration, auront été jugées, à la majorité des voix, dans le cas d'être admises ; les affiches sont apposées dans les formes et aux termes indiqués par les lois et règlemens, et, en outre, leur extrait est inséré dans le journal du lieu de la situation de l'établissement; ou, à défaut, dans celui du département, selon qu'il est

prescrit à l'*art.* 683 du Code de procédure civile.
Les soumissions doivent être déposées sous cachet et
ouvertes en assemblée générale.

Quand le produit d'une aliénation d'immeubles
communaux n'est pas absorbé par la dépense à laquelle il est affecté, l'excédant est versé à la caisse
d'amortissement, qui tient compte aux communes
de l'intérêt à raison de trois pour cent. Ces intérêts
restent à la caisse, en augmentation du capital jusqu'à nouvel emploi....

Échange. Les échanges de biens immeubles des
communes ne peuvent avoir lieu qu'en vertu d'une
loi.

Tout échange doit être précédé d'un procès-verbal d'estimation des objets à échanger, dressé par
expertise contradictoire; et, pour obtenir l'autorisation de le consommer, on est tenu de constater
les avantages qui doivent en résulter, en remplissant les mêmes formalités que pour les aliénations.

S'il s'agit d'un échange de bois, des experts doivent être nommés contradictoirement; 1° au nom
de l'administration des forêts; 2° au nom de l'administration requérante; 3° au nom de l'échangiste.
Les experts prennent pour base de leurs opérations
les frais de garde, les contributions, l'essence domi-
nante des bois, la quantité d'arbres anciens et modernes, l'époque des coupes, le nombre des stères
par hectare, la contenance, le rapport du revenu
avec la valeur capitale, le prix des bois sur pied.

et abattus. L'échangiste produit toutefois les titres constatant ses droits de propriété, une déclaration signée de lui, des charges, servitudes et hypothèques dont ses terres pourront être grevées.

En règle générale, les échangistes doivent toujours justifier, avant la passation de l'acte d'échange, 1° de leurs titres de propriété ; 2° dans les délais prescrits, de la libération de toute hypothèque sur les immeubles offerts par eux en contre-échange.

Autre disposition générale : Les acquisitions, les échanges, et généralement tous les actes portant mutation de propriété, doivent être transcrits aux bureaux des hypothèques dans l'arrondissement desquels les biens sont situés....

Transactions. Le règlement du 21 frimaire an IX porte :

« *Art.* 1er Dans tous les procès nés ou à naître, qui auraient lieu entre des communes et des particuliers, sur des droits de propriété, les communes ne pourront transiger qu'après une délibération du Conseil municipal, prise sur la consultation de trois jurisconsultes désignés par le préfet du département, et sur l'autorisation de ce même préfet, donnée d'après l'avis du Conseil de préfecture.

« *Art.* 2. Cette transaction, pour être définitivement valable, devra être homologuée par un arrêté du Gouvernement, rendu dans la forme prescrite pour les règlemens d'administration publique ».

L'*art.* 2045 du Code civil est ainsi conçu : « Les communes et établissemens publics ne peuvent transiger qu'avec l'autorisation expresse du Gouvernement. etc., etc.

Arpentage. Lois du mois d'août 1791 ; Arrêté du 12 brumaire, Circulaires du ministre des finances du 3 frimaire, du 27 nivose an XI ; Arrêté du 27 vendémiaire an XII ; etc., etc.

— Une commune qui se croit surtaxée peut faire arpenter son territoire.

Par la circulaire du 3 frimaire an XI, le ministre des finances a recommandé aux préfets de prescrire aux maires de faire poser des bornes de séparation dans toutes les communes qui n'avaient pas de limites naturelles ; et par celle du 27 nivose suivant, il leur a adressé un modèle de l'arrêté à prendre pour cet objet.

Entre autres dispositions principales, elle porte :

« *Art.* 13. Lorsque près des limites actuelles des communes susceptibles de bornage, il se rencontrera des rivières, des chemins publics ou vicinaux, ou autres limites naturelles et invariables, les maires des communes dont les territoires seront contigus, examineront s'il ne serait pas plus avantageux et plus convenable de reculer ou restreindre leurs limites actuelles à celles que présente la nature, et d'éviter, par ce moyen, la dépense que nécessiterait la plantation des bornes.

« Dans ce cas, il en sera fait mention détaillée au procès-verbal de limitation ; et ce procès-verbal sera, par les soins du maire, soumis à l'approbation du préfet, qui conservera aux habitans leurs droits de parcours, paturage, usage, chaumage, glanage, et autres qui leur appartiennent.

« *Art.* 14. Lorsqu'il dépendra d'une commune, des parties de territoire absolument détachées du territoire principal ou formant de trop longues enclaves dans les communes voisines, ces parties seront réunies aux communes dans lesquelles elles sont enclavées; de manière que la surface du territoire de chaque commune soit continue et présente le périmètre le plus régulier.

Néanmoins, ces réunions n'auront lieu que sous la réserve expresse des droits de parcours et autres, que les habitans des communes étrangères pourraient avoir sur les terrains qui feront l'objet de la réunion.

» *Art.* 15. Les réunions qui pourront s'opérer en exécution des deux articles qui précèdent, n'apporteront aucun changement, ni dans les états de section, ni dans le rôle, ni dans le contingent des communes, augmentées ou diminuées, jusqu'au renouvellement en forme de la matrice de l'une ou de l'autre des communes intéressées. etc., etc. (*a*).

(*Voy.* ci-après le mot *Cadastre.*)

(*a*) Ces réunions peuvent être utiles ; mais devraient-

Assignation. Code de procédure civile, *art.* 69, 70; Arrêts de la Cour de cassassion du 22 mars 1813, du 10 février 1817; etc., etc.

— Les assignations aux communes doivent être données en la personne ou au domicile du maire, et l'original doit être visé par lui et non par l'adjoint, par le juge de paix, ou par le procureur du roi. etc., etc.

Banalités conventionnelles. Lois du 28 mars 1790, du 25 nivose an XII; Avis du Conseil d'état du 23 vendémiaire an XIV, du 3 juillet 1806; Circulaires; etc., etc.

— Les objets destinés aux banalités anciennement établies par des communes ne peuvent être considérés que comme des biens communaux, sans privilége exclusif, et comme des moyens de produire des revenus municipaux, sans qu'il puisse en résulter une exclusion pour tout autre établissement de la même nature.

La législation actuelle ne permet, sous aucun prétexte, de renouveler en faveur des communes, les banalités de leurs usines, même de celles ac-

elles être subordonnées à la simple approbation des préfets, ou ne sont-elles pas d'une assez grande importance pour motiver l'examen de leur proposition dans les Chambres provinciales et municipales, et, jusqu'à l'établissement de ces Chambres, dans les Conseils-généraux et municipaux? (*Voy.* encore, ci-après, au mot *Territoire.*)

quises par elles à titre onéreux. Le bail qui serait passé à un particulier, pour l'exercice de ce droit, et l'arrêté du préfet qui en aurait approuvé l'adjudication, seraient nuls.

Les banalités supprimées comme féodales, par l'*art.* 23 de la loi du 28 mars 1790, ne peuvent être converties en banalités conventionnelles. etc., etc.

BAUX ET LOCATIONS. Arrêté du 7 germinal an IX (28 mars 1801); Avis du Conseil-d'État du 28 pluviose an XI (17 février 1803); Décrets du 25 prairial an XIII, du 12 août 1807; Loi du 5 mai 1818; Ordonnance du 7 octobre 1818, à l'article *Biens communaux;* Code civil, *art.* 1712; Code de procédure, *art.* 683; etc., etc.

— D'après la législation actuelle, aucun bien rural appartenant aux communes ne peut être concédé par bail à longues années qu'en vertu d'ordonnances du roi.

Pour obtenir des autorisations de ce genre, il est nécessaire de produire les pièces suivantes : 1° la délibération du Conseil municipal, portant que la concession à longues années est utile ou nécessaire; 2° une information de *commodo vel incommodo* faites dans les formes accoutumées, en vertu d'ordre du sous-préfet; 3° l'avis du sous-préfet; 4° l'avis du préfet.

Le ministre de l'intérieur, après avoir examiné ces pièces, fait son rapport au roi, qui, le Conseil d'état entendu, accorde l'autorisation, s'il y a lieu.

La passation des baux qui n'excèdent pas neuf années est un acte administratif ordinaire qui entre dans les attributions des administrateurs locaux des biens. La location peut en être faite avec la seule approbation du préfet, et n'a pas besoin de l'autorisation du Gouvernement.

Les baux à ferme des biens communaux, pour la durée ordinaire, sont faits aux enchères publiques par devant notaire, et le droit d'hypothèque sur les biens du preneur y est stipulé par la désignation, conformément au Code civil.

Les affiches pour l'adjudication sont apposées dans les formes et aux termes indiqués par les lois et règlemens; et, en outre, leur extrait est inséré dans le journal du lieu de la situation de l'établissement, ou à défaut, dans celui du département, ainsi qu'il est prescrit par l'article 683 du Code de procédure civile.

Il est fait mention du tout dans l'acte d'adjudication, qui n'est définitive qu'après l'approbation du préfet.

Le maire rédige le cahier des charges à imposer soit au locataire par bail, soit à l'adjudicataire annuel. Le préfet autorise la communication de ce cahier au Conseil municipal; et sur le vu de la délibération du Conseil, le sous-préfet approuve, s'il y a lieu, le cahier des charges. En vertu de cette approbation, le maire fait ensuite procéder, soit à la passation du bail, soit à l'adjudication annuelle. La minute de l'acte est ensuite soumise à l'homologation du préfet.

Ces formalités ont été indiquées en l'an X, par le Conseiller d'état, ayant le département des recettes et dépenses des communes.

Les communes peuvent aussi avoir besoin elles-mêmes de prendre à loyer des biens quelconques; une maison, par exemple, pour servir soit à la tenue des séances de la municipalité, soit au logement du curé, du desservant ou de l'instituteur.

Dans ce cas, les conditions du bail, rédigées de concert par le maire et par le propriétaire, sont soumises au préfet, qui en autorise la communication au Conseil municipal. Sur le vu de la délibération du Conseil et de l'avis du sous-préfet, le préfet autorise le maire à dresser l'acte de bail et à y engager la commune. La minute de cet acte est soumise à l'homologation du préfet.

Soit que la commune donne, soit qu'elle prenne un objet à loyer, la minute de l'acte doit être enregistré dans le délai de vingt jours, à compter de celui où le maire reçoit l'approbation de cet acte par le préfet; mais ce délai courrait de la date même du bail, s'il ne contenait pas expressément la clause suivante : *le présent bail n'aura d'exécution qu'autant qu'il sera approuvé par le préfet.* Il en serait de même, malgré l'insertion de cette clause, si le maire n'avait en outre le soin d'inscrire l'acte sur son répertoire avec cette note en marge : *soumis à l'approbation du préfet.* Sans cette double précaution, si le bail n'était point enregistré vingt jours après celui où il a été passé, le double droit serait dû ; et néanmoins il y aurait de l'inconvénient à faire enregistrer un acte avant qu'il fût approuvé, parce que si le préfet refusait son approbation, les frais d'enregistrement seraient en pure perte.

La location de la chasse dans les bois et sur les terrains communaux doit être faite par le maire, et être approuvée par le préfet et par le ministre de l'intérieur. On rédige à cet effet un cahier des charges, que le Conseil municipal discute, et après qu'il a reçu l'approbation du préfet, le maire fait, au moins quinze jours à l'avance, apposer des affiches dans sa commune et dans celles qui environnent les bois, etc., etc.

Biens communaux. Loi du 10 juin 1793 ; Décret du 9 brumaire an XIII ; Avis du Conseil-d'État, du 7—29 mai 1806 ; Code civil ; etc., etc.

— L'*art.* 1er de la première section de la loi du 10 juin 1793, et l'*art.* 542 du Code civil définissent les biens communaux, ceux sur la propriété ou le produit desquels tous les habitans d'une ou plusieurs communes, ou d'une section de commune, ont un droit acquis.

Les maires régissent les biens des communes et administrent les établissemens qui leur appartiennent.

Les biens-fonds des communes, excepté les bois, doivent être affermés à l'enchère dans la forme ci-dessus indiquée (a).

Les bois sont mis en coupe réglée; et vendus dans la forme usitée.

Les revenus casuels, tels que les octrois, peuvent être mis en ferme ou régie intéressée dans la forme réglée par le préfet. Les Conseils municipaux règlent les travaux ou réparations jugés nécessaires.

Lorsque des biens se trouvent indivis entre plusieurs communes, l'administration exclusive en appartient au maire de la commune qui a la plus forte portion de ces biens : et dans ce cas, le préfet détermine quel est celui qui doit les régir.

Quand l'intervention du Conseil municipal est jugée nécessaire, le préfet prend l'avis de chacun des Conseils municipaux intéressés, etc., etc.

Bois des communes et des Établissemens publics. Ordonnance de 1669; Lois du 29 septembre 1791, du 6, du 14 frimaire an VII; Arrêté du Gouvernement, du 9 ventose an X; Loi du 9 floréal an XI; Arrêté du 17 nivose an XII; Décrets du 9 brumaire an XIII, du 12 mars 1806; Loi

---

(a) *Voy*. au mot *Baux*.

du 22 mars 1806; Décret du 11 mars, Avis du
Conseil d'État du 12 avril et du 29 mai 1808; Or-
donnances du 31 janvier 1816 et du 7 mars 1817;
Code pénal, *art.* 443 à 462; etc., etc.

— Les bois des communes et des hospices sont
soumis au même régime que les bois nationaux,
et l'administration, garde et surveillance en sont
confiées aux maires, aussi bien qu'aux agens forestiers; la régie de l'enregistrement et des domaines et forêts, est chargée du recouvrement du
prix des adjudications de toutes les coupes extraordinaires desdits bois.

Il est fait, chaque année, et dans le délai de
trois mois après l'adjudication, un état, par département, desdites coupes qui ont été vendues, avec
distinction des quantités appartenantes à chaque
commune, et du prix qu'elles ont donné.

Dans les trois mois du recouvrement de chaque
portion du prix des coupes extraordinaires, le
montant en est versé à la caisse des dépôts et con-
signations, pour y être tenu à la disposition des
communes, avec intérêt à raison de trois pour cent
par an.

Il est tenu à cette caisse, département par département et commune par commune, un compte
de recettes et dépenses.

Ce compte, tant en recettes et intérêts qu'en dépenses, est balancé à la fin de chaque année, et le

bordereau, dûment certifié, est transmis triple au ministre de l'intérieur.

L'un de ces bordereaux triples est déposé dans les bureaux du ministre, l'autre au bureau de la préfecture du département, le troisième est transmis à la commune qu'il regarde.

Il est pourvu, par la vente annuelle d'une portion suffisante de bois d'usage, à la contribution foncière des bois communaux et aux frais de leur garde. Cette portion est distraite de la coupe ordinaire avant toute distribution entre les habitans; la vente en est faite aux enchères et par-devant l'administration municipale.

Les frais de garde, de martelage, d'arpentage et d'exploitation des bois communaux doivent être acquittés sur le produit brut de la vente des bois et affouages; et à cet effet, on n'admet en recette dans les budgets que le produit net des bois....

Le ministre de l'intérieur ayant soumis au Conseil d'État un rapport tendant à faire décider si l'on pouvait appliquer au partage des bois possédés en indivis par plusieurs communes, l'avis du Conseil d'état, du 4 juillet 1807, approuvé le 20 du même mois, qui ordonne de partager, à raison du nombre de feux, les biens communaux dont les communes veulent faire cesser l'indivis, et s'il était nécessaire de rapporter à cet effet un arrêté du 19 frimaire an X, qui décide, *art.* 2, que le partage de bois, autres que les futaies, doit se faire par tête d'habitans, le Conseil d'état, vu la loi du 10 juin 1793, la loi du 26 nivose an II, l'arrêté du 19 frimaire an X, le décret du 20 juin 1806, l'avis ci-dessus énoncé, et l'*art.* 542 du Code civil; considérant que, par le décret du 20 juin 1806, et par l'avis du 20 juillet 1807, on est revenu au seul mode équitable de partage en matière d'affouage, puisqu'il proportionne les distributions aux vrais besoins des familles, sans favoriser exclusivement, ou les plus gros propriétaires, ou les prolétaires; et que d'ailleurs l'*art.* 542 du Code civil ne laisse aucune distinction à faire entre les bois des communes, et les autres biens communaux, puisqu'il dit : *Les biens communaux sont ceux à la propriété ou au produit desquels les habitans d'une ou plusieurs communes ont un droit acquis*, a donné, le 12 avril 1808, un avis approuvé le 26 du même mois, qui porte que les principes de l'arrêté du 19 frimaire an X ont été modifiés par les décrets postérieurs, et que l'avis du 20 juillet 1807 est applicable au partage des bois, comme à celui de tous autres biens dont les communes veulent faire cesser l'indivis; qu'en conséquence les partages se feront par feux, c'est-à-dire, par chefs de famille ayant domicile.

Tout Arrêté du Conseil de préfecture qui ordonne l'exécution d'un nouveau mode d'affouage, est annulé, s'il a été pris avant que ce nouveau mode n'ait été soumis à la sanction du Conseil d'état, par le ministre de l'intérieur, dans les formes prescrites par le décret du 9 brumaire an XIII, et par l'avis interprétatif du Conseil d'état du 29 mai 1808.

Le droit d'affouage étant attaché à la qualité d'habitant, un maire ne peut prétendre que ce droit doit être restreint en faveur de tels ou tels de ces habitans.

Lorsqu'un expert, nommé par un Conseil de préfecture, a procédé au règlement de l'affouage, en présence du maire et des habitans de chaque commune, auxquels peut appartenir ce droit, d'après les renseignemens à lui fournis, et à raison des feux ou maisons d'habitation, il n'y a plus lieu de revenir sur cette opération.

Le montant des salaires des gardes des bois des communes qui n'ont ni revenus ni affouages suffisans pour l'acquitter, est ajouté aux centimes additionnels des contributions de ces communes. Une imposition additionnelle ne peut avoir lieu que sur l'autorisation du Gouvernement.

Les salaires des gardes des bois communaux qui doivent être acquittés par les communes, le sont à l'échéance de chaque trimestre, sur les fonds à ce destinés par leur budget, et sur les ordonnances des préfets.

Les conservateurs des forêts sont tenus d'adresser, à l'avance, au préfet de chaque département de leur conservation, l'état des gardes en activité, et du montant de leur traitement; il est dressé autant d'états qu'il y a d'arrondissemens de sous-préfecture.

Le préfet fait parvenir à chaque sous-préfet l'état qui concerne les gardes de son arrondissement, avec son ordonnance de paiement. Le sous-préfet en donne connaissance aux percepteurs et receveurs des communes qui en acquittent le montant sur l'émargement des gardes....

Conformément à l'ordonnance de 1669 et à la loi du 29 septembre 1791, aucune coupe ne peut se faire dans les quarts des réserves des biens des communes ni des établissemens publics, qu'en vertu d'ordonnance du roi rendues sur les rapports du ministre des finances.

Hors les cas de dépérissement des quarts de réserve, les coupes ne sont accordées que pour cause de nécessité constatée, et qu'en cas de guerre, incendies, grèles, inondations, épidémies, épizooties, ruines, démolitions, pertes et accidens extraordinaires.

Les adjudications ont lieu par-devant les sous-préfets, au chef-lieu de l'arrondissement, en présence des agens forestiers, et d'un représentant des communes et des établissemens propriétaires; le

21.

tout d'après un cahier des charges concerté entre les agens forestiers et l'administration que l'adjudication intéresse.

Le prix des coupes est stipulé payable en traites aux échéances fixées par le cahier des charges. Les traites sont remises aux receveurs-généraux de département chargés d'en faire le recouvrement sous leur responsabilité.

Les remises et taxations des receveurs-généraux ne peuvent excéder deux et demi pour cent du montant intégral des traites dont le recouvrement leur est confié, tant pour les communes que pour les autres établissemens publics.

Les traites à souscrire pour le prix des coupes extraordinaires doivent être souscrites intégralement au profit des établissemens propriétaires.

Au fur et à mesure de l'échéance des traites et du recouvrement de leur montant, les receveurs-généraux sont tenus d'en faire le versement à la caisse des dépôts volontaires ; à défaut de quoi ils sont déclarés comptables des intérêts des sommes touchées, pour chaque jour de retard dans le versement.

Les fonds versés à la caisse des dépôts y sont à la disposition du ministre de l'intérieur. Ils sont successivement reversés sur son autorisation, par l'intermédiaire des agens de la caisse des dépôts, dans la caisse des établissemens propriétaires, pour être employés aux dépenses extraordinaires qui ont motivé les coupes et remises (a).

Les communes conservent le droit de recevoir, par l'intermédiaire de leurs comptables, le prix des coupes ordinaires des bois qui leur appartiennent, pour être employé, avec leurs autres revenus, aux dépenses prévues par les budgets.

Ces dispositions s'appliquent à tous les fonds libres et provenans d'aliénations, d'acceptation de legs et donations, d'impositions ou d'excédant de budgets dont le versement à la caisse des dépôts pourrait être ordonné....

Les frais d'administration et de surveillance des bois consistent: 1° dans les frais de timbre, d'impression, d'enregistrement et d'expédition des cahiers des charges et des procès-verbaux d'adjudications; 2° dans les droits du décime par franc que les adjudicataires doivent payer, en sus du prix de leurs adjudications. Ces droits sont remplacés, en cas de délivrance en nature, par des droits de vacation pour balivages, martelages et recolemens.

Quant aux frais de la première espèce, les communes et les établissemens publics ont la faculté de comprendre les ventes qui les intéressent dans

---

(a) *Voy.*, à ce sujet, les faits rapportés et les observations faites par M. le comte de Laborde, dans son ouvrage ayant pour titre : « *De l'Esprit d'association*, etc. », entre autres, pag. 97 *et suiv.*

les affiches énonciatives des coupes à faire dans les bois de l'État....

La perception du décime pour franc a pour objet d'indemniser le trésor des frais d'administration et de surveillance des bois des communes et des établissemens publics, confiés aux agens de l'Administration des forêts dont le trésor acquitte les traitemens.

Les droits de vacation pour balivages et martelages ne sont dus que pour les coupes qui se délivrent en nature, et à titre d'affouages : leur perception tient lieu du décime pour franc à payer en sus du prix des coupes mises en vente; et elle ne peut, en aucun cas, être cumulée avec la perception de ce décime.

Les agens forestiers ne doivent pas comprendre dans l'état des vacations pour balivages, martelages et recolemens, les coupes des bois communaux dont la valeur ne s'élèverait pas à une somme double du montant de ces frais. etc., etc.

BUDGETS. Lois du 11 frimaire an VII, du 28 pluviose an VIII; Décrets du 4 thermidor an X; Arrêtés du 9, du 17 germinal an XI, du 21 brumaire, Décrets du 6 frimaire an XIII, du 14 février, du 12 août 1806, du 28 mars, du 12 août, Circulaires du ministre de l'intérieur, du 12 novembre 1807, 4 et 26 mai 1808; Instruction du Conseiller-d'État Directeur-général de la comptabilité des com-

munes et des hospices, du 29 avril 1811; Ordonnance du 16 mars 1816; etc., etc.

— Les budgets des villes ayant au moins 30,000 fr.
de recettes ordinaires sont réglés par le roi sur la
proposition du ministre de l'intérieur.

Les budgets des villes ayant moins de 30,000 fr.
de revenus sont réglés par les préfets.

La session ordinaire des Conseils municipaux est
fixée du 1er au 5 mai de chaque année. Les maires
doivent tenir prêts, pour cette époque, les divers
élémens du prochain budget, les comptes de fabriques, les devis, détails estimatifs ou marchés
provisoires concernant les dépenses extraordinaires,
de manière que le Conseil municipal ait sous les
yeux tout ce dont il a besoin pour asseoir régulièrement la recette et les propositions de dépenses.

Tous les cadres de budgets doivent être rédigés
d'une manière entièrement conforme au modèle
envoyé par le ministère en 1816.

Chaque article, depuis le premier du titre 1er
jusqu'à la fin du budget, doit porter un numéro
sans aucune interruption de nombre. Le numéro
de l'article qui donne lieu à des observations se
rappelle en marge du même article, dans le cahier
du Conseil municipal, du sous-préfet et du préfet.
Ce cahier ne peut être suppléé par une lettre, un
visa ou un approuvé en masse; chaque autorité
doit motiver son avis. Toute différence dans les
recettes et dépenses ordinaires, comparées aux

énonciations de même nature des années précédentes, doit être expliquée. Il faut que toute dépense extraordinaire soit non-seulement spécifiée avec clarté, mais appuyée de pièces justificatives. Toute dépense nouvelle ordinaire, ou toute augmentation notable de cette dépense, sera constatée de la même manière. etc., etc.

(*Voy.* ci-après les mots : *Comptabilité ; Dépenses*).

BUREAUX ET ÉTABLISSEMENS DE BIENFAISANCE ET DE CHARITÉ ; HÔPITAUX ET HOSPICES ; SECOURS A DOMICILE. Lois du 5 novembre 1790, du 18 août 1792, du 19 mars, du 1er mai 1793, du 24 vendémiaire an II, du 22 floréal, du 23 messidor an II, du 9 fructidor an III, du 2 brumaire, du 28 ventose, du 28 germinal an IV, du 16 vendémiaire an V; Arrêté du 23 brumaire an V; Lois du 7 frimaire, du 20 pluviose, du 20 ventose an V; Arrêtés du 8 thermidor an V, du 3 vendémiaire an VII; Lois du 16 messidor, du 2 fructidor an VII, du 28 pluviose an VIII; Circulaires et Décision du ministre de l'intérieur, du 19 floréal et du 15—17 prairial an VIII; Arrêté du 15 brumaire, Loi du 4 ventose, Arrêté du 7 germinal, Décret du 27 prairial, Arrêtés du 7 et du 11 messidor, du 9 fructidor an IX; Arrêtés du 3 vendémiaire, Circulaire du ministre de l'intérieur, du 29 frimaire, Arrêtés du 19 ventose, du 18 thermidor, du 14 fructidor an X; du 27 frimaire, du 14 nivose, du 14 ventose, du 5 prairial, du 10 thermidor an XI; Loi et Arrêté du 8, Arrêté du 19 vendémiaire, Circulaire du ministre de l'intérieur, du 3, Arrêté du 15 brumaire, Loi du 1er pluviose, Arrêtés du 19, du 22, du 24 ventose, du 16 germinal, Décrets du 7—17 messidor, du 11 thermidor an XII; Arrêté du 21, approuvé le 23 ventose an XIII; Arrêté du ministre de l'intérieur, du 7 germinal an XIII; Décrets du 7 floréal, du 8 fructidor an XIII, du 10 brumaire an XIV, du 23 juin, du 21 août, du 12 septembre 1806; Avis du Conseil d'État, du 24 janvier, du 10 mars et du 12—25 juillet, 12 août 1807, du 18 février 1809; Avis du Conseil d'état, du 7 octobre, Décret du 9 décembre, Circulaire du ministre de l'intérieur, du 31 décembre 1809; Décret du 25 juin 1811, du 14 juillet 1812; Loi du 5 décembre 1814; Ordonnances du 11 juin, du 2 juillet 1816, du 6 février 1818; Code civil, *art.* 939; etc., etc.

— Nous extrairons seulement de ces lois nombreuses, si fréquemment renouvelées et modifiées, les dispositions qui se rattachent plus particulièrement aux attributions des préfets, des sous-préfets et des maires.

La surveillance immédiate des hospices d'un arrondissement appartient au sous-préfet, les maires doivent néanmoins s'occuper de maintenir une bonne police dans ceux de ces établissemens qui sont établis dans leurs communes respectives, et empêcher qu'il ne s'y introduise des abus.

Organisation. La loi du 16 vendémiaire an V portait, *art.* 1er, que les Administrations municipales auraient la surveillance immédiate des hospices civils établis dans leur arrondissement, et qu'elles nommeraient une commission composée de cinq citoyens résidans dans le canton, qui éliraient entre eux un président, et choisiraient un secrétaire; et, *art.* 3, que chaque commission nommerait, hors de son sein, un receveur qui lui rendrait compte tous les trois mois, et qu'elle remettrait ce compte à l'Administration municipale, qui l'adresserait, dans les dix jours, avec son avis, à l'Administration centrale pour être approuvé, s'il y avait lieu.

Cet ordre de choses a été confirmé par la loi du 16 messidor an VII, ci-après relatée.

La loi du 7 frimaire an V charge le Bureau central, dans les communes où il existe plusieurs municipalités, et l'Administration municipale dans les autres, de former, par une nomination au scrutin, un bureau de charité, ou plusieurs, s'ils le jugeaient convenable.

Chacun de ces bureaux est composé de cinq membres; le maire en a la présidence; et, en cas de partage, sa voix doit être prépondérante....

D'après les lois précédentes et l'*art.* 9 de la loi du 28 pluviose an VIII, les sous-préfets ont dû, comme remplaçant les Administrations municipales, nommer les commissaires des hospices; sauf l'ap-

probation des préfets ; mais, au sujet de la nomination de ces commissaires, le ministre de l'intérieur a pris, le 7 germinal an XIII, un arrêté ainsi
conçu :

« *Art*. 1er. Les Administrations gratuites, et charitables des pauvres et des hospices ; sous quelque
dénomination qu'elles soient connues, seront désormais renouvelées par cinquième.

« *Art*. 2. La sortie aura lieu par la voie du tirage,
qui se fera dans une assemblée générale de l'administration....

« *Art*. 3. Il sera pourvu au remplacement de chaque membre sortant, par le ministre de l'intérieur,
sur l'avis des préfets et d'après une liste de cinq
candidats présentés par l'administration.

« *Art*. 4. Les candidats ne pourront être pris que
parmi les habitans ayant leur domicile de droit dans
l'arrondissement. Les membres sortant qui réuni-
ront cette condition, seront rééligibles, et pourront
en conséquence faire partie de la liste de présentation....

« *Art*. 7. Les dispositions qui précèdent ne seront
pas applicables aux membres des administrations
charitables qui, dans les villes où elles siégent,
remplissent dans les corps ou administrations supérieures, des fonctions publiques à la nomination
du Chef du gouvernement »....

Nature des biens et mode d'administration. L'article 5 de la loi du 19 mars 1793, concernant la nouvelle organisation des secours publics, avait ordonné la vente des biens des hôpitaux, fondations et dotations en faveur des pauvres : mais cette vente a été suspendue par l'*art.* 1er de la loi du 1er mai suivant; et l'*art.* 2 a ordonné que les biens seraient provisoirement régis, sous la surveillance des Corps administratifs, par les anciens administrateurs, ou par les individus qui auraient été choisis pour les remplacer, comme ils l'étaient avant la loi du 18 août 1792, à la charge d'en rendre compte ainsi qu'il était prescrit par l'*art.* 14 de la loi du 5 novembre 1790.

La loi du 25 messidor an II a déclaré dettes nationales les créances passives des hôpitaux, maisons de secours, hospices de vieillards, de malades, d'enfans, bureaux des pauvres, et autres établissemens de bienfaisance ; elle a en même temps ordonné que l'actif de ces établissemens faisant partie des propriétés nationales, serait administré ou vendu conformément aux lois existantes pour les domaines nationaux.

Il a été sursis, par la loi du 9 fructidor an III, à la vente des biens des hospices.

L'exécution de la loi du 23 messidor an II a été suspendue le 2 brumaire an IV.

La loi du 28 germinal suivant a aussi provisoirement excepté les biens des hôpitaux de ceux dont

la vente avait été ordonnée le 28 ventose, même
année.

Enfin, la loi du 16 vendémiaire an V a conservé
les hospices dans la jouissance de leurs biens. Elle
porte, entre autres dispositions :

« *Art.* 4. Les établissemens existans, destinés aux
aveugles et aux sourds-muets, resteront à la charge
du trésor national.

« *Art.* 5. Les hospices civils sont conservés dans
la jouissance de leurs biens, et des rentes et redevances qui leur sont dues par le trésor public où
par des particuliers.

« *Art.* 6. Ceux desdits biens qui ont été vendus
en vertu de la loi du 23 messidor, qui est définitivement rapportée par la présente, en ce qui concerne les hospices civils, leur seront remplacés
en biens nationaux du même produit suivant le
mode réglé ci-après.

« *Art.* 7. Les Administrations centrales de département se feront remettre, dans le mois de la publication de la présente loi, l'état des biens vendus
dépendans d'hospices situés dans leur territoire.

« *Art.* 8. Dans le mois suivant, les Administrations centrales désigneront des biens nationaux du
même produit, en remplacement des biens vendus ;
et ce, après estimation d'experts, dont l'un sera
nommé par elles, l'autre par le directeur des domaines nationaux.

« Le travail des Administrations centrales ne sera que préparatoire, et n'aura son effet définitif qu'en vertu d'une loi expresse »....

Par l'arrêté du 23 brumaire an V, il a été dit que les revenus des hôpitaux situés dans une même commune, ou qui lui étaient particulièrement affectés, seraient, conformément à la loi du 16 vendémiaire, perçus par un seul et même receveur ; et indistinctement employés à la dépense de ces établissemens, de laquelle il serait néanmoins dressé des états distincts et séparés.

Les mesures d'exécution de la loi du 16 vendémiaire an V, relativement aux créances et dettes des hospices civils, ont été réglées par la loi du 20 pluviose suivant, qui a ordonné la restitution des titres déposés à la trésorerie, ou à la liquidation générale ; au moyen de quoi les hospices civils seraient tenus d'acquitter les intérêts des rentes, à compter du 1er germinal an V.

A l'égard des rentes précédemment inscrites et depuis transférées, et de celles au-dessous de 50 liv., antérieurement liquidées et déclarées remboursables, la loi a ordonné qu'elles seraient définitivement à la charge du trésor public, sans que les créanciers pussent former aucune action contre les hôpitaux.

La loi du 20 ventose an V a ajouté les dispositions suivantes à celles ci-dessus :

« *Art.* 1er. Les *art.* 5 , 6 , 7 , 8 , 9 , 10 , 11 et 12 de la loi du 16 vendémiaire an V, qui conservent aux hospices civils ceux de leurs biens qui n'ont point été vendus, et qui déterminent le mode de remplacement de ceux qui ont été aliénés, lorsque le trésor public a profité du produit de leur vente, sont communs aux établissemens formés pour les secours à domicile.

« *Art.* 2. Les Administrations centrales désigneront aux hospices civils et aux bureaux de bienfaisance établis pour les secours à domicile, en observant les formalités prescrites par les *art.* 7 et 8 de la loi du 16 vendémiaire an V, des rentes foncières ou constituées dues à la République, lorsqu'il s'en trouvera, en remplacement de celles qu'ils prouveront leur être dues par le trésor public, en exécution de l'*art.* 9 de ladite loi, ou à quelque titre que ce soit.

L'Arrêté du 3 vendémiaire an VII a ordonné que les capitaux provenans du remboursement des rentes sur l'État et sur particuliers, appartenantes aux hospices civils, maisons de secours et autres établissemens de bienfaisance, seraient employés en *prêts à intérêt.*

La loi du 16 messidor an VII, porte, entre autres dispositions :

« *Art.* 9. Les comptes à rendre par les receveurs aux commissions seront transmis par elles, dans le délai d'un mois, avec leur avis, à l'Administration qui exerce la surveillance immédiate. Les commissions rendront elles-mêmes à cette Administration compte de leur gestion tous les trois mois.

« *Art.* 10. Tout arrêté pris par les commissions sera adressé, dans les dix jours, à l'Administration exerçant la surveillance immédiate.

« *Art.* 11. Ceux qui sont relatifs à la partie du service journalier auront leur exécution provisoire.

« *Art.* 12. L'Administration qui a la surveillance immédiate, statuera sur tous les arrêtés soumis à son approbation, dans le délai de deux mois....

« *Art.* 15. Les baux n'auront d'exécution qu'après l'approbation de l'autorité chargée de la surveillance immédiate....

« *Art.* 17. Il n'est point dérogé aux dispositions des lois antérieures, en ce qu'elles ne sont pas contraires à la présente....

La loi du 5 ventose an VIII a ordonné l'établissement d'octrois municipaux et de bienfaisance sur les objets de consommation locale dans les communes dont les hospices civils n'ont pas de revenus suffisans pour leurs besoins.

L'arrêté du 15 brumaire an IX, par lequel il a été pourvu au placement des sommes dues aux hospices civils, et au remplacement, en capitaux, de leurs biens aliénés, porte :

« *Art.* 1er. Les sommes qui restent dues aux hospìces civils par les départemens de la guerre, de la marine et de l'intérieur, pour service des années 5, 6, 7 et 8, leur seront payés sans délai, en capitaux de rentes appartenans à l'État.

« *Art.* 2. Ces paiemens seront faits à chaque hospice en rentes dues dans le département où il est situé.

« *Art.* 3. Les administrateurs des hospices ne pourront aliéner lesdites rentes que jusqu'à concurrence de leurs dettes, et après en avoir obtenu l'autorisation du Gouvernement, donnée sur l'avis du préfet du département, constatant la nécessité et les avantages de l'aliénation.

« *Art.* 4. En cas de remboursement desdites rentes par les débiteurs, les administrations des hospices seront tenues d'en faire de suite le remplacement et l'emploi en acquisition de rentes sur l'État, sauf le cas où l'hospice serait grevé de rentes constituées; le produit du remboursement des rentes foncières pourra alors, sous l'autorisation du préfet, être employé à l'extinction des dettes de l'hospice.

« *Art.* 5. Toute rente appartenante à l'État, dont la reconnaissance et le paiement se trouveraient interrompus, sont spécialement affectées aux hospices.

« Les administrations des hospices recevront les avis que leur en donneront les préfets, les sous-préfets, maires, notaires, et autres fonctionnaires et citoyens qui auront connaissance de rentes de cette espèce; et, à leur première requête, les commissaires du Gouvernement près les tribunaux seront tenus d'en poursuivre la restitution au profit desdits hospices.

« *Art.* 6. Il en sera de même pour les domaines nationaux qui auraient été usurpés par des particuliers.

« *Art.* 7. Une somme de quatre millions de revenus en domaines nationaux, sera de plus employée au profit des différens hospices civils, en remplacement des biens qu'ils possédaient et qui ont été aliénés, d'après l'état qui en sera fourni par le ministre de l'intérieur.... ».

La loi du 4 ventose an IX contient, non-seulement à l'égard des rentes appartenantes à l'État, mais aussi relativement à tous domaines nationaux qui auraient été usurpés par les particuliers, une disposition conforme à celle que renferme l'*art.* 5 de la loi du 15 brumaire précédent.

L'arrêté du 7 messidor de la même année, en ce qui concerne les attributions des préfets, contient, entre autres, les dispositions suivantes :

« *Art.* 16. Tous les trois mois, les préfets se feront rendre compte des rentes et domaines usurpés, en possession desquels les commissions administratives auront pu être envoyées, soit par jugemens des tribunaux, soit par mesure de conciliation et d'arbitrage, et ils en transmettront l'état au ministre de l'intérieur.

« *Art.* 17. Dans le cas ou plusieurs commissions découvriraient en même temps les mêmes rentes ou domaines usurpés, le comité consultatif prononcera, sauf la confirmation du sous-préfet, sur celle à laquelle il conviendra d'accorder la préférence ».

Par l'arrêté du 14 ventose an XI, il a été ordonné :

« 1°. Que les commissions administratives des hospices civils, et, à leur défaut, les maires et adjoints, dresseraient l'état des biens nationaux qui avaient été attribués aux hospices civils en remplacement de leurs biens aliénés, en vertu de l'article 8 de la loi du 16 vendémiaire an V ;

« 2°. Qu'il serait fait un tableau général par communes, arrondissemens et départemens, de tous les biens nationaux dont jouissaient les hospices, pour mettre à exécution le § 2 du même *art.* 8 de la loi du 16 vendémiaire, qui ordonnait que les assignations de domaines nationaux, faites aux hospices par les administrations centrales, ne seraient que préparatoires, et que l'effet définitif n'aurait lieu qu'en vertu d'une loi;

« 3°. Que tous les hospices pour lesquels on n'aurait pas envoyé au ministre de l'intérieur l'état ordonné par l'*art.* 1er, seraient déchus de tous droits

22.

aux biens qui leur auraient été provisoirement attribués, et que la régie des domaines nationaux en reprendrait possession.... (a).

Par la circulaire du 3 brumaire an XII, le ministre a chargé les préfets de rappeler à l'attention

---

(a) Par une pétition présentée à la Chambres des Députés, les administrateurs de l'hospice de... ont exposé que la loi du 5 décembre 1814, *art.* 8, a arrêté formellement que les hospices ne rendraient pas aux émigrés les propriétés dont ils ont été envoyés en possession définitive; quand même les hospices auraient reçu, en biens, un excédant de ce qui leur fut pris dans la révolution; que cette décision fut rendue après vive discussion, et contre le vœu du ministère; que le vœu du ministère ayant été expressément rejeté dans la délibération de la loi, ce même vœu n'aurait pas dû présider à l'exécution de la loi; que cependant l'ordonnance du Roi, du 11 juin 1816, entendue dans le sens textuel, donne un démenti à cette disposition de la loi; qu'en conséquence l'hospice est au moment d'être dépouillé, par décision contentieuse, attendu que le Conseil-d'État ne pourra se dispenser de juger conformément à une ordonnance interprétative de la loi; que si l'hospice attend la décision du Conseil-d'État, pour se pourvoir au Corps législatif, on lui opposera l'autorité de la chose jugée; qu'ils demandent donc que le Corps législatif appelle l'attention du Roi sur une ordonnance contraire à la loi. (*Voy.* l'ouvrage de M. Sirey, ayant pour titre : *Du Conseil-d'État, selon la Charte*).

des commissions administratives et des receveurs, que les acquisitions, les échanges, et généralement tous les actes portant mutation de propriété, doivent être transcrits aux bureaux des hypothèques dans l'arrondissement desquels les biens sont situés, et que cette obligation, imposée par les lois, est aussi prescrite pour les donations de biens susceptibles d'hypothèques.

Par la même circulaire, le ministre de l'intérieur a rappelé aux préfets qu'aux termes de la loi du 16 vendémiaire an V, il devait être nommé, hors du sein des commissions administratives, un receveur qui demeurerait exclusivement chargé de la recette et de la perception des revenus; et que, suivant l'arrêté du 23 brumaire de la même année, les revenus des hôpitaux situés dans la même commune, devaient être perçus par un seul et même receveur, etc., etc.

Par l'arrêté du 16 germinal an XII, les receveurs des hôpitaux et autres établissemens de charité, qui ont des appointemens ou taxations, ont été assujettis à un cautionnement en numéraire, sur la fixation arrêtée par les préfets, ne pouvant excéder le dixième des diverses parties des recettes à eux confiées, ne pouvant être au-dessous de 500 francs, et devant être versé dans la caisse du mont-de-piété de la ville où est l'hospice, ou à défaut dans celle d'un des monts-de-piété du département, ou dans la caisse du mont-de-piété des hôpitaux de Paris....

D'après l'arrêté du 11 thermidor an XII, ces receveurs ne peuvent, dans le cas où elle ne serait pas ordonnée par les tribunaux, donner main-levée des oppositions formées pour la conservation des droits des pauvres et des hospices, ni consentir à aucune radiation, changement ou limitation d'inscriptions hypothécaires, qu'en vertu d'une décision spéciale du Conseil de préfecture, prise par une proposition formelle de l'administration, et d'après l'avis du comité consultatif établi près de chaque arrondissement communal, en exécution de l'*art.* 12 de l'arrêté du 7 messidor an IX.

La loi du 2 fructidor an VII avait prescrit, entre autres, les dispositions suivantes :

« *Art.* 11. Les sommes imposées pour compléter les fonds nécessaires aux besoins des hospices civils et autres établissemens de bienfaisance, seront perçues, ordonnancées et payées dans la même forme et de la même manière que celles destinées à l'acquit des autres dépenses locales.

« Elles continueront néanmoins, ainsi que les retenues autorisées sur les représentations théâtrales, les entreprises de fêtes et établissemens de prêts sur nantissement, et les autres revenus appartenans ou spécialement affectés aux hospices civils et autres établissemens de bienfaisance, à être administrées dans chaque canton par la commission des hos-

pièces civils, créée en vertu de la loi du 16 vendémiaire an V, et par les bureaux de bienfaisance,
créés par la loi du 7 frimaire suivant, lesquels rendront, tous les mois, compte de l'emploi des fonds
au Bureau central ou à l'Administration municipale.

« *Art.* 12. Le compte général et détaillé des recettes et dépenses desdits hospices et autres établissemens, sera rendu à la fin de l'année à l'Administration départementale, qui l'arrêtera définitivement, après avoir pris l'avis du Bureau central et
de l'Administration municipale, et en adressera un
double au ministre de l'intérieur ».

Mais le décret impérial du 7 floréal an XIII contient, entre autres, sur le mode de comptabilité
des receveurs des hospices, les dispositions suivantes :

« *Art.* 1er. Les receveurs des hôpitaux et des établissemens de charité seront tenus de rendre compte,
dans le cours du premier trimestre de chaque année, de l'état de leur gestion, tant en recettes que
dépenses et reprises, jusques et compris le dernier
jour complémentaire de l'année précédente.

« *Art.* 2. Ces comptes seront entendus par les
administrations gratuites et charitables des établissemens dont les recettes et perceptions leur seront
confiées, et transmis ensuite aux sous-préfets de
leurs arrondissemens respectifs par les maires, chefs
et présidens-nés de ces administrations.

« *Art.* 3. Les comptes , ainsi transmis aux sous-préfets, seront arrêtés par eux, sur le rapport et l'avis d'une commission spéciale de trois membres, nommés par les préfets dans chaque arrondissement communal, pour la revision des comptes des établissemens d'humanité, et choisis par eux, l'un dans le sein du Conseil municipal de la ville où les établissemens sont situés, un autre dans le sein du Conseil d'arrondissement, et le troisième, dans le sein du Conseil - général de département. Néanmoins, les arrêtés approbatifs desdits comptes n'auront leur exécution définitive qu'après avoir été confirmés par le ministre, sur une proposition spéciale du préfet, à l'effet de quoi lesdits comptes et arrêtés y relatifs leur seront respectivement transmis....

« *Art.* 9. Indépendamment des comptes annuels, dont est question aux articles qui précèdent, les receveurs continueront d'adresser, tous les trimestres, aux sous-préfets, pour être envoyé aux préfets, l'état du mouvement de la caisse qui leur est confiée, visé par le contrôleur et certifié véritable par l'administration. Un double en sera transmis au ministre par les préfets, avec l'état du mouvement de chaque hospice, sous le rapport de sa population, en malades civils et militaires, ainsi qu'en vieillards, enfans et employés.

« *Art.* 10. Un compte moral, explicatif et justificatif des opérations administratives, sera pareillement rendu dans le cours du premier trimestre de chaque année, par les administrations gratuites et charitables de ces maisons, tant sous le rapport de la régie des biens que sous le rapport du régime sanitaire, économique et alimentaire....

« *Art.* 11. Le compte dont est question en l'article précédent, sera examiné, et définitivement arrêté dans la forme prescrite par les *art.* 2 et 3.... ».

Le décret du 23 juin 1806 sur les *placemens à rentes,* est ainsi conçu :

« *Art.* 1er. Les administrateurs des hospices civils, ou autres établissemens de charité, pourront recevoir en placement, à rente viagère et fonds perdus, sur la simple autorisation des préfets, les sommes que les pauvres existant dans ces établissemens désireraient de verser dans leurs caisses, dans le cas où ces sommes n'excèderaient pas 500 francs. L'intérêt annuel de ces fonds ne pourra être au-dessus de 10 pour cent du capital.

« *Art.* 2. Les sommes excédant 500 francs ne pourront être reçues qu'en vertu de l'autorisation du Gouvernement, obtenue suivant les formes prescrites par les lois et règlemens.

« *Art.* 3. Ces fonds seront employés par la commission administrative, sous la surveillance du préfet, de la manière la plus avantageuse à l'hospice.

« *Art.* 4. Les sommes qui seront offertes pour

l'admission des pauvres dans un établissement de
charité, pourront, lorsqu'elles seront au - dessous
de 5oo francs, être acceptées d'après la simple autorisation du préfet et employés, sous sa surveillance, comme il est dit ci-dessus.

« *Art.* 5. Dans le cas où ces sommes excèderaient
5oo francs, elles ne pourront être acceptées que
d'après l'autorisation du Gouvernement ».

Le décret du 12 août 1807 a déterminé les formes
des baux à ferme des hospices :

« *Art.* 1er. A compter de la publication du présent décret, les baux à ferme des hospices et autres
établissemens publics de bienfaisance ou d'instruction publique, pour la durée ordinaire, seront faits
aux enchères, par devant un notaire qui sera désigné par le préfet du département, et le droit
d'hypothèque sur tous les biens du preneur y sera
stipulé avec désignation, conformément au Code
civil.

« *Art.* 2. Le cahier des charges de l'adjudication
et de la jouissance sera préalablement dressé par la
commission administrative, le bureau de bienfaisance ou le bureau d'administration, selon la nature de l'établissement.

« Le sous-préfet donnera son avis, et le préfet
approuvera ou modifiera le cahier des charges....

« *Art.* 5. L'adjudication ne sera définitive qu'a-
près l'approbation du préfet du département, et le

délai pour l'enregistrement sera de quinze jours après celui où elle aura été donnée » (*a*).

D'après l'avis du Conseil d'État, approuvé le 7 octobre 1809, les administrateurs des hospices et des bureaux de charité ne doivent *régir* aucune de leurs propriétés sans y être formellement autorisés, savoir : par les préfets, lorsque ces propriétés sont d'un revenu de mille fr. et au-dessous ; par le ministre de l'intérieur, quand le revenu est au-dessus de mille fr. et au-dessous de deux mille ; et par le chef du Gouvernement, en conseil d'état, lorsque le revenu excède deux mille fr. (*b*).

Dispositions particulières. Les personnes qui ont des moyens d'existence ne sont admises dans les hospices destinés aux pauvres que moyennant une donation ou sous la condition d'une pension annuelle. La pétition qui renferme les offres est adressée à l'administration de l'hospice, qui, par une délibération spéciale, demande l'autorisation de les accepter. Cette délibération est soumise par le sous-préfet à l'examen du Conseil municipal de la commune dans laquelle l'hospice est situé, et quand la pièce lui a été renvoyée avec l'avis de ce Conseil, il y joint le sien, et adresse le tout au préfet, qui,

_____

(*a*) *Voy. ci-dessus*, au mot : *Baux*.

(*b*) *Voy. aussi*, à ce sujet, la Circulaire du ministre de l'intérieur, du 31 décembre 1809.

suivant l'importance de l'offre, accorde l'autorisation nécessaire ou la provoque auprès du Gouvernement.

Quand les objets donnés ou abandonnés à une hospice exigent, pour leur acceptation, des actes particuliers, l'arrêté ou le décret qui autorise l'acceptation, autorise également à passer ces actes en présence et sur l'avis du comité consultatif de l'arrondissement.

L'arrêté du 15 brumaire an XII, d'après lequel les donations entre-vifs et testamentaires en faveur des hospices, ne sont assujetties au droit d'enregistrement qu'à raison d'un franc fixe, porte aussi que ces donations n'auront leur pleine et entière exécution qu'après que leur acceptation aura été autorisée par le Gouvernement....

Il est perçu un décime par franc en sus du prix de chaque billet d'entrée et d'abonnement dans les spectacles, et sur la recette brute des bals, concerts, danses et fêtes publiques. Les représentations gratuites et à bénéfice sont exemptes des droits sur l'augmentation mise au prix ordinaire des billets.

Le produit de la recette est employé à secourir les indigens à domicile.

Les bureaux de charité déterminent le mode de recouvrement de ce droit. Le préfet est chargé de répartir, d'après l'avis du sous-préfet le produit de ces droits entre les hospices et les bureaux de charité.... (*a*).

Pour acquérir, relativement à ces bureaux de charité, le domicile dit *de Secours*, il faut un séjour d'un an dans une commune.

Le séjour ne compte que du jour de l'inscription au greffe de la municipalité.

La municipalité peut refuser le domicile de secours, si le domicilié n'est pas pourvu d'un passeport et d'un certificat qui constatent qu'il n'est point homme sans aveu.

Jusqu'à l'âge de 21 ans, tout citoyen peut réclamer, sans formalité, le droit de domicile de secours dans le lieu de sa naissance.

Après l'âge de 21 ans, il est astreint à un séjour de six mois avant d'obtenir le droit de domicile, et à se conformer aux formalités ci-dessus prescrites.

Nul ne peut exercer en même temps dans deux communes le droit de domicile de secours.

On est censé conserver son dernier domicile tant que le délai exigé pour le nouveau n'est pas échu, pourvu qu'on ait été exact à se faire inscrire au greffe de la nouvelle municipalité.

Ceux qui se marient dans une commune, et qui l'habitent pendant six mois, y acquièrent le droit de domicile de secours.

(*a*) *Voy.* encore *ci-dessus*, au mot : *Amendes.*

Ceux qui sont restés deux ans dans la même commune, en louant leurs services à un ou plusieurs particuliers, obtiennent le même droit.

Tout soldat qui a combattu un temps quelconque, avec des certificats honorables, jouit du droit de domicile de secours dans le lieu où il veut se fixer.

Tout vieillard âgé de 70 ans, sans avoir acquis de domicile, ou reconnu infirme avant cette époque, reçoit les secours de stricte nécessité dans l'hospice le plus voisin.

Celui qui, dans l'intervalle du délai prescrit pour requérir le domicile de secours, se trouve, par quelque infirmité, suite de son travail, hors d'état de gagner sa vie, est reçu, à tout âge, dans l'hospice le plus voisin.

Tout malade, domicilié de droit ou non, qui est sans ressource, est secouru ou à son domicile de fait ou dans l'hospice le plus voisin.

Les mendians valides qui n'ont pas de domicile acquis hors la commune où ils sont nés sont obligés d'y retourner; faute de quoi, ils y sont reconduits par la gendarmerie, et condamnés à une détention de trois mois. (*Loi du 7 frimaire an V,* *art.* 11). etc., etc.

Cadastre. Arrêté du 12 brumaire an XI; Lois du 24 avril 1806, du 15 septembre 1807 *relative au budget* (tit. v), du 20 mars 1813 *sur les finances* (*art.* 14); etc., etc.

— Les maires concourent, sous divers rapports, à l'exécution du cadastre.

C'est par eux qu'est nommé, sur la provocation du préfet, l'indicateur qui doit fournir au géomètre et à l'expert, les renseignemens nécessaires pour la levée du plan et l'évaluation du revenu imposable.

On les appelle lorsqu'il est question de procéder à la reconnaissance des limites séparatives du territoire de leur commune et des communes voisines, à la division de ce territoire en sections, au bornage des bases destinées à servir à la levée du plan et à la pose des jalons et signaux, dont la conservation est spécialement confiée, sous leur surveillance, aux gardes champêtres, pendant toute la durée des travaux.

Ce sont les maires qui, sur l'invitation du géomètre, préviennent les propriétaires du moment où l'on commence dans chaque section les opérations du parcellaire; et pour que ces derniers, intéressés à assister à l'arpentage de leurs propriétés, ne puissent se plaindre de n'en avoir pas eu connaissance, l'avertissement donné un mois à l'avance, doit être renouvelé trois jours avant celui qui a été fixé pour l'opération. Quand une portion de section est arpentée parcellairement, les mêmes propriétaires doivent encore être appelés pour reconnaître les propriétés qu'on a portées au plan sous leurs noms.

Les bulletins ou relevés du tableau indicatif des propriétaires que les directeurs des contributions font remettre aux maires, sont transmis par ceux-ci aux propriétaires pour les examiner ; et ce sont les maires qui font connaître aux directeurs l'adhésion des propriétaires ou leurs réclamations contre le résultat de l'arpentage. Quant aux biens communaux, les réclamations se font par les maires eux-mêmes.

Lorsque les contrôleurs en font l'invitation aux maires, ceux-ci doivent aussi aider les experts à remplir les tableaux préparatoires destinés à fixer les prix moyens de chaque classe de propriétés, dont le tarif d'évaluation des revenus imposables doit être composé.

Enfin, c'est chez les maires que se dépose l'un des doubles de la matrice du rôle de chaque commune, définitivement cadastrée. etc. , etc.

CENTIMES ADDITIONNELS. Lois du 11 frimaire an VII, du 28 pluviose, du 1er germinal, du 16 thermidor, du 15 fructidor an VIII, du 25 ventose, du 5 floréal, Avis du Conseil-d'état du 28 fructidor an IX ; Lois des 3 germinal et 13 floréal an X, du 5 ventose, Circulaire du ministre de l'intérieur du 30 ventose an XII ; Lois des 2 et 4 ventose an XIII, du 24 avril 1806 ; Avis du Conseil-d'état du 25, approuvé le 28 février 1809 ; Décret du 10 juin 1810 ; Avis du Conseil-d'état du 14 août, approuvé le 20 septembre 1812 ; Lois du 21 septembre 1812, du 23 septembre 1814, du 26 avril 1816, du 25 mars 1817, du 15 mai 1818 ; etc., etc.

— Les recettes communales se composent, en partie, de la quantité de centimes additionnels aux contributions foncière et personnelle qu'il est jugé nécessaire d'établir pour compléter le fonds des dépenses communales.

Les Conseils municipaux déterminent le nombre de centimes qui seront perçus additionnellement aux contributions, pour les dépenses de l'année suivante, dans les limites établies par la loi.

Le maximum des centimes additionnels que l'on peut imposer au profit des communes est limité à cinq centimes pour franc des contributions foncière, personnelle et mobilière.

Ces centimes additionnels sont employés, à raison d'un douzième par mois, cumulativement avec les autres revenus communaux, au paiement des dépenses autorisées.

Les frais de perception des contributions directes sont compris dans les rôles, indépendamment des centimes additionnels spécialement destinés aux dépenses municipales.

Les traitemens fixes et remises des receveurs généraux et des receveurs particuliers ainsi que les remises des percepteurs, sont imposés en sus dans les rôles des quatre contributions.

Dans le cas où le percepteur refuserait de mettre
à la disposition des maires les centimes versés dans
sa caisse, ceux-ci ne peuvent le contraindre, mais
ils obtiennent, par l'intermédiaire du sous-préfet,
un arrêté qui charge le receveur de l'arrondissement
de poursuivre ce percepteur dans les formes ordinaires. etc. , etc.

Comptabilité. Lois du 3 et du 11 frimaire an VII,
du 28 pluviose et Arrêté du 16 thermidor an VIII;
Circulaire du ministre de l'intérieur, du 11 vendémiaire, Arrêté du 17 germinal an IX ; Arrêtés du
13 brumaire, du 10 floréal, du 4 thermidor an X;
Décrets du 30 frimaire, du 28 messidor an XIII,
du 14 février, du 12 août 1806 ; Loi du 28 septembre 1807 ; Circulaire du ministre de l'intérieur,
du 24 mars, du 22 septembre 1808 ; Décret du 27
février 1811; Ordonnance du 28 janvier 1815 ; Lois
du 28 avril 1816 ; du 25 mars 1817, du 15 mai
1818 ; Loi et Ordonnance du 4 avril 1819 ; Loi du
17 juillet suivant ; etc. , etc.

— Les recettes municipales sont faites dans les
communes rurales par le percepteur des contributions foncière et personnelle de la commune, et
dans les communes urbaines par un receveur spécial, qui retiennent à cet effet, sur chaque cote par
eux recouvrée et au fur et à mesure du recouvrement, les centimes additionnels destinés à pourvoir aux dépenses municipales.

Ces dépenses sont acquittées par eux sur les mandats du maire, et ce jusqu'à concurrence de l'état dûment arrêté, et dans la proportion des rentrées successives des centimes additionnels destinés à y pourvoir, et des autres revenus de la commune.

Le percepteur de chaque commune jouit, sur le produit des centimes additionnels destinés aux dépenses municipales, d'une remise égale à celle dont il jouit sur les autres recettes. Cette remise fait partie des frais de perception à la charge de la commune. Il ne lui est alloué aucune remise pour les autres revenus communaux.

Le percepteur de chaque commune rend au Conseil municipal, dans le courant du mois de janvier de chaque année, le compte des recettes et dépenses communales faites pendant l'année précédente. Le sous-préfet arrête ces comptes dans le courant du mois de février suivant. Les pièces à l'appui restent déposées dans ses archives.

Tous percepteurs de commune, administrateurs civils ou de police, qui ne rendent pas leurs comptes dans les délais prescrits, sont signalés par le préfet au procureur du Roi près le tribunal de première instance, et préalablement suspendus de leurs fonctions.

Ils sont condamnés à payer entre les mains du receveur du département, par forme de consignation, et suivant le cas, le cinquième du montant

23.

présumé de leurs recettes, telles que les états en auront été arrêtés.

Les condamnés ne sont pas solidaires, et chacun d'eux n'est tenu à fournir que sa quote-part à la consignation. Cette consignation a lieu sans préjudice des autres poursuites qui seraient nécessaires pour contraindre les administrateurs ou receveurs en retard. Le montant n'en est remboursé qu'après la remise et l'apurement du compte.

A leur séance ordinaire de chaque année, les Conseils municipaux entendent le compte des deniers communaux, que leur rend chaque receveur de commune.

Les comptes avec les observations du Conseil municipal et les pièces justificatives sont adressés au sous-préfet, qui les fait parvenir au préfet avec ses observations, dans le délai d'un mois.

Le préfet arrête tous les comptes, dans le délai de deux mois, et les renvoie aux maires avec toutes les pièces.

Dans le cas où les préfets n'allouent pas tous les articles des comptes, ils prennent un arrêté d'après lequel les receveurs municipaux sont forcés en recette du montant des dépenses non allouées et sont tenus d'en réintégrer provisoirement le montant dans la caisse municipale, à l'effet de quoi il peut être décerné une contrainte.

Si les centimes municipaux ont été divertis, le

maire fait faire toutes les saisies et actes conservatoires, dans la forme prescrite par les lois, sur le
recouvrement des contributions publiques et l'exercice des contraintes. Il renvoie le procès-verbal et
les pièces à l'appui au sous-préfet, qui fait les dispositions convenables. Tous les frais faits à l'occasion du divertissement des centimes municipaux
sont à la charge des percepteurs.

Les préfets, après avoir pris l'avis des sous-préfets, peuvent traduire devant les tribunaux, sans
recourir à la décision du Conseil d'état, les percepteurs des contributions, pour faits relatifs à leurs
fonctions.....

Les comptes qu'aux termes de la loi du 28 pluviose an VIII, le maire ordonnateur devait aussi
rendre chaque année au Conseil municipal, avaient
pour objet de prouver que le maire n'avait ordon-
nancé que des dépenses utiles, régulières et autorisées, conformément au principe posé par l'arrêté
du 4 thermidor an X, et rappelé depuis par un
décret du 12 août 1806, *que nulle dépense prévue
ne peut être faite si le fonds n'a été alloué.* Les
comptes d'administration sont actuellement remplacés par de simples états sommaires qui doivent
être rédigés avec exactitude; mais ils ne sont considérés que comme des pièces justificatives des renseignemens joints aux budgets. Ils n'ont d'autre
objet que d'établir la réalité, soit des augmentations

de recettes, soit des économies sur les dépenses, et ne sont dès lors susceptibles d'aucune liquidation ou apurement....

Il n'y a désormais d'autre revision de dépenses communales que celle dont la Cour des comptes est chargée. etc. , etc.

CONTRIBUTIONS ASSISES SUR LES BIENS COMMUNAUX. Loi du 6 germinal an XI (27 mars 1803); Circulaires ; etc. , etc.

— Les fermiers et locataires des biens communaux mis en ferme ou donnés à bail, comme les biens ruraux, terres, prés et bois, ou les moulins, usines ou maisons d'habitation, sont tenus de payer, à la décharge des communes, et en déduction du prix du bail, le montant des impositions de tout genre assises sur ces propriétés.

Lorsqu'une commune possède des domaines utiles dont chaque habitant profite également, et qui ne sont pas susceptibles d'être affermés, comme des bois, pacages et marais communaux, ou des bâtimens servant à l'usage commun, et qu'elle n'a pas de revenus suffisans pour payer la contribution due à raison desdits domaines, cette contribution est répartie en centimes additionnels sur les contributions foncière et mobilière de tous les habitans.

Lorsque tous les habitans n'ont pas un droit égal à la jouissance du bien communal, la répartition de la contribution assise sur ce bien est faite par le maire de la commune, avec l'autorisation du préfet, au prorata de la part qui appartient à chacun.

Lorsqu'une partie seulement des habitans a droit à la jouissance, la répartition de la contribution n'a lieu qu'entre eux, et toujours proportionnellement à leur jouissance respective.

Le rôle de la contribution proportionnelle est arrêté par le maire. Si ce rôle n'excite aucune réclamation, il devient exécutoire en vertu d'un arrêté du préfet. A cet effet, ce fonctionnaire prescrit un terme pour la distribution du rôle et pour les réclamations que les parties intéressées peuvent élever, et passé lequel aucune réclamation n'est admise. Si ce rôle donne lieu à des difficultés, il est soumis au Conseil municipal, discuté et arrêté, ensuite rendu exécutoire par le préfet.

L'imposition des centimes additionnels ne doit pas excéder le montant des contributions qu'ils doivent acquitter : tout ce qui excéderait cette proportion serait réputé concussion. etc., etc.

CONTRIBUTIONS DIRECTES. Lois du 4 mars, du 1er décembre 1790, du 2 octobre 1791, du 17 brumaire, du 9 germinal an V, du 22 brumaire an VI, du 3, du 4 frimaire, du 3 nivose, du 18 ventose, du 2 messidor an VII, du 3 frimaire, du 1er germinal, du 24 floréal, du 26 thermidor, du 15 fructidor an VIII; Arrêtés du 3 ventose an X, du 12 brumaire an XI ; Lois du 27 pluviose, du 5 ventose an XII, du 14 mai, 4 août, 2 septembre 1801, du 24 avril 1806 ; etc., etc.

— La loi du 22 brumaire an VI avait créé une agence des contributions directes, composée pour chaque département, des commissaires du directoire exécutif près les administrations centrales et municipales, d'un inspecteur et de préposés aux recettes ; mais cette agence a été supprimée par l'*art.* 1er de la loi du 3 frimaire an VIII. L'*art.* 3 de cette loi porte qu'il sera établi dans chaque département, à compter du jour de sa publication, une direction du recouvrement des impositions directes, composée d'un directeur, d'un inspecteur, et d'un nombre de contrôleurs proportionné à l'étendue du département, lequel nombre ne pourrait excéder celui de deux par arrondissement de recette.

Suivant l'*art.* 5, la direction des contributions est chargée uniquement de la rédaction des matrices des rôles d'après le travail préliminaire et nécessaire des répartiteurs, de l'expédition des rôles, et de la vérification des réclamations faites par les contribuables, lesquelles, conformément aux lois existantes sur cette matière, ne peuvent être jugées que par les Corps administratifs. La partie matérielle du travail appartient au *contrôleur*, et tout ce qui est évaluation et décision, aux *répartiteurs*.

Les maires doivent fournir annuellement au sous-préfet les renseignemens dont il a besoin pour la nomination de ces répartiteurs ; ils président le Conseil de répartition, et soumettent à la discussion les états sur lesquels on confectionne les rôles. Quand le préfet a rendu les rôles exécutoires, les maires publient son arrêté le premier dimanche qui suit la réception, et ils préviennent les contribuables de la mise en recouvrement de ces rôles au bureau du percepteur à vie. Celui-ci doit, avant d'effectuer ses recettes, avoir établi, pour l'exercice de chaque année, un journal qui est coté et paraphé par le maire.

A l'exception de la différence que la loi du 3 frimaire an VIII a apportée dans les dispositions de quelques articles de celle du 3 frimaire an VII, les bases de la répartition, de l'assiette et du recouvrement de la contribution foncière sont restées les mêmes que celles qui étaient posées par cette loi.

Voici quelques-unes de ses dispositions :

« Tit. 1, *art.* 1. Le Corps législatif établit chaque année une imposition foncière.

« Il en détermine annuellement le montant en principal et en centimes additionnels.

« Elle est perçue en argent.

« *Art.* 2. La répartition de l'imposition (ou contribution) foncière est faite par égalité proportionnelle sur toutes les propriétés foncières, à raison de leur revenu net imposable, sans autres exceptions que celles déterminées ci-après pour l'encouragement de l'agriculture, ou pour l'intérêt général de la société....

« Tit. II, *art.* 3. La répartition de la contribution foncière est faite par le Corps législatif entre les départemens; par les Conseils généraux entre les arrondissemens; par les Conseils d'arrondissement entre les communes; et par des répartiteurs entre les contribuables.

« *Art.* 4. Les répartiteurs sont au nombre de six, savoir : le maire et cinq citoyens capables, choisis par le sous-préfet, parmi les contribuables fonciers de la commune, dont deux au moins non domiciliés dans cette commune, s'il s'en trouve de tels....

« *Art.* 12. Le sous-préfet fait notifier aux cinq citoyens répartiteurs leur nomination, dans les cinq jours de sa date.

« Cette notification se fait par un simple avertissement sur papier non timbré : elle est signée tant par celui qui en est porteur, que par le sous-préfet, et datée; elle n'est point sujette à l'enregistrement, mais il en reste un double, qui est déposé au secrétariat de la sous-préfecture.

« *Art.* 13. Les fonctions de répartiteur ne peuvent être refusées que par une des causes spécifiées par la loi....

« Tit. III, *art.* 25. Les Conseils-généraux feront,
chaque année, dans les dix jours, la répartition
du contingent qui aura été assigné à leur département, entre les arrondissemens; et le préfet en enverra le tableau au ministre des finances.

« *Art.* 26. Le préfet enverra, dans le même délai, à chaque sous-préfet, le mandement qui devra
lui faire connaître le contingent de son arrondissement....

« *Art.* 27. Dans les dix jours qui suivront la réception de ce mandement, les Conseils d'arrondissement feront la répartition de la totalité du contingent qui s'y trouvera porté, ainsi que des autres
sommes qu'ils seraient autorisés à répartir, pour
leurs dépenses, entre toutes les communes de leur
arrondissement.

« Le tableau sera adressé sur-le-champ au préfet
par le sous-préfet.

« *Art.* 28. Le préfet visera les états de répartition
qui lui auront été adressés; il n'y pourra faire aucun changement, sauf aux communes qui se prétendraient lésées à se pourvoir en dégrèvement dans
la forme légale.

« *Art.* 29. Le préfet, après avoir visé chaque état
ou tableau de répartition à mesure qu'ils lui auront
été adressés, en fera faire trois expéditions, dont
l'une sera renvoyée, sans délai, au sous-préfet,
l'autre au receveur-général du département, et la
troisième au ministre des finances.

« *Art.* 3o. Aussitôt que le sous-préfet aura reçu l'état de répartition, visé par le préfet, il enverra à chaque maire le mandement contenant la fixation du contingent de sa commune, 1° en principal; 2° en centimes additionnels, tant pour le fonds de non valeur que pour les dépenses départementales; 3° en centimes additionnels, pour les dépenses municipales; 4° en centimes additionnels pour les dépenses communales.

Tit. iv, *art.* 31. Les matrices de rôles existantes continueront à servir de base à la répartition de la contribution foncière entre les contribuables de chaque commune, sauf les changemens ou renouvellemens comme il est dit en l'*art.* 32 ci-après; et sans préjudice, pour les contribuables qui se prétendraient surtaxés, de se pourvoir en décharge ou réduction dans les formes légales.

« *Art.* 32. Dans la première décade de thermidor de chaque année, le maire de chaque commune convoquera les répartiteurs pour examiner la matrice du rôle, y faire les changemens convenables d'après les mutations survenues parmi les propriétaires, et la renouveler même s'il y a lieu. En cas de négligence de la part du maire, le sous-préfet sera tenu de convoquer cette assemblée de répartiteurs.

« *Art.* 33. Les changemens annuels dont il s'agit aux deux articles précédens, consisteront en la formation d'un simple état ou relevé des mutations de propriétés survenues parmi les contribuables, et dont il aura été tenu note par le secrétaire de la sous-préfecture sur un registre particulier ouvert à cet effet, sous le nom de *Livre des mutations.*

« *Art.* 34. L'état ou relevé des mutations sera arrêté et signé par les répartiteurs, visé par le maire, et restera joint à la matrice du rôle.

« *Art.* 35. Le livre des mutations sera coté et paraphé à chaque feuillet par le maire; il portera en tête l'énonciation du nombre des feuillets dont il se trouvera composé, et de la date de son ouverture; cette énonciation sera signée par le maire.

« *Art.* 36. La note de chaque mutation de propriété sera inscrite au livre des mutations, à la diligence des parties intéressées; elle contiendra la désignation précise de la propriété ou des propriétés qui en seront l'objet, et il y sera dit à quel titre la mutation s'est opérée.

« Tant que cette note n'aura point été inscrite, l'ancien propriétaire continuera d'être imposé au rôle; et lui, ou ses héritiers naturels, pourront être contraints au paiement de l'imposition foncière, sauf le recours contre le nouveau propriétaire ».

Le Tit. v est relatif au renouvellement et à la formation des matrices de rôles, et porte, entre autres dispositions :

« *Art.* 37. Aucune matrice du rôle ne pourra être renouvelée que sur la demande du maire et l'autorisation du préfet du département.

« *Art.* 38. Lorsqu'il s'agira de renouveler une matrice de rôle, ou d'en former une dans des communes où il n'en existerait point, les répartiteurs feront un tableau indicatif du nom et des limites des différentes divisions du territoire de la commune, s'il y en a de connues qu'ils estiment devoir conserver, ou de celles qu'ils croiront devoir déterminer eux-mêmes.

« Ces divisions s'appelleront *sections :* chacune d'elles sera désignée par une lettre alphabétique; et le tableau destiné à les faire connaître sera proclamé et affiché dans la commune.

« *Art.* 39. Les répartiteurs formeront ensuite un tableau indicatif des différentes propriétés renfermées dans chaque section, et ils y procèderont en la forme ci-après.

« Ce dernier tableau s'appellera *état de section.*

« *Art.* 40. Les répartiteurs feront, dans leur première assemblée, une liste des propriétaires et des fermiers ou métayers domiciliés dans la commune, qu'ils jugeront connaître le mieux les différentes parties de chaque section, et être le plus en état de donner à cet égard des renseignemens précis.

Les noms de ces *indicateurs* seront portés à la suite du tableau destiné à connaître les différentes sections de la commune, proclamé et affiché avec lui.

« *Art.* 41. Les répartiteurs se distribueront ensuite les sections : un ou plusieurs d'entre eux se transporteront sur chacune de celles qu'ils auront à parcourir. Le jour de leur transport sera annoncé à l'avance ; ils appelleront au moins deux des indicateurs désignés, et ils composeront avec eux les états de sections.

« Les contribuables de la section, ou leurs fermiers et métayers, pourront être présens, si bon leur semble, et faire des observations à ce relatives, donner même des renseignemens aux répartiteurs.

Art. 42. Les indicateurs qui, étant appelés par les répartiteurs, ne se rendraient pas auprès d'eux pour donner les renseignemens requis, seront remplacés par d'autres indicateurs, ou même par d'autres propriétaires, fermiers ou métayers, que les répartiteurs pourront appeler sur-le-champ et sans aucune formalité.

« *Art.* 43. Chaque article de propriété sera distingué dans l'état de section, et numéroté ; il sera intitulé du nom du propriétaire, avec mention des prénoms, profession et demeure de celui-ci, s'ils sont connus....

« *Art.* 48. Aussitôt que les tableaux indicatifs des propriétés renfermées dans chaque section, seront achevés, les répartiteurs s'assembleront, appelleront le maire et les examineront avec lui ; ils rectifieront, ou feront rectifier par ceux qui les auront formés, ceux desdits tableaux qui seront reconnus inexacts; ils arrêteront et signeront sur-le-champ les autres, et ceux-là, après qu'ils auront été rectifiés.

« *Art.* 49. Dans les dix jours suivans au plus tard, les répartiteurs se transporteront ensemble sur les différentes sections; ils y feront l'évaluation du revenu imposable de chaque propriété, dans l'ordre où elle se trouvera portée au tableau indicatif, arrêteront cette évaluation à la majorité des suffrages, et l'écriront ou feront écrire en leur présence, et en toutes lettres, sur la colonne réservée à cet effet, à côté de l'article descriptif de la propriété.

Ils signeront au bas de la colonne, et si quelqu'un d'eux ne peut ou ne veut pas signer, il en sera fait mention.

« *Art.* 5o. Les états de sections ainsi complétés et arrêtés, seront remis au maire qui aura présidé à l'évaluation, pour servir à la rédaction de la matrice du rôle de la commune.

« *Art.* 5ı. La matrice du rôle se composera du simple dépouillement des états de section. Elle sera divisée en autant d'articles qu'il y aura de contribuables fonciers; et toutes les propriétés qu'un même contribuable aura dans la commune, seront reportées sous un seul et même article, l'une à la suite de l'autre, avec indication de la section dans laquelle chacune d'elles se trouvera située, de son

numéro dans l'état de cette section, et de l'évaluation de son revenu imposable.

« Elle sera à six colonnes, dont la première présentera les noms, prénoms, professions et demeures
des contribuables ; la seconde, la lettre alphabétique de l'état de section ; la troisième, les numéros
des différentes propriétés à l'état de section ; la
quatrième, l'évaluation détaillée de leur revenu
imposable ; la cinquième, le total de l'évaluation
du revenu imposable de toutes les propriétés portées sous un même article ; et la sixième restera
réservée pour servir ainsi qu'il sera dit ci-après.

« *Art.* 52. Aussitôt que la matrice du rôle aura
été rédigée, elle sera présentée aux répartiteurs,
qui, après l'avoir comparée aux états de sections,
et s'être assurés de son exactitude, l'arrêteront et
la signeront avec le maire, ou déclareront la cause
pour laquelle quelqu'un d'entre eux ne l'aurait point
signée.

« Le maire en prendra copie, qu'il certifiera et
enverra sur-le-champ au sous-préfet : il déposera
l'original aux archives de la mairie.

« Les états de sections et les matrices des rôles
seront soigneusement conservés : les secrétaires et
gardes des archives des administrations en répon-
dront personnellement.

« *Art.* 53. Lorsqu'un agent des contributions
directes sera chargé des opérations relatives à la

formation de quelque matrice de rôle, il agira en tous points de la même manière et d'après les mêmes règles que le maire.

« *Art.* 54. Chaque année, aussitôt après la répartition de la contribution foncière entre. les communes, le maire portera sur la sixième colonne de chaque matrice du rôle, le montant, en principal, du contingent de la commune, et sa proportion, à tant par francs, avec le total du revenu imposable.

« Chaque contribuable pourra prendre communication de cette note au secrétariat ».

Le titre 6 de cette même loi fixe le mode d'évaluation du revenu imposable des propriétés foncières ; le titre 7 traite des exceptions ; le titre 8 de la perception et du recouvrement, mais les dispositions de ce dernier titre ont été modifiées par celles de la loi du 5 ventose an XII. Cependant les maires doivent toujours, s'ils le jugent nécessaire et d'après l'autorisation résultante de l'*art.* 144, se faire représenter par les percepteurs, au bureau de recette qui se trouve établi dans la commune, les fonds existans dans la caisse, les rôles, journaux, sommiers, quittances et autres documens propres à établir la situation du comptable....

L'arrêté du 3 ventose an X a ordonné, 1° que, conformément à la loi du 4 mars 1790, les territoires des communes seraient imposés aux contributions publiques par le département dans les arrondissemens communaux duquel se trouveraient les chefs-lieux de ces communes ; 2° que toute assiette de contribution publique et locale, contraire à cette disposition, serait nulle et abusive, et que les maires et répartiteurs seraient déclarés personnellement responsables sur leurs biens, envers le trésor public et les receveurs des deniers publics, de toutes entraves apportées à la perception par l'effet d'une répartition différente.

Les contributions personnelle, mobilière et somptuaire ont été réunies par l'*art.* 1er de la loi du 9 germinal an V.

Une première loi du 3 ventose an VII en a réglé la répartition.

Une seconde loi du même jour a déterminé le mode d'assiette de perception et de dégrèvement de ces trois sortes de contributions.

Elle porte, entre autres dispositions :

« *Art.* 1er. Les Conseils généraux de département, les Conseils d'arrondissement et les répartiteurs chargés, en exécution du titre ii de la loi du 3 frimaire dernier, de la répartition de la contribution foncière, sont pareillement chargés, chacun en ce qui le concerne, d'opérer la répartition de la contribution personnelle et mobilière.

« *Art.* 2. Pendant la session des Conseils généraux, ces Conseils feront, entre les arrondissemens, la répartition du contingent attribué à leur dépar-

24.

tement dans la contribution personnelle et mobilière.

« *Art.* 3. Les mandemens seront adressés de suite à chaque sous-préfet; ils comprendront tant le principal que les centimes additionnels....

« *Art.* 14. Le préfet visera de suite, s'il n'y a pas de réclamation, chaque état ou tableau de la répartition, et en fera faire trois expéditions, dont l'une sera envoyée au sous-préfet; l'autre au receveur-général du département; et la troisième au ministre des finances....

« *Art.* 16. Aussitôt que le sous-préfet aura reçu l'état de répartition, visé par le préfet, il enverra à chaque maire le mandement contenant la fixation du contingent de la commune, 1° en principal; 2° en centimes additionnels pour les fonds de non-valeur et les dépenses départementales; 3° en centimes additionnels pour les dépenses municipales; 4° en centimes additionnels pour les dépenses communales....

« *Art.* 19. Dans les cinq jours de la réception du mandement de la contribution personnelle et mobilière de la commune, tant en principal qu'en centimes additionnels, le maire et les répartiteurs procéderont à l'assiette du contingent de la commune....

« *Art.* 29. La contribution personnelle et mobilière ne sera payable et exigible qu'au lieu du domicile du contribuable ».

Mais l'*art.* 69 de la loi du 24 avril 1806 a ordonné qu'à compter de 1807, il ne serait plus fait de taxes *somptuaires*, et l'*art.* 75 de la même loi, porte que le remplacement des taxes *somptuaires et mobilières* des villes ayant un octroi pourrait être opéré par une perception sur les consommations.

La contribution sur les portes et fenêtres a été établie par la loi du 4 frimaire an VII; elle a été augmentée par la loi du 18 ventose suivant; et la loi du 5 ventose an XII a ordonné qu'outre le principal de la contribution des portes et fenêtres, il serait perçu dix centimes additionnels par fr., pour frais de confection des rôles et pour dégrèvemens et non-valeurs.

L'Arrêté du 16 thermidor an VIII, contenant règlement du mode à observer pour le recouvrement des contributions directes et l'exercice des contraintes, porte entre autres dispositions:

« *Art.* 1er. Les contributions directes seront payables à raison d'un 12me par mois....

« *Art.* 13. Les rôles des contributions directes seront rendus exécutoires par le préfet, dans les dix jours, à compter de leur réception : il les remettra ensuite au directeur des contributions, qui les fera passer, par les contrôleurs, aux maires ou adjoints, avant le 1er vendémiaire de chaque année.

« *Art.* 14. Dans les cinq jours qui suivront la

réception des rôles, les maires ou adjoints les feront publier, et les remettront au percepteur, qui
en donnera une reconnaissance au bas du procès-
verbal.

« *Art.* 15. Le percepteur ne pourra rien exiger
des contribuables, qu'il ne soit porteur d'un rôle
rendu exécutoire et publié.

« *Art.* 16. Il émargera sur le rôle, en présence du
contribuable, la somme qu'il recevra; il croisera
les articles entièrement soldés; et s'il en est requis
par le contribuable, il lui en donnera quittance sur
papier libre, pour laquelle il ne pourra rien exiger.

« *Art.* 17. Les percepteurs qui n'auront fait aucune poursuite contre les contribuables en retard,
pendant trois années consécutives, perdront leur
recours et toute action contre eux.

« Après ce délai, les maires ou adjoints retire-
ront les rôles, et les déposeront aux archives de
l'arrondissement communal....

« *Art.* 20. Les porteurs de contrainte seront nommés par le sous-préfet, sur la présentation du
receveur particulier.

« Les choix du sous-préfet seront soumis à l'approbation du préfet....

« *Art.* 31. Les porteurs de contrainte vérifieront,
à leur arrivée, en présence du maire et de son
adjoint, la situation du percepteur, d'après les
sommes qu'il aura reçues, et les quittances que le
receveur lui aura délivrées....

« *Art.* 38. Les maires ou adjoints vérifieront, tous les dix jours, les rôles du percepteur. Ils dresseront, chaque mois, un procès-verbal de leur vérification, et l'enverront au sous-préfet....

« *Art.* 40. Les porteurs de contraintes se présenteront, à leur arrivée, au maire ou à son adjoint, et en demanderont la publication....

« *Art.* 42. Le percepteur, à la première réquisition faite en présence du maire et de son adjoint, indiquera aux porteurs de contraintes la demeure et les facultés connues des redevables. En cas de refus de la part du percepteur, les porteurs de contraintes s'établiront à domicile réel chez celui-ci, à ses frais, et sans répétition contre les redevables.... » (*a*). etc., etc.

(*Voy.* encore ci-après aux mots : *Décharges, Dégrèvemens* et *Réductions*).

Contributions indirectes. Les fonctions des maires à cet égard n'ont guère consisté jusqu'ici qu'à publier les avis des autorités supérieures, à surveiller les percepteurs, à les protéger, et à veiller

---

(*a*) Il importe que les maires indiquent avec précision le jour et l'heure de l'arrivée et du départ du porteur de contraintes, et qu'avant de constater par leur signature sur le bulletin le nombre de journées passées dans la commune par cet agent, ils ne négligent rien pour s'assurer si, pendant ce temps, il ne s'est pas absenté.

en même temps à ce qu'aucune vexation ne soit commise par eux. etc., etc.

CONTRIBUTIONS LOCALES. Lois du 9 germinal an V; du 28 pluviose an VIII, du 5 pluviose an X; etc.

— Suivant l'art. 6 de la loi du 9 germinal an X, lorsqu'une commune n'a aucun autre moyen d'acquitter le prix de travaux exécutés pour l'intérêt général ou toute autre espèce de dépense, il y est pourvu par une contribution locale, qui se répartit sur les habitans et propriétaires de fonds, au marc le franc de la contribution foncière.

Si la somme à imposer est forte, elle se distribue sur plusieurs années; mais cette mesure doit être autorisée. (*Voy.* les deux Ordonnances rapportées ci-dessus, pag. 22 *et suiv.*).

L'adjudication au rabais devant le sous-préfet, étant le mode à employer pour la confection des travaux utiles aux communes, si elle est faite moyennant un prix moindre que celui auquel les travaux avaient été estimés par le devis, la somme dont l'imposition avait été autorisée est diminuée dans la proportion. etc., etc.

(*Voy.* encore ci-après, aux mots : *Dettes des communes; Impositions extraordinaires; Travaux des communes*).

CORRESPONDANCE. Arrêtés du 4 nivose, du 4 frimaire an V, du 27 vendémiaire, du 27 brumaire, du 27 prairial an VI; Circulaire du ministre de l'intérieur du 5 germinal, Arrêtés du 27 prairial, Lettre du ministre de la justice du 15 thermidor an VIII; Décret du 7 avril 1811 ; Décision du ministre des finances, et Avis du Conseil d'état des 19 et 26 août 1806 ; Décret du 7 avril 1811 ; etc.

— Le remboursement des ports de lettres que les préfets, sous-préfets, maires et autres fonctionnaires publics reçoivent pour les affaires relatives à leurs attributions, est effectué sur les centimes additionnels.

Ces fonctionnaires peuvent correspondre entre eux sans être tenus de payer d'avance le port des lettres, dépêches et paquets ; mais ils doivent apposer leur signature sur l'adresse au-dessous de la désignation de leurs fonctions, et signer un état sommaire de ces ports, qui est remis au préposé des postes.

Le Bulletin des lois et la correspondance y relative jouissent d'une franchise illimitée, mais sous bandes.

Quand les maires écrivent par la poste, au préfet ou au sous-préfet, ils doivent aussi mettre leur lettres et paquets sous bandes croisées et non sous enveloppe cachetée, et apposer leur signature et indiquer leur qualité dans un lieu apparent.

Suivant l'ordre hiérarchique, les maires doivent d'abord, si ce n'est dans le cas de réclamations contre la décision du préfet, s'adresser aux autorités administratives locales.

Cependant l'*art*. 31 du décret du 7 avril 1811, relative à la classification des auditeurs au Conseil d'état, a autorisé les maires de toutes les bonnes villes à correspondre directement, pour les affaires municipales, avec le préfet, sans l'intermédiaire du sous-préfet, excepté dans le cas d'une délégation expresse du préfet, limitée à l'objet et à l'époque pour laquelle elle serait donnée.

Les mandemens imprimés que les archevêques et évêques adressent aux préfets, sous-préfets et maires, et aux fonctionnaires ecclésiastiques de leurs diocèses doivent parvenir à ceux-ci francs de port, lorsqu'ils ont été de même mis sous bandes. Ils sont en outre exempts de la formalité du timbre.

L'*art*. 8 de l'arrêté du 27 vendémaire an VI porte que les indigens peuvent adresser leurs pétitions aux autorités supérieures sans être tenus d'avancer les frais de port; mais qu'ils doivent mettre leur nom sur l'adresse, et faire certifier leur indigence par le maire du lieu. etc., etc.

DÉCHARGES; DÉGRÈVEMENT ET RÉDUCTIONS. Lois du 3 nivose an VII (*art*. 50 à 58), du 2 messidor an VII; Arrêté du 24 floréal an VIII; Décision du ministre des finances, du 5 frimaire an IX; etc.

— L'*art*. 58, de la loi du 3 nivose an VII porte qu'aucune demande en réduction ou décharge de cotes de contribution personnelle ou mobilière, n'est admise trois mois après la publication du rôle.

Le mode des réclamations prescrit par la loi du 2 messidor an VII, a été changé par l'arrêté du 24 floréal an VIII, dont voici en partie les dispositions :

« *Contribution foncière.* Tit. i. *art.* i^{er}. Tout citoyen imposé dans une commune pour un bien situé dans une autre, remettra sa pétition au sous-préfet, qui la renverra au contrôleur de l'arrondissement, lequel vérifiera le fait et donnera son avis.

« Le sous-préfet, après avoir donné aussi son avis, fera passer les pièces au préfet, qui les communiquera au directeur des contributions. Celui-ci remettra son avis au préfet, et le Conseil de préfecture prononcera, s'il y a lieu, la décharge, dont le montant sera réimposé sur toutes les autres propriétés de la commune où le réclamant aura été mal-à-propos imposé.

« *Art.* 2. Lorsqu'une propriété aura été cotisée sous un autre nom que celui du véritable propriétaire, les mêmes formes seront observées, et le Conseil de préfecture statuera sur la mutation de cote.

« *Art.* 3. Lorsqu'un contribuable se croira taxé dans une proportion plus forte qu'un ou plusieurs autres propriétaires de la commune où sont situés ses biens, il se pourvoira devant le sous-préfet de l'arrondissement ; il joindra à sa réclamation une déclaration de ses propriétés et de leurs revenus.

« *Contribution personnelle. Art.* 7. Tout citoyen qui aura été taxé à la contribution personnelle dans une commune où il n'a pas de domicile, se pourvoira devant le sous-préfet. La marche réglée par l'*art.* 1er sera suivie ; et sur l'avis du directeur des contributions, le Conseil de préfecture prononcera la décharge, dont le montant sera réimposé sur tous les autres habitans.

« *Art.* 8. Lorsqu'un citoyen se croira surtaxé à raison de ses facultés, il se pourvoira devant le sous-préfet ; il joindra à sa réclamation une déclaration de ses facultés.

« *Dispositions générales. Art.* 13. La réduction d'une cote en principal entraînera toujours la réduction proportionnelle des centimes additionnels.

« *Art.* 14. Le montant de toutes les ordonnances de décharge ou de réduction sera réimposé au profit de ceux qui les auront obtenues, par addition au rôle de l'année suivante.

« *Remises et modérations.* Tit. 2, *art.* 24. Lorsque, par des événemens extraordinaires, un contribuable aura éprouvé des pertes, il remettra sa pétition au sous-préfet, qui la renverra au contrôleur de l'arrondissement.

« *Art.* 25. Le contrôleur se transportera sur les lieux, vérifiera, en présence du maire, les faits, et constatera la quotité de la perte des revenus fonciers ou des facultés mobilières du réclamant, et en dressera un procès-verbal qu'il enverra au sous-préfet : celui-ci le fera parvenir, avec son avis, au préfet, qui prendra l'avis du directeur des contributions.

« *Art.* 26. Lorsqu'une commune aura éprouvé des pertes de revenus par des événemens extraordinaires, elle remettra aussi la pétition au sous-préfet, lequel nommera deux commissaires pour vérifier, en présence du maire, conjointement avec le contrôleur de l'arrondissement, les faits et la quotité des pertes.

« *Art.* 27. Le contrôleur dressera un procès-verbal de la vérification, l'enverra au sous-préfet, qui le fera passer, avec son avis, au préfet, lequel prendra l'avis du directeur des contributions.

« *Art.* 28. Le préfet réunira les différentes demandes qui lui auront été faites, dans le cours de l'année, en remises ou modérations ; et l'année expirée, il fera, entre les contribuables ou les communes dont les réclamations auront été reconnues justes et fondées, la distribution des sommes qu'il pourra accorder, d'après la portion des fonds de non-valeur mise à sa disposition pour cet objet.

« Cet état de distribution sera communiqué par le préfet au Conseil-général du département.

« *Art.* 29. Sur les cinq centimes imposés additionnellement aux deux contributions foncière et personnelle, moitié est à la disposition du préfet de chaque département, pour être employée aux remises et modérations, conformément à l'article précédent : l'autre moitié restera à la disposition du Gouvernement, et est destinée 1° à accorder des supplémens de fonds à ceux des départemens auxquels le *maximum* des centimes additionnels ne suffirait pas pour faire face à leurs dépenses ; 2° à accorder des remises et modérations aux arrondissemens et aux départemens qui éprouveraient des accidens ».

Lorsque des accidens, tels qu'incendie, grêle, gelée, épidémies et autres événemens de force majeure, ont frappé sur toute une commune, ou sur une grande partie, les maires doivent dresser l'état détaillé des contribuables qui ont éprouvé des pertes et former en leur nom une pétition collective. Il est utile que la remise de cette pétition à la sous-préfecture soit prompte, afin que les pertes puissent encore être facilement vérifiées par le contrôleur des contributions, qui se fait assister d'experts, et aux opérations duquel le maire peut aussi concourir.

En général, les maires doivent faire parvenir leur opinion au contrôleur sur l'exactitude des états.

Les ordonnances de décharges et réductions, remises et modérations, ne sont pas soumises au timbre ; mais le ministre des finances a décidé, le 5 frimaire an IX, que la copie qui pouvait en être demandée par le contribuable devait être faite sur papier timbré ». etc. , etc.

Dépenses et Recettes départementales et municipales. Lois du 5 août, du 6 octobre 1791, du 15 frimaire an VI, du 1er brumaire, du 11 frimaire an VII, du 28 pluviose, du 25 ventose ; Arrêtés du 16 thermidor, du 15 fructidor an VIII, du 5 brumaire an IX, du 26 brumaire, Lois du 5, du 18 germinal, Arrêtés du 4 thermidor an X, du 2 nivose, du 17 germinal an XI ; Arrêté du 19 vendémiaire, Loi du 5 ventose an XII ; Décret du 30 frimaire an XIII ; Loi du 16 septembre 1807, *art.* 11 ; Circulaire du 24 mars 1808 ; Décrets du 17 mai 1809, du 11 juin 1810 ; Instruction du Conseiller d'état Directeur-général de la comptabilité des communes et des hospices, du 29 avril 1811 ; Ordonnance du 15 mai 1822; etc., etc.

— La loi du 11 frimaire an VII contient les dispositions suivantes sur les dépenses et les recettes des communes :

« *Art.* 4. Les dépenses ont pour objet, 1° l'entretien des hospices de la commune; 2° l'entretien du pavé pour les parties qui ne sont pas grandes routes (*voy.* ci-après, au mot *Pavé*) ; 3° l'entretien de l'horloge, des fontaines, halles et autres édifices publics, si la commune en possède ; 4° les registres

de l'état - civil ; les frais de la garde nationale sédentaire ; les écoles primaires ; les frais de fêtes
nationales ; le traitement des préfets, commissaires-
généraux, commissaires de police et officiers de
paix, où il en est établi, des inspecteurs, appariteurs, etc. ; 5° l'entretien des fossés, aqueducs et
ponts à un usage et d'une utilité particulière à
la commune, et qui, de leur nature, ne font pas
partie des objets compris dans les dépenses générales des travaux publics ; 6° les frais de la garde
des bois communaux, du salaire des gardes champêtres ; 7° les remises à accorder aux percepteurs
des contributions foncière et personnelle ; 8° la
contribution foncière des biens communaux, à l'acquit de laquelle il sera toujours pourvu par un article spécial dans l'état des dépenses ; 9° les frais des
réverbères, des lanternes, ceux relatifs aux incendies, ceux de l'enlèvement des boues et autres objets de sûreté, propreté et salubrité ; 10° les faux
frais de la mairie, en encre, papier, plumes, etc. (a).

(a) Suivant la loi du 11 floréal an X, dans les dépenses, entrent encore le logement des instituteurs des
écoles primaires ; l'entretien des bâtimens des lycées ; le
logement des curés, à l'égard desquels la loi du 18 germinal an X, porte, art. 72, que les presbytères et jardins
attenans, non aliénés, seront rendus, soit aux curés,
soit aux desservans des succursales, les Conseils muni-

« *Art.* 5. Quant à la contribution foncière des bois communaux et aux frais de leur garde, il y sera pourvu par la vente annuelle d'une portion suffisante des bois d'usage.

« Cette portion sera distraite de la coupe ordinaire, avant toute distribution entre les habitans, la vente en sera faite aux enchères et par devant l'administration municipale (*a*).

« *Art.* 6. Ne pourront être comprises dans les dépenses communales, celles relatives aux pâtres et aux troupeaux communs.

« Ces dernières dépenses seront supportées proportionnellement par ceux qui en profiteront, et conformément au règlement que les administrations municipales devront faire sur cet objet.

« *Art.* 7 *et* 11. Les recettes communales et municipales se composent, 1° du produit des biens communaux susceptibles de location; 2° de celui des bois communaux qui, ne faisant pas partie de l'affouage distribué en nature, sera susceptible d'être vendu; 3° de celui de la location des places dans

---

cipaux étant autorisés, dans le cas contraire, à leur procurer un logement et un jardin; aux termes d'un décret du 24 floréal an XIII, il fallait aussi y comprendre l'entretien des compagnies de réserves départementales, pour un vingtième de tous les revenus communaux, etc.

(*a*) *Voy. ci-dessus*, entre autres, au mot : *Bois.*

les halles, les marchés et chantiers, sur les rivières, les ports et les promenades publiques, lorsque les administrations auront reconnu que cette location peut avoir lieu sans gêner la voie publique, la navigation, la circulation et la liberté du commerce; 4° de la quantité de centimes additionnels aux contributions foncière et personnelle, qu'il sera jugé nécessaire d'établir pour compléter les fonds des dépenses communales, lesquels ne pourront, dans aucun cas, excéder le *maximum* qui sera déterminé chaque année après la fixation du principal de l'une et l'autre contribution; 5° du dixième du produit des patentes perçues dans la commune, déduction faite de deux décimes par franc pour la confection des rôles; 6° de la moitié des amendes de police (*a*); 7° du produit des maisons, salles de spectacles et autres bâtimens appartenans aux communes, etc. (*b*).

(*a*) D'après le décret du 17 mars 1809, cet article devait être supprimé, les amendes dont il s'agit étant destinées à un fonds commun (*voy. ci-dessus*, au mot: *Amendes*); mais, d'après l'Avis du Conseil d'état, du 9 novembre 1814, le produit des amendes, ne formant plus un fonds commun, doit au contraire être inscrit dans chaque budget.

(*b*) Il faut encore ajouter à cette nomenclature, le produit des secondes expéditions des actes administratifs, le produit de l'octroi, des droits de pesage, mesurage et jaugeage, des indemnités payées par les hom-

L'arrêté du 17 germinal an XI, entre autres dispositions, a ordonné, que, dans toutes les villes qui avaient 20,000 fr. de revenus et au-dessus, et dont la population était au-dessous de cent mille ames, les frais d'administration, consistant en abonnemens de journaux, registres de l'état civil, entretien de la maison commune (non compris le loyer), bois, lumière, encre, papier, ports de lettres, impressions et affiches, traitemens de greffiers, secrétaires, commis, agens, huissiers, sergens, appariteurs, sonneurs, gardes champêtres et employés quelconques, fêtes nationales et dépenses imprévues, seraient fixés à 50 centimes par habitant, sur les états de population arrêtés au Conseil d'état ; que les maires ne pourraient excéder dans leurs mandats les sommes réglées pour chaque nature de dépense, ni le receveur municipal payer au-delà de ces sommes, sous peine de responsabilité personnelle pour les uns et les autres, conformément à l'*art.* 34 de l'arrêté du 4 thermidor an **X**, etc., etc. (*a*).

---

mes de la garde nationale, âgés de cinquante ans, les rentes foncières, les rentes provenantes de biens aliénés, les revenus du collége communal et rétributions. (*Voy.*, entre autres, ci-après, au mot : *Rente*).

(*a*) *Voy.* aussi l'extrait de l'ordonnance du 15 mai 1822, transcrit ci-dessus, vol. VIII, pag. 575 *et suiv.*

—Il importe de faire ici une remarque omise ci-des-

DETTES DES COMMUNES. Lois du 5—10 août 1791,
du 24 août 1793; Avis du Conseil d'État, du 6
mars 1810, du 26 mai 1813; etc., etc.

— La loi du 24 août 1793 a déclaré dettes nationales toutes celles qui avaient été contractées par
les communes, en vertu d'une délibération légalement autorisée jusques et compris le 10 du même
mois d'août; elle a en même temps ordonné que
ces dettes seraient liquidées, remboursées ou inscrites sur le grand-livre, au moyen de quoi les
créances dues par l'État aux communes, à quelque
titre que ce fût, seraient éteintes et l'actif des communes appartiendrait jusqu'à concurrence à la nation, excepté les biens dont le partage était décrété,
et les objets destinés aux établissemens publics.
(*Art.* 82, 86, 90, 91).

Quant aux dettes postérieures, ou auxquelles ni
la loi du 24 août 1793, ni celle du 5—10 août

---

sus, article AGRICULTURE, au mot *Gardes champêtres*,
où nous avons dit que, d'après la loi du 16 octobre
1791 et le décret du 25 fructidor an XIII, on a permis
de faire payer les gardes champêtres par une contribution particulière, lorsque le fonds de cinquante centimes
paraissait insuffisant pour les autres frais d'administration; cette mesure a été improuvée par divers décrets
sur les budgets.

On peut, si l'insuffisance est constatée, proposer une
allocation spéciale au chapitre 1er du budget.

1791, ne seraient applicables ; lorsque les revenus des communes sont insuffisans pour les acquitter, ces communes peuvent prendre à cet effet un des trois moyens suivans, ou la voie d'un emprunt, ou celle d'une vente d'immeubles, s'il existe des biens communaux, ou celle d'une imposition au marc le franc des contributions.

Les biens des communes réunis au domaine, en vertu de la loi du 24 août 1793, ne sont pas compris dans la loi du 21 prairial an V, portant défense aux communes de vendre leurs biens sans une loi particulière.

Le trésor public ne pourrait réclamer le capital et les intérêts d'une somme par lui payée pour une commune que dans le seul cas où cette commune aurait conservé, malgré la loi du 24 août 1793, une partie de ses propriétés qui pût être employée à l'acquittement de la dette dont ses communaux avaient été déchargés.

L'administration des domaines n'est fondée à répéter sur aucune commune le montant des dettes pour elle acquittées par le trésor, d'après la liquidation qui en aurait été faite par le Conseil général de liquidation.

Lorsqu'une commune est débitrice d'une administration, il n'y a lieu ni à délivrance de contrainte contre le receveur, ni à citation devant les tribunaux, ni à saisie-arrêt entre les mains du receveur de la commune, parce que le receveur ne peut rien payer qu'en vertu d'une autorisation au budget annuel ; mais cette administration doit se pourvoir par devant le préfet, pour qu'il porte au budget, s'il y a lieu, la somme réclamée contre la commune, afin que le paiement à faire par le receveur soit autorisé.

Les préfets examinent et liquident définitivement, d'après l'avis des sous-préfets, toutes les dettes communales postérieures au 20 août 1793, et reconnues par les Conseils municipaux. Ils en font opérer le paiement soit par une allocation dans le plus prochain budget, soit successivement, lorsque les revenus ordinaires ou extraordinaires de la commune lui permettent de se libérer.

La décision sur toute dette que le Conseil municipal n'aurait point reconnue, ou dont la liquidation présenterait des difficultés, ou qui ne serait point appuyée sur le texte des lois et décrets, est référée au ministre de l'intérieur.

Il en est de même si le capital excède 5,000 fr., ou si la commune est débitrice envers l'État, les hospices, fabriques ou établissemens d'instruction publique.

Toute liquidation de dette au paiement de laquelle une commune ne pourrait satisfaire que par des moyens qui exigent l'intervention du ministre ou du roi, n'est que provisoire et doit être soumise au Gouvernement avec l'énonciation des ressources et du mode de paiement.

Les préfets ne peuvent faire payer les dettes d'aucune commune dont le revenu ordinaire est de 20,000 fr. et au-dessus.

Ils ne peuvent s'occuper non plus des dettes relatives aux dépenses arriérées des anciennes administrations de canton ; et dans ces dettes sont comprises celles qui ont été contractées pendant le même temps pour papier timbré des registres de l'état civil.

On ne doit pas présenter comme dettes des communes les traitemens ou supplémens de traitemens ou les indemnités de logement aux curés, desservans ou vicaires : d'après les décrets existans sur cette matière, les communes n'ont pu prendre d'engagement légal envers ces ecclésiastiques qu'autant qu'elles avaient dans leurs revenus annuels les moyens d'y satisfaire ; à défaut de ressources, il devait y être pourvu par des cotisations volontaires.

Le créancier d'une commune ne peut la poursuivre sans y être autorisé par le Conseil de préfecture (a) ; et cette autorisation n'est pas donnée si la

(a) *Voy. ci-dessus*, à l'article FONCTIONS ET FORMALITÉS JUDICIAIRES, le mot : *Actions et Procédures judiciaires*, pag. 68 et 69. ; et *ci-après*, surtout, sect. III, *Attributions des Conseils de préfecture*, etc.

créance est reconnue, le préfet doit alors prendre des mesures pour la faire payer. Mais, si la créance est contestée en tout ou en partie, l'autorisation de poursuivre doit être donnée ; aux tribunaux seuls appartient le droit de prononcer sur la contestation. etc., etc.

DONS ET LEGS *faits aux communes ou établissemens publics.* Arrêtés du 7 messidor an IX, du 25 thermidor an X, du 4 pluviose, Décrets des 15 et 22 floréal an XII, du 12 août 1807; Loi et Ordonnance du 2 janvier, du 3 avril 1817; Code civil, *art.* 910, 932, 937; etc., etc.

·—Les dons ou legs d'immeubles, ou d'objets mobiliers excédant une valeur capitale de 300 francs, et toutes les dispositions à titre onéreux, ne peuvent être acceptés qu'avec l'autorisation du Gouvernement.

Les autres peuvent l'être sous la simple autorisation des sous-préfets, et de l'évêque diocésain dans le cas où ils seraient faits à la charge de services religieux.

Les maires font connaître aux préfets, et ceux-ci au ministre de l'intérieur, si les libéralités sur l'acceptation desquelles il s'agit de statuer, ont donné ou peuvent donner lieu à quelques réclamations; si elles sont ou non présumées être le résultat de la captation; si les testamens sont entachés de quelque vice de nullité; si les testateurs ont laissé des héritiers susceptibles par leur position d'obtenir des remises et modérations; et alors on doit s'expliquer sur leur nombre, sur leur degré de parenté, sur les considérations qui pourraient venir à l'appui de leurs réclamations, et sur ce qu'il conviendrait de faire en faveur des réclamans.

Quant aux pièces à produire à l'appui des demandes en autorisation d'accepter, ce sont, 1° deux extraits du testament, en ce qui concerne les libéralités faites et les charges dont elles peuvent être grevées ; 2° la délibération de l'établissement et l'avis du comité consultatif légataire ou donataire, s'il y a lieu; 3° le vœu du Conseil municipal, lorsque les legs sont à titre onéreux, ou lorsqu'il y a doute sur l'avantage de l'acceptation, ou lorsqu'il y a réclamation d'héritiers ; 4° l'avis du sous-préfet, l'avis du préfet et celui de l'évêque diocésain lorsque l'établissement légataire ou donataire l'exige.

On doit en outre faire connaître la valeur capitale des libéralités, lorsqu'elle n'est point exprimée dans le testament. etc., etc.

Droits d'expéditions. Ordonnance du 16 mars 1816 ; Circulaires ; etc., etc.

— Le produit des actes de l'état civil et des secondes expéditions des actes administratifs ne doit point tourner au profit des maires, adjoints, secrétaires ou employés, personnellement, mais au profit de la commune ; il doit être ajouté aux autres fonds destinés à l'acquit des dépenses communales, et par conséquent porté au budget, au nombre des ressources ordinaires. Pour que le montant de cette rétribution soit exactement connu, le ministre a prescrit la tenue d'un registre particulier, sur lequel doit être inscrit, sans aucun délai, le produit de chaque expédition ou de chaque extrait. etc.

DOUANES. Loi du 22 août 1791 (tit. III, *art.* 8); Loi du 10 vendémiaire an V; Arrêtés du 28 nivose, du 29 frimaire, du 9 prairial, du 25 messidor an VI ; Loi du 9 floréal an VII ; etc. , etc.

— Les maires et adjoints peuvent constater les retards qui empêchent les signataires d'acquits-à-caution de faire arriver les marchandises dans les délais convenus.

Ils doivent avertir les préposés aux douanes des naufrages et bris de navires, pour assurer la perception des droits.

L'*art.* 3 du titre VIII de la loi du 22 août 1791 les autorise à régler, à défaut de juges de commerce, les quantités de vivres nécessaires aux équipages, et qu'on peut embarquer sans paiement de droits.

Ils reçoivent, aussi à défaut de juges, les rapports et l'affirmation des procès-verbaux des préposés des douanes.

Conformément aux arrêtés des 29 frimaire an VI et 9 prairial suivant, ils mettent à la disposition des préposés des douanes les maisons nécessaires pour leurs bureaux , à la charge d'en payer le loyer d'après estimation.

Ils délivrent aux personnes domiciliées dans l'étendue de deux lieues des frontières ou des côtes , les certificats nécessaires pour y transporter les objets dont la sortie est prohibée , et dont ceux-ci ont besoin pour leur consommation. (*Loi du* 10 *vendémiaire an V ; Arrêté du 25 messidor an VI*).

Ils doivent veiller à la sûreté des bureaux de douane , aux termes de l'arrêté du 28 nivose an VI (B. 174). etc. , etc.

ÉDIFICES PUBLICS. *Bâtimens des hospices ; Bâtimens militaires*, etc. Loi du 11 frimaire an VII ; Arrêté du 27 floréal an VIII ; Loi du 18 germinal an X ; Avis du Conseil d'état, du 6 nivose an XIII ; Décret du 10 brumaire an XIV ; Avis du 7 octobre 1809 ; Décrets du 23 avril 1810 , du 8 mars , du 9 avril , du 16 septembre 1811 ; Cod. pén. , *art.* 257 ; etc. , etc.

— Le Décret du 9 avril 1811 a concédé gratuitement aux départemens , arrondissemens et communes la pleine propriété des édifices ou bâtimens nationaux occupés pour le service de l'administration , des cours et tribunaux , et de l'instruction publique , à la charge d'acquitter la contribution foncière et de supporter les grosses et menues réparations , suivant les règles et dans les proportions établies pour chaque local , par la loi du 11 frimaire

an **VII**, sur les dépenses départementales, municipales et communales, et par l'arrêté du 27 floréal
an **VIII**, pour le paiement des dépenses judiciaires.

Le même décret porte qu'à l'avenir il ne pourra
être disposé d'aucun édifice national en faveur d'un
établissement public qu'en vertu d'un décret.

La loi du 18 germinal an **X**, ayant rendu au
culte catholique les édifices qui y étaient destinés,
les églises et les presbytères, d'après l'avis du Conseil d'état, du 6 nivose an **XIII**, doivent être considérés comme des propriétés communales.

Le décret du 10 brumaire an **XIV** contient des
dispositions sur les constructions et réparations des
bâtimens appartenans aux hospices et autres établissemens de charité.

Par le décret du 23 avril 1810, les casernes, hôpitaux, manutentions, corps-de-garde, et autres
bâtimens militaires portés dans l'état annexé à ce
décret, ont été donnés en toute propriété aux villes
où ils étaient situés, à la charge par elles de les
entretenir et de n'en pouvoir disposer sans l'autorisation du Gouvernement.

Le décret du 16 septembre 1811 a réglé le mode
d'administration des bâtimens militaires appartenans aux communes dans les places de guerre, et
des bâtimens appartenans aux communes ou à
l'État, dans les villes non fortifiées, conformément
aux bases posées dans le décret du 23 avril 1810.

Les maires doivent, entre autres fonctions, visiter, chaque année, avec le commandant du génie, les divers établissemens militaires : c'est devant eux que doivent se passer les adjudications des travaux ; en cas de vols et de dégradations, c'est à eux de dénoncer et faire poursuivre les délits ; ils nomment les conservateurs et les portiers-concierges de ces bâtimens militaires.

D'après le décret du 16 septembre 1811, ils doivent choisir ces portiers parmi les militaires en retraite, sachant lire et écrire, conformément au décret du 8 mars précédent : les nominations sont soumises à l'approbation des préfets.

Les portiers sont chargés de dresser procès-verbal des vols, dégradations et autres délits, et ils en remettent copie au maire ; ils portent sur la poitrine un médaillon en cuivre, sur lequel sont figurées une clef et une épée en sautoir. Leurs commissions sont enregistrées comme celles des gardes du génie, aux greffes de la mairie et du tribunal de première instance, et foi est ajoutée, jusqu'à inscription de faux, à leurs rapports dûment affirmés dans les vingt-quatre heures devant le juge de paix du canton, ou, en cas d'absence, devant le maire ou son adjoint. etc., etc.

Emprunts. Loi du 3 novembre 1790 ; etc., etc.
— Aux termes de cette loi, les impositions ou emprunts à faire par les municipalités, etc., ne

peuvent avoir lieu sans l'autorisation du Corps législatif.

Quand une commune veut être autorisée à faire un emprunt pour payer ses dettes, elle doit joindré à sa demande la délibération du Conseil municipal, et les autres pièces qui servent à prouver la nécessité de l'emprunt, l'état des revenus et des dépenses ordinaires, et celui des dettes actives et passives de la commune, avec assignation de fonds pour le paiement des arrérages et le remboursement du capital, suivant une progression déterminée. Le sous-préfet à qui les pièces sont adressées, les fait passer, avec ces observations, au préfet, qui adresse le tout au ministre de l'intérieur. etc., etc.

ENTREPÔT, INDEMNITÉ, TRANSIT. Décret du 22 octobre 1810; etc., etc.

— Ce décret porte que la perception faite sous le nom d'*indemnité* sur les boissons ou marchandises en transit ou entrepôt, fera partie des revenus des villes, et sera portée dans leurs budgets, lorsque les tarifs qui en règlent la perception auront été délibérés par les Conseils municipaux, et arrêtés comme les tarifs d'octroi; que tout tarif de transit ou entrepôt existant ne pourra être exécuté qu'après avoir été régularisé au Conseil d'état; et que, pour jouir de l'entrepôt ou transit, il ne sera pas nécessaire d'être domicilié dans la commune. etc., etc.

Halles. Lois du 28 mars, du 20 août 1790, du 11 frimaire an VII; Décret du 26 mars 1806; Loi du 8 mars 1810; Avis du Conseil d'état, du 6 août 1811; Ordonnances des 2 juin 1819, 9 juillet 1820, 22 février 1821; etc., etc.

— Les droits de hallage dont jouissaient autrefois les seigneurs, ont été supprimés sans indemnité; mais les bâtimens des halles continuent d'appartenir à leurs propriétaires, sauf à eux à s'arranger à l'amiable, soit pour le loyer, soit pour l'aliénation, avec les municipalités des lieux.

La loi du 28 mars 1790 n'a prononcé que la suppression des droits féodaux et de ceux de hallage qui étaient perçus à raison de l'apport et du dépôt des marchandises dans les halles; mais elle a maintenu ceux qui, dans l'origine, ont été établis pour les frais de construction des bâtimens. La question de savoir si les rentes pour concession de bancs sous les halles sont ou ne sont pas féodales est du ressort des tribunaux ordinaires.

Lorsqu'une commune dans laquelle il se tient des foires, manque de halle et veut en établir une, elle est obligée, pour l'acquisition du terrain nécessaire, de remplir les formalités indiquées ci-dessus, sous les mots *Acquisition*, etc.

Le décret du 26 mars 1806 a ordonné que les halles dont la régie du domaine était en possession seraient abandonnées aux communes, d'après estimation contradictoire de leur valeur, par un expert nommé par la régie et un expert nommé par la commune, et, en cas de partage, par un tiers-expert à la nomination du préfet. Le même décret porte que les communes paieront la rente à cinq pour cent, sans retenue, du montant de l'estimation, jusqu'à ce qu'elles aient soldé le principal. etc., etc.

(*Voy.* aussi, ci-dessus, à l'art. AGRICULTURE, les mots : *Foires, Halles, Marchés*).

HÔTEL-DE-VILLE. Circulaire du ministre de l'intérieur, du 15 novembre 1810; etc., etc.

— D'après cette circulaire, ces bâtimens doivent être réservés en entier, tant pour la tenue des séances des Conseils municipaux et des bureaux des mairies, que pour les autres besoins publics; et sous aucun prétexte, ils ne doivent être affectés à des services ou à des logemens particuliers. etc.

IMPOSITIONS EXTRAORDINAIRES. Lois des 16 et 29 ventose an XII; Décret du 28 août 1810; Lois du 25 mars 1817, du 15 mai 1818; etc., etc.

— Deux espèces d'impositions peuvent être levées extraordinairement au profit des communes, lorsque les revenus et les cinq centimes additionnels ordinaires sont épuisés. Les unes annuelles et permanentes sont affectées à des dépenses autorisées par des lois ou règlemens généraux; les autres, spéciales et temporaires, sont autorisées particulièrement.

Les impositions extraordinaires, annuelles ou permanentes, ont pour objet le paiement des dépenses du culte paroissial ou des gardes-champêtres et forestiers.

Les impositions extraordinaires, spéciales et temporaires, ont pour objet des dépenses hors du budget, relatives à des constructions, reconstructions, et autres travaux d'utilité communale.

Dans le cas où les cinq centimes additionnels imposés pour les dépenses des communes étant épuisés, une commune aurait à pourvoir à une dépense véritablement urgente, le maire, sur l'autorisation du préfet, convoque le Conseil municipal et les plus forts contribuables au rôle de la commune, en nombre égal à celui des membres de ce Conseil, pour reconnaître l'urgence de la dépense, l'insuffisance des revenus municipaux et des cinq centimes ordinaires pour y pourvoir.

Lorsque les plus forts contribuables sont absens, ils sont remplacés en nombre égal par les plus forts contribuables portés après eux sur le rôle.

Le maire chargé de la convocation dresse la liste des plus forts imposés, de concert avec le percepteur des contributions : cette liste est soumise à l'approbation du préfet.

La présence des deux tiers d'un Conseil municipal suffit pour valider les délibérations. Il en est de même pour les délibérations prises dans une assemblée composée des deux tiers des membres du Conseil et des deux tiers des plus forts contribuables convoqués.

La convocation et la réunion des plus forts contribuables aux Conseils municipaux n'empêchent pas de produire l'information de *commodo vel incommodo*, dans le cas où elle est exigée par la loi. Elle précède même la réunion du Conseil municipal qu'elle peut servir à éclairer. On procède à l'information par voie administrative et sans frais, par le ministère d'un commissaire nommé par le préfet, pour recevoir dans les lieux et aux jours indiqués par affiches et publications les dires et les déclarations de ceux qui se présentent.

Le Conseil municipal, auquel ont été adjoints les plus forts contribuables, vote sur les centimes extraordinaires proposés. Dans le cas où ils sont consentis, la délibération est adressée au préfet qui, après l'avoir revêtue de son autorisation, la transmet au ministre de l'intérieur, pour y être définitivement statué par une ordonnance du roi.

Dans les cas où le Conseil municipal et les plus forts contribuables refusent de consentir l'imposition sur laquelle ils sont appelés à délibérer, les motifs du refus sont consignés exactement dans les délibérations. Ces délibérations sont remises par le maire au sous-préfet qui les transmet au préfet, pour être envoyées avec les avis respectifs, au ministre de l'intérieur, et le Gouvernement prend alors telle détermination qu'il juge convenable.

Lorsqu'il y a lieu de pourvoir à des dépenses extraordinaires communes à plusieurs municipalités d'un département et dans leur intérêt général, la répartition en est faite d'après les délibérations des Conseils municipaux approuvés par le préfet, et sur le rapport du ministre de l'intérieur, par une ordonnance du roi.

Quelle que soit la nature des besoins, la quotité de centimes que les communes sont autorisées à s'imposer par addition au principal de leur contribution ne doit point excéder, pour chaque année, vingt centimes sur chaque nature de contribution. etc., etc.

(*Voy.* encore, ci-dessus, au mot : *Contribution*).

LIQUIDATION. Lois du 13 prairial an X (2 juin 1802) (III, B. 196, n° 1720), du 19 vendémiaire an XI (1er octobre 1802) (III, B. 220, n° 2015).

— Ces lois désignent plusieurs objets de la dette publique soumis à la liquidation des préfets.

OCTROIS MUNICIPAUX. Lois du 11 frimaire an VII, du 19, du 27 frimaire, du 5 ventose; Arrêté du 15 thermidor an VIII; Circulaires du ministre de l'intérieur du 2 vendémiaire an IX, du ministre de la justice du 14 germinal an X, du Conseiller d'état ayant le département des recettes et dépenses, du 7 thermidor an X; Arrêtés du 24 frimaire an XI, du

11 germinal an XII; Instruction du Directeur de la Régie des droits réunis, du 1er prairial an XII; Loi du 24 avril 1806; Avis du Conseil d'état du 14 avril—11 mai, du 4—18 août 1807; Décret du 17 mai 1809, du 15 novembre 1810, du 21 mars 1811; Avis du Conseil d'état du 26 avril 1811; Décrets du 29 juin 1811, du 8 février 1812; Loi du 8 décembre 1814; Ordonnance du 9 dudit mois; Lois du 28 avril 1816, du 25 mars 1817, du 15 mai 1818; etc., etc.

— Les octrois rétablis dans les attributions des maires, sous la surveillance immédiate des sous-préfets, et sous l'autorité du Gouvernement, ont pour objet de subvenir aux dépenses qui sont à la charge des communes; ils sont délibérés d'office par les Conseils municipaux. Cette délibération est aussi provoquée par le préfet, lorsqu'à l'examen du budget d'une commune il reconnaît l'insuffisance de ses revenus ordinaires, soit pour couvrir les dépenses annuelles, soit pour acquitter les dettes arriérées ou pourvoir aux besoins extraordinaires de la commune.

Les délibérations portant établissement d'un octroi sont adressées par le maire au sous-préfet, et renvoyées par celui-ci, avec ses observations, au préfet, qui les transmet également, avec son avis, au ministre de l'intérieur, lequel permet, s'il y a lieu, l'établissement de l'octroi demandé, et autorise le Conseil municipal à délibérer les tarifs et règlemens.

Les projets de règlement et de tarif délibérés par les Conseils municipaux sont envoyés aux préfets, avec l'avis des maires et des sous-préfets. Les préfets les transmettent au directeur-général des impositions indirectes, pour être soumis au ministre des finances, sur le rapport duquel le roi accorde son autorisation, s'il y a lieu.

Aucun tarif d'octroi ne peut porter que sur des objets destinés à la consommation des habitans du lieu sujet. Ces objets sont toujours compris dans les cinq divisions suivantes, savoir : 1° *Boissons et liquides ;* 2° *Comestibles ;* 3° *Combustibles ;* 4° *Fourrages ;* 5° *Matériaux.*

Sont compris dans la deuxième division les objets servant habituellement à la nourriture des hommes, à l'exception toutefois des grains et farines, fruits, beurre, lait, légumes et autres menues denrées.

Les bêtes vivantes sont taxées par tête.

A l'égard des viandes dépecées, fraîches ou salées, elles sont imposées au poids.

Les personnes voyageant à pied, à cheval ou en voiture particulière suspendue, ne peuvent être arrêtées, questionnées, ou visitées sur leurs personnes ou en raison de leurs malles ou effets. Tout acte contraire à la présente disposition est réputé acte de violence, et les préposés qui s'en rendent

coupables doivent être poursuivis correctionnellement et punis des peines prononcées par les lois.

Tout individu soupçonné de faire la fraude à la
faveur de l'exception ordonnée par l'article précédent, peut être conduit devant un officier de police ou devant le maire pour y être interrogé, et la
visite de ses effets autorisée, s'il y a lieu.

Les diligences, fourgons, fiacres, cabriolets et
autres voitures de louage sont soumises aux visites
des préposés de l'octroi.

Il est défendu aux employés, sous peine de destitution et de tous dommages-intérêts, de faire
usage de la sonde dans la visite des caisses, malles et
ballots annoncés contenir des effets susceptibles
d'être endommagés : dans ce cas, comme dans tous
ceux où le contenu des caisses et ballots est inconnu
ou ne peut être vérifié immédiatement, la vérification en est faite soit à domicile, soit dans les emplacemens à ce destinés.

Les préposés de l'octroi peuvent reconnaître à
domicile les quantités récoltées, préparées ou fa-
briquées, et faire toutes les vérifications pour prévenir la fraude.

Conformément à l'article 4 de la loi du 27 frimaire an VIII, le Directeur-général des impositions
indirectes est autorisé à établir et à commissionner,
lorsqu'il le juge nécessaire, un préposé en chef auprès de chaque octroi.

Les autres préposés d'octroi sont nommés par le préfet sur une liste triple présentée par le maire.

Les préposés doivent être âgés au moins de 21 ans accomplis; ils sont tenus de prêter serment devant le tribunal civil de la ville dans laquelle ils exercent, et, dans les lieux où il n'y a pas de tribunal, devant le juge de paix.

Tous les préposés comptables sont tenus de fournir un cautionnement en numéraire ou en cinq pour cent consolidés.

Les recettes de l'octroi sont versées à la caisse municipale tous les cinq jours au moins, et plus souvent même dans les villes où les perceptions sont importantes.

Les registres, autres que ceux dont l'usage est commun aux octrois et aux droits d'entrée, sont cotés et paraphés par le maire; ils sont arrêtés par lui le dernier jour de chaque année, déposés à l'administration municipale et renouvelés tous les ans. A l'égard des autres registres, les maires peuvent en prendre communication sans déplacement, et en faire faire des extraits pour ce qui concerne les recettes des octrois.

Les états et bordereaux de recettes et dépenses des octrois sont dressés aux époques déterminées par la régie des impositions indirectes. Un double de ces états et bordereaux, signé du maire, est adressé au préposé supérieur de la Régie, pour être

transmis au directeur du département et par celui-
ci à son administration.

Les comptes des octrois sont rendus par les receveurs aux maires, et arrêtés par ces derniers,
dans les trois mois qui suivent l'expiration de chaque année.

Les maires sont autorisés, sauf l'approbation des
préfets, à faire remise par voie de transaction, de
la totalité ou de partie des condamnations encourues, même après le jugement rendu. Mais ce droit
appartient exclusivement à la régie des impositions
indirectes toutes les fois que la saisie a été opérée
dans l'intérêt commun des droits d'octroi et des
droits imposés au profit du trésor.

Les maires qui jugent utile à l'intérêt de leur
commune de traiter avec la régie des impositions
indirectes pour la perception et la surveillance particulière de leur octroi, adressent, par l'intermédiaire de leur sous-préfet, leurs propositions au
préfet. Celui-ci les communique au directeur des
impositions indirectes, qui propose, s'il y a lieu,
au ministre des finances d'y donner son approbation.

Les conventions à faire entre la régie et les communes ne portent que sur les traitemens fixes ou
éventuels des préfets; tous les autres frais sont intégralement acquittés par les communes sur les produits bruts des octrois.

La conséquence de ces conventions est de remettre la perception et le service de l'octroi entre les mains des employés ordinaires des impositions indirectes. Cependant, dans les villes où il est jugé nécessaire de conserver des préposés affectés spécialement au service de l'octroi, ces préposés continuent à être nommés par les préfets sur la proposition des maires, et après avoir pris l'avis des directeurs des impositions indirectes. Leur nombre et leur traitement sont fixés par cette régie, ils sont révocables soit sur la demande du maire, soit sur celle du directeur. Lorsque le préfet ne juge pas convenable de déférer à la demande de ce dernier, il fait connaître ses motifs au directeur-général desdites impositions, qui prononce définitivement.

Les maires conservent le droit de surveillance sur les préposés, et celui de transiger sur les contraventions. etc., etc.

PARTAGE ET MODE DE JOUISSANCE DES BIENS COMMUNAUX. Lois du 14 août 1792, du 10 juin 1793, du 26 nivose an II, du 21 prairial an IV; Circulaire du ministre de l'intérieur, du 25 germinal an IX; Arrêtés du 19 frimaire an X, du 9 ventose an XII; Décrets du 9 brumaire, du quatrième jour complémentaire, an XIII, du 22 frimaire an XIV, du 20 juin 1806; Avis du Conseil d'état, du 12—26 avril, du 3—4—20 juillet, du 28 juin—27 juillet 1807,

du 7—29 mai, du 28 juin—17 juillet 1808, du 3—
18 juin 1809; Loi des finances de 1816; Ordonnances du 17 février 1816, du 5 octobre 1818, du
23 juin 1819; Code civil, *art.* 542; etc., etc.

— Le partage de tous les terrains et usages communaux, autres que les bois, avait été décrété en
principe par la loi du 14 août 1792, et le mode
d'exécution de ce partage avait été réglé par une
seconde loi du 10 juin 1793; mais cette loi ayant
donné lieu à de nombreuses difficultés, il a été sursis,
le 21 prairial an IV, à toutes actions et poursuites
résultantes de son exécution, en maintenant provisoirement les possesseurs des terrains dans leur jouissance.

Toutefois plusieurs partages de biens communaux ayant été effectués en vertu de la loi du 10
juin 1793, la loi du 9 ventose an XII a ordonné
l'exécution de ceux dont il avait été passé acte.

Cette loi porte: «*art.* 5, tous les biens communaux
possédés, à l'époque de la publication de la présente loi, sans acte de partage, et qui ne seront pas
dans le cas précisé par l'*art.* 3, ou pour lesquels les
déclarations ou soumissions de redevance n'auront
pas été faites dans le délai et suivant les formes prescrites par le même article, rentreront entre les
mains des communautés d'habitans.

« En conséquence, les maires et adjoints, les Conseils municipaux, les sous-préfets et préfets, feront

et ordonneront toutes les diligences nécessaires pour faire rentrer les communes en possession ».

Le décret du 9 brumaire an XII contient sur le même objet les dispositions suivantes :

« *Art.* 1er. Les communautés d'habitans qui, n'ayant pas profité de la loi du 10 juin 1793, relative aux partages des biens communaux, ont conservé, après la publication de cette loi, le mode de jouissance de leurs biens communaux, continueront de jouir de la même manière desdits biens.

« *Art.* 2. Ce mode ne pourra être changé que par un décret du Gouvernement, rendu sur la demande des Conseils municipaux, après que le sous-préfet de l'arrondissement et le préfet auront donné leur avis.

« *Art.* 3. Si la loi du 18 juin 1793 a été exécutée dans ces communes, et qu'en vertu de l'*art.* 12, section 3 de cette loi, il ait été établi un nouveau mode de jouissance, ce mode sera exécuté provisoirement.

« *Art.* 4. Toutefois, les communautés d'habitans pourront délibérer, par l'organe des Conseils municipaux, un nouveau mode de jouissance.

« *Art.* 5. La délibération du Conseil sera, avec l'avis du sous-préfet, transmise au préfet, qui l'approuvera, rejettera ou modifiera, en Conseil de préfecture, sauf de la part du Conseil municipal,

et même d'un ou plusieurs habitans ou ayant-droit
à la jouissance, le recours au Conseil d'état.

Mais l'avis de ce Conseil du 7 mai 1808, approuvé
le 29, porte que, lorsqu'en vertu de la loi du 10 juin
1793, il s'est opéré un changement dans le mode de
jouissance des biens communaux d'une commune,
et que ce changement a été exécuté, les demandes
d'un nouveau mode de jouissance doivent être présentées au Conseil de préfecture et soumises de
droit, comme les affaires de biens communaux, au
Conseil d'état.

D'après l'avis du 3 juillet, approuvé le 20 du
même mois, le partage et la jouissance des biens
communaux ont lieu par feux : le mode de jouissance réglé d'après l'étendue des propriétés de chaque habitant est défendu.

Le partage entre communes d'un bien possédé
par indivis doit de même être fait en raison du
nombre de feux par chaque commune, et sans
avoir égard à l'étendue du territoire de chacune
d'elles (a). etc., etc.

(*Voy*, ci-dessus, aux mots : *Affouage*, *Bois*,
pag. 302 308 *et suiv.*).

_____

(a) L'Avis du Conseil d'état, du 18 juin 1809, qui
attribue aux Conseils de préfecture le jugement des usurpations de terrains communaux, n'est applicable que
lorsque la qualité communale du terrain n'est pas contestée : et, dans le cas contraire, les tribunaux ordi-

Patentes. Lois des 6 fructidor an IV, 9 frimaire, 9 pluviose an V, et 7 brumaire an VI, remplacées par la Loi du 1er brumaire an VII; Arrêtés du 24 floréal, du 15 fructidor an VIII, du 26 brumaire an X; Loi du 2 ventose an XIII; Avis du Conseil d'état du 25 février 1809; etc. , etc.

— Les maires délivrent aux personnes qui commencent une profession ou commerce les certificats qui leur sont nécessaires pour obtenir leur patente, et qui indiquent l'époque où elles ont commencé à exercer l'état qui doit les soumettre au droit.

Ils veillent à ce que les habitans de leurs communes assujettis à ce droit soient munis de leur patente; ils en exigent en conséquence la représentation, et constatent les contraventions.

A l'égard de ceux qui sont dans l'impossibilité d'acquitter le droit auquel on les a taxés, les maires délivrent des certificats d'insolvabilité ou d'indigence, qu'ils font passer aux sous-préfets.

Aux termes de l'arrêté du 15 fructidor an VIII, les tableaux des citoyens qui dans chaque commune sont assujettis à la patente, et sur lesquels se portent la nature de commerce ou d'industrie imposable, la valeur locative des maisons d'habitation, usines,

---

naires sont juges de la question de propriété; comme aussi des réclamations d'un copartageant à l'égard d'un autre.

ateliers, magasins et boutiques, doivent être arrêtés par les maires, qui y joignent leurs observations, et qui en conservent un double, dont les citoyens peuvent prendre communication. etc., etc. (a).

PAVÉ. Avis du Conseil d'état, du 3—25 mars 1807. etc., etc.

— Suivant cet avis du Conseil d'état, dans les villes où les revenus ordinaires ne suffisent pas à l'établissement, restauration et entretien du pavé des rues qui ne se trouvent pas dans la direction des grandes routes, et qui par conséquent ne sont point à la charge de l'État, les préfets pourraient autoriser la dépense à la charge des propriétaires.

Cependant, dans le silence et l'incertitude de la législation sur cette matière, on ne peut forcer les propriétaires de maisons à faire poser le premier pavé de ces rues, et cette dépense doit être à la charge des communes. etc., etc.

PÉAGES. Lois du 14 floréal an X, du 28 avril 1816, du 17 juillet 1819 ; Circulaires ; etc., etc.

— Toutes les fois que des réparations ou des constructions de ponts entraîneraient pour une

_____

(a) *Voy.* sur la portion attribuée aux communes dans le produit des patentes et dans celui des amendes de police, la loi du 22 juillet—5 août 1791 ; l'Arrêté du 15 fructidor an VIII ; la Loi du 2 ventose an XIII, *art.* 49.

commune des dépenses considérables qui ne pourraient être acquittées sur ses revenus ordinaires, ou lui imposeraient de trop grands sacrifices, les préfets examinent, après avoir fait procéder à la reconnaissance des lieux et consulté le Conseil municipal, quels résultats on peut espérer de l'établissement d'un péage pour un temps déterminé. Soit que la commune adopte ce moyen pour se rembourser progressivement de ses avances, en faisant d'abord les frais des travaux, soit qu'elle juge plus convenable d'adjuger l'entreprise à des capitalistes moyennant l'abandon de la totalité ou d'une partie du droit projeté, le Conseil municipal, après en avoir délibéré, rédige un tarif de ce droit qui est adressé par le sous-préfet au préfet, et que ce dernier transmet au ministre avec toutes les pièces à l'appui, et son avis, pour être soumis à l'approbation du roi. etc., etc.

Pensions. Décrets du 4 juillet 1806, du 4 juin 1809; Avis du Conseil d'état du 17 novembre 1811; etc., etc.

— Le décret du 4 juin 1809 porte qu'aucune pension ne peut être ordonnancée par les maires, payée par les receveurs municipaux, ni allouée par la Cour des comptes, ou par les préfets, dans les comptes des communes, si la pension n'a été accordée par un décret rendu au Conseil d'état, sur l'avis du Conseil municipal, la proposition du préfet et le rapport du ministre de l'intérieur; et s'il n'en est justifié par les parties prenantes lors du paiement, et par le receveur, lors de la reddition du compte.

L'avis du Conseil d'état du 17 novembre 1811 a déclaré applicable aux employés des communes le décret du 4 juillet 1806 concernant les pensions de retraite des employés du ministère de l'intérieur.

D'après ce décret, les employés des communes peuvent obtenir une pension de retraite après trente ans de service effectif, pour lequel on compte tout le temps d'activité dans d'autres administrations publiques qui ressortissaient au Gouvernement, quoique étrangères à celle dans laquelle les employés se trouvent placés, et sous la condition qu'ils auront au moins dix années de service dans la commune.

La pension peut cependant être accordée avant trente ans de service à ceux que des accidens ou des infirmités rendraient incapables de continuer les fonctions de leur place, ou qui se trouveraient réformés après dix ans de service, et au-dessus, par l'effet de la suppression de leur emploi.

En cas de la mise en ferme de l'octroi d'une ville où il existait une caisse de retraite en faveur des employés, le cahier des charges doit imposer au fermier la condition formelle de maintenir les retenues sur les appointemens des employés. etc., etc.

Percepteurs et Receveurs-généraux des contributions; Receveurs des communes. Lois du 13
brumaire, du 3 frimaire (tit. viii), du 5 ventose
sur les finances (art. 10 *et suiv.*), an VII ; Arrêtés
du 16 thermidor an VIII, du 10 floréal, du 6
messidor, du 4 thermidor an X ; Arrêté du 4
pluviose an XI ; Loi du 5, Arrêté du 19 vendémiaire, Loi du 5 ventose an XII ; Décret du 30 frimaire an XIII ; Loi du 28 avril 1806 ; Avis du Conseil d'état du 26 octobre, Décrets du 27 février,
du 27 septembre 1811 ; Avis du Conseil d'état, du
24 mars 1812 ; Loi du 28 avril 1816 ; etc., etc.

— La loi du 5 ventose an VII porte, entre autres
dispositions, que les préfets pourront proposer un
seul percepteur pour plusieurs communes, lorsque
les localités l'exigeront, pourvu que le montant des
rôles des communes réunies n'excède pas vingt mille
francs.

Le décret impérial du 30 frimaire an XIII a ordonné que les percepteurs des contributions directes
feraient la recette particulière de toutes les communes de leur arrondissement ayant moins de vingt
mille francs de revenu, et qu'ils jouiraient sur cette
recette (le produit de l'octroi compris, et déduction faite toutefois du montant des centimes municipaux additionnels, et du dixième des patentes),
d'une remise, qui, sur la proposition du Conseil
municipal et l'avis du sous-préfet de l'arrondisse-

ment, serait définitivement réglée par le préfet du département. Les articles 3 et 4 du même décret portent que ces receveurs fourniront sous trois mois, indépendamment du cautionnement qui leur a été prescrit par la loi du budget de l'an XII, un cautionnement également en numéraire du douzième des revenus communaux dont ils font la recette, sauf les cas où les revenus des communes formant un arrondissement de perception, présentent une recette annuelle de moins de 300 francs, aux termes du décret du 28 messidor an XIII.

Aux termes des *art.* 7 et 8, les receveurs particuliers des communes ayant plus de 20,000 francs de revenu, doivent également jouir sur la totalité de leurs recettes d'une remise à régler par le budget annuel sur la proposition nécessaire du Conseil municipal, et l'avis du sous-préfet et du préfet. Leur cautionnement est aussi du douzième de la recette et en numéraire.

Les maires doivent surveiller les percepteurs, examiner leurs rôles, pour vérifier, en cas de retard dans le recouvrement, quelles en sont les causes, si les sommes recouvrées sont émargées sur les rôles, si les versemens se font exactement....

Les préfets, par l'arrêté du 10 floréal an X, ont été autorisés, après avoir pris l'avis des sous-préfets, à traduire devant les tribunaux, sans recourir à la décision du Conseil d'état, les percepteurs des contributions pour faits relatifs à leurs fonctions. (*Voy. ci-dessus,* vol. viii, pag. 588 et 589).

Les maires et adjoints doivent aussi, d'après l'arrêté du 6 messidor an X, constater par des procès-verbaux de perquisition ou de carence dressés par des huissiers, l'insolvabilité ou l'absence des redevables du trésor public domiciliés dans leur commune. Quand, au lieu de procès-verbaux, ils préfèrent délivrer des certificats sous leur responsabilité, ces certificats sont visés par le sous-préfet de l'arrondissement.

Dans tous les cas de vacance pour les places de receveurs, le Conseil municipal présente trois candidats.

La liste, avec l'avis du sous-préfet et du préfet, est adressée au ministre du trésor, qui présente à la nomination du roi le sujet qu'il croit mériter le plus de confiance.

Les cautionnemens des receveurs des communes sont versés au trésor.

Nul n'est admis à prêter serment et à être installé dans les fonctions auxquelles il a été nommé, s'il ne justifie préalablement de la quittance de son cautionnement. etc., etc.

(*Voy.* ci-dessus, aux mots : *Absence, Insolvabilité*).

Pesage, Mesurage et Jaugeage. Loi du 28 mars 1790 ; Arrêtés du 27 brumaire an VII, du 7

27.

floréal, Loi du 19 frimaire an VIII ; Arrêté du 7 brumaire an IX ; Loi du 29 floréal, Circulaire du 30 prairial an X ; Arrêtés du 6 prairial an XI, du 2ᵉ jour complémentaire an XI ; Arrêté du 2 nivose ; Décision du ministre de l'intérieur, du mois de thermidor an XII ; Circulaire du ministre de l'intérieur, du mois d'octobre 1806 ; Décrets du 2 février, du 3 août 1808 ; Circulaire du mois de septembre 1809 ; Décrets du 26 septembre 1811, du 12 février 1812 ; etc., etc.

— Dans toutes les villes où les besoins du commerce l'exigent, il est établi par le préfet, sur la demande des maires et adjoints, approuvée par les sous-préfets, des bureaux de pesage, mesurage et jaugeage publics, où tous les citoyens peuvent faire peser, mesurer et jauger les marchandises.

Dans les lieux où il n'est pas nécessaire d'établir des bureaux publics, les fonctions de peseur, mesureur et jaugeur sont confiées par le préfet à des citoyens d'une probité et d'une capacité reconnues.

Aucune autre personne que ces employés ou préposés ne peut exercer, dans l'enceinte des marchés, halles et ports, la profession de peseur, mesureur et jaugeur, à peine de confiscation des instrumens destinés au mesurage.

Nul n'est contraint à se servir des peseurs publics, si ce n'est dans le cas de contestation.

Les tarifs des droits à percevoir dans ces bureaux, et les règlemens y relatifs sont proposés par les Conseils des communes, adressés aux préfets et aux sous-préfets, qui donnent leur avis, et soumis au Gouvernement, qui les approuve, s'il y a lieu, en la forme usitée pour les règlemens d'administration publique.

Les produits sont employés aux dépenses des communes et des hospices exclusivement; et ce, en suivant les règles prescrites pour les octrois de bienfaisance. etc., etc.

(*Voy.* encore ci-dessus, même article, le mot, *Octrois*).

Rentes. Lois du 18 — 29 septembre, du 18—29 décembre 1790 (tit. II, *art.* 5·), du 24 août 1793; Arrêté du 27 frimaire an XI (18 décembre 1802); Lois des 24 pluviose, 16 et 29 ventose an XII (14 février, 7 et 20 mars 1804); Décret du 25—26 avril 1808; Avis du Conseil d'état, du 22 novembre 1808; Décret du 15-19 juillet 1810; Loi du 15 mai 1818; Code civil; etc., etc.

— Lorsque le remboursement d'une rente communale est offert par le débiteur, le maire demande l'autorisation de convoquer extraordinairement le Conseil municipal, pour délibérer sur cette offre et sur l'emploi à faire de la somme qui proviendra du remboursement. Sur le vu tant de l'offre ou de la signification, que de la délibération du Conseil et du titre de la rente, et d'après l'avis du sous-préfet, le préfet autorise, s'il y a lieu, la commune à recevoir le remboursement proposé.

Le Code civil, *art.* 2277, veut que les arrérages de rentes perpétuelles, soit foncières, soit constituées, se prescrivent par cinq ans, et l'*art.* 2278, qui étend cette prescription aux rentes appartenantes à des mineurs, s'applique aux communes ; le recours autorisé par le même article contre les tuteurs pourrait-il être exercé contre un maire qui aurait négligé les mesures nécessaires pour mettre à couvert les intérêts de sa commune ? etc. ; etc.

RÉPERTOIRE. Loi du 22 frimaire an VII ; Circulaire du ministre de l'intérieur, du 16 avril 1807; etc.

—L'*art.* 49 de la loi du 22 frimaire an VII prescrit aux maires de tenir un répertoire à colonnes pour y inscrire, jour par jour, sans blanc ni interligne, et par ordre de numéros, tous les actes de leur administration qui doivent être enregistrés sur les minutes à peine de 10 francs d'amende par chaque omission.

Chaque article du répertoire doit contenir, 1° son numéro, 2° la date de l'acte, 3° sa nature, 4° les noms et prénoms des parties et leur domicile.

Ce répertoire doit être représenté chaque année pour le *visa* aux receveurs de l'enregistrement, et la communication n'en peut être refusée aux préposés de l'administration qui la demandent.

Mais, par la circulaire du 16 avril 1807, le ministre de l'intérieur a prévenu les préfets qu'ils pouvaient autoriser, par un arrêté particulier, les maires de leurs départemens dont l'administration salariait un ou plusieurs employés, et notamment les maires nommés par le chef du Gouvernement, à déléguer la tenue du répertoire à l'un de ces employés qui accepterait la délégation par écrit, à la suite de l'arrêté du maire, et se soumettrait, sous sa responsabilité personnelle, à l'exécution des obligations imposées par la loi. La même circulaire porte que deux expéditions de ces actes seront adressées au sous-préfet de l'arrondissement, qui prendra note de la délégation et de la soumission, en adressera copie au préfet, aux époques par lui indiquées, et enverra les expéditions, l'une au directeur de l'enregistrement, et l'autre au procureur du roi près le tribunal de première instance. Elle ajoute que lors du renouvellement des répertoires, les maires qui en auront délégué la tenue les coteront et parapheront eux-mêmes, comme remplaçant les présidens des anciennes administrations municipales du canton. etc., etc. (*Voy.* ci-dessus, vol. IX, pag. 11) (*a*).

(*a*) Les maires doivent aussi tenir un registre général, dont chaque feuille doit être numérotée et paraphée par eux, et destiné à inscrire jour par jour les procès-verbaux qu'ils dressent, les avis qu'ils donnent, les déclarations qu'ils reçoivent, les notes intéressantes qui peuvent parvenir à leur connaissance, en un mot tous les actes de leur compétence.

Taxe. (*Voy.* ci-dessus, même article, aux mots : *Dépenses* et *Octrois*).

Territoire. Lois du 4 mars 1790, du 2 messidor an VII, du 28 pluviose an VIII, du 8 pluviose an IX; Décision du 10 mars 1806; Circulaire du ministre de l'intérieur, du 10 dudit mois; etc., etc.

— L'*art.* 2 du titre 1er de la loi du 4 mars 1790 porte que, dans toutes les démarcations fixées entre les départemens et les districts (depuis arrondissemens communaux), les villes emportent le territoire soumis à l'administration directe de leurs municipalités, et que les communautés de campagne comprennent de même tout le territoire, tous les hameaux, toutes les maisons isolées dont les habitans sont cotisés sur les rôles d'impositions du chef-lieu; et, suivant l'*art.* 3 de la même loi, lorsqu'une rivière est indiquée comme limite entre deux départemens ou deux districts, les deux départemens et les deux districts ne sont bornés que par le milieu du lit de la rivière; les deux autorités doivent alors concourir à l'administration de la rivière.

Quand il y a contestation sur les limites entre deux communes de divers départemens, les préfets nomment des commissaires qui font leur rapport sur les moyens de faire cesser les difficultés. Les procès-verbaux s'envoient avec les observations des préfets, au ministre de l'intérieur; et, d'après l'examen du Conseil d'état, il intervient une ordonnance qui statue sur les contestations. Du moins, c'est ainsi qu'ont été fixées les démarcations de diverses limites.

La décision prise, sur l'avis du Conseil d'état, par le chef du Gouvernement, le 10 mars 1810, porte, 1° qu'on ne doit poser des bornes, aux frais des communes, que sur les limites de celles qui auraient des contestations entre elles, conformément aux dispositions de l'arrêté du 12 brumaire an XI; 2° que les changemens de limites et les réunions de territoires ne pouvaient être opérés que de l'autorité du chef du Gouvernement, sur l'avis des Conseils municipaux respectifs, des sous-préfets et des maires; 3° que les changemens opérés jusqu'alors sur les plans ne pouvaient avoir d'exécution qu'après l'approbation du chef du Gouvernement donnée sur les avis indiqués ci-dessus; 4° et que, si l'on trouvait convenable de supprimer des enclaves, on devait y procéder comme pour les réunions de territoires, etc., etc.

(*Voy.* ci-dessus, le mot: *Arpentage*).

Timbre et enregistrement. Lois du 13 brumaire, du 22 frimaire an VII; Décret du 4 messidor an XIII; Arrêt de la Cour de Cassation, du 10 mai, Décret du 9 décembre 1810; Avis du Conseil d'état, du 12 février 1811, approuvé le 27; Lois du 28 avril 1816, du 15 mai 1818; etc., etc.

— Aux termes de la loi du 13 brumaire an VII,

sont asujettis aux droits de timbre établis à raison
de la dimension, les actes et les procès-verbaux
des gardes et de tous autres employés et agens ayant
droit de verbaliser, et les copies qui en seront délivrées;

Les actes des autorités constituées administratives qui sont asujettis à l'enregistrement ou qui se
délivrent aux citoyens, et toutes les expéditions et
extraits des actes, arrêtés et délibérations desdites
autorités qui sont délivrés aux citoyens;

Les pétitions et mémoires, même en forme de
lettres, présentés au Gouvernement, aux ministres,
à toutes autorités constituées ou aux administrations
ou établissemens publics;

Les registres des administrations centrales et municipales, tenus pour objets qui leur sont particuliers, et n'ayant point de rapport à l'administration
générale, et les répertoires de leurs secrétaires;
ceux des receveurs des droits des communes et
des établissemens publics; ceux des aubergistes,
maîtres d'hôtels garnis et logeurs, sur lesquels ils
doivent inscrire les noms des personnes qu'ils lo-
gent; et généralement tous livres, registres et minutes de lettres qui sont de nature à être produits
en justice et dans le cas d'y faire foi, ainsi que les
extraits, copies et expéditions qui sont délivrés
desdits livres et registres.

Les affiches de publications de mariage sont aussi

sujettes au timbre; et il en est présentement de même à l'égard des certificats que les officiers de l'état-civil délivrent aux parties pour justifier aux ministres des cultes de l'accomplissement préalable des formalités civiles, avant d'être admises à la célébration religieuse de leur mariage.

Sont seulement exceptées de ce droit et de cette formalité, les minutes de tous les actes, arrêtés, décisions et délibérations de l'administration publique en général, et de tous les établissemens publics, dans tous les cas où aucun de ces actes n'est sujet à l'enregistrement sur la minute, et les extraits, copies et expéditions qui s'expédient ou se délivrent par une administration publique ou un fonctionnaire public à une administration publique ou à un fonctionnaire public, lorsqu'il y est fait mention de cette destination ;

Les quittances de traitemens et émolumens des fonctionnaires et employés salariés par l'État;

Les quittances ou récépissés délivrés aux collecteurs et receveurs de deniers publics; celles que les collecteurs de contributions directes peuvent délivrer aux contribuables, celles des contributions indirectes qui s'expédient sur les actes, et celles de toutes autres contributions qui se délivrent en feuilles particulières et qui n'excèdent pas 10 fr.;

Les quittances des secours payés aux indigens, et des indemnités pour incendies, inondations, épizooties et autres cas fortuits;

Les pétitions présentées au Corps législatif; celles qui ont pour objet des demandes de secours et de congés absolus et limités , et les pétitions des députés et réfugiés des colonies, tendantes à obtenir des certificats de résidence, passage et passe-ports pour retourner dans leur pays ;

Les certificats d'indigence ; les actes de police générale et de vindicte publique ; les registres de toutes les administrations publiques et des établissemens publics, pour ordre et administration générale ;

Ceux des receveurs des contributions publiques et autres préposés publics.

Aucun juge ou officier public ne peut coter et parapher un registre assujetti au timbre si les feuilles n'en sont timbrées.

Les seuls registres de recettes des octrois, c'est-à-dire à souche, sont assujettis au timbre.

Ceux qui servent au transit ne sont considérés que comme registres d'ordre et comme tels en sont exemptés.

Les frais de timbre du livre-journal destiné à présenter le détail des recettes et des dépenses de la commune et du compte servant de décharge au receveur municipal sont imputés sur les fonds accordés chaque année aux villes, pour frais d'administration, sauf, en cas d'insuffisance du fonds de 5o centimes, à demander qu'il y soit suppléé sur les fonds affectés aux dépenses imprévues. Les préfets font de ces frais de timbre l'objet d'une allocation spéciale dans les budgets réglés par eux.

Les pièces à produire par les receveurs des communes à l'appui de leurs comptes doivent aussi être timbrées : et tels sont les mandats des maires, les mémoires, quittances des fournisseurs, et généralement toute pièce établissant décharge ou libération.

La loi du 22 frimaire an VII assujettit à la formalité de l'enregistrement toute délibération prise par une commune et qui peut faire titre en faveur d'un tiers. Le droit est fixe ou proportionnel suivant la nature de son contenu.

Les maires doivent acquitter les droits d'enregistrement, pour ceux de leurs actes qui y sont sujets. Le remboursement s'opère en vertu d'un exécutoire qu'ils se font délivrer par le juge de paix.

Les établissemens publics doivent tenir, pour tous les actes relatifs à leur administration, deux registres, l'un pour les actes de police intérieure, et l'autre pour les actes d'administration temporelle et extérieure. Le premier registre est exempt du timbre : aucun acte sujet à l'enregistrement ne peut être inscrit sur ce registre.

Si sur le registre destiné aux actes d'administration extérieure, il était porté des actes reçus par un secrétaire ou autres officiers de l'établissement, et qui constateraient qu'on s'est présenté devant lui pour rédiger les conventions y portées, lesdits actes seraient alors sujets à l'enregistrement dans les vingt jours, comme ceux des secrétaires des administrations centrales ou municipales.

Tous les autres actes qui seraient consignés sur le registre en papier timbré, en forme de délibération des membres de l'établissement, même avec le concours des particuliers, ne seront considérés que comme actes sous seing-privé, qu'il suffira de faire enregistrer lorsqu'on voudra en faire un usage public, excepté ceux qui renfermeraient des dispositions translatives de propriété, d'usufruit ou de jouissance de biens immeubles, lesquels doivent être enregistrés....

L'arrêt de la Cour de Cassation du 18 mai 1810, a jugé que les peines établies pour le défaut d'enregistrement, étant pécuniaires et purement civiles, ne peuvent être prononcées par les tribunaux de police.

Suivant l'avis du Conseil d'état du 12—27 février 1811, le droit d'enregistrement tel qu'il est fixé par la loi du 18 frimaire an VII, pour les contrats de vente entre particuliers, c'est-à-dire sur le prix intégral, est dû pour toutes les acquisitions faites pour le compte des départemens, arrondissemens et communes. etc., etc.

(*Voy.* encore ci-dessus, à l'article ÉTAT-CIVIL, le mot : *Enregistrement*).

TRAVAUX DES COMMNUNES ; TRAVAUX PUBLICS. Lois du 14 floréal an X, des 24 pluviose, 16 et 29 ventose an XII, du 13 fructidor an XIII ; Décret du 10 brumaire, Loi du 16 frimaire an XIV ; Décret du 21 mars 1806 ; Loi du 16 septembre 1807, Décret du 18 juillet 1808 ; Circulaire du ministre de l'intérieur, du 5 décembre 1809 ; Décret du 11 janvier 1811 ; Décission du 13 novembre 1812 ; Lois du 25 mars 1817, du 15 mai 1818 ; Ordonnance du 8 août 1822 ; etc., etc.

—En résumé, les maires et adjoints sont chargés de veiller à la construction et à l'entretien du pavé dans tous les lieux qui ne sont pas grandes routes ;

A la construction et à l'entretien des chemins vicinaux dans l'étendue de la commune ;

A l'entretien des horloges, fontaines, halles et autres édifices publics appartenans particulièrement à la commune ;

A l'entretien des fossés, aqueducs et ponts à l'usage particulier de la commune, et non rangés dans la classe des travaux publics ;

A l'entretien des corps-de-garde de la force armée sédentaire, et de ceux des pompiers ;

A l'entretien des maisons et hospices de charité appartenans aux communes, des murs de clôture qui ne sont pas sous la surveillance des ingénieurs des fortifications ;

A l'entretien des ports, quais, abreuvoirs, de

la bourse dans les villes où il y en a, de la maison commune et de celle des bureaux de l'octroi municipal, des salles d'audience des juges de paix, des salles d'audience du tribunal de police;

A l'entretien des fossés et clôtures des prés, bois et propriétés communes;

Enfin, à l'entretien des réverbères, lanternes, et autres objets servant à procurer la sûreté et la salubrité.

On comprend aujourd'hui sous la dénomination de *Travaux publics*, en général, ceux qui se font aux établissemens et lieux d'utilité publique, tels que la maison commune, les salles d'audience, les églises, les hôpitaux, les halles, les abreuvoirs, les puits, les fontaines, les corps-de-garde, les pavés des rues, des quais, des ports, etc. Ces travaux sont évalués par devis, adjugés au rabais, et ensuite faits, reçus et payés comme les travaux publics nationaux, sous l'inspection gratuite d'un ingénieur du département, et sous la surveillance du préfet (*Lois des 24 pluviose, 16 et 29 ventose an XII*).

Le décret du 21 mars 1806 a ordonné pour la formation d'un fonds commun de travaux publics, un prélèvement sur le produit des coupes des quarts en réserve de bois communaux.

Suivant le décret du 11 janvier 1811, les dépenses relatives aux travaux faits dans une commune sans l'avis du Conseil municipal et sans l'observation des formes voulues par la loi, doivent rester à la charge du receveur de la ville, lequel a seulement son recours devant les tribunaux contre les ordonnateurs de la dépense, sur l'autorisation desquels il aurait payé.

C'est aux ingénieurs des ponts et chaussées qu'appartiennent exclusivement la direction et la surveillance des travaux concernant les grandes routes, et dont les frais sont à la charge du trésor public ; mais les maires doivent néanmoins indiquer au préfet les lieux où les routes et ponts sont dégradés, surtout lorsqu'ils ont besoin de réparations urgentes ; comme aussi lui indiquer les abus qu'ils peuvent remarquer à cet égard.

Il en est de même relativement aux travaux des rivières et canaux navigables et des chemins de hâlage. etc., etc.

(*Voy.*, au surplus, l'Ordonnance du 8 août 1821, ci-dessus transcrite, vol. ix, pag. 22 *et suiv.*).

Usage ; Usagers. Ordonnance de 1669, tit. xix ; Lois du 27 septembre 1790, du 28 septembre — 6 octobre, du 29 septembre 1791, du 29 floréal an III ; Arrêté du 5 vendémiaire an VI ; Lois du 28 brumaire an VII, du 8—28 ventose, du 19 germinal an XI, du 14 ventose an XII ; Décret du 17 ventose an XIII ; Avis du Conseil d'état, du 18 bru-

maire, approuvé le 16 frimaire an XIV; Code civil,
art. 618, 625; etc., etc.

—Le titre XIX de l'ordonnance de 1669 contient,
entre autres, sur l'exercice du droit *d'usage,* les
dispositions suivantes :

« Les habitans usagers donneront déclaration du
nombre de bestiaux qu'ils possèdent ou tiennent à
louage, dont sera fait rôle, contenant le nom de
ceux à qui ils appartiennent, lequel sera porté au
greffe du tribunal de police correctionnelle, pour
être transcrit en un registre qui sera tenu au greffe,
et paraphé du président et du procureur du Roi
près ledit tribunal.

« Les inspecteurs forestiers assigneront à chaque
hameau, village ou communauté usagère, une con-
trée particulière, la plus commode qu'il se pourra,
en laquelle, ès lieux défensables seulement, les
bestiaux puissent être menés et gardés séparément,
sans mélange de troupeaux d'autres lieux, le tout
à peine de confiscation des bestiaux, d'amende arbitraire contre les pâtres, et de destitution des officiers et gardes forestiers qui permettront et souf-
friront le contraire; et seront toutes les délivrances
faites sans frais ni droits, à peine de concussion.

« La déclaration des contrées et de la liberté d'y
envoyer au pâturage sera publiée l'un des dimanches du mois de février, à la diligence du maire,
avec défense aux usagers et à tous autres d'envoyer

paître leurs bestiaux ès autres lieux, à peine de confiscation et de privation de leurs usages.

« Tous les bestiaux appartenant aux usagers d'une même commune ou hameau ayant droit d'usage, seront marqués d'une même marque dont l'empreinte sera mise au greffe avant que de pouvoir les envoyer au pâturage ; et, chaque jour, assemblés en un lieu destiné pour chaque commune ou hameau, en un seul troupeau et conduit par un seul chemin, qui sera indiqué par les officiers forestiers le plus commode et le mieux défendu, sans qu'il soit permis de prendre une autre route, allant et retournant, à peine de confiscation des bestiaux, d'amende arbitraire, contre les propriétaires, et de punition exemplaire contre les pâtres et les gardes.

« Les particuliers seront tenus de mettre au cou de leurs bestiaux des clochettes dont le son puisse avertir des lieux où ils pourront s'échapper et faire dégat, afin que les pâtres y courent, et que les gardes se saisissent des bêtes écartées et trouvées en dommage, hors les cantons désignés et publiés défensables.

« Il est défendu à tout habitant de mener ses bestiaux à garde séparée, et de les envoyer dans la forêt par sa femme, ses enfans ou domestiques, à peine de 10 fr. d'amende pour la première fois, de confiscation pour la seconde, et de privation de tout usage pour la troisième fois : ce qui sera pareillement observé à l'égard des personnes qui jouiront du droit comme habitans, nonobstant les droits de troupeau à part et toutes coutumes et possessions contraires.

« Ne peuvent les particuliers usagers prêter leurs noms et maisons aux marchands et habitans des villes et autres lieux voisins, pour y retirer leurs bestiaux, et s'il s'y en trouvait qui fussent ainsi retirés ou donnés frauduleusement par déclaration, ils seront confisqués, et l'usager condamné pour la première fois à l'amende de 3o francs, et en cas de récidive privé de tout usage.

« Il est défendu à tous particuliers d'envoyer leurs bestiaux en pâturage sous prétexte de baux et permission des officiers, receveurs ou administrateurs et fermiers du domaine, même des engagistes ou usufruitiers, à peine de confiscation des bestiaux et de 100 francs d'amende.

« S'il y avait de jeunes rejets en futaie ou taillis le long des routes ou chemins où les bestiaux passeront pour aller ès lieux destinés au pâturage, en sorte que le brou ne se put sûrement empêcher, les officiers forestiers tiendront la main à ce qu'il soit fait des fossés suffisamment larges et profonds pour leur conservation, ou les anciens relevés et entretenus aux frais et dépens des communes usagères, par contribution à proportion du nombre des bêtes que chaque habitant enverra en pâturage.

« Il est défendu aux habitans des communes usagères et à toutes les personnes ayant droit de panage dans les forêts nationales, communales, et de particuliers, d'y mener ou envoyer bêtes à laine, chèvres, brebis et moutons, ni même ès landes et bruyères, places vaines et vagues, aux rives des bois et forêts, à peine de confiscation des bestiaux et de 3 francs d'amende pour chaque tête de bétail, et seront les bergers et gardes de telles bêtes condamnés en l'amende de 10 francs pour la première fois, et bannis en cas de récidive, et demeureront les propriétaires des bestiaux responsables civilement des condamnations rendues contre les bergers.

« Les habitans des maisons usagères jouiront du droit de pâturage et panage pour les bestiaux de leur nourriture seulement, et non pour ceux dont ils feront trafic et commerce, à peine d'amende et de confiscation ».

L'*art.* 8 de la loi du 27 septembre 1790 porte que, par l'abolition du droit de triage, il n'est nullement préjudicié aux actions en cantonnemens de la part des propriétaires contre les usages de bois, prés, marais et terrains vagues.

L'*art.* 9 du tit. vi de la loi du 29 septembre 1791, sur l'administration forestière, charge les agens forestiers de vérifier et indiquer les cantons défensables dans les pâturages, et d'en faire publier la déclaration dans les communes usagères.

L'arrêté du 5 vendém. an VI a astreint les usagers aux règles suivantes, pour l'exercice de cette faculté:

« *Art.* 1ᵉʳ. Le pâturage des bestiaux dans les forêts nationales de l'ancien domaine est interdit à tous particuliers riverains, qui ne justifieront pas être du nombre des usagers reconnus et conservés dans les états anciennement arrêtés par le ci-devant Conseil.

« *Art.* 2. Il est également interdit dans toutes les forêts devenues nationales, excepté aux usagers qui auront justifié de leur droit par devant les administrations centrales des départemens, contradictoirement avec les agens nationaux forestiers et les préposés de la régie de l'enregistrement.

« *Art.* 3. Ceux qui auront été reconnus usagers ne pourront user de cette faculté qu'en se conformant strictement aux dispositions contenues dans le titre xix de l'ordonnance du mois d'août 1669.

« *Art.* 4. Leurs bestiaux ne pourront être conduits que dans les parties de bois qui auront été déclarées défensables par les agens forestiers, sous les peines prescrites par les ordonnances et règlemens.

« *Art.* 5. Il ne sera déclaré de bois défensables que ceux qui seront reconnus être assez forts et élevés, sans avoir égard à leur plus ou moins d'âge, pour n'avoir rien à craindre de la dent des bestiaux.

La loi du 28 ventose an XI porte :

« *Art.* 1ᵉʳ. Les communes et particuliers qui se prétendront fondés par titre ou possession en droit de pâturage, pacage, chauffage et autres usages de bois, tant pour bâtimens que pour réparations, dans les forêts nationales, seront tenus, dans les six mois qui suivront la publication de la présente loi, de produire, sous récépissé, au secrétariat des préfectures, et sous-préfectures dans l'arrondissement desquelles les forêts prétendues grevées desdits droits se trouveront situées, les titres ou actes possessoires dont ils infèrent l'existence; sinon et ce délai passé, défenses leur sont faites d'en continuer l'exercice, à peine d'être poursuivis et punis comme délinquans.

« *Art.* 2. Les communes et particuliers dont les droits d'usage ont été reconnus et fixés par les états arrêtés au ci-devant Conseil, sont dispensés de la formalité établie par l'article précédent ».

Le droit d'usage peut, aux termes des *art.* 618 et 625 du Code civil, se perdre par l'abus dans la jouissance, c'est-à-dire, en laissant dépérir la chose ou en y commettant des dégradations; et cette disposition est applicable aux communes. etc., etc.

(*Voy.* encore les mots : *Affouage* et *Bois*).

Nota. Dans cet aperçu de la législation française, considérée sous le rapport des Attributions des Agens secondaires de la Puissance exécutive, nous avons cité d'anciennes ordonnances, des déclarations, des règlemens, des arrêtés, etc. Il ne faudrait pas en induire que les Préfets, les Sous-Préfets et les Maires, non plus que les Ministres, ou le Roi même, fussent en droit d'en remettre en vigueur toutes les dispositions sans distinction.

De ces dispositions, les unes sont en opposition

directe avec les bases, les principes, les dispositions les plus formelles des lois émanées de la Puissance législative, adoptées par les Chambres et sanctionnées par le Roi; celles-là, et c'est le plus grand nombre, ont été expressément ou implicitement abrogées; et il n'appartient évidemment à aucun des Agens du Pouvoir exécutif, à quelque degré de la ligne hiérarchique qu'il soit placé, de les revivifier : car il serait alors à lui seul législateur, ou, ce qui serait pire encore, plus puissant que le législateur; puisqu'il pourrait paralyser, dénaturer, anéantir par degrés la législation.

De ces mêmes dispositions renfermées dans les anciennes ordonnances, déclarations, etc., quelques-unes, au contraire, loin d'être en opposition avec les lois, se trouvent en harmonie avec leurs principes, elles sont un moyen efficace d'en assurer l'exécution; elles peuvent donc légitimement et sans aucune violation de la loi, recevoir leur application, et, si leur ancienneté était telle que les citoyens ne pussent être présumés en avoir une connaissance suffisante, le Gouvernement, les ministres, les préfets, etc., rempliraient encore un devoir en les publiant de nouveau.

Mais cette distinction exige, il faut en convenir, quelque sagacité et particulièrement une grande bonne foi de la part de l'homme d'état, de l'administrateur. Aussi ne serait-il pas sans utilité que le publiciste, ou le législateur lui-même, en facilitât la recherche et en simplifiât l'examen. Il n'est pas impossible à celui-ci de le faire par une loi qui en fixerait et classerait les points principaux, et dont il est utile que le premier rassemble les élémens.

D'autre part, il n'est pas invraisemblable que plusieurs des dispositions législatives et surtout des ordonnances nouvelles, que nous venons d'indiquer comme recevant en ce moment leur exécution, aient été modifiées, changées, abrogées même, par quelques dispositions et ordonnances récentes. Nous avouerons même que nous n'avons pas cru nécessaire de nous attacher à saisir et à signaler précisément le dernier état de choses à cet égard. Rien de plus mobile et de plus variable que toutes ces dispositions proprement dites règlementaires et d'exécution. Jusqu'ici, chaque jour pour ainsi dire y apporte quelque modification; le changement d'un ministre, d'un préfet, d'un simple employé, suffit souvent pour y produire des bouleversemens, et ce serait en quelque sorte entreprendre de suivre une ombre que de vouloir s'attacher à faire connaître avec la dernière exactitude l'état positif de leur ensemble au moment où l'on écrit. Avant que l'ouvrage n'ait été livré à l'impression par son auteur, les choses ne sont déja plus les mêmes; et quelque ordonnance du lendemain fera même évanouir en partie ce qui existait la veille (a).

_____

(a) Par exemple, au sujet des enrôlemens volontaires

Enfin, beaucoup de ces dispositions fondamentales ou règlementaires que nous avons citées, et que l'on peut encore considérer aujourd'hui comme formant le code ou le manuel des préfets, des sous-préfets et des maires, auraient besoin sans contredit d'explications, de notes et de commentaires, destinés à en critiquer quelques-unes, à expliquer les autres, à en faire bien comprendre le sens, les limites, l'étendue : mais ce travail encore serait immense ; il exigerait un ouvrage dont le plan fût

---

(p. 163), nous avons omis de citer la loi du 10 mars 1818, et plusieurs instructions, circulaires et décisions d'une date postérieure. — D'après l'une de ces instructions, en date du 20 mai 1818 (*art.* 5), les engagés volontaires doivent ne pas être âgés de plus de trente ans révolus. — Les hommes qui ont déja servi, peuvent être admis à s'engager jusqu'à trente-cinq ans révolus ; mais, passé l'âge de trente ans, leur engagement n'a lieu que pour un corps de l'armée dont ils ont fait partie. — Suivant la circulaire du 1er septembre 1819, les hommes qui n'ont pas encore servi, de même que les anciens militaires, sont aptes jusqu'à quarante ans révolus, à contracter des engagemens pour les corps formant la garnison des colonies. — Cette instruction, du 20 mai 1818, a de nouveau déterminé, par un tableau y annexé, la taille que les engagés doivent avoir, selon l'arme à laquelle ils se destinent. (*Voy.*, au surplus, sur cet article, le Manuel du recrutement, *publié par ordre du ministre de la guerre, au mois de juin* 1820, 1 vol. *in-8°*).

conçu dans ce but particulier; il outrepasserait par
conséquent de beaucoup les bornes dans lesquelles
nous avons été obligés de nous renfermer relativement à cette partie secondaire et purement accessoire, à laquelle même quelques-uns de nos lecteurs nous reprocheront peut-être d'avoir déja consacré trop d'espace dans un ouvrage qui, par sa
nature et son objet, ne peut en effet s'étendre sur
les détails.

Il existe d'ailleurs plusieurs traités qui peuvent,
à plus d'un égard et particulièrement en ce point,
suppléer à l'insuffisance de celui-ci, et qui ne se
recommandent pas moins à l'attention publique par
le mérite de leur exécution que par le nom et les
talents de leurs auteurs (a).

(a) *Voyez*, entre autres, le Manuel alphabétique
des maires, de leurs adjoints et des commissaires de
police, etc., par M. Dumont, ancien chef de division au
ministère de la justice (1813); les Élémens de jurisprudence administrative, extraits des décisions rendues par
le Conseil d'état, etc., par M. Macarel, avocat (1818);
les Élémens-pratiques de l'administration municipale,
par M. Péchart, employé au ministère de l'intérieur (1821);
et particulièrement les Questions de Droit administratif,
par M. le baron de Cormenin (1822); du Pouvoir municipal
et des Biens communaux, par M. le Président Henryon de
Pensey (1822); les Collections, par ordre de matière, de
MM. Dupin et Desenne; le Recueil des lois et ordonnances du royaume, à compter du 1.er avril 1814, par

M. Isambert, avocat à la Cour de cassation; les Lois rurales, par M. Fournel, avocat à la Cour royale; les anciens Recueils et Commentaires connus sous le nom de Code municipal, Code rural, Code de police, Code pénal, etc.; le Répertoire de jurisprudence, par Guyot; le Nouveau Répertoire, par M. Merlin; particulièrement aux mots : *Amende* § 8, *Armes, Arrestation, Assemblée, Aumône; Bac, Bail* § 18, *Ban de vendange, Boues, Boucher, Boulanger, Budget des communes; Cimetière, Chasse, Chaume, Chemin, Chirurgien, Cloche, Communaux* § 5, *Compagnon, Contrôle, Curage; Démence, Drogues, Droguistes; Échenillage, Échevin, Emprisonnement, Épizootie, État-civil, Expédition* § 5; *Fondation, Forçats, Fumiers; Garde-champêtre, Garde des bois, Garde nationale, Glanage, Grains; Hâlage, Hôpital; Incendie, Injure, Interdiction; Lanterne; Maire, Maison de justice, Manufacture, Marais, Mariage, Marque, Mort, Moulin; Naissance, Naturalisation; Octrois, Officiers de police judiciaire; Papeterie, Parcours, Partage* § 10, *Passe-port, Patente, Peine, Poids et Mesures, Poison, Port-d'armes, Poudre, Pouvoir judiciaire, Préfet, Presbytères, Prison, Procès-verbal; Registres des gros fruits, Rivière, Route; Secours public, Sépulture, Sous-préfet; Transaction; Vagabond; Université; etc.*

SECTION III.

Attributions des Conseils de Préfecture, de Sous-Préfecture et de Mairie.

« Novices que nous sommes dans la science du Gouverne-
« ment représentatif, il nous faut les leçons du temps
« et de l'expérience avant de savoir bien positivement
« faire la part de la Justice et de l'Administration » (a).

Nous avons reconnu précédemment que les Attributions du Conseil d'état sont telles que, pour qu'elles soient convenablement réparties et exercées, il importe essentiellement que ce Conseil soit divisé en trois sections ou comités distincts, savoir : Comité *de Législation,* Comité général *d'examen et rédaction des ordonnances et règlemens de pure exécution,* et Comité *du Contentieux administratif* (b).

Nous avons vu aussi que les Attributions des Conseils de préfecture, de sous-préfecture et de mairie sont de même nature que celles

---

(a) Du Conseil-d'État, selon la Charte, etc., par M. Sirey, pag. 164 et 180.

(b) *Voy. ci-dessus,* vol. VIII, même §, première division, pag. 201 *et suiv.*

du Conseil d'état, quoiqu'à des degrés inférieurs (a).

La même base d'organisation doit donc se
retrouver dans la répartition de ces Attributions ; et pour cela les Conseils de préfecture, de sous-préfecture et de mairie doivent
être aussi divisés en trois Sections, Comités
ou Bureaux, savoir : 1° Bureau *de Législation;*
2° Bureau *d'examen et rédaction des règle-*
mens partiels d'exécution; 3° Bureau *de Con-*
tentieux local et *purement administratif.*

1° *Bureau Législatif.*

Ce Bureau doit être spécialement chargé de
la conception et rédaction des résolutions législatives, locales, et de leur présentation et
discussion dans les Chambres départementales,
cantonales et municipales (b); comme, par
exemple, lorsqu'il s'agit de la construction
d'une route, d'un canal, d'un pont, d'un édifice public quelconque, dont la dépense doit
rester à la charge du département, de l'arron-

(a) *Voy. ci-dessus*, vol. ix, pag. 7 et 8.
(b) *Ibid.*, vol. vii, pag. 234 *et suiv.*

dissement ou de la commune, et que, par conséquent, les Représentans de la Propriété et de l'Industrie dans le département, l'arrondissement, ou la commune doivent naturellement voter.

2° *Bureau d'examen et rédaction des Règlemens ou Arrêtés partiels de pure exécution.*

La désignation de ce Bureau suffit pour faire connaître le cercle de ses attributions spéciales et particulières. L'exécution de toute résolution législative, soit générale, soit locale, nécessite un travail, une correspondance active, des décisions, règlemens ou arrêtés ultérieurs : et c'est dans les limites de cette partie d'administration assez importante, que le Bureau dont il est ici question doit se renfermer ; comme, par exemple, lorsqu'il s'agit d'effectuer la répartition des contributions (*a*), de

_____

(*a*) Le titre 1er de la loi du 3 frimaire, an **VII**, expose les principes d'après lesquels se sont faites jusqu'ici ces répartitions. Les deux titres suivans indiquent le mode de nomination, et les fonctions des répartiteurs. (*Voy. ci-dessus*, vol. ix, pag. 361 *et suiv.*).

L'*art.* 1.er de la loi du 3 nivose suivant a chargé les

régler le partage des bois d'affouage (*a*); etc.

3° *Bureau du Contentieux administratif.*

Des difficultés s'élèvent quelquefois entre les divers Agens de l'autorité exécutive, relativement à l'exercice et à l'étendue respective de leurs pouvoirs ; c'est au Comité du Contentieux administratif dans le Conseil d'état qu'appartient en propre le droit de statuer sur les contestations de cette nature, soit entre les ministres, soit entre les préfets sur le renvoi des ministres (*b*).

Par les mêmes motifs, le Bureau du Contentieux dans les Conseils de préfecture, de sous-préfecture et de mairie, statuera sur les contestations du même genre, entre les sous-préfets, les maires ou adjoints, les commissaires de police, les préposés de l'administration des contributions directes et indirectes, les gardes champêtres et autres.

---

répartiteurs de la contribution foncière d'opérer également la répartition de la contribution personnelle et mobilière (*Voy. ci-dessus*, pag. 371 *et suiv.*).

(*a*) *Voy. ci-dessus*, vol. IX, pag. 302 *et suiv.*

(*b*) *Ibid.*, vol. VIII, pag. 245 *et suiv.*

Il pourra aussi accorder les autorisations nécessaires, non pas pour que les tiers soutiennent et revendiquent leurs droits contre les départemens, les arrondissemens ou les communes ; ce qui, de la manière dont on a paru quelquefois l'entendre, nous semble être une véritable absurdité (*a*) : mais pour que les

---

(*a*) On paraît en être revenu aujourd'hui à une jurisprudence plus conforme à la raison ; et voici, entre autres, ce que dit à ce sujet M. le président Henryon de Pensey, dans son Traité du *Pouvoir municipal et des Biens communaux* :

« L'édit du mois d'avril 1683 défend aux communes d'habitans *d'intenter aucune action, ni commencer aucun procès, tant en cause principale que d'appel, ni d'ordonner des députations, sous quelque prétexte que ce soit, sans avoir auparavant obtenu le consentement des habitans, dans une assemblée générale, dont l'acte de délibération sera confirmé et autorisé d'une permission par écrit du sieur commissaire départi en la généralité, etc.* »

« L'édit du mois d'août 1764, concernant l'administration des communes, porte :

« *Art.* 43. *Les ordonnances, édits et déclarations, concernant les autorisations nécessaires pour plaider, seront exécutées selon leur forme et teneur.*

« *Art.* 44. *Ne sera néanmoins, ladite autorisation, nécessaire pour défendre aux appels des sentences rendues*

départemens, les arrondissemens, ou les communes puissent intenter action en justice, dans
la vue et pour la conservation de leurs inté-

---

*en faveur desdits villes et bourgs, ni pour se pourvoir par
devers nous.*

« Le décret du 14 décembre 1789, sanctionné le 28
du même mois, renferme à ce sujet, les deux dispositions suivantes :

« *Art.* 54. *Le Conseil général de la commune sera con-
voqué, lorsqu'il s'agira de délibérer sur les procès à intenter, même sur les procès à soutenir, dans le cas où le
fond du droit sera contesté.*

« *Art.* 56. *Les délibérations, pour lesquelles la convocation du Conseil-général est nécessaire, ne pourront être
exécutées qu'avec l'approbation du directoire du départe-
tement.*

« La loi du 28 pluviose an VIII porte :

« *Art.* 15. *Il y aura un Conseil municipal dans chaque
ville, bourg, ou autre lieu pour lequel il existe un agent
municipal et un adjoint. Il délibérera sur les procès qu'il
conviendra d'intenter, ou de soutenir pour l'exercice et la
conservation des droits communs.*

« *Art.* 24. *Le Conseil de préfecture prononcera sur les demandes qui seront présentées par les communautés des
villes, bourgs, ou villages, pour être autorisées à plaider....*

« J'ai vu mettre en question, si celui qui intente l'action n'est pas obligé de procurer à la commune l'autorisation nécessaire pour y défendre. S'il en était ainsi, il

rêts, soit entre elles, soit contre des particuliers.

Peut-être trouvera-t-on qu'en raison de la

---

faudrait plus de temps, de soins et de démarches pour
obtenir la réparation d'un tort causé par une commune ;
que s'il était du fait d'un particulier : par conséquent
l'action de la loi serait plus ou moins directe, l'accès
des tribunaux serait plus ou moins facile, suivant la
qualité des personnes, ce qui choquerait l'égalité constitutionnelle. D'ailleurs, celui qui revendique une propriété
use, quel que soit l'usurpateur, d'un droit qui lui est
propre, d'un droit dont l'exercice n'est subordonné à
aucune condition. Enfin, ce qui tranche, c'est cette disposition de la loi du 28 pluviose an VIII : *Les Conseils
de préfecture prononcent sur les demandes qui leur sont
présentées par les communes, à l'effet d'être autorisées à
plaider.* C'est, comme l'on voit, la commune qui doit
demander l'autorisation : ce n'est donc pas son adversaire
qui en est chargé.

« Une assignation dans la forme légale, et devant le
juge compétent, voilà donc la seule formalité exigée,
pour traduire une commune devant les tribunaux.

« Si le maire se présente, sur cette assignation, sans
être autorisé à y défendre, le juge, sur l'observation qui
lui en est faite, soit par la partie, soit par le ministère
public, donne à la commune un délai suffisant pour
remplir cette formalité. A l'expiration de ce délai, et même
d'un second, toutes les fois que les circonstances l'exigent, si l'autorisation n'est pas représentée, il demeure

29.

population actuelle, dans un grand nombre de petites communes, çe système d'organisation qui nécessite, même pour chacune de ces

---

constant qu'elle a été refusée par le Conseil de préfecture; l'affaire est jugée par défaut : ce jugement, après les significations légales et les délais voulus par la loi, devient définitif, et le procès est terminé.

« Dans un ouvrage récent, intitulé *Jurisprudence communale et municipale*, ouvrage fort utile, on trouve, *pag.* 426, deux ordonnances royales du 4 juin 1816, et 4 novembre 1817, qui consacrent cette doctrine....

« Je le répète, la règle est que l'autorisation du Conseil de préfecture doit être demandée par la commune, lors même qu'il s'agit de défendre à une accusation intentée contre elle.....

« Cette règle cependant n'est applicable qu'aux actions réelles, il n'en est pas de même lorsqu'il s'agit d'une créance. Celui qui se prétend créancier d'une commune doit d'abord, et avant toute poursuite judiciaire, soumettre au Conseil de préfecture le titre en vertu duquel il se propose d'agir. Si ce titre emporte exécution parée, en un mot, s'il est inattaquable, le Conseil de préfecture en ordonne l'exécution. La somme réclamée est portée sur le budget de la commune, et l'affaire est terminée.

« Mais, si le Conseil de préfecture croit avoir des raisons de douter, si le titre qui lui est soumis lui paraît susceptible d'une critique raisonnable, sans qualité pour prononcer comme juge, il doit renvoyer le créancier à se

petites communes, au moins trois employés, indépendamment du maire, entraînerait avec lui les inconvéniens d'une dépense nouvelle

---

pourvoir devant les tribunaux, et, par le même arrêté, autoriser la commune à s'y défendre.

« Cela est ainsi réglé par un édit du mois d'août 1683, et par un arrêté du 17 vendémiaire an X..... »

Le même auteur ajoute :

« L'Édit fait défense aux créanciers des communes *d'intenter contre elles, en la personne des maires, éche- vins, syndics, etc., aucune action, même pour emprunt légitime, qu'après qu'ils en auront obtenu la permission par écrit des intendans et commissaires, départis en cha- cune généralité, dont ils feront donner copie avec l'exploit de demande, à peine de nullité de toutes procédures, etc.*

« L'arrêté du 17 vendémiaire an X ordonne l'exécu- tion de cet édit ; en voici les termes : *Les créanciers des communes ne pourront intenter contre elles aucune action, qu'après qu'ils en auront obtenu la permission par écrit du Conseil de préfecture, sous les peines portées par l'édit du mois d'août 1683* ».

« Cette distinction entre les questions de propriété et les actions qui ont pour objet le paiement d'une créance, est bien marquée dans un avis du Conseil d'état du 18 juillet 1807, sur la question de savoir si les créan- ciers des communes peuvent former des oppositions sur les deniers déposés à la caisse d'amortissement. On y lit: *Considérant que, dans l'exercice des droits des créanciers des communes, il faut distinguer la faculté qu'ils ont*

et ceux d'une sorte de surabondance dans les emplois.

Mais à cette objection, il y a quelques réponses à faire.

Et d'abord la population tend évidemment

---

d'obtenir contre elles une condamnation en justice, et les actes qui ont pour but de mettre leur titre à exécution; que, pour l'obtention du titre, il est hors de doute que tout créancier d'une commune peut s'adresser aux tribunaux dans tous les cas qui ne sont pas spécialement attribués à l'administration, mais que, pour obtenir un paiement forcé, le créancier d'une commune ne peut jamais s'adresser qu'à l'administration; que cette distinction, constamment suivie par le Conseil d'état, est fondée sur ce que, d'une part, les communes ne peuvent faire aucune dépense sans y être autorisées par l'administration; que, de l'autre, les communes n'ont que la disposition des fonds qui leur sont attribués par leur budget, et qui tous ont une destination dont l'ordre ne peut être interverti; — Considérant en outre que, d'après l'arrêté du Gouvernement du 19 ventose an X, qui a constitué la Caisse d'amortissement dépositaire des fonds appartenant aux communes, elle ne peut les mettre à leur disposition sans une décision du ministre de l'intérieur; que cette précaution a pour but de prévenir tout abus de l'emploi des fonds, et d'en régler la disposition de la manière la plus avantageuse aux communes; —Considérant enfin que la Caisse d'amortissement doit être regardée, non comme débitrice des

à s'accroître ; dans l'état de paix que l'on doit
•désirer de voir se maintenir long-temps, et qui
deviendra l'état habituel des peuples, cet accroissement est rapide, et depuis quelques

---

*communes, mais seulement comme dépositaire de leurs
fonds, et comme leur caisse particulière destinée à conserver une partie désignée de leur actif ; —est d'avis que la
caisse d'amortissement ne doit pas recevoir des oppositions
de la part des particuliers, sur les fonds appartenant aux
communes, sauf aux créanciers à se pourvoir près de
l'administration, pour obtenir, s'il y a lieu, la décision
exigée par l'arrêté du 17 vendémiaire an X.*

« Les règles de cette matière sont réunies avec une
clarté qui ne laisse rien à désirer, dans un avis du Conseil d'état du 3 juillet 1808. Je vais encore le transcrire :

*Le Conseil d'état..... est d'avis que les demandeurs qui
se proposent d'intenter, contre les communes, des actions
pour créances chirographaires ou hypothécaires, sont, aux
termes de l'arrêté du 17 vendémiaire an X, tenus à prendre l'autorisation du Conseil de préfecture ; mais que,
pour former, soit au pétitoire, soit au possessoire, une
action, à raison d'un droit de propriété, il n'y a pas lieu
à demander ladite autorisation ».*

— Dans le cas où les sections d'une même commune
sont en contestation relativement à des intérêts particuliers, le sous-préfet désigne, pour représenter ces sections, des propriétaires pris parmi les plus imposés. Ces
propriétaires forment une commission qui s'assemble chez

années, on en voit, en France surtout, la
preuve chaque jour et de tous côtés. Or, pour
que cet accroissement de population puisse
avoir lieu sans danger, sans embarras, sans
entraves, dans la marche de toutes les parties
de l'administration, il faut que les cadres de
toutes ces parties distinctes existent d'avance,
et soient disposés de manière à ce que toutes
choses soient successivement classées comme

---

le sous-préfet, pour y opposer les motifs de plaintes et
de contestations des sections qu'elles représentent, et
délibérer s'il y a lieu à intenter ou soutenir le procès.
S'il n'y a pas conciliation, le procès-verbal de l'assemblée,
tendant à obtenir l'autorisation de plaider, est adressé
au Conseil de préfecture, qui prononce si l'autorisation
de plaider est accordée; les membres élus par le sous-
préfet, nomment, chacun pour les sections qu'il représente, un d'entre eux qui est chargé de suivre l'action
devant les tribunaux. Ce choix ne peut tomber ni sur le
maire, ni sur l'adjoint de la commune. (*Voy.* Élémens
pratiques de l'Administration municipale, par M. Péchart, tit. 1, pag. 2, *Édit.* 4ᵉ).

— (*Voy. aussi ci-dessus*, à l'article ÉTAT-CIVIL, etc.,
les mots, *Actions et Procédures judiciaires ;* et les lois du
27 vendémiaire an V, du 28 pluviose an VIII, les Arrêtés
du 24 germinal an XI, du 21 frimaire an XII, et l'Avis
du Conseil d'état, approuvé le 12 juillet 1806).

elles doivent l'être, dans la place qui leur est propre et qui seule convient à chacune d'elles. Que l'on consulte les registres qui peuvent constater le nombre des étudians en droit dans les facultés de Paris et autres villes, comme aussi les tableaux des avocats stagiaires près des différentes Cours royales, et l'on jugera ensuite s'il n'est pas convenable et très-utile d'ouvrir à cette jeunesse nombreuse toutes les carrières nouvelles qu'un plan d'organisation constitutionnelle, régulier et bien conçu, que des institutions libérales et reposant sur des bases larges et fixes peuvent offrir à leur émulation, à leur zèle, à leur amour de la patrie, de l'ordre et du travail.

Secondement, il y a eu aussi beaucoup d'employés supprimés, et il en existe encore beaucoup d'autres à supprimer dans des parties d'administration sans utilité réelle ou par elles-mêmes fort onéreuses. Or, la plupart de ces employés saisiraient sans doute avec empressement les occasions de retrouver de nouveaux moyens de subsistance, en se rendant utiles à leurs concitoyens.

En troisième lieu, nous répéterons qu'il vau-

drait beaucoup mieux que, dès aujourd'hui
même, les traitemens en général et surtout
ceux des hauts fonctionnaires fussent plus
modérés et leur excédant convenablement réparti entre les employés des rangs inférieurs.
Cette juste distribution des émolumens et des
récompenses, de même que celle des attributions de toutes les branches de l'administration, de toutes les parties de l'organisation
sociale, serait d'une grande efficacité, aurait
une immense influence pour le bien-être général et individuel, pour la conservation ou
le rétablissement des bonnes mœurs, pour le
maintien et la propagation de toutes les vertus publiques et privées; l'État, les départemens, les arrondissemens et les communes y
trouveraient des sources nombreuses de bon
ordre et de prospérité.

On peut d'ailleurs, par l'aperçu des attributions des préfets, des sous-préfets et des
maires dans l'état présent de la législation,
reconnaître qu'il existe assez de travaux, assez
d'objets différens, soit de législation locale,
soit d'administration et d'exécution, soit de
matière contentieuse, pour motiver cette divi-

sion et organisation des Conseils de préfecture, de sous-préfecture et de mairie, même pour ce qui concerne les plus petites Communes, dans un pays où ces Communes admises enfin au bénéfice de l'émancipation, seraient appelées et rendues aptes à administrer par elles-mêmes tout ce qui se rattache manifestement à des intérêts restreints et purement locaux.

Enfin, le Bureau du Contentieux administratif surtout est nécessaire à admettre jusque dans l'organisation des Conseils de mairie, où ses attributions prendraient même, pour le moment, une extension qui y serait utile, mais qu'il n'est pas nécessaire de leur donner dans le Comité contentieux du Conseil d'état ni des Conseils de préfecture ou de sous-préfecture.

En effet, les contestations qui intéressent l'administration, mais qui doivent être mises hors de la sphère de sa juridiction du moment où ses prétentions rencontrent dans leur marche l'opposition d'intérêts individuels et privés qui peuvent en être froissés; ces contestations, disons-nous, peuvent et doivent être soutenues et défendues dans l'intérêt de l'administration devant les premières autorités de

l'Ordre judiciaire, c'est-à-dire la Haute-Cour
de justice ou de cassation, les Cours d'appel
ou de département, et les Tribunaux de première instance ou d'arrondissement (*a*), par
les magistrats du parquet, ou officiers du ministère public, exerçant près de ces Cours et
Tribunaux; tandis qu'aucun officier ou magistrat de cette classe n'existant aujourd'hui près
des justices de paix ou Tribunaux inférieurs
dans les communes (*b*), le maire pourrait (relativement à tous les cas, tels que ceux de police et autres, dans lesquels il ne devrait pas
être constitué juge (*c*), mais bien partie publique et accusatrice) soutenir l'accusation par
lui portée, sinon lui-même et en personne,
du moins par l'intermédiaire du Conseiller de
mairie, membre du Bureau du Contentieux; et
cet ordre de choses durerait jusqu'à ce que la
ligne des officiers dits du Ministère public ait
été pareillement remplie et complétée près de
ces Tribunaux inférieurs ou de commune,

(*a*) *Voy.* ci-après, titre III, *Du Pouvoir judiciaire.*
(*b*) *Ibid.*
(*c*) *Voy.* ci-dessus, vol. IX, pag. 61 *et suiv.*

ainsi qu'elle l'est maintenant près des Cours
et des Tribunaux de rangs plus élevés. C'est
ainsi, en quelque sorte, que la loi du 14 décembre 1789, portait, *art.* 26, qu'il y aurait,
dans chaque municipalité, un procureur de
la commune sans voix délibérative, et chargé
de défendre les intérêts et de poursuivre les
affaires de la communauté; et, *art.* 27, que
dans les villes au-dessus de 10,000 ames, il y
aurait en outre un substitut du procureur de
la commune, lequel, à défaut de celui-ci,
exercerait ses fonctions (*a*).

Les Ambassadeurs, Plénipotentiaires, Rési-
dens ou Consuls, étant les agens et délégués du
Chef de la Puissance exécutive à l'extérieur du
Royaume, comme les Ministres, Préfets, Sous-
Préfets et Maires, à l'intérieur, il en résulte
que les Ambassades et Consulats, etc., devraient se rapprocher en plusieues points des
mêmes bases d'organisation.

(*a*) Les Adjoints des maires avaient reçu de la loi du
27 ventose an VIII, une attribution qui leur était propre, celle de remplir les fonctions du ministère public

Nota. Cette partie du Pacte social, relative à l'organisation et à l'exercice des Attributions propres
aux Conseils de préfecture, de sous-préfecture et
de mairie, est en tout point conforme non-seulement
aux bases et aux principes du droit constitutionnel
développés dans cet ouvrage, mais même, on peut
le dire, à ceux de ces principes déja admis par la
Charte et par les précédentes constitutions de la
France depuis 1789. Elle en est une conséquence
naturelle et manifeste; mais, comme ces principes
ne sont point encore adoptés en totalité, ou que
les conséquences de ceux qui sont consacrés ne sont
pas, en ce point, non plus qu'en beaucoup d'autres,
reconnues et suivies avec exactitude et ponctualité,
il serait difficile peut-être de trouver dans la législation ou dans les ouvrages récemment publiés, des
autorités directes et bien formelles à invoquer à cet
égard. Et d'ailleurs, s'il est impossible de ne pas voir
clairement que cette organisation est en effet une
conséquence réelle des premiers principes admis, de

---

près le tribunal de police de leur canton, lorsque ce
tribunal était dans une commune où il n'existait point
de commissaire de police.

D'après l'article 144 du Code d'instruction criminelle,
c'est le maire qui est appelé, en première ligne, à remplir
ces fonctions, sauf à lui à se faire remplacer par son
adjoint.

la distinction des trois Pouvoirs et de la division du premier de ces Pouvoirs en trois branches, qu'est-il besoin d'autre soutien et de plus grande autorité ?

On ne manque pas du moins de faits et d'observations puisées dans les écrits des hommes les plus éclairés et les plus versés dans la science administrative, propres à justifier ces assertions; que jusqu'ici l'institution des Conseils de préfecture, ou celle des Administrations qui les ont précédés, était imparfaite et vicieuse; que par conséquent les suites en ont dû être et en ont été préjudiciables et funestes; que l'institution telle qu'elle existe aujourd'hui est encore insuffisante et défectueuse; qu'elle donne lieu à une jurisprudence remplie de doutes et de difficultés, et que les résultats ne peuvent en être favorables et satisfaisans pour un ami de l'ordre et de l'humanité (a).

(a) Voici un extrait de ce que dit en ce sens l'un de ces auteurs, en parlant de la justice administrative pendant la Révolution :

« L'assemblée constituante créa le pouvoir administratif, et fit la faute de ne point assez le limiter. Bientôt après, chaque faction se jeta avec avidité sur ce nouveau pouvoir, et s'en servit comme d'un instrument de domination.

» On établit dans chaque département des Administrations centrales. Le Gouvernement envoya auprès d'elles des commissaires revêtus de pouvoirs secrets et presque illimités; puis il les remplit et les infesta d'une multitude de ses créatures, satellites obscurs, ardens propagateurs des doctrines révolutionnaires, offrant pour garanties leur perversité, leurs crimes et la haine publique; ennemis farouches de l'ordre et des lois, enivrés d'un pouvoir si nouveau pour eux; ne connaissant d'autres règles que les caprices de l'arbitraire, et ne goûtant, ne voulant de la révolution que sa licence et ses profits.

« Ces administrateurs improvisés furent prompts à imiter leurs maîtres, et leur tyrannie devint d'autant plus insupportable, qu'elle pesait de plus près, sans relâche et sans distinction, sur tous les Français.

« Le pouvoir administratif, protégé par la terreur, étendait de jour en jour ses attributions, bornait le pouvoir civil, et portait ses mains de tous côtés sur les choses et sur les personnes.

« Quant aux choses :

« La noblesse et le clergé possédaient en propriété la plus grande partie du sol de la France.

« Le clergé fut supprimé, et ses biens tombèrent dans le domaine national.

« La noblesse émigra, et ses biens frappés de confiscation par les lois existantes furent séquestrés et vendus administrativement.

« Les questions relatives à la validité, à l'étendue et aux effets de ces ventes, furent soumises à l'administration.

« Les revendications de propriété exercées par des tiers républicoles sur leurs propres biens soumissionnés comme nationaux, étaient, même avant la vente, aban-

données au jugement des Administrations centrales; de
sorte que non-seulement les émigrés, mais les républicoles eux-mêmes ne pouvaient dormir tranquilles à
l'ombre des lois révolutionnaires (*).

« Les nombreux créanciers, qui avaient à exercer
contre les émigrés ou le clergé des actions, soit personnelles, soit hypothécaires, soit de toute autre nature,
furent tenus de produire leurs titres devant l'administration, et de les faire débattre et liquider par elle.

«Les femmes des émigrés, pour la reprise de leurs
constitutions dotales; les copropriétaires par indivis,
pour la liquidation de leurs portions; les pères et mères
des émigrés, pour les partages de présuccessions; les débiteurs des émigrés, ou des corporations religieuses,
pour le remboursement de leurs dettes, étaient jugés
administrativement (**).

« Les Administrations de département, par haine pour
la noblesse, et pour multiplier les complices de la révolution, dépouillaient, sans formes, sans titres, sans justice, et sans même entendre le domaine, les anciens seigneurs de leurs propriétés les plus légitimes, pour les
livrer aux déprédations des communes.

« Ces mêmes administrations jugeaient, sous prétexte de leurs liaisons avec des intérêts administratifs, de
toutes sortes de questions d'état et de propriété, ainsi que
de la validité et des effets de baux, de contrats privés,

(*) Loi du 6 floréal an IV.
(**) Loi du 1er floréal an III.

Tome IX. 30

de vente, de donation, de testament, de servitude et d'autres matières régies de tout temps par le droit civil.

« Les traités de fournitures étaient, sous le même prétexte, et souvent au mépris de la loi sacrée du contrat, rompus, modifiés, réglés par la volonté capricieuse des ministres.

« C'est alors que les spéculateurs honnêtes et solvables s'éloignèrent d'un Gouvernement sans loyauté, et qu'on vit des traitans sans solvabilité et sans crédit, assiéger les bureaux des ministères, et tour à tour corrupteurs et corrompus, se partager entre eux les dépouilles de la fortune publique.

« Quant aux personnes :

« Leur surveillance fut ôtée aux tribunaux, et dépouillée de ses formes légales; la puissance exécutive, dans la fécondité de ses développemens, enfanta la haute-police; et ce pouvoir monstrueux de suspendre arbitrairement et impunément la liberté des citoyens fut encore remis à la discrétion de l'administration.

« En outre, les tribunaux révolutionnaires, les commissions militaires, les commissions spéciales, les commissions extraordinaires, étaient autant d'émanations du Pouvoir administratif, autant de dérogations au droit commun, autant d'armes confiées aux mains du Gouvernement, et dirigées contre le repos, la sûreté et la vie des citoyens.

« Les assemblées nationales, entraînées par le torrent de la révolution, et occupées sans cesse soit à assouvir leurs ambitions et leurs vengeances, soit à relever le frêle édifice de leurs constitutions qui s'écroulaient les unes sur les autres, n'avaient point le loisir de jeter leurs regards sur l'organisation intérieure des départemens, et sur la meilleure distribution de la justice administrative. Aussi la plupart des lois de ce temps, quoiqu'elles favorisassent avec complaisance par leur principe les usurpations de l'autorité administrative, ont négligé de s'expliquer clairement sur la nature des attributions des Administrations centrales et sur leurs limites, sur les cas d'appel et sur les autorités où ces appels devaient être déférés, sur les distinctions qui séparent l'administration contentieuse de l'administration règlementaire. Peut-être aussi les législateurs révolutionnaires ont-ils craint de s'expliquer, de peur d'être obligés de s'arrêter eux-mêmes devant les limites qu'ils auraient posées ; car l'usurpation des pouvoirs judiciaires servit merveilleusement l'usurpation des pouvoirs politiques. En effet, les formes protectrices des tribunaux, les lenteurs mêmes de leurs procédures, la solennité de leurs débats, la justice universelle des lois qu'ils appliquent et l'indépendance des juges, sont autant de garanties pour les citoyens ; mais le despotisme d'un seul ou de plusieurs veut une procédure vive, des débats secrets, des juges amovibles, de courts jugemens, et surtout une prompte exécution : or, l'autorité administrative rassemblait plutôt ces dernières conditions, que l'autorité judiciaire. J'ai fait voir ce qui arriva : le Pouvoir administratif, pour le profit de la révolution, envahit les choses et les personnes ; les matières civiles se détachèrent des tribunaux, et vinrent s'engloutir dans le gouffre des Administrations de district et de département, et la liberté de

3o.

tous les citoyens, obscurs ou puissans, riches ou pauvres, fut de toutes parts inquiétée, poursuivie, enchaînée au nom de la liberté même ».

Dans d'autres chapitres, le même auteur ajoute : « La raison d'état, la nécessité des circonstances, l'intérêt du Gouvernement, ont presque toujours été, pendant la Révolution, l'ame des lois rendues sur les matières administratives et des décisions prises en interprétation de ces lois par les Corps administratifs.

« Aussi l'administration souffre impatiemment, même aujourd'hui, une jurisprudence qui la gêne et qui limite ses prétentions et son autorité.

« D'un autre côté, les citoyens ont toujours demandé que, pour la prompte expédition des affaires, les compétences fussent réglées, et que l'État, dans ses rapports avec eux fût obligé, pour la garantie de leurs droits, de se soumettre jusqu'à un certain point aux maximes de la législation civile.

« Cependant ces justes réclamations n'étaient pas écoutées.... L'esprit intolérant de la Révolution dominait encore. Le principe de la loi politique avait envahi toutes les matières civiles. Les Administrateurs s'étaient faits juges. Le Gouvernement craignait, non sans raison, que les tribunaux ne se pliassent pas avec assez de complaisance à ses directions, et qu'accoutumés à appliquer les maximes éternelles de la justice, ils ne fussent révoltés de l'iniquité de certaines lois. Chaque Administration départementale réformait, modifiait, rapportait ses propres arrêtés, et jugeait sans règles, sans formes, sans unité de doctrine. Chaque ministre appliquait la loi selon le système qu'il s'était construit et selon l'intérêt du moment.

« D'ailleurs la multitude, l'obscurité, les contradictions, la fiscalité, et l'injustice des lois révolutionnaires favorisaient singulièrement l'arbitraire des interprétations ; et tandis que de bonnes lois civiles, ainsi que l'épuration des tribunaux (auxquels cependant manquait encore l'inamovibilité) commençaient à offrir aux citoyens les plus heureuses garanties de la distribution de la justice ordinaire, les affaires administratives contentieuses étaient le plus souvent abandonnées aux caprices d'un chef de bureau, à son ignorance, à sa corruption.... ».

Enfin, « l'expérience, la plus sûre des épreuves, nous enseigne que les derniers Gouvernemens avaient mis presque tous les intérêts des citoyens dans la dépendance étroite de l'Administration et sous le joug de ses jugemens ; que ce qu'ils pensaient faire leur force a fait leur faiblesse ; et qu'ils ont péri par où ils croyaient vivre.

« En effet, il semble que notre révolution n'ait été qu'une longue et universelle conspiration du Gouvernement contre la propriété. Il a d'abord englouti les biens du clergé ; ensuite, il a confisqué les biens des émigrés ; puis, il a étendu ses mains sur les propriétés mobilières ; il a créé le papier-monnaie, ruine des créanciers de l'État et des particuliers ; il **a** réduit la dette publique au tiers ; il a souvent exproprié les citoyens sans indemnité ; il les a grevés d'impôts sous le nom d'emprunts, et d'emprunts sans remboursement ; il **a** surchargé les communes de réquisitions ; il a refusé de payer les créances légitimes qui résultaient de fournitures et d'autres prestations de toute espèce, faites à l'État en vertu de contrats synallagmatiques, obligatoires envers tous ceux qui les ont formés, sacrés chez toutes les nations. Sous quelque modification que la propriété puisse se reproduire, elle a été accablée, épuisée, envahie. Mais aussi que sont devenus ces Gouvernemens sans loyauté, sans sagesse et sans avenir ? Ils ont perdu la confiance du citoyen, avec la confiance, le crédit, avec le crédit, la force, et avec la force, l'empire.

« Si le dernier Gouvernement n'avait pas fait liquider les réclamations de tous les fournisseurs et créanciers de l'État par des Commissions occultes, temporaires, souveraines, qui travaillaient dans l'ombre, procédaient sans règle, et décidaient sans appel ; s'il n'avait pas mis la raison d'état à la place de la justice, et sa volonté à la place de la loi ; s'il n'avait point par des décrets furtifs, prononcé des déchéances arbitraires, et fermé, sans paiement, des liquidations déja faites ; si enfin, les décisions de ces Commissions avaient pu être déférées par la voie de l'appel à un tribunal indépendant, le despotisme aurait reculé devant la ferme impartialité de ce tribunal ; nous n'aurions pas vu les richesses de la France s'écouler en dépenses extravagantes : cet or, perdu pour des conquêtes perdues, aurait alimenté les sources de notre industrie ; nous ne serions pas condamnés à gémir aujourd'hui, lorsque les plaintes de tant de créanciers dépouillés viennent assiéger nos cœurs encore plus que nos oreilles ; nous ne serions pas forcés, par l'épuisement de nos finances, à consacrer tant d'injustices qu'il eût été si facile de ne pas commettre !

« C'est donc l'histoire, la vérité de l'expérience, qui nous apprend qu'une administration arbitraire et tyrannique finit toujours par s'embarrasser et par s'enchaîner elle-même dans ses propres liens. Elle ne peut plus marcher, et la nécessité des choses la contraint enfin à avouer que l'équité et la bonne foi ne sont pas moins indispensables dans la manutention des affaires publiques, et dans les communications du Gouvernement avec le peuple, que dans les transactions des particuliers.

« Ainsi, par exemple, persuadons-nous bien que tant que le Gouvernement se fera juge et partie dans ses propres actes, les fournisseurs s'imagineront toujours voir un piége caché sous des conditions si inégales.

« C'est alors que les spéculateurs seuls que enhardit leur insolvabilité, contractent avec l'État comme avec un débiteur discrédité : et d'un pareil contrat, que résulte-t-il? la négligence des services, la violation des engagemens, et la ruine des deux parties.

« Ainsi, chose remarquable! les manquemens de foi engendrent le désordre des finances, et le désordre des finances engendre à son tour l'immoralité des citoyens et la corruption de la justice. *La foi publique, dit Montesquieu, ne saurait manquer à un certain nombre de citoyens, sans paraître manquer à tous. (Esprit des lois)*...

« Il serait besoin, pour améliorer et pour compléter la distribution de la justice administrative, d'améliorer aussi les Conseils de préfecture. La composition de ces tribunaux inférieurs veut être soignée. Il importe plus

qu'on ne le pense de n'y faire entrer que des hommes in-
tègres et éclairés, étrangers surtout à l'esprit de parti et
de localité, et qui puissent inspirer d'autant plus de confiance aux administrés qu'ils sont plus près d'eux.

« Ce serait ici le lieu de rechercher si les Conseillers
de préfecture doivent aussi être inamovibles ; cette question, que je soulève et que je n'ai pas le temps d'appro-
fondir, mérite d'être examinée sous le double rapport de
l'intérêt de l'État et des citoyens. J'inclinerais cependant
par analogie pour l'affirmative (*).

« Les Conseils de préfecture ont, dans leur institution,
deux choses fort confuses et à peu près aussi mal réglées
l'une que l'autre :

« Leurs attributions et leur procédure.

« L'instruction des affaires portées devant le Conseil
d'état a été organisée par le décret du 29 juillet 1806,
dont les dispositions sont tirées elles-mêmes du Code de
procédure civile et de l'ordonnance de 1738 ; mais l'instruction des affaires contentieuses portées devant les
Conseils de préfecture a été livrée jusqu'ici aux seuls
caprices de l'usage et de l'arbitraire.

« L'introduction des instances, les communications, les
délais, les défenses, le nombre des écritures, les oppositions, les incidens, les déchéances, la rédaction des arrêts,
leur forme, leur exécution et leurs effets, rien n'est
réglé légalement devant eux.

« Autant de tribunaux administratifs, autant de va-
riations dans le mode d'y procéder.....

(*) *Voy. ci-dessus,* vol. VIII, pag. 550 *et suiv.*

« Autre inconvénient : la jurisprudence du Conseil d'état, qui , dans le silence de la loi, a fixé, tant bien que mal , différens points controversés de la procédure administrative, est ensevelie dans les archives du comité, et ne peut servir par conséquent à diriger les hésitations des Conseils de préfecture.

« Il n'y a d'ailleurs rien de si vicieux , surtout en matière de procédure, qu'une jurisprudence plutôt de tradition qu'écrite, qui se forme à l'occasion de chaque espèce et à de longs intervalles , qui ne régit que certains cas, et laisse les autres dans le doute , dont les principes ne sont pas rassemblés sous le lien commun d'une doctrine uniforme, et qui souvent peut-être se détruisent par leurs contradictions mêmes.

« Si donc les Conseils de préfecture ignorent eux-mêmes, faute de règle, la procédure qu'ils doivent appliquer selon les cas et les matières, comment voudrait-on que les parties la connussent? Aussi, qu'arrive-t-il? elles tombent en de continuelles perplexités, et ne savent jamais si elles doivent diriger leur action devant le Conseil de préfecture, ou devant le Conseil d'état, si elles sont encore dans les délais de l'opposition, et même, avant tout, si l'opposition est permise, et dans quel cas. Or, une action mal engagée les mène, par des détours longs et ruineux, au Conseil d'État, qui les renvoie à procéder devant le tribunal inférieur qu'elles ignoraient devoir préalablement saisir. Cependant les délais s'écoulent, les actions se périment, les preuves disparaissent, les conflits s'élèvent, la distribution de la justice est suspendue, les difficultés se multiplient, les haines s'enveniment, et souvent la lésion des droits les plus justes devient, en définitif, irréparable.

« Ces inconvéniens sont graves sans doute, et il est temps d'y remédier.

« En réglant l'instruction des affaires contentieuses devant le Conseil d'état, on a oublié d'organiser la procédure des tribunaux administratifs de première instance : c'était oublier les fondemens de l'édifice.

« C'est sur l'introduction des instances que la pensée d'un bon législateur doit d'abord se porter; et c'est l'imparfaite organisation des tribunaux administratifs inférieurs, qui entraîne incessamment dans les ministères une multitude d'affaires contentieuses et de détail, qui vont se compliquant et grossissant, en montant par les divers degrés de l'instruction jusqu'au Conseil d'état, et qu'il serait si nécessaire et si facile de couper dans leur racine.

« La plupart de ces inconvéniens disparaîtraient, je le pense, à l'aide d'une bonne loi réglementaire.

« Me serait-il permis d'ajouter qu'il faudrait que la procédure que ce règlement organiserait fût particulièrement appropriée aux Conseils de préfecture, c'est-à-dire, qu'elle ne fût ni toute judiciaire, ni toute administrative ?

« En effet, les Conseils de préfecture sont des juges, si vous considérez le caractère et les effets de leurs arrêtés; mais ce sont des juges administratifs.

« En même temps donc qu'ils doivent emprunter aux tribunaux plusieurs de leurs formes salutaires et conservatrices des droits de la propriété, ils doivent aussi emprunter à l'administration plusieurs de ses formes simples, économiques et expéditives. Comme ils participent de la nature des deux juridictions, c'est dans la combinaison de ces deux natures d'intérêts, qu'une loi règlementaire me paraît devoir être conçue.

« De ces règles, les unes sont déja écrites dans le décret du 22 juillet 1806, les autres dans le code de procédure. D'autres enfin sont éparses et comme enfouies dans le secret des ordonnances particulières; il ne s'agirait plus que de les en faire sortir, de les rectifier, de les étendre, de les mettre en harmonie avec elles-mêmes, et de lier, dans un système simple et uniforme, la procédure des tribunaux administratifs inférieurs avec celle du tribunal souverain.

« On pourrait aussi, lorsque les Conseils de préfecture refondus et améliorés offriraient de suffisantes garanties aux citoyens, pour épargner aux parties les frais onéreux et les lenteurs du recours, et pour accroître la considération de ces tribunaux inférieurs, leur laisser décider, en dernier ressort, quelques petites affaires, de même que font les juges de paix et les tribunaux de première instance dans les matières civiles.

« Tracer avec netteté aux parties la marche qu'elles doivent suivre selon les divers degrés que parcourt l'instruction; enseigner aux Conseils de préfecture les règles de procédure qui doivent les diriger dans l'expédition des affaires contentieuses; indiquer au tribunal administratif supérieur les différens cas dans lesquels il doit corriger les aberrations des autorités de première instance, et remettre les parties dans la droite voie; couper les procès à leur racine; épargner aux citoyens des frais et des lenteurs; accélérer enfin la distribution de la justice, tels seraient le but et les heureux résultats d'une loi spéciale sur les attributions des tribunaux administratifs inférieurs, et sur l'instruction des affaires portées devant eux; loi que les Conseils de préfecture, le Comité contentieux, et les parties attendent tous avec une égale impatience.

« J'arrive enfin à la réformation de la législation administrative, matière si délicate que je n'ose la toucher, et si importante qu'elle invite à sa méditation.

« J'en tirerai seulement quelques réflexions générales.

« Si les lois civiles elles-mêmes, qui sont la raison et la justice universelles, subissent des changemens, que doit-ce être des lois administratives, si variables par leur nature, et si subordonnées aux besoins de l'administration et au système du Gouvernement ? Ainsi, il serait difficile que des lois imbues des maximes de la licence démocratique et du despotisme impérial, pussent s'accommoder à notre régime constitutionnel. Mieux elles ont servi le principe des autres Gouvernemens, plus elles sont étrangères à celui-ci.

« Le principe politique d'un Gouvernement, qui pénètre quelquefois par certains côtés dans les lois civiles, se mêle d'abord et de suite aux lois administratives qui sont ses propres et indispensables moyens de disposition et d'action. Chez nous, la matière administrative s'est teinte de la couleur des divers Gouvernemens à travers lesquels elle a passé depuis vingt-huit ans. Elle est encore régie par une foule de lois sanglantes, monstrueuses,

fiscales, indigestes, confusément entassées dans le récep-
tacle du bulletin.

« Plusieurs sont tombées en désuétude, non par une
abrogation directe, mais par leur propre infamie. Elles
portaient leur mort en elles-mêmes.

« D'autres ont déterminé le but et les pouvoirs des anciennes autorités, et ne peuvent évidemment servir à
fixer les attributions des autorités nouvelles.

« Les unes sont noyées dans des détails fastidieux, et
perdent de vue le principe général.

« Les autres sont trop brèves, et d'une disposition tellement générale, qu'on ne peut y puiser aucune interprétation pour les cas particuliers.

« La jurisprudence a partout expliqué, commenté,
remplacé la loi : cette jurisprudence elle-même est inconnue, parce que les décrets et ordonnances qui la
renferment n'ont jamais été rendus publics, hors quelques-uns dont l'insertion est éparse dans le bulletin. Ses
principes d'ailleurs sont, au grave détriment des citoyens,
exposés à varier continuellement, par l'amovibilité jusqu'ici permise des membres du comité du contentieux,
qui seuls ont fait cette jurisprudence, et qui seuls la
conservent par une sorte de tradition.

« Je pourrais développer ces règles, leur nécessité,
leurs exceptions, leurs différentes applications et leur
différente nature ; mais pourquoi traiter de la jurisprudence, lorsque le tribunal est à réorganiser et la législation à refaire ?

« Après des révolutions si multipliées et si opposées
dans leur principe et dans leur but, qui ont détruit et

recréé de si nombreux intérêts., qui ont mis entre quelques années l'intervalle de plusieurs siècles ordinaires, qui ont changé les mœurs, les institutions, les opinions, les lois, les autorités et la forme du Gouvernement, n'est-il pas temps enfin de refondre la législation administrative, et de ne plus nous laisser vivre sous le régime de la jurisprudence, qui est toujours un peu, quoi qu'on fasse, le régime de l'erreur et de l'arbitraire? Toutefois, cette jurisprudence serait encore la source la plus pure et la plus abondante où l'on pourrait puiser les dispositions des lois nouvelles.

« Ses règles, éprouvées par une longue application, ont déjà reçu la sanction du temps. Il ne s'agirait plus que de les convertir en règles législatives : car la douceur du Gouvernement représentatif consiste principalement à vivre sous l'empire des lois publiques.

« Mais la réforme de la législation administrative ne doit se consommer qu'avec des précautions infinies. Il faudrait éviter surtout d'imprimer aux lois nouvelles aucun effet rétroactif. Il faut bien se garder d'abroger des lois anciennes, quelque absurdes qu'elles paraissent, non à cause d'elles, mais à cause des intérêts nombreux qui reposent sur elles, et qui s'alarmeraient si on y touchait. Le cours insensible des choses et les garanties de la Charte et des lois nouvelles, mieux appropriées aux besoins des temps présens et à la nature de notre constitution politique, amèneront cette abrogation, ou plutôt cette désuétude, par degrés, sans secousse et sans la lésion d'aucun intérêt.

« Mais il y a une foule de matières que tous les intérêts

désirent également de voir régler, et qui n'ont été gou-
vernées jusqu'ici que par une jurisprudence obscure, locale, incertaine. Telles sont, entre autres, les matières des
chemins vicinaux et des règlemens d'eau. Il n'y a aucun
danger, il y a de l'avantage pour tous, à réformer la législation de ces matières.

« Toutes nos lois administratives veulent, pour être re-
touchées, une main aussi habile que prudente, et cette
tâche est encore à remplir... (*) ».

Voici comment s'exprime M. Bérenger dans son Traité
de la justice criminelle en France : « Le même défaut
d'harmonie qui existe entre nos lois secondaires et la
loi fondamentale, se trouve entre le Gouvernement de
l'État et celui de nos provinces. Le système d'organisation de l'un est constitutionnel et sagement réglé,
tandis que nos départemens continuent d'être administrés
sur les plans tracés par le pouvoir absolu.

« Le monument de notre liberté politique a été placé
sur un piédestal qu'éleva naguère le despotisme, de
sorte qu'on en est séparé par un obstacle qui ne permet
presque jamais d'y atteindre.

« Ainsi, lorsque la forme du Gouvernement a changé,
ses agens, ses représentans immédiats dans les provinces
sont restés organisés de la même manière que sous le

(*) (Du Conseil d'État, envisagé comme Conseil et comme Juridiction, chap. 2, 4, 10, 22, 23, pag. 17, 28, 37, 149, 223
et suiv.).

— *Voy.* aussi le même ouvrage, chap. 17, sur les *Chemins
vicinaux* et les *Règlemens d'eau*, pag. 211 *et suiv.*

Gouvernement impérial; ils ont conservé la même autorité, les mêmes habitudes; ils ont eu la même facilité de
se livrer à l'arbitraire, et, de toutes parts, ils ont ou-
trepassé l'impulsion modérée qu'on s'efforçait de leur
donner.

« On a vu une chose monstrueuse; les préfets se permettre dans leurs départemens ce que les ministres con-
stitutionnels n'avaient pas osé faire à Paris, et la capitale
devenir le refuge de tous les hommes qui, persécutés
chez eux et obligés de fuir leurs demeures, venaient
chercher protection et sécurité sous les yeux des premiers
dépositaires de l'autorité royale.

« L'institution des préfets, forte dès le moment de sa
création, fut constituée de façon à seconder les desseins
de l'homme qui la conçut. Les circonstances contri-
buèrent encore à augmenter l'extraordinaire puissance de
cette magistrature.

« La France sortait d'un état dont tout le monde était
las; le pouvoir confié dans les provinces à des mains inhabiles s'exerçait sans discernement, et d'après le caprice de ceux qui en étaient chargés; on crut voir dans
ce magistrat étranger au département un homme qui le
serait également aux animosités locales, et tous les partis
se jetèrent avec confiance dans ses bras.

« Chaque préfet se présenta avec des formes moins acer-
bes, moins sauvages; leur traitement, sans être encore exagéré, leur permettait de tenir un rang honorable,
et de frapper les esprits par l'éclat d'une représentation
inconnue depuis long-temps : il n'est pas même jusqu'à
l'élégance de leur costume qui, annonçant un premier

retour aux arts de luxe et à l'urbanité des mœurs, ne fût favorable à l'établissement de leur autorité morale.

«Ils rallièrent donc autour d'eux tout ce qu'il y avait d'hommes modérés, et qui n'avaient point pris de part aux excès de la révolution.

« Quelques-unes de leurs attributions les firent d'ailleurs considérer comme les premiers réparateurs des maux qu'on venait de souffrir, et comme la source des graces que le nouveau Gouvernement allait répandre. On brigua leur protection; on tâcha de se les rendre favorables.

«La noblesse surtout eut le plus grand intérêt de les ménager : sa situation politique la plaçait dans une singulière dépendance; elle attendait tout du chef de l'État, et le recouvrement de ses biens et sa radiation définitive de la liste des émigrés, et même des emplois pour réparer ses pertes. Dans chaque département, elle forma une cour au magistrat dont le crédit et l'autorité pouvaient si puissamment seconder ses espérances; et la multitude, en voyant cet homme environné de tant d'hommages, de tant d'égards, s'habitua elle-même à le respecter.

« La surveillance des préfets n'eut bientôt plus de bornes : ils devinrent les bras très-actifs, les yeux très-vigilans d'un Gouvernement qui voulait tout savoir et tout diriger.

« A mesure que ce Gouvernement marchait au despotisme, leur autorité devint plus puissante; elle s'étendit sur toutes les parties de l'administration de ce vaste empire. L'indépendance des tribunaux ne fut plus qu'un principe abstrait et vain; plus d'une fois le juge fut surveillé par eux sur son siége; plus d'une fois ils méprisèrent les arrêts de la justice, au point de faire arrêter les malheureux dont elle venait de proclamer l'innocence. Par leur moyen, le Chef de l'État renforçait ses armées de trois fois plus de soldats que son facile Sénat ne lui en accordait. Il levait des impôts extraordinaires; il comprimait les plaintes et les murmures; il forçait tous les fonctionnaires à seconder son esprit de domination.

« Tels étaient les préfets sous le pouvoir absolu; tels ils ont été conservés sous la monarchie constitutionnelle : ainsi, notre organisation politique ressemble à un corps qui serait surmonté d'une tête majestueuse et douce, mais dont les membres difformes seraient constitués pour le mal.....

« Dans l'état actuel de notre système administratif, les affaires contentieuses sont jugées par des Conseils de préfecture. Ces Conseils, pas plus que le Conseil d'État, qui juge les appels de leurs arrêtés, n'ont une physionomie judiciaire.

« Ce sont de véritables commissions. Les membres qui les composent ne sont point des juges; ils n'en ont ni les mœurs, ni le caractère, ni la dignité : ils sont privés d'indépendance, et leurs institutions violent la Charte, qui veut que la justice soit rendue par des juges inamovibles.

« Ce défaut d'inamovibilité, cette absence de la seule garantie judiciaire qui nous reste, après le renversement de toutes les autres, rendent la justice des Conseils de préfecture très-incertaine, très-douteuse, et la font extrêmement redouter des plaideurs.

« Chaque Conseil est présidé par le préfet, qui a voix prépondérante en cas de partage. Je me trompe; la jus-

tice administrative réside tout entière dans cet administrateur : c'est lui seul qui la distribue; les membres du
Conseil de préfecture n'agissent que d'après son impulsion, et, la plupart du temps, ils se bornent à signer
les arrêts qui leur sont présentés.

« Le Gouvernement impérial mettait d'ailleurs fort peu
d'importance au choix de ces officiers; presque de toutes
parts, il nommait des hommes nuls ou peu versés dans
les affaires, afin sans doute que chaque préfet pût plus
facilement s'en rendre maître. On ne les soumet d'ailleurs à aucun noviciat; on n'exige d'eux ni stage, ni études
préalables. Il semblerait que la loi qui les a institués,
ait craint de leur voir trop d'instruction et de caractère.

« La manière de procéder devant ces espèces de commissions, n'est environnée d'aucunes formes; les affaires
n'y sont pas instruites; il n'y a point de plaidoiries,
point de séances publiques, rien de ce qui peut mettre
le juge en garde contre l'erreur, ou préserver les parties
des sourdes insinuations..... Tout est surprise, tout se
fait dans le mystère, sur des mémoires qui peuvent n'être
pas lus, et dont il est facile de soustraire la connaissance
aux intéressés. Lorsqu'une décision paraît, c'est comme
un coup de foudre qui atteint sans qu'on ait pu s'en garantir. Il ne reste plus que la voie du recours au Conseil
d'état, nouvelle espèce de tribunal également irrégulier,
dont on est toujours séparé par de grandes distances.

« La législation administrative, si toutefois on peut
appeler législation un amas de dispositions qui n'ont
aucun lien entre elles, est d'ailleurs si ténébreuse que,
semblable aux livres sibyllins, les seuls initiés peuvent

se flatter de la connaître. Elle se compose d'une multitude de décrets impériaux, d'avis du Conseil d'état, de
décisions ministérielles, et, pour en donner une idée, il
suffit de dire que la collection des décisions relatives à
une seule branche d'administration, celle de l'enregistrement et des domaines, forme déja quatorze gros vo-
lumes in-4°.

« Comment espérer de trouver là des règles et des principes fixes ?

« Aussi l'autorité administrative n'a-t-elle point de
jurisprudence; elle ne peut pas même s'en former une.
Chaque affaire est décidée d'après des considérations de
circonstances. Quelquefois des décrets impériaux étaient
rendus pour le besoin d'une cause, et d'autre fois c'étaient
des décisions ministérielles qui arrivaient au moment
du jugement, pour tracer des directions. Ces décrets,
ces décisions, enregistrés à mesure, pour servir de règles
jusqu'à nouvel ordre, imitaient ces constitutions, que,
dans la décadence de l'Empire, l'importunité arrachait à
la faiblesse, et qui, s'abrogeant tour à tour, jetaient le
trouble dans les familles et le désordre dans la législation.

« Sous l'ancienne monarchie, la justice administrative
était plus sagement réglée. Le soin de la rendre était confié à des tribunaux d'un ordre particulier, et de dénomi-
nations différentes; ils ressortissaient par appel à des
Cours supérieures, des aides, gabelles et finances, des
comptes, etc....... Les magistrats qui y siégeaient, possédaient leurs charges en titre d'office; ils étaient tous
inamovibles et indépendans. A côté d'eux, étaient placés

des officiers du ministère public, qui veillaient à l'observation et à l'exécution des lois.

« Devant ces tribunaux, et, suivant la diversité de leurs
attributions, on portait toutes les affaires contentieuses
dont l'administration actuelle s'est emparée, et qu'elle a
attirées à sa juridiction, quoique différentes entre elles
par leur nature et leur objet.

« Ces affaires étaient instruites avec solennité ; on observait des formes protectrices, et les citoyens trouvaient
dans ces magistrats des juges impartiaux, rarement disposés à favoriser les envahissemens du fisc.

« Ainsi, on peut dire de la justice administrative, comme
de tant d'autres choses ; elle était plus libéralement rendue sous l'ancienne monarchie absolue, que sous le Gouvernement constitutionnel. C'est que nous nous traînons
sur les institutions qui servaient de marche-pied au despotisme impérial.

« La première chose que les besoins de la France récla-
ment, c'est donc un code administratif qui trace des règles
uniformes, sûres et invariables, et qui prévienne tout
arbitraire ; car rien n'est plus propre à aliéner les cœurs
et à détruire la confiance que l'arbitraire, etc., etc. (*) ».

Enfin, dans le traité du Conseil d'état selon la Charte,
par M. Sirey, on lit la réflexion suivante : « Le vœu
général appelle, pour la justice contentieuse des Conseils
de préfecture, une organisation fixe ; des juges offrant
des garanties, et une instruction rassurante. La haute

(*) De la Justice criminelle en France, par M. Béranger, tit. I,
chap. VI, § 3, pag. 311, 349 *et suiv*

sagesse qui préside à nòs destinées aura égard, dans le temps, à ce vœu comme à beaucoup d'autres de même nature. Si l'article 4 du décret du 9 fructidor an IX a pu disposer que les membres des Conseils de préfecture sont récusables comme les juges des tribunaux; si plusieurs décrets ont pu disposer que leurs décisions rendues par défaut, sont susceptibles d'opposition; si le décret du 21 juin 1813 a pu disposer que leurs arrêtés contradictoires ont le caractère de chose jugée, sont irré- tractables : cet hommage, rendu aux règles communes de l'instruction contentieuse, prouve qu'il est permis d'espérer l'introduction d'un système d'instruction ré- gulière devant les Conseils de préfecture (*) ».

(*) Du Conseil d'Etat, selon la Charte, etc., pag. 255.

§ IIᵉ.

TRANSMISSION ET HÉRÉDITÉ DES DROITS DU TRÔNE. —DURÉE DE LA MINORITÉ DU PRINCE.—RÉGENCE DU ROYAUME : GARDE ET TUTELLE DU PRINCE.

« L'atmosphère répandue autour des Trônes despotiques et des
« Souverains qui s'y asseient, semble remplie d'une vapeur lé-
« thargique qui saisit toutes les facultés de leur ame. Aussi ne
« compte-t-on (dans ces sortes de Gouvernemens) parmi les
« grands Princes que ceux qui se sont frayés la route du Trône,
« ou qui se sont long-temps instruits à l'école du malheur. On
« ne doit ses lumières qu'à l'intérêt qu'on a d'en acquérir » (a).

« L'ordre de succession est fondé, dans les Monarchies, sur le
« bien de l'État, qui demande que cet ordre soit fixé, pour éviter
« les malheurs que j'ai dit devoir arriver dans le Despotisme où
« tout est incertain, parce que tout y est arbitraire » (b).

« La question de savoir qui occupera la première place, divisera
« éternellement les Gouvernemens simples ; et elle troublera même
« ceux où les Pouvoirs ne seraient divisés qu'en deux bran-
« ches » (c).

« Les Fonctions publiques ne sont pas données au hasard dans un
« Gouvernement modéré ; il y a là un droit de naissance, un
« droit de cité, une patrie : mais, sous le Despotisme, tout est
« renversé, élevé, créé, détruit par un seul mot, par un signe,
« par un souffle du maitre » (d).

SOMMAIRE. Sujet et division de ce paragraphe.

La Monarchie constitutionnelle participe de
la démocratie, quant à l'exercice et à l'orga-

(a) HELVÉTIUS. De l'Esprit, tom. II, disc. 4, chap. XIV.

(b) MONTESQUIEU. Esprit des Lois, liv. XXVI, chap. XVI.

(c) JOHN ADAMS. Déf. des Const. am., tom. II, p. 377.

(d) Histoire de la Législation, par M. le marquis de Pastoret, tom. II, pag. 53.

nisation du Pouvoir législatif (*a*); et en conséquence, dans le paragraphe 2 du titre 1er
de ce second chapitre, nous avons fait
l'application du principe d'*Élection* au renouvellement des Chambres représentatives
nationales, départementales, cantonales et
communales (*b*).

Elle participe, au contraire, essentiellement
du Gouvernement d'un seul, quant à l'exercice et à l'organisation du Pouvoir exécutif(*c*);
et en conséquence, dans ce second paragraphe du titre II de ce même chapitre, nous
reconnaîtrons que la Transmission des Droits
du Trône doit y avoir lieu par voie d'*Hérédité*.

Ce second paragraphe sera donc divisé en
trois sections, ayant pour titre : *la première*,
« De la Légitimité ou Transmission des droits
du trône par voie d'hérédité »; *la seconde*,
« De la Durée de la Minorité du Prince »; *la
troisième*, « De la Régence du Royaume, de
la Garde et Tutelle du Prince ».

(*a*) *Voy. ci-dessus*, entre autres, vol. IV, p. 513, *et suiv.*
(*b*) *Voy.*, entre autres, vol. VII, pag. 289 *et suiv.*
(*c*) *Voy.* vol. IV, pag. 519 *et suiv.*

SECTION PREMIÈRE.

Légitimité ou Transmission des Droits du Trône par voie d'hérédité.

Sommaire. Vérités qui doivent servir de bases aux règles relatives à la transmission de la Couronne.

Transmission par voie d'hérédité.

Le Trône et le peuple ne sont pas susceptibles de partage, et les droits qui sont attachés à la possession du Trône, doivent se transmettre dans leur intégrité à l'héritier désigné par la loi fondamentale de l'État.

Cette transmission doit avoir lieu en ligne directe descendante, et par ordre de primogéniture.

Les Femmes doivent-elles y être admises.

Les enfans naturels y ont-ils droit.

Dévolution à la ligne collatérale à défaut d'héritier en ligne directe ; ou Succession *linéale.*

Droit d'adoption en cas d'extinction de la famille régnante du côté paternel.

Mode d'élection à défaut d'adoption.

Sous un Gouvernement despotique, il en est des règles que l'on voudrait établir au sujet de la Transmission des Droits de la Couronne, comme de celles qui sont relatives au Principe de l'Inviolabilité de la personne du Prince (*a*); on ne peut compter sur leur exé-

Vérités servant de bases aux règles relatives à la transmission de la Couronne

_____

(*a*) *Voy. ci-dessus* vol. vii, pag. 478 *et suiv.*

cution, et il serait d'ailleurs impossible d'y indiquer d'avance quelle est, dans ce système précaire et vacillant, la meilleure loi à adopter.

Si l'on veut y établir l'hérédité du trône, nous avons vu déja quels inconvéniens peuvent en résulter (*a*). Le souverain désigné par la loi fondamentale ou par une sorte d'usage, est-il né sous la maligne et funeste influence de quelque astre malfaisant, ou plutôt la perfide et pernicieuse atmosphère des adulateurs nombreux qui l'environnent a-t-elle corrompu son enfance, le peuple est bientôt sous le poids d'une odieuse oppression, et l'excès de ses maux, son infortune, sa misère ne tardent pas non plus à devenir la cause ou de révolutions violentes ou de catastrophes et de déchiremens sanglans. Quelquefois aussi, il se présente un chef audacieux, intrépide; le peuple le regarde comme un libérateur et suit aveuglement ses étendards (5). Le despote sera-t-il, comme cela se rencontre souvent, sans force, sans énergie, sans courage, efféminé,

---

(*a*) *Voy. ci-dessus* vol. IV, pag. 428 *et suiv.*

amolli dès sa jeunesse par l'excès des plaisirs et de la volupté, sa chute plus facile et plus prompte ne sera jamais sans danger pour l'État.

Préfèrerait-on qu'avec cette forme de Gouvernement, la souveraineté fut élective, le trône et la société ne seront pas pour cela exempts de séditions et de troubles. En sorte que, dans tous les cas, on peut dire avec les publicistes : « Sous un Gouvernement despotique, le trône appartient à celui qui a le courage de s'y placer; c'est ainsi que le despotisme, qui est l'ouvrage de la force et de l'usurpation, se détruit par l'usurpation et par la force : ce qui fait que les plus grands ennemis des rois sont ceux qui leur conseillent de s'emparer du pouvoir absolu » (a).

— « Dans les États où il n'y a point de lois fondamentales, dit Montesquieu, la succession à l'empire ne saurait être fixe. La Couronne y est élective par le prince dans sa famille ou hors de sa famille. En vain serait-il

---

(a) *Voy.*, entre autres, Sidney ; et d'Holbach, Syst. social, 3ᵉ partie, chap. xv.

établi que l'aîné succèderait ; le prince en pourrait toujours choisir un autre. Le successeur est déclaré par le prince lui-même ou par ses ministres, ou par une guerre civile. Ainsi cet État a une raison de dissolution de plus qu'une Monarchie.

« Chaque prince de la famille royale ayant une égale capacité pour être élu, il arrive que celui qui monte sur le trône fait d'abord étrangler ses frères, comme en Turquie ; ou les fait aveugler, comme en Perse (a) ; ou les rend fous, comme chez le Mogol (b) : ou, si l'on ne prend point ces précautions, comme à Maroc, chaque vacance du trône est suivie d'une affreuse guerre civile.

« Par les constitutions de Moscovie, le Czar

(a) « A la mort du roi, lorsque le prince successeur est sorti du fond du sérail pour monter sur le trône, il fait perdre la vue à ses frères avec un fer rouge qu'on leur passe devant les yeux. Ce moyen barbare qu'on emploie pour les empêcher d'aspirer à la couronne, paraît si raisonnable et d'un si bel usage aux Perses, qu'ils se moquent du Grand-Seigneur et du Mogol qui ne suivent pas la même coutume ». (*Voy*. le Dictionnaire de la Martinière, au mot *Perse*).

(b) *Voy*., à ce sujet, ci-dessus, vol. v, pag. 152 et 153.

peut choisir qui il veut pour son successeur,
soit dans sa famille, soit hors de sa famille (*a*).

(*a*) (*Voy.* particulièrement la Constitution de 1722).
— Les aînés étaient ordinairement les héritiers du
trône; les filles y succédaient au défaut des mâles, et la
couronne passait entre les mains du plus proche parent
de celui qui le laissait vacant : mais les souverains ont
plus d'une fois dérangé cet ordre, et l'histoire fournit
plusieurs exemples de la préférence accordée au petit-
fils sur le fils, au puîné sur le fils aîné, et même à un
étranger sur des princes de la famille régnante. Les Czars
prétendaient avoir le droit de disposer de la souveraineté
à leur gré. Jean Basilowitz 1er, mort en 1584, avait d'a-
bord appelé à la succession de la couronne son petit-
fils, au préjudice de son fils; il y rappela ensuite son
fils. Le Czar Alexis, mort en 1676, laissa entre autres
enfans, trois fils et une fille : le fils aîné, nommé Théo-
dore, lui succéda et mourut sans enfans en 1682. Il resta
deux fils, Jean sorti d'un premier lit en 1663, et Pierre,
d'un second, et une fille appelée Sophie, laquelle était
née du premier lit. Pierre, âgé seulement de dix ans,
fut proclamé Czar, à l'exclusion de Jean son aîné. Sophie
s'opposa à l'élévation de Pierre, soit par attachement
pour Jean, né de la même mère qu'elle, soit dans l'espé-
rance de gouverner sous son nom. Les intrigues de cette
princesse soulevèrent, en faveur de Jean, les Strélitz qui
étaient en Moscovie. Pour éteindre la guerre civile, il
fut réglé que les deux frères règneraient ensemble. Les
Grands-Ducs, Pierre et Jean, partagèrent donc l'autorité

Un tel établissement de succession cause mille
révolutions, et rend le trône aussi chancelant
que la succession est arbitraire....

« Lorsque la succession est établie par une
loi fondamentale, un seul prince est le successeur, et ses frères n'ont aucun droit réel
ou apparent de lui disputer la couronne. On
ne peut présumer ni faire valoir une volonté
particulière du père. Il n'est donc pas·plus

---

du Gouvernement, ou plutôt Pierre la partagea avec
Sophie, qui s'était rendue maîtresse absolue de l'esprit
de Jean. Dans la suite, Pierre faisant le siége de Précop,
son régiment même se mutina. Les officiers les plus considérables prirent part à la sédition; la désunion se mit
dans l'armée, et il fallut que Pierre songeât à la retraite
sans avoir rien exécuté. Dès qu'il fut de retour, il pré-
tendit que sa sœur avait été la principale cause de la ré-
bellion, et il la fit enfermer en 1688 dans le monastère
de Novodievitz, où elle mourut en 1704 ; il fit aussi mourir
quelques nobles et fit publiquement, dans les marchés
et dans les rues de Moscow, hacher en pièces douze
mille Strélitz, comme des bêtes sauvages. Depuis, il ad-
ministra seul les affaires publiques, et il ne laissa à son
frère de la souveraineté que les honneurs et le titre.
Le 25 juin 1710, il fit condamner à mort son fils
Alexis Petrowitz, qu'il avait eu d'Eudoxia Federowna,
sa première femme, pour avoir voulu conspirer contre

question d'arrêter ou de faire mourir le frère
du roi, que quelqu'autre sujet que ce soit.

« Mais dans les États despotiques, où les frères
du prince sont également ses esclaves et ses
rivaux, la prudence veut que l'on s'assure de
leurs personnes ; surtout dans les pays maho-
métans, où la religion regarde la victoire ou
le succès comme un jugement de Dieu ; de
sorte que personne n'y est souverain de droit,
mais seulement de fait.

---

sa vie. Un grand nombre de personnes de l'un et l'autre
sexe, périrent comme prévenus d'avoir favorisé cette
conspiration ; et, *le 5 février* 1722, il publia un ukase
ou édit, portant qu'il dépendrait toujours du souverain
régnant de disposer du trône en faveur de qui il voudrait, et même de déposer celui qu'il aurait nommé, s'il
le jugeait, dans la suite, incapable de porter la couronne.
Lorsque ce prince mourut, la couronne passa à sa seconde femme, Catherine, laquelle régna plusieurs années et mourut sur le trône, quoique le Czar eût des
filles de ce second mariage. Ce fut le second exemple
qu'une femme eût gouverné la Moscovie. Rien de semblable n'était arrivé depuis Olka, mère du troisième
Grand-Duc, laquelle, après la mort de son fils, régna
avec courage, mais avec inhumanité. La Czarine Catherine mourut le 15 mai 1727 : outre un fils nommé Alexio-
witz, qui fut tué au berceau d'un coup de tonnerre,
elle avait eu deux filles, du Czar Pierre.

« L'ambition est bien plus irritée dans les
États où des princes du sang voient que, s'ils
ne montent pas sur le trône, ils seront renfermés ou mis à mort, que parmi nous où les
princes du sang jouissent d'une condition qui,
si elle n'est pas si satisfaisante pour l'ambition, l'est peut-être plus pour les désirs modérés.

« Les princes des États despotiques ont toujours abusé du mariage. Ils prennent ordinairement plusieurs femmes, surtout dans la partie du monde où le despotisme est pour ainsi
dire naturalisé, qui est l'Asie. Ils en ont tant
d'enfans, qu'ils ne peuvent guère avoir d'affection pour eux, ni ceux-ci pour leurs frères.

« La famille règnante ressemble à l'État : elle
est trop faible, et son chef est trop fort ; elle
paraît étendue, et elle se réduit à rien. Artaxerxès fit mourir tous ses enfans (a) pour
avoir conjuré contre lui. Il n'est pas vraisem-
blable que cinquante enfans conspirent contre
leur père ; et encore moins qu'ils conspirent,
parce qu'il n'a pas voulu céder sa concubine

_____

(a) *Voy*. Justin.

à son fils aîné. Il est plus simple de croire qu'il y a là quelque intrigue de ces sérails d'Orient ; de ces lieux où l'artifice, la méchanceté, la ruse règnent dans le silence, et se couvrent d'une épaisse nuit ; où un vieux prince, devenu tous les jours plus imbécille, est le premier prisonnier du palais » (*a*).

Qui ne voit pas qu'en effet sous un Gouvernement despotique, il ne peut exister de principes et de règles sur quelque point que ce soit. Tout y dépend des événemens et des circonstances ; tout y est vague, incertain, arbitraire : ce qui est utile dans un temps, y est défavorable et nuisible dans un autre.

« Le despotisme, dit Fergusson, est une monarchie corrompue, dans laquelle il reste en apparence une cour et un prince, mais où toute subordination de rangs est détruite, où l'on dit au sujet qu'il n'a point de droits, qu'il ne peut rien posséder en propre ni remplir aucune place indépendamment de la volonté actuelle et momentanée du prince. Cette doctrine est fondée sur les maximes de la con-

_____

(*a*) Esprit des Lois, liv. v, chap. xiv.

quête; elle se prêche le fouet et l'épée à la
main; elle est reçue à l'aide de l'épouvante,
des chaînes, des emprisonnemens. La crainte
est alors la disposition qui rend le sujet propre
à occuper sa place; mais le souverain qui présente si hardiment aux autres l'appareil de la
terreur, a des raisons plus que suffisantes de
garder une bonne part de ce sentiment pour
lui-même. Cette méthode avec laquelle il tran
che sur les droits des autres, bientôt on l'applique à la discussion de ses propres droits;
et il comprend que ce pouvoir qu'il avait tant
à cœur d'augmenter et de conserver, n'avait
pour fondement qu'un fantôme imaginaire,
semblable aux fortunes chimériques de son
peuple, un être de raison, un caprice désor-
donné » (a).

Dans une Monarchie bien constituée, les
choses sont tout autres : les principes reconnus et posés d'avance, particulièrement les
règles relatives à la transmission des droits de
la Couronne, n'y sont pas inutiles; elles sont

_____

(a) Essai sur l'Histoire de la société civile, tom. 1,
chap. x, pag. 195.

même nécessaires, indispensables; elles servent
de point de ralliement à tous les esprits; elles
deviennent la boussole de l'opinion publique,
la base de la volonté générale, qui, sous cette
forme de Gouvernement, ont et doivent avoir
une influence réelle et puissante; elles étouf-
fent l'ambition, arrêtent les brigues, écartent
et préviennent les conspirations.

Quel que fût le principe admis dans une
Monarchie de ce genre, relativement à la
transmissibilité des droits du trône, il est vrai
de dire qu'il serait salutaire par cela seul qu'il
serait, ainsi que tous les autres, plus invariable et plus certain. « A moins, dit John
Adams, qu'il n'existe un mode habituel, légal,
constitutionnel, qui détermine la personne qui
doit occuper le premier rang, il ne peut exister de tranquillité parmi le genre humain....
Il est dans toute association une grande question à décider, c'est de savoir quel sera le
premier. Si, dans un État quelconque, cette
question reste indécise, elle jettera infaillible-
ment le désordre dans la société. Quoiqu'il en
doive coûter de sang et de blessures, il faut
qu'elle se décide. Or, dans un Gouvernement

32.

où la triple composition (la distinction des trois pouvoirs) est admise, cette question est plus irrévocablement décidée; et cette seule considération serait un argument puissant en faveur de ce système. Les autres ouvrent la carrière à un plus grand nombre de rivaux; les ambitieux y ont aussi plus de moyens à employer, et les scélérats même y peuvent avoir trop d'influence » (a).

Cependant il importe de rechercher quel est, entre tous les modes possibles de transmission, le plus favorable à admettre, et nous pouvons encore rapporter en ce sens la réflexion suivante : « Quelle que soit la doctrine de ceux qui mettent leur fidélité à ne vivre que de souvenirs monarchiques et de ceux qui se disent royalistes, parce qu'ils prêchaient naguères le pouvoir absolu, cette vérité n'en sera pas moins éternelle; *despotisme et légitimité s'entrechoquent et se repoussent.* Sans doute, la légitimité et la loi fondamentale sont inséparables; puisqu'on ne peut les concevoir

---

(a) Défense des Constitutions américaines, tom. II, pag. 348 et 377.

séparément, et que, pour se soustraire à la
fidélité, il faudrait briser le pacte d'alliance :
mais on ne doit pas moins désirer que la mys-
ticité dogmatique cesse enfin d'environner
cette question évidente de ses ténèbres accoutumées ; car les siècles civilisés ne sauraient
croire à ce qu'ils ne peuvent comprendre, et il
est difficile de respecter ce que l'on ne croit
pas » (*a*).

Pour parvenir à la solution de cette question, si l'on se contentait de consulter les
usages existans ou ayant existé, sans interro-
ger en même temps le droit et la raison, on
ne sortirait pas d'incertitude : car, sur ce point
important, comme sur tant d'autres, les usages
et les lois ont varié selon les pays et les lieux,
selon les circonstances et les temps ; ils ont
été plus multipliés et plus nombreux que ne
le sont les diverses nations qui ont paru sur
la terre ; et il y a plus, ces lois, ces usages
divers, considérés d'une manière trop restreinte et purement relative, n'ont pas été

(*a*) De la Responsabilité ministérielle, par M. J.-P.
Pagès, pag. 4 (1818).

trouvés dépourvus de sagesse et de solides fondemens par d'habiles et célèbres publicistes.

« Dans quelques dynasties de la Chine, dit encore l'illustre auteur de l'Esprit des lois, il fut réglé que les frères de l'Empereur lui succèderaient, et que ses enfans ne lui succèderaient pas (a). Si l'on voulait que le Prince eût une certaine expérience, si l'on craignait

---

(a) Cet ordre de succession existe encore au royaume de Loango. La couronne ne passe point aux enfans du roi, mais à l'aîné de ses frères; et, s'il n'y a pas de frères, aux enfans de sa sœur. (Hist. génér. des Voyages, tom. IV, pag. 598).

Chez les Natchès, peuple de la Louisiane, ce n'est pas non plus le fils du prince qui succède à son père; c'est de même le fils de la sœur, ou de la première princesse du sang. (Lett. édiff., tom. XXI).

Le même usage est établi chez plusieurs peuples des Indes, et particulièrement sur toute la côte de Malabar. (*Pietr. della Valle*, part. 3; *Ep.* 6. — *Hieronim Osor.*, *passim.* — *Phil. Bald. Descrip. de Malab. et Corom.*, cap. XVII, pag. 102. — *Gauthier Schongem*, tome I de la traduction).

Dans le royaume de Bornéo, la succession est déférée de reine en reine, de la mère à la fille. (BAYLE. Républ. des Lett., *janv.* 1686, *art.* 10).

La succession du royaume d'Issini tombe au plus

les minorités, s'il fallait prévenir que des Eunuques ne plaçassent successivement des enfans sur le trône, on put très-bien établir un
pareil ordre de succession : et quand quelques
écrivains (*a*) ont traité ces frères d'usurpa-
teurs, ils ont jugé sur des idées prises de
ces pays-ci.

« Selon les lois de Numidie (*b*), Delsace,
frère de Gela, succéda au Royaume, non pas
Massinisse son fils. Et encore aujourd'hui (*c*)
chez les Arabes de Barbarie, où chaque village
a un chef, on choisit, selon cette ancienne
coutume, l'oncle ou quelque autre parent
pour succéder.

---

proche parent du roi, à l'exclusion de ses propres enfans.
La loi ne lui permet même pas de leur laisser une partie
de ses richesses, de sorte qu'ils n'ont pour leur subsistance et leur établissement, que ce qu'ils ont acquis pendant la vie de leur père. Cependant il les aide, pendant
son règne, à faire des provisions pour l'avenir; il leur
fait même apprendre quelque art, ou quelque commerce
qui puisse leur servir après sa mort. (Histoire gén. des
Voyag., vol. III, pag. 441, 442).

(*a*) Entre autres, le père Duhalde, sur *la seconde Dynastie.*

(*b*) *Voy.* Tit. Liv., Décad. 3, liv. IX.

(*c*) *Voy.* les Voyages de Schaw, tom. 1, pag. 401.

« Il y a des Monarchies purement électi-
ves (a); et dès qu'il est clair que l'ordre des
successions doit dériver des lois politiques (b)
ou civiles, c'est à elles à décider dans quels
cas la raison veut que cette succession soit
déférée aux enfans, et dans quels cas il faut
la donner à d'autres.

« Dans le pays où la polygamie est établie,
le Prince a beaucoup d'enfans : le nombre en
est plus grand dans des pays que dans d'autres. Il y a des États (c) où l'entretien des en-

---

(a) *Voy.* aussi VATTEL, Droit des Gens, chap. v, § 57.
— DE RÉAL, Science du Gouvernement, tom. iv, ch. ii.

(b) C'est encore ici, ce nous semble, la même erreur
que nous avons déja combattue. L'ordre de la succession
au trône ne doit pas être réglée par les lois *politiques*
proprement dites, c'est-à-dire par celles qui doivent régler
les rapports et les intérêts de peuples à peuples, mais
par une loi constitutionnelle, fondamentale, et qui a conséquemment des bases, un intérêt et un but autres que
ceux des lois qui doivent régler l'ordre de transmission
des biens, meubles ou immeubles, dans les successions
particulières. (*Voy.*, au surplus, à ce sujet, ci-dessus,
PRÉFACE, vol. i, pag. 64 ; et vol. iv, p. 442, note c).

(c) *Voy.* le Recueil des Voyages qui ont servi à l'établissement de la Compagnie des Indes, tom. iv, 1re part.,
pag. 114. — SMITH, Voyage de Guinée, *sur le royaume
de Juida*, 2e part., pag. 150.

fans du roi serait impossible au peuple ; on
a pu y établir que les enfans du Roi ne lui
succèderaient pas , mais ceux de sa sœur (*a*).

« Un nombre prodigieux d'enfans expose-
rait l'État à d'affreuses guerres civiles. L'ordre
de succession qui donne la Couronne aux enfans de la sœur , dont le nombre n'est pas
plus grand que ne serait celui des enfans d'un
Prince qui n'aurait qu'une seule femme , prévient ces inconvéniens.

« Il y a des nations chez lesquelles des raisons d'État ou quelques maximes de religion
ont demandé qu'une certaine famille fut toujours régnante ; telle est aux Indes (*b*) la jalousie de la caste et la crainte de n'en point
descendre : on y a pensé que , pour avoir toujours des Princes du sang royal, il fallait prendre les enfans de la sœur aînée du Roi » (*c*).

Sous l'empire des Incas, par un usage semblable à celui qui s'observait en Numidie , au-

---

(*a*) *Voy. ci-dessus,* pag. 5o2 , note *a*.

(*b*) *Voy.* Lett. Edif. , Recueil 14ᵉ ; et les Voyages qui
ont servi à l'établissement de la Compagnie des Indes,
tom. III, 2ᵉ part. , pag. 644.

(*c*) Esprit des Lois, tom. III, liv. XXVI, ch. VI ; p. 142.

cun des enfans du Roi ne lui succédait immédiatement, mais le plus âgé de ses frères puî-
nés, s'il y en avait plusieurs. Après la mort de
celui-ci, la Couronne retournait au fils aîné du
Roi précédent; de lui à son frère; puis, de
rechef, de ce frère au premier fils de son aîné,
et ainsi de suite (*a*).

Chez les peuples, dans des temps plus rap-
prochés de nous, en Europe, aujourd'hui
même, les usages diffèrent et sont assez diamétralement opposés. Les uns, par exemple,
appèlent les femmes à monter sur le trône;
et les autres ne les y admettent pas.

(*a*) (*Voy.* l'Histoire de la découverte et de la conquête
du Pérou, écrite par Augustin Zarate).
— Parmi les Chatramolites, peuple d'Arabie, suivant
Strabon, la couronne ne passait pas non plus au fils du
roi, mais au premier enfant mâle qui venait au monde
après l'avènement du roi au trône. Aussitôt que le nouveau roi était couronné, on dressait une liste de toutes
les femmes de la caste des Nobles, qui se trouvaient alors
enceintes; l'on mettait des gardes auprès d'elles pour
connaître celle qui accoucherait la première, et l'on fai-
sait élever son fils en prince héritier de la couronne. *Voy.*
STRABON, géograph., lib. xv, pag. 111 (3ᵉ *Édit. Amsterd*),
et pag. 768 (*Édit. Paris, Casaub.*).

Nous ne formerons donc pas notre jugement en cette matière sur des faits, des usages, des coutumes si variables et si contraires.

Il faut bien remarquer d'ailleurs que la plupart de ces coutumes plus ou moins extraordinaires n'ont en apparence quelque fondement de raison que lorsqu'on les envisage relativement à un état de choses déja loin, sous
plusieurs autres rapports, de la droite voie,
dans lequel ces usages sont la conséquence
d'une base fausse et contraire aux vrais principes du droit et de la nature, quoi qu'ils
soient destinés à combattre un mal préexistant.
Ainsi, par exemple, l'esclavage et l'existence
des Eunuques sont des violations bien évi-
dentes du plus sacré de tous les droits, celui
de la liberté individuelle (*a*); par ses résultats,
la polygamie est contraire aussi à ce principe,
à la raison, à la sagesse, à la véritable richesse
et prospérité d'un peuple, à la population (*b*);
et la religion, lorsqu'elle entreprend de fixer
l'ordre des mariages et des successions, usurpe
une partie des attributions et de l'autorité des

(*a*) *Voy. ci-dessus*, 1re PART., vol. 1, pag. 63 *et suiv.*
(*b*) *Voy.* l'APPENDICE, 1re part., liv. II, note 7.

lois civiles et de la puissance temporelle ; elle est alors plus dangèreuse et nuisible qu'utile et salutaire (a).

L'ordre de succession au trône doit être établi dans l'intérêt de la société et pour la conservation de l'État.

L'intérêt de la société et la conservation de l'État exigent que cet ordre de succession soit établi de la manière la plus stable, la plus invariable et la plus facile à connaître.

Voilà les deux vérités qui doivent servir de bases à toutes les règles relatives à la transmission des droits du trône.

Voilà dans quel sens il est possible de faire sans danger et sans crainte l'application de cette maxime si rebattue, et dont les esprits faux tirent souvent les plus dangereuses conséquences : *Salus populi suprema lex* (b), le salut du peuple est la suprême loi (c).

(a) *Voy. ci-dessus*, entre autres, vol. 1, p. 219 *et suiv.*

(b) (Cic. de Leg., lib. iii, n° 8). — *Voy.* aussi Grotius, Histoire des troubles des Pays-Bas, liv. vii. — Montesquieu, Esprit des Lois, liv. xxvi, chap. xxiii.— Vattel, Droit des Gens, liv. i, chap. v, § 8.

(c) Pour signaler le danger de la fausse application de

« L'ordre de succession étant une des choses qu'il importe le plus au peuple de savoir, le meilleur, dit M. de Montesquieu, est celui qui frappe le plus les yeux, comme la naissance,

Transmission des droits du Trône par voie d'hérédité.

---

cette maxime, Massillon, prêchant devant Louis XV encore enfant, disait : — « *Les cris d'un peuple furieux ne peuvent être calmés que par le sang du juste ; s'exposer à leur violence, ce serait allumer le feu de la sédition ; il vaut encore mieux que l'innocent périsse, que si toute la nation allait se révolter contre César : et il faut acheter le bien public par un crime.* — Et voilà toujours le grand prétexte de l'abus que ceux qui sont en place font de l'autorité : il n'est point d'injustice que le bien public ne justifie ; il semble que le bonheur et la sûreté publique ne peuvent subsister que par des crimes, que l'ordre et la tranquillité des nations ne soient jamais dus qu'à l'injustice et à l'iniquité, et qu'il faille renoncer à la vertu pour se dévouer à la patrie.

« Non, sire, je l'ai déjà dit ailleurs, et je ne saurais trop le redire, la loi de Dieu est toute la force et la sûreté des lois humaines ; tout ce qui attire la colère du ciel sur les États ne saurait faire le bonheur des peuples ; l'ordre et l'utilité publique ne peuvent être le fruit du crime : on sert mal la patrie, quand on la sert aux dépens des règles saintes ; c'est saper les fondemens de l'édifice pour l'embellir et l'élever plus haut ; c'est, en affaiblissant ses principaux appuis, y ajouter de vains ornemens qui hâtent sa ruine. Les empires ne peuvent se soutenir que par l'équité des mêmes lois qui les ont formés ; et

et un certain ordre de naissance. Une telle disposition arrête les brigues, étouffe l'ambition; on ne captive plus l'esprit d'un Prince faible, et l'on ne fait pas parler les mourans » (*a*).

Le mode de l'élection, au contraire, de quelque manière qu'il soit réglé, laisse toujours ignorer jusqu'au dernier moment quel sera le successeur du Prince régnant. Les cœurs cherchent vainement un objet d'affection pour s'y attacher; et cet état d'incertitude et de doute dans lequel il laisse les esprits, ne se trouve pas en harmonie avec le sentiment de prévoyance qui leur est propre, et qui porte l'homme à désirer de vivre dans l'avenir.

D'un autre côté, il est utile que l'homme qui doit un jour occuper le premier rang dans

---

l'injustice a bien pu détrôner des souverains, mais elle n'a jamais affermi les trônes : les ministres qui ont outré la puissance des rois, l'ont toujours affaiblie; ils n'ont élevé leur maître que sur la ruine de leurs États, et leur zèle n'a été utile aux Césars qu'autant qu'ils ont respecté les lois de l'empire ». (MASSILLON. Petit Car., *Serm. pour le Vendredi-Saint*).

(*a*) Esprit des Lois, liv. v, chap. xiv; et l'Anti-Machiavel, chap. ii.

la société, soit élevé autant qu'il est possible
pour ce rang même. Or, nous l'avons déja
prouvé, dans une Monarchie où l'autorité du
Prince est tempérée, au lieu d'être illimitée et
sans bornes comme sous le despotisme, l'éduc-
cation du présomptif héritier du trône peut y
être soumise à certaines règles, plus propres à
étendre et à développer qu'à corrompre et détruire les facultés de son ame. Dans une Monarchie bien réglée, l'héritier présomptif du
trône aura appris et saura de bonne heure,
de même que la génération croissante avec lui
et sur laquelle il règnera un jour, que sa puissance est soumise à l'empire des lois, qu'il ne
peut régner que par elles et pour elles ; que
ce n'est point pour l'avantage personnel ou
pour le plaisir du Prince que la royauté a été
établie et qu'elle subsiste, mais qu'ayant été
instituée pour l'intérêt et la félicité des peuples, elle ne saurait avoir d'autre objet ni
d'autre fin (a); qu'un Prince né pour com-
mander est aussi né pour le travail, *imperium*

(a) Maximes du Droit public français, tom. 1, chap. 1,
pag. 51. (2ᵉ *édition in-12*, 1775).

curarum est laborumque gravium susceptio voluntaria; que c'est à lui à veiller et même à souffrir pour le repos et la sûreté des peuples, *qui aliis suavi et profundo somno sepultis, vigilans obdurat* (*a*); que le pouvoir sans bornes est une frénésie qui ruine la propre autorité des Princes; que lorsqu'ils s'accoutument à ne connaître d'autre loi que leurs volontés absolues, ils sapent eux-mêmes les fondemens de leur puissance; et qu'enfin le pur amour de l'ordre est la source de toutes les vertus politiques aussi bien que de toutes les vertus divines » (*b*).

(*a*) THÉOPHIL. *Instit. reg.*, 2ᵉ *part.*, *cap.* XXI.

(*b*) (FÉNÉLON. Supplém. des Disc. pour la consc. d'un roi, pag. 86 *et suiv.*).

— *Voy.* encore, ci-dessus, vol. VII, pag. 488 *et suiv.*; vol. VIII, pag. 307 *et suiv.*

— *Voy.* aussi DE RÉAL, Science du Gouvernement, tom. VI, chap. I, § 9, pag. 42.

— Les anciens historiens rapportent qu'en Perse autrefois, quoique le Gouvernement y fût loin de la perfection, les enfans des rois étaient élevés avec un grand soin. Suivant Platon et Xénophon, à l'âge de 14 ans, on mettait le prince qui devait succéder à la couronne, entre les mains des précepteurs du Roi; c'est ainsi que l'on appelait ceux qui étaient chargés d'élever l'héritier pré-

Si cependant le caractère et les qualités du Prince ne répondent pas complètement à l'espoir que l'on en aura pu concevoir; si les mauvais conseils, dont il n'est peut-être pas possible de le garantir entièrement, prévalent encore sur les préceptes dont l'éducation et la sagesse des lois doivent fortifier son ame et éclairer sa raison, la forme même du Gouver-

---

somptif de la couronne. C'étaient les quatre plus grands seigneurs choisis dans la vigueur de l'âge, les plus savans, les plus justes, les plus sages et les plus vaillans de toute la Perse. Le premier lui enseignait la magie de Zoroastre, c'est-à-dire, dans le langage des Perses, la science du gouvernement et de la religion. C'est dans ce sens que Cyrus le jeune, fils de Darius Nothus, écrivait aux Lacédémoniens, qu'il était plus exercé dans la philosophie et mieux instruit dans la magie que son frère Artaxerxès. Le second lui apprenait à dire toujours la vérité, fût-ce contre lui-même. Le troisième l'instruisait à ne jamais se laisser vaincre par ses passions, afin qu'il se maintînt toujours libre et toujours roi, et qu'il eût, en tout temps, l'empire sur lui-même comme sur les peuples. Le quatrième le dressait à ne craindre ni les dangers, ni la mort, parce que, s'il les craignait, de roi il deviendrait esclave ». (Dialog. de Plat. *dans son* 1er *Alcibiade.* — Xénophon, liv. 1, chap. 11).

nement, la force et la solidité de toutes les institutions, en écarteront du moins encore les plus grands dangers et en préviendront les suites les plus funestes. Sera-t-il faible et sans activité ? ces institutions deviendront son appui. Sera-t-il ambitieux et téméraire ? il trouvera dans ces mêmes institutions une résistance salutaire pour l'empêcher de courir aussi facilement à sa perte, et de précipiter le trône et le peuple dans l'abîme où le poussent les flatteurs et les courtisans.

Tel est encore l'un des avantages d'un Gouvernement constitutionnel et fortement organisé.

Et c'est parce qu'il est impossible de ne pas entrevoir dans l'avenir de semblables dangers, qu'il est nécessaire d'élever en effet, sur des bases fermes et solides que le pouvoir luimême ne puisse pas facilement ébranler, l'édifice qui doit leur résister. « Plus l'hérédité, dit madame de Staël, est nécessaire au bien général, plus il faut que la stabilité des lois, sous un Gouvernement représentatif, préserve une nation des changemens dans le système politique, inséparables du caractère de cha-

que roi et encore plus de celui de chaque ministre » (*a*).

La transmission des droits du trône par voie
d'hérédité, ainsi comprise, est donc un principe constant avec une monarchie constitutionnelle.

Mais comment cette hérédité sera-t-elle réglée?

Ainsi que l'ont fait des publicistes, même
très-éclairés, assimilera-t-on ses règles aux règles générales des successions relativement à
la transmission des biens mobiliers et immobiliers? en conséquence, sera-t-il procédé entre
les héritiers du Prince au partage du Peuple,
comme à celui d'un troupeau, d'un champ ou
de quelque autre propriété, ou la Couronne
sera-t-elle transmise au contraire intégralement
et sans partage à un seul et unique héritier?

Cet héritier sera-t-il choisi dans la ligne ascendante ou dans la ligne descendante?

Les parens en ligne collatérale y auront-ils

(*a*) Considérations sur les princip. évèn. de la Révol.
franc., tom. 1, pag. 45.

33.

quelque droit? et dans quels cas ses droits se-
ront-ils exercés?

Les femmes y seront-elles appelées?

Que doit-on résoudre à cet égard relativement aux enfans naturels (*a*)?

Telles sont les questions subséquentes et secondaires qu'il est nécessaire d'examiner et
dont la solution doit précéder celle de quelques autres qui s'y rattachent.

Le Trône et le Peuple ne sont pas suscepti-bles de partage, et les droits at-tachés à la pos-session de la Couronne doi-vent être trans-mis dans toute leur intégrité à l'unique héri-tier que dési-gne la loi fon-damentale de l'État.

S'il était d'abord reconnu en point de droit
que l'ordre de la succession au trône est établi dans l'intérêt de la famille régnante et non
pas dans l'intérêt du Peuple et de l'État, la
solution des premières questions que nous
venons d'énoncer comme relatives au mode
de successibilité de la Couronne, serait, on
peut le dire, directement opposée à ce que
jugent d'avance la raison et le plus simple bon
sens : car, partant de ce principe faux et er-

(*a*) Sur plusieurs de ces questions, on peut voir, entre
autres, GROTIUS. Droit de la guerre et de la paix, liv. II,
chap. VII, § 25 *et suiv.*—BURLAMAQUI. Principes du Droit
de la nature et des gens, tom. VI, chap. II, § 15, pag. 295
et suiv. — PUFENDORF, etc., non pour adopter en tous
points l'opinion de l'un ou de l'autre, mais avant de s'en
former une.

ronné, il en faudrait naturellement tirer, d'après les véritables principes du droit civil, cette conséquence autrefois admise, mais qui maintenant paraîtrait étrange chez les nations civilisées, savoir; que le trône et le peuple sont sujets à partage.

Mais, s'il est au contraire constant et reconnu que la légitimité ou l'hérédité du trône n'a point d'autre base que la conservation de l'État et le plus grand intérêt de la Société (a); il est indubitable aussi que ce principe fondamental de l'hérédité doit être expliqué, réglé et interprété de manière à ne pas produire un effet diamétralement opposé au but qu'il doit atteindre.

Or, rien ne serait assurément plus contraire à la conservation et à l'intérêt d'un État, que sa division en autant de parts qu'il se ren-

---

(a) Dans le préambule de l'édit du mois de juillet 1717, le roi s'exprime ainsi : « Puisque les lois fondamentales du royaume nous mettent dans une heureuse impuissance d'aliéner le Domaine de notre Couronne, nous faisons gloire de reconnaître qu'il nous est encore moins libre de disposer de cette Couronne; *nous savons qu'elle n'est à nous que pour le bien et le salut de l'État* ».

contre d'héritiers dans la famille du Prince régnant, que la subdivision à l'infini de chacune de ces parts en autant de lots qu'il se présenterait d'ayans-droit à la succession des premiers héritiers dans chaque branche.

Et lors même que, d'après la force des choses, la loi, par une restriction formelle, viendrait entraver les conséquences naturelles du principe, et en borner l'application à un premier partage entre les héritiers du premier degré, l'histoire atteste suffisamment que ce partage des empires fut toujours funeste et devint la cause active de leur ruine. Il ensanglanta l'Asie après la mort d'Alexandre. Il fut une des principales causes de la chute de l'Empire d'Orient et d'Occident après celle de Constantin, dont les trois fils, Constantin, Constance et Constant se firent une guerre implacable (a). En France, après Clovis, après Charlemagne, et même pendant presque tout le temps que régnèrent la première et la seconde

_____

(a) L'Empire avait déja été affaibli par Galère et par Constance Chlore, qui, n'ayant pu s'accorder, le partagèrent réellement entre eux. Non-seulement Constantin suivit

race de nos rois, il remplit le royaume de dé-
sastres. Le jour de la bataille de Fontenay,
journée qui lui fut si funeste, et où Lothaire
et Pépin son neveu, Charles - le - Chauve et
Louis-le-Germanique, enfans de Louis-le-Débonnaire, armés les uns contre les autres,
avaient rassemblé toutes les forces du royaume
pour se détruire, on vit périr cent mille Français. Suivant Grégoire de Tours (livre 2), Clovis lui-même avait formé le dessein d'exter-
miner sa famille, et il y réussit. « Il craignait,
dit cet historien, que les Francs n'y prissent
un autre chef. Ses successeurs suivirent cette
pratique autant qu'ils purent : on vit sans
cesse le frère, l'oncle, le neveu, que dis-je!
le fils, le père, conspirer contre toute la
famille ». Et M. de Montesquieu ajoute : « La
loi séparait sans cesse la Monarchie; la crainte,

---

cet exemple, mais, par vanité et pour fonder une ville
à laquelle il pût donner son nom, il se détermina à porter
le siége de l'Empire en Orient; ce qui fut encore une des
causes de sa décadence (*Voy*. OROZE, liv. VII; et MON-
TESQUIEU, Grandeur et Décadence de l'Empire romain,
chap. XVII).

l'ambition, la cruauté, voulaient la réunir » (a).

— « L'indivisibilité, dit l'auteur de la Science du Gouvernement, est infiniment utile aux Monarchies. Tout partage affaiblit la puissance partagée. Chaque Prince est plus faible et contre l'étranger et contre ses sujets indociles et révoltés ; les co-partageans se font ordinairement la guerre et s'entredétruisent.

« Les Romains surent unir les parties d'un grand État, et en faire un tout régulier ; c'est ce qui fit la grandeur de l'Empire, comme sa divisibilité fut dans la suite l'une des principales causes de sa décadence....

« L'usage des partages avait énervé l'Empire de la Chine ; la loi de l'indivisibilité a fait sa grandeur et sa durée. Jamais les empereurs de la Chine ne donnent à leurs enfans puinés un pouce de terre en souveraineté ; et ils retiennent tous les membres de leur famille au rang de sujets....

« Tous les États d'Espagne qui étaient sous la domination des Chrétiens avaient été réu-

(a) Esprit des Lois, liv. xviii, chap. xxix.

nis sous Sanctius, mort en 1055. Le successeur de ce Prince partagea ses États entre ses quatre enfans; et ces quatre Princes se firent presque toujours la guerre. Ferdinand, surnommé le Grand, mort en 1065, partagea aussi ses États à ses trois fils; et de ce partage naquit le même inconvénient que du précédent. Alphonse, mort en 1257, eut deux fils, à qui il partagea encore ses royaumes de Castille, de Léon, de Galice; et chacun de ces deux frères voulut reculer ses frontières au préjudice de l'autre.

« Le premier affaiblissement que reçut la puissance formidable de la maison d'Autriche sous Charles-Quint, mort en 1558 après avoir abdiqué, vint du partage qu'il fit avec son frère Ferdinand, à qui il céda les provinces d'Allemagne (*a*), et qu'il fit ensuite élire Roi des Romains....

« Les deux enfans que Aribert, Roi de Lombardie, laissa en bas âge, Bertherite et Gon-

---

(*a*) Cet exemple est mal choisi; car il existait plusieurs raisons naturelles et sages de ce partage (*Voy. ci-dessus*, entre autres, 1re Partie, vol. II, pag. 58 *et suiv.*).

debert, se partagèrent ce royaume : l'un eut Milan, et l'autre Pavie, pour capitale ; et ils furent d'abord vaincus....

« La France fournit elle seule plusieurs exemples éclatans des inconvéniens de la divisibilité. Les Gaules étaient un État patrimonial dans les mains de Childeric et de Clovis son fils ; ils pouvaient déclarer indivisible un royaume qui était leur conquête. Mais, parmi les Francs, à la mort d'un seigneur particulier, ses enfans mâles partageaient également ses biens ; et malheureusement pour le roi et pour les peuples, cette coutume, excellente parmi les sujets, passa des familles particulières dans la maison régnante. A peine cette monarchie avait-elle été fondée qu'elle fut partagée entre les quatre enfans de Clovis, en 511. Ce fut la première source des guerres civiles qui inondèrent la France de sang. Ce royaume, réuni sur la tête de Clotaire en 549, fut divisé en plusieurs États, en 562, entre ses fils et petits-fils ; et ce fut une nouvelle source de guerres intestines. Clotaire II vit encore tous les États des Mérovingiens réunis sous son sceptre, vers l'an 613. Mais le royaume fut bientôt partagé de nouveau, et ne cessa presque jamais de l'être pendant cent dix ans que dura l'autorité des maires du palais sous les rois fainéans, depuis l'an 638 jusqu'en 748. Pépin, chef de la seconde race, partagea aussi ses États à ses enfans, et Charlemagne tomba dans le même inconvénient. Ce Prince qui rétablit l'Empire d'Occident, que les Barbares du Nord avaient détruit, fit une grande faute en partageant cet Empire à ses trois enfans (*a*), suivant la coutume pernicieuse observée sous la première race, à laquelle le roi son père, s'était exactement conformé. Deux des enfans de Charlemagne moururent avant leur père, et Louis-le-Débonnaire, associé à l'empire, demeura seul maître de toute la monarchie française. Ce Prince imita son père, comme son père avait imité ses prédécesseurs (*b*).... Ce

(*a*) *Voy.* ce partage, fait en 806, dans les Constitutions impériales de Goldast, dans les Capitulaires de Baluze, dans les Annales de Baronnius, dans celles de Vithou, et dans le Corps diplomatique du Droit des gens, tom. 1, 1re part., pag. 4.

(*b*) *Voy.* cet autre partage, fait en 837, dans Goldast, dans Baluze et dans le Corps diplomatique, pag. 8.

n'est qu'avec la troisième race qu'a commencé l'usage de n'assigner aux puinés que des Apanages toujours relevant de la Couronne et reversibles à la Couronne faute d'enfans mâles.

« Le roi Jean laissa, en 1363, le duché de Bourgogne à Philippe, son fils, et forma ainsi dans la maison de France, la branche de Bourgogne qui augmenta considérablement ses États, et qui ne cessa presque de faire la guerre à nos rois qu'en cessant d'exister, à la mort de Charles, tué devant Nancy. A cette occasion, Louis XI réunit le duché de Bourgogne à la Couronne, dont il relevait; mais le mariage de Marie de Bourgogne avec Maximilien fit passer dans la maison d'Autriche tous les autres États de la maison de Bourgogne.

« On a été enfin désabusé dans ce royaume d'un partage dont l'expérience avait fait sentir tant de fois les inconvéniens. C'est à la nouvelle coutume toujours invariablement observée depuis, que la France doit l'avantage d'avoir repris une partie de son ancien éclat ». (a).

_____

(a) Le même auteur ajoute, et il n'est pas inutile de le rapporter : « En voilà bien plus qu'il n'en faut pour

Dans la Monarchie Constitutionnelle surtout, ce sera donc un second principe constant et invariable que le trône est un, indivisible, et qu'il doit être transmis dans son

---

prouver que l'indivisibilité est infiniment avantageuse aux
monarchies; il n'en est pas de même dans les familles particulières. De tous les usages, le droit d'aînesse est le
plus injuste, considéré par rapport aux membres d'une
même famille; des enfans qui ont une origine commune
ne doivent-ils pas avoir une part égale aux biens de leur
père? Il est aussi le plus pernicieux, considéré par rapport au bien public, en ce qu'il met une trop grande
disproportion dans les fortunes dont l'égalité forme l'opu-
lence publique, et en ce qu'il nuit à la propagation, parce
qu'il porte l'attention d'un père sur un seul de ses enfans, et l'engage, pour rendre solide la fortune d'un
seul, à s'opposer à l'établissement de plusieurs. Le Corps
politique ne peut se bien porter qu'autant que les richesses, qui en sont comme le suc et le sang, sont dis-
tribuées dans toutes les parties ». (Science du Gouvernement, tom 1, chap. III, § 4).

— Il importe de remarquer que, dans le partage d'une
succession, il ne s'agit que du règlement des droits de
propriété, qui ne dépendent et qui ne peuvent s'exercer
que sur les choses, tandis que les droits de souveraineté,
attachés à la possession de la Couronne ne consistent
qu'en une autorité de direction qui ne s'exerce et n'a
d'application que sur les personnes. (*Voy. ci-dessus*,
vol. VII, pag. 352 *et suiv.*).

intégrité et sans partage à l'héritier désigné
par la loi fondamentale de l'État (*a*).

La transmis-
sion des droits
du Trône doit
avoir lieu en
ligne descen-
dante et directe Comment l'héritier, entre les mains de qui
seront transmis les droits du trône, sera-t-il
choisi? le sera-t-il dans la ligne ascendante ou
dans la ligne descendante, dans la ligne directe ou dans la ligne collatérale, parmi les
oncles, les frères, les neveux ou les enfans du
Prince décédé?

Il est dans l'ordre de la nature que la génération qui croît et s'élève, succède à la génération qui vieillit, s'écoule et s'éteint; la
transmission des droits du trône doit donc
s'opérer en ligne descendante.

Par la même raison, entre autres, les enfans doivent aussi être préférés aux oncles et
aux frères, et par suite aux neveux et autres
parens collatéraux. « C'est un avantage pour le

(*a*) On pourrait appliquer, dans ce sens, le serment
fait par les Rois de France à leur sacre, depuis Charles V,
en 1365, jusqu'à Charles VIII en 1484, de conserver
les droits et la dignité de la Couronne, et de ne les aliéner
à personne : « *Superioritatem, jura et nobilitates Coronæ
Franciæ inviolabiles custodiam , et illa nec transportabo,
nec alienabo.*

peuple que le Gouvernement se perpétue par les mêmes voies qui perpétuent le genre humain, et qu'il aille pour ainsi dire de pair avec la nature..... Toutes choses égales d'ailleurs, il faudrait préférer ce qui est réglé par cet ordre fixe et constant de la nature, à ce qui n'est que la volonté capricieuse et inconstante des hommes » (*a*).

Les minorités ont des dangers sans doute; mais ce n'est point en dérangeant cet ordre naturel, en choisissant un roi débile et que la vieillesse ramène vers l'enfance, qu'il faut espérer d'y remédier (*b*).

Les motifs tirés de la conduite et de l'intrigue des Eunuques sont insignifians, et nous dirions presque dérisoires, pour établir, en droit, les règles relatives à l'ordre de succession au trône, parce que, en droit, les Eunuques n'existent pas.

En droit encore, la polygamie ne doit pas non plus exister (*c*). On ne peut donc pas davantage motiver sur son existence aucun des

---

(*a*) Science du Gouv., tom. I, ch. III, sect. 4, p. 274.

(*b*) *Voy.*, ci-après, sections II et III.

(*c*) *Voy.* l'APPENDICE, 1re part., liv. II, note 7.

principes généraux de droit concernant l'hérédité de la Couronne, du moins dans une Monarchie constitutionnelle.

Lorsqu'il a d'abord été reconnu et admis que le Trône doit être indivisible et impartageable, lorsque l'on a pris d'ailleurs les précautions nécessaires pour attribuer le droit de succession à l'un des enfans du Prince régnant, le plus ou le moins grand nombre de cés enfans n'est pas une raison mieux fondée pour changer l'ordre naturel de succession et pour appeler au trône les enfans des frères ou de la sœur, et non pas ceux du père.

Enfin, les motifs de religion, de jalousie, de caste, etc., dont parle M. de Montesquieu(*a*), sont aussi peu déterminans pour placer sur le trône la ligne collatérale à l'exclusion de la ligne directe.

L'hérédité de la Couronne aura donc lieu en ligne descendante, ainsi que nous venons de le dire, et de plus en ligne directe.

La transmission des droits du Trône doit avoir lieu par ordre de primogéniture.

Mais, s'il existe plusieurs enfans, l'aîné sera-t-il préféré à tous les autres?

Il est des pays où tous les biens immobiliers

_____

(*a*) *Voy. ci-dessus*, pag. 505.

et tous les biens personnels qui se trouvent en la possession du père au jour de son décès, appartiennent au plus jeune de ses enfans; et cette disposition de la loi civile n'est pas, sous certains points de vue, aussi dépourvue de justice et de raison qu'au premier aperçu elle pourrait le paraître. Quand les aînés ont reçu d'avance une portion de l'héritage, que le père les a établis, aidés et secourus, il arrive par là que long-temps avant sa mort ils sont eux-mêmes en état d'élever et d'établir leurs propres enfans. Le plus jeune au contraire est celui qui a plus besoin d'assistance et de secours. Lui seul, d'ailleurs, est resté peut-être sous le toit paternel, et n'ayant point encore de femme ni d'enfans, tous ses soins sont consacrés à soulager la vieillesse de ses père et mère, courbés par le poids des ans et s'avançant vers la tombe. Souvent, lui seul pendant les dernières années de leur vie accompagne leurs pas chancelans; il ferme leurs paupières et recueille leurs derniers soupirs. Ainsi, la dernière portion d'héritage que le père commun s'était réservée se trouvant de fait en la possession de son dernier enfant, il n'est pas contre la nature qu'elle lui soit dévolue par le droit. Selon le père Du Halde, chez les Tartares, c'est au plus jeune des fils que passe la succession. Cette nation ne se composant que de conducteurs et propriétaires de troupeaux, les fils aînés, aussitôt qu'ils sont capables de mener la vie pastorale, quittent leurs pères, et, avec certaine part de bétail, ils vont chercher ailleurs une habitation nouvelle. Alors le plus jeune des fils, qui continue le dernier de demeurer avec son père, est naturellement l'héritier de la maison, ses frères étant déja pourvus. On trouve même quelques peuples du Nord chez lesquels les fils quittaient leur père, à l'exception d'un seul, qui devenait son héritier (a).

(a) « Glanvil et Litleton, dit Blackstone, font mention d'une coutume semblable en Angleterre, d'après laquelle le plus jeune des fils, et non l'aîné, succède au *ténement* en *bourgage*, après la mort du père ». (Commentaires, vol. ɪɪ, liv. ɪɪ, chap. vɪ, pag. 439, 440. *Traduction de M. Chompré*).

M. de Montesquieu s'exprime ainsi : « J'ai ouï dire qu'une pareille coutume était observée dans quelques petits districts d'Angleterre; et on la trouve encore en Bretagne, dans les duchés de Rohan, où elle a lieu pour les

Cependant il serait contre la nature et le droit qu'en conservant les biens qui se trou-

---

rotures. C'est sans doute une loi pastorale, venue de quel-que petit peuple breton, ou apportée par quelque peuple germain. On sait, par César et Tacite, que ces derniers cultivaient peu la terre ». (Esprit des Lois , liv. xviii, chap. xxi).

En Angleterre encore, dans quelques bourgs anciens, nommés par cette raison *Bourgs anglais*, la coutume prescrit que le fils cadet doit succéder à l'héritage par préférence à tous les frères aînés.

Dans ce pays, les droits d'aînesse et les substitutions sont presque généralement admis ; cependant la coutume de Gavelkind, dans la province de Kent et dans quelques autres parties du royaume, coutume qui, selon Blackstone, existait peut-être par tout avant la conquête des Normands , veut que tous les fils succèdent en commun à l'héritage de leur père. (Commentaires, vol. i, *Discours prélim.*, section 2, et vol. ii, pag. 442. *Traduction de M. Chompré*). (*Voy.* aussi ci-dessus, vol. iii, pag. 210 , note *a*).

Dans le cas où le nombre des enfans serait assez considérable dans une même famille, pour que, relativement la modicité de l'héritage, les lots qui résulteraient d'un partage égal, n'atteignissent pas certaine quotité déterminée par la loi, nous ne craignons pas de le dire, une disposition de droit civil, qui statuerait que les enfans derniers nés seraient appelés à ce partage à l'exclusion des aînés, nous paraîtrait moins injuste, plus fon-

34.

vent encore en la possession du père au moment de son décès, le plus jeune des fils suc-
cèdât à son autorité. D'après l'ordre naturel,
cette autorité doit bien évidemment passer à
l'aîné, parce que généralement la raison, l'expérience lui ont donné, dès l'âge de discernement, et doivent lui conserver par la suite, une
sorte d'ascendant sur les autres membres de
la famille. « L'histoire de Jacob et d'Esaü, dit
M. de Pastoret, fait universellement connaître
l'importance que de tout temps on a attaché au
droit d'aînesse. L'aîné n'avait pas seulement
une portion plus forte de l'héritage paternel;
il était dans la famille le suppléant du père,
le représentant de son autorité; et à ce titre,
avant qu'on eût un sacerdoce régulièrement
établi, il fut, dit-on, le prêtre domestique

---

dée en raison, que ces prétendus et iniques droits d'aînesse, que ces substitutions et ces majorats, inventés
pour satisfaire le ridicule orgueil, la vanité de quelques
familles aristocratiques, dépourvues des premiers sentimens de véritable religion, de justice, d'humanité, ou
trop facilement disposées à faire fléchir ces mêmes sentimens devant des considérations, auprès d'eux, si viles
et si méprisables.

ou le sacrificateur (*a*) : ses frères devaient lui obéir; ils fléchissaient le genou devant lui comme devant leur père (*b*). C'est toujours lui qui parlait en leur nom.... » (*c*).

L'autorité royale, qui, sous certains rapports, est l'image de la puissance paternelle(*d*), doit de même être transmise dans la ligne directe descendante par ordre de primogéniture; « *unus tantum in regno succedit, primogenitus scilicet* » (*e*).

Reste à décider si les femmes seront admises au trône, et si les enfans naturels y seront appelés.

Les femmes doivent-elles être appelées à succéder au Trône.

Diodore suppose que, dans les quinze mille ans auxquels il a cru pouvoir fixer la durée du règne des hommes en Égypte depuis que

---

(*a*) *Voy.* les Commentateurs; et Schuckford, tom. I, pag. 289.

(*b*) Genèse, xxvii, *v.* 29.

(*c*) Histoire de la législation, tom. I, chap. III, p. 378 *et suiv.*; et tom. III, chap. II, pag. 54 *et suiv.*

(*d*) *Voy. ci-dessus*, vol. v, pag. 270 *et suiv.*

(*e*) (Peregrinus. Consil., lib. II, *Consil.* x, n. 9, 18 et 23). Et cela, que cet aîné soit né avant ou après l'avènement de son père à la Couronne.

les dieux eurent cessé de régner, il y eut quatre cent soixante et dix rois et cinq reines (a).

Hérodote n'en compte qu'une sur trois cent trente-trois rois; savoir, Nitocris (b).

Une femme qui voulait se mêler des affaires de l'État fut une chose si extraordinaire parmi les Romains que, lorsque Amasie se présenta pour parler devant le sénat, la république crut devoir envoyer consulter l'oracle pour savoir ce que lui présageait un phénomène si rare.

Sparte ne laissait même pas le titre de reine aux femmes de ses rois, et Venise a depuis refusé le titre de duchesse à celle du doge (c).

En France, les femmes ont été exclues de la couronne par induction des dispositions de la Loi *Salique*(d), dont on attribue l'établissement à Pharamond, premier roi de la race des Mé-

---

(a) Diod. I, § 44.

(b) Hérod. II, § 100.

(c) De Réal. Science du Gouvernem., tom. i, ch. iii, section 4, pag. 379.

(d) L'épithète de *Salique*, donnée à cette loi, provient, dit-on, du mot *Sala*, qui, en langage celtique, signifiait *maison*.

rovingiens, lequel régnait au commencement du cinquième siècle de l'ère chrétienne, c'est-à-dire, vers l'an 420 depuis Jésus-Christ.

Après la mort du fils posthume de Louis-le-Hutin, Jeanne, fille de Louis, disputa la couronne à Philippe-le-Long. On convoqua une assemblée de prélats, de seigneurs et de bourgeois, et on déclara dans cette assemblée *qu'au royaume de France les femmes ne succèdent point* (a).

Après la mort de Charles-le-Bel, Édouard III, roi d'Angleterre, disputa aussi la Couronne de France à Philippe de Valois. Édouard était plus proche parent de Charles-le-Bel que Philippe de Valois; mais il n'était parent que par sa mère. « Il y eut, dit Jean de Montreuil, une détermination et jugement des pairs, des barons, des prélats et autres sages du royaume de France, et de tous les habitans dudit royaume de France. Finalement (ce sont les propres termes d'un auteur qui écrivait sous

---

(a) *Voy.* le Continuateur de Guillaume de Nangis, Spicil., tom. 111, pag. 72; et le Répertoire de Jurisprudence au mot *Roi.*

Louis XI), parties ouïes en tout ce qu'elles
voulurent alléguer d'une part et d'autre, les
princes, les prélats, nobles gens des bonnes
villes, et autres notables clercs, faisant et représentant les trois États-généraux du royaume, assemblés pour ladite matière, dirent et
déclarèrent que, *selon Dieu, raison et justice,
à leur avis, le droit dudit Philippe de Valois
était le plus apparent pour parvenir à la couronne* » (*a*).

Cependant Charles VI, par le fameux traité
de Troies, du 21 mai 1410, avait transporté
après sa mort la couronne de France au roi
d'Angleterre, son gendre, et lui avait assuré
pendant sa vie la régence du royaume (*b*). Il
renversait ainsi la loi la plus fondamentale ou
du moins la plus généralement reconnue et la
plus respectée de tous les rois de la Monarchie (*c*).

(*a*) Mémoires de l'Acad. des Belles-Lettres , tom. xx,
pag. 464 et 469.

(*b*) *Voy.*, *ci-dessus*, vol. v, pag. 159.

(*c*) Bodin appelle la règle que la Loi Salique établit
relativement à la succession de la couronne, *le Fondement de la Monarchie* (De la Républ., liv. i, ch. xviii).

Coquille, après avoir défini les lois fondamentales du

Dans les Indes, en Afrique (*a*), en Asie, en Pologne, en Russie, en Suède, en Danemark,

---

Royaume, celles qui sont telles que le roi et ses successeurs, et le peuple, y soient obligés, et qu'elles ne puissent être révoquées par le roi, place à ce rang *la Loi Salique et la prohibition d'aliéner le domaine de la couronne.* (*Voy.* Histoire du Nivernais, pag. 441. *Édit.* 1703).

Un auteur appelle cette même loi le *Palladium de la France.* (*Voy.* l'Hist. Thuan., lib. cx).

Un quatrième l'appelle seulement une coutume particulière, un *Privilége* des Français (Marca. *de jurisp.* 2 part.).

Et en effet, de toutes les couronnes de la chrétienté, la couronne de France est celle où cette coutume a été le plus constamment observée ; et c'est pour cela que cette sorte de succession, que les Romains appelaient *agnatique,* a depuis été appelée *française.*

La succession où les mâles et les femelles et ceux qui sont nés des branches féminines parviennent au trône, au défaut des mâles, appelée par les Romains *cognatique,* s'est aussi appelée depuis *Castillanne,* parce qu'elle est en usage en Espagne. (*Voy.*, entre autres, Burlamaqui, Principes du droit de la Nature et des Gens, tom. vi, 2ᵉ part., ch. iii, § xiii, pag. 294; et De Réal, Science du Gouvernement).

(*a*) Suivant Læsteus, il est un pays de l'Afrique où les hommes étaient gouvernés par le roi et les femmes par la reine ; et c'était anciennement une loi fondamentale de l'Égypte, que les sœurs succédassent avec les frères ;

en Hollande (*a*), en Angleterre (*b*), en Espagne, et autres parties de l'Europe, les femmes, au contraire, ont été admises sur le
trône; et si l'on en croit même plusieurs historiens, philosophes et publicistes, elles y ont
souvent régné sagement et avec gloire.

Les premiers citent avec éloge, entre autres
reines, Sémiramis, femme de Ninus et belle-
fille de Nemrod; Artémise, reine de Carie et
fille de Lygdamis, différente de la reine de Carie
qui a immortalisé sa mémoire en éternisant
sa tendresse pour Mausole, son époux; Zé-
nobie, reine de Palmire, vaincue par Auré-

---

mais, pour maintenir l'unité du gouvernement, on y
mariait le frère et la sœur, ainsi que le furent Isis et
Osiris (*de illustrium fœminarum auctoritate*).

(*a*) Ce fut au commencement de l'année 1747, qu'à la
suite d'une sédition populaire, provoquée par la crainte
des armes de Louis XIV, les Provinces-Unies établirent
l'hérédité du Stathouderat dans les lignes masculine et
féminine de la maison de Nassau. Les provinces de Gro-
ningue et de Frise, où le Stathouderat était déja établi,
ont été les dernières à reconnaître cette hérédité dans les
femmes.

(*b*) TACIT., *in vitá Agricolæ.* — DE RÉAL, Science du
Gouvern., tom. II, ch. VII, sect. 7, pag. 371.—BLACK-
STONE, Commentaires, entre autres, liv. I, chap. III.

lien; Pulchérie, sœur de Théodose; Blanche,
mère de Saint-Louis; Isabelle, femme de Ferdinand; Catherine Paléologue, duchesse de
Mantoue et marquise de Montferrat; Élizabeth,
reine d'Angleterre; Marguerite de Waldemar;
Catherine II; Marie-Thérèse, et quelques
autres.

Parmi les seconds, Platon, entre autres, sou-
tenait que les femmes en général devaient être
admises, comme les hommes, au maniement des
affaires publiques, à la conduite des guerres,
au Gouvernement de l'État; et c'était par une
conséquence de cette idée, qu'il voulait qu'on
les appliquât aux mêmes exercices que les
hommes, pour leur former le corps et l'esprit (a).

« Dans les Indes, dit l'auteur de l'Esprit des
lois, on se trouve très-bien du gouvernement
des femmes; et il y est établi que si les mâles
ne viennent pas du même sang, les filles qui
ont une mère du sang royal, succèdent (b).
On leur donne un certain nombre de per-

(a) Plat., De Repub., lib. v.
(b) Lettres édif., 14 Recueil.

sonnes pour les aider à porter le poids du Gouvernement. Selon M. Smith (*a*), on se trouve aussi très-bien du Gouvernement des femmes en Afrique. Si l'on ajoute à cela l'exemple de la Moscovie et de l'Angleterre, on verra qu'elles réussissent également et dans le Gouvernement modéré et dans le Gouvernement despotique » (*b*).

Convient-il donc que les nations civilisées suivent à l'avenir l'exemple de la France, ou les Français ont-ils intérêt à abandonner l'une des lois fondamentales du royaume pour adopter la coutume des autres peuples? En d'autres termes, quel est le principe en lui-même préférable, et que l'on doit admettre comme base dans une bonne constitution? Pour résoudre cette question, il est encore indispensable de consulter la voix de la raison, et il n'est pas fort difficile de reconnaître ici les conseils qu'elle donne.

Sans doute, il est des femmes douées d'un

(*a*) Voyage de Guinée, 2e part., sur le royaume d'Angola à la Côte-d'Or, pag. 165 *de la traduction.*
(*b*) Esprit des Lois, liv. vii, chap. xvii.

esprit actif, d'une grande capacité de jugement et d'une certaine force d'ame et de caractère. Plusieurs, sur le trône, ou dans les
rangs moins élevés de la société, ont été ani-
mées par un grand courage, et ont fait paraître
de sublimes et héroïques vertus. Il en est même
dont les forces physiques se sont en quelque sorte trouvées en rapport avec l'élévation,
la force morale de leur caractère, avec la noblesse de leurs sentimens et l'étendue de leurs
facultés intellectuelles; mais cette force cor-
porelle, ce courage même sont-ils généralement au nombre des heureuses qualités par
lesquelles la nature s'est plue à les embellir?
ces vertus sont-elles leur habituel et véritable
apanage, ou ne lui seraient-elles même pas opposées et contraires? Les femmes fortes, en
général, ne doivent-elles pas être considérées
comme des phénomènes extraordinaires; leurs
mœurs, leur caractère ne font-ils pas con-
traste avec la foiblesse, la timidité, la douceur,
les vertus naturelles de leur sexe? Ensuite, les
lois également naturelles de l'union conjugale
seront-elles renversées, et les lois civiles et humaines auraient-elles la puissance de les abro-

ger? Des reines, des princesses commanderont-elles à leurs époux ; ou par la nature même, par la volonté manifeste de la Providence, ne sont-elles pas, ne doivent-elles pas rester soumises, dans quelque rang que ce soit, aux règles ordinaires et raisonnables résultantes du mariage ?

Voilà ce qu'il faut d'abord considérer et juger, pour décider ensuite s'il est utile et convenable d'admettre les femmes au trône, ou s'il est au contraire nécessaire et juste de les en exclure; puisque, suivant que nous l'avons déja dit, ce n'est pas sur de simples faits, sur des usages plus ou moins variables et contradictoires, que l'on peut asseoir et établir des principes généraux et certains.

« Dieu, dit l'Écriture, a soumis les femmes à la domination des hommes dès la naissance du monde. *Mulieres viris subditæ sint, quoniam vir caput mulieris.... Sub viri potestate eris, et ipse dominabitur tibi* ». Il a menacé les hommes de leur donner des femmes pour maîtres comme une marque de sa malédiction (*a*). Le prophète Isaïe menace

(*a*) Genèse, VIII, III, XVI.

les Juifs de la domination des femmes et des enfans, comme de deux punitions égales (*a*).

Aristote ne partageait pas, sur ce point aussi bien que sur plusieurs autres, le sentiment de Platon, son maître. Il reconnaissait avec raison la différente destination de l'homme et de la femme, par la différence des qualités du corps et de l'esprit, que l'auteur même de la nature a mise en eux, en donnant à l'un une force de corps et une intrépidité d'ame qui le mettent en état de supporter les plus rudes fatigues, et d'affronter les plus grands dangers; et à l'autre, au contraire, une complexion délicate et faible, accompagnée d'une douceur naturelle et d'une modeste timidité qui la rend plus propre à une vie sédentaire, et qui la porte à se renfermer dans l'intérieur de la maison, et dans les bornes d'une industrieuse et prudente économie (*b*).

_____

(*a*) C. III, *v*. 12.

(*b*) « Les femmes, dit aussi l'auteur de la Science du Gouvernement, sont ordinairement inférieures aux hommes en solidité de jugement, en bon sens et en raison. La délicatesse qui se trouve dans leurs fibres né leur donne une grande intelligence que pour ce qui frappe le plus

Et quand on en viendrait à consulter les femmes elles-mêmes, on en trouverait bien peu qui, en désirant de placer le diadème sur leur front, ne songeassent pas avant tout à la faculté que pourrait leur donner le pouvoir qu'elles supposeraient y être attaché, d'y substituer une couronne dont le poids fut plus doux pour elles à supporter. Mais si vous leur représentez les soins, les inquiétudes; les ennuis, les chagrins, les fatigues et les tourmens inséparables de l'administration d'un royaume, lors même qu'il jouirait de la meilleure cou-

---

les sens; elles sont d'ordinaire incapables de pénétrer des vérités un peu cachées ; elles ne considèrent que l'écorce des choses, et leur intelligence n'a pas assez d'étendue et de force pour en percer le fond ». (Science du Gouv., tom. 1, chap. 11, sect. 4).

— « Leur inconstance naturelle, la légèreté de leur esprit, le penchant qu'elles ont à mettre dans les affaires, les passions de leur état, font souvent de leur cœur un théâtre d'incertitudes. *Et si viri interdùm, quorum maximè est propria fortitudo, quique sapientiores et cordatiores solent esse naturâ, imperium adepti, tamen licentiâ corrumpuntur ac depravantur : quid a mulieribus, queis nihil natura finxit molliùs, neque mobiliùs, neque infirmiùs, expectandum* ». (Dionys Lambinus, *in Cornelio nepote*).

stitution possible, combien en rencontrera-t-on dans ce cas qui puissent méconnaître la faiblesse de leurs bras et la pesanteur d'un sceptre, et qui ne préfèrent les guirlandes du myrte aux chaînes de la royauté. Or, de toutes les affaires humaines, ainsi que le disait Isocrate à Nicoclès, la plus difficile et celle qui demande le plus de soins, c'est sans contredit le gouvernement d'un royaume.... Quand on regarde la royauté de loin, on ne voit qu'autorité, éclat et délices ; mais de près, tout est épines.... Un roi se doit à tous les hommes qu'il gouverne, et il ne lui est pas permis d'être à lui.... La royauté, quand elle est prise pour se contenter soi-même, est une monstrueuse tyrannie ; quand elle est prise pour conduire un peuple innombrable comme un père conduit ses enfans, c'est une servitude accablante qui demande un courage et une patience héroïques » (a).

— « On a beau monter et être porté sur les ailes de la fortune au-dessus de tous les autres, dit Massillon, la félicité se trouve toujours

---

(a) Télémaque, tom. III, pag. 24.

placée plus haut que nous-mêmes : plus on s'élève, plus elle semble éloignée de nous. Les chagrins et les noirs soucis montent et vont s'asseoir avec le souverain sur le trône. Le diadème qui orne le front auguste des rois, n'est souvent armé que de pointes et d'épines qui le déchirent » (a).

Dans tous les cas, il suffit que, sur le trône où elle serait assise, une reine fut obligée de placer son époux près d'elle, pour que, d'après les vérités et les maximes que nous venons de rapporter relativement à la subordination naturelle des femmes à la puissance conjugale, il en résultât un motif puissant et péremptoire de ne pas les y élever; et les auteurs font valoir les considérations suivantes que l'on peut en effet appliquer dans cette hypothèse même. La première qualité d'un roi est en quelque sorte d'appartenir au peuple dont il doit maintenir et faire respecter les lois, d'être né sur le sol de la patrie, de n'avoir pas été nourri et élevé sous un ciel étranger. Cette qualité, quoique physique et pure-

(a) MASSILLON, Pet. Car.; 3ᵉ Dimanche.

ment matérielle, est ordinairement la garantie de beaucoup d'autres qualités morales et intellectuelles ; et ce fût sans doute d'après les présomptions naturelles qui s'y rattachent, que Moïse disait aux Juifs : « Vous ne pouvez faire un roi qui ne soit point votre frère, et prendre un homme d'une autre nation ; *non poteris alterius gentis hominem facere regem qui non sit frater tuus* » (a). Comment espérer généralement qu'un prince imbu d'idées, de maximes, de mœurs étrangères fasse observer et respecte lui-même les usages, les coutumes, les principes et les lois fondamentales de l'État ? A Rome, les empereurs étant presque tous devenus étrangers et quelquefois barbares, Rome ne fut plus la maîtresse du monde, mais elle reçut des lois de tout l'univers. Chaque empereur y porta quelque chose de son pays, ou pour les manières, ou pour les mœurs, ou pour la police, ou pour le culte : et Héliogabale alla jusqu'à vouloir détruire par la violence tous les objets de la vénération de Rome, et ôta tous les dieux de leurs temples,

---

(a) Deut. 17, 11.

pour y placer le sien (*a*). D'un autre côté, est-il bien probable que le peuple respecte long-temps l'autorité d'un prince étranger, qu'il s'y soumette facilement et avec joie, surtout si ce prince lui est imposé et n'est pas appelé à le gouverner par une élection franche et libre. Et s'il s'y soumet, cela ne donne-t-il pas lieu de craindre qu'il n'ait cessé d'être animé de cet esprit national qu'on vit se manifester en France, au commencement du règne de Henri IV, parmi ceux-là mêmes qui, par une suite du fanatisme religieux dont ils étaient alors aveuglés, paraissaient le plus disposés à lui refuser la Couronne (*b*).

(*a*) *Voy.*, entre autres, MONTESQUIEU, Grandeur et Décadence des Romains, chap. XVI.

(*b*) A cette époque, le Parlement de Paris, dit Mézerai, s'étant assemblé, sur le bruit qui courait de l'élection de l'Infante, fit voir qu'il est infaillible, quand il s'agit des lois fondamentales de la Monarchie, pour lesquelles il a toujours veillé très-utilement : car il donna un grand arrêt *qui ordonnait que remontrances seraient faites au Duc de Mayenne, à ce qu'il eût à maintenir ces lois, et empêcher que la Couronne ne fût transportée à des étrangers, et déclarait nuls et illicites tous traités qui auraient été faits, ou qui se feraient pour cela, comme étant con-*

Les publicistes ajoutent que du moment où un prince étranger se trouve introduit, du moins de fait, sur le trône, par son mariage avec l'héritière appelée à y succéder (fût-il d'ailleurs assez éclairé pour ne pas renverser violemment

traires à la Loi Salique. Conformément à cet arrêt, Jean Lemaitre, qui tenait la place de premier président, fit de hardies remontrances à ce Duc, et lui représenta que la domination des femmes en France, même celle des régentes, n'y avait jamais causé que des séditions et des guerres civiles. Il en rapporta dix ou douze exemples très-mémorables, entre lesquels il n'oublia pas celui de Blanche de Castille, et celui de Catherine de Médicis, la principale et presque l'unique cause de ces derniers troubles ». (Abrégé chronologique de l'Hist. de France, par Mézerai, tom. IX, pag. 414 et 415).

On sait aussi que, lors des conférences qui eurent lieu, dans la ville de Soissons, au sujet de l'élection du roi, entre le duc de Mayenne, et le duc de Feria, ambassadeur d'Espagne, le duc de Mayenne déclara à celui-ci qui cherchait en effet à faire valoir les prétentions de l'Infante à la Couronne, comme étant fille d'Élisabeth de France, sœur du dernier roi : « *Que la seule idée d'une domination étrangère suffirait pour révolter tous les Français* ». Le duc de Féria soutint cependant que l'élection se ferait malgré cela ; mais le duc de Mayenne lui répliqua que « *S'il se le mettait en tête, il le chasserait en huit jours hors du Royaume, lui et tous les siens* » ; ce qui rompit et termina la conférence.

les institutions et les lois nationales), il peut en résulter la réunion des Gouvernemens de deux peuples dans la même main ; et que cette réunion, seule, serait un inconvénient non moins grave, quoique provenant d'une cause opposée, que le démembrement de l'un ou de l'autre de ces peuples en plusieurs États : elle produirait une confusion et un désordre bien plus propres à bouleverser les institutions qu'à les perfectionner. C'est là, ce semble en effet, une vérité d'expérience autant que de raison, à laquelle M. de Montesquieu, entre autres, rend hommage, quoiqu'elle contrarie évidem-ment l'admission des femmes au trône, qu'il semble assez disposé à admettre en principe. «J'ai dit, c'est ainsi qu'il s'exprime, qu'un grand État devenu accessoire d'un autre s'affaiblissait et même affaiblissait le principal. On sait que l'État a intérêt d'avoir son chef chez lui; que les revenus publics soient bien administrés; que sa monnaie ne sorte point (a) pour enrichir

_____

(a) Cette assertion, prise dans un sens trop général, n'est pas d'une parfaite évidence; elle aurait besoin d'être amplement commentée et discutée : nous pourrons en dire quelque chose dans l'Appendice.

un autre pays. Il est important que celui qui
doit gouverner ne soit point imbu de maximes
étrangères; elles conviennent moins que celles
qui sont établies. D'ailleurs, les hommes tiennent prodigieusement à leurs lois et à leurs
coutumes; elles font la félicité de chaque nation; il est rare qu'on les change sans de grandes secousses et une grande effusion de sang,
comme les historiens de tous les pays le font
voir » (a). — « De même que nul homme ne
peut bien servir deux maîtres, dit aussi l'auteur du Système social (et cela est vrai dans
le sens et dans les bornes de l'application que

(a) (Esprit des Lois , liv. xxvi, chap. xxiii. — *Voy.*
aussi *ibid.*, liv. v, chap. xiv; et, *ci-dessus*, entre autres,
vol. ii, pag. 158).

— Tout ceci est en un sens , et jusqu'à certain point,
fort contestable, et donnerait aussi lieu à plus d'un commentaire. Nous observerons du moins, quant à présent,
qu'il serait plus exact de dire que lorsqu'on veut changer
les lois et les coutumes par de grandes secousses, il est
à craindre que ces secousses ne produisent l'effusion du
sang, et cela, en effet, est toujours un danger plus imminent et plus à redouter sous le règne d'un prince étranger,
et imbu de maximes étrangères, que sous un prince régni-
cole et patriote.

nous en faisons ici), quel prince peut bien
gouverner deux États? Un souverain qui veut
gouverner avec sagesse un peuple quelconque,
n'a-t-il donc pas déja suffisamment d'affaires?
Augmenter les États, ce n'est jamais qu'augmenter la difficulté de les bien gouverner et
multiplier les prétextes de la guerre » (a). C'est
ce qu'exprimait aussi, par une métaphore qui
ici n'est pas dépourvue d'une certaine vérité,
Louis, roi de Hongrie, lorsqu'il fut élu roi de
Pologne. Les Polonais le pressaient de se rendre à leur invitation, et les Hongrois l'y enga-
geaient. « Croyez-vous, disait-il aux uns et aux
autres, qu'il soit utile à deux troupeaux séparés d'avoir un seul berger? Peut-on gouverner deux royaumes sans que l'un et l'autre
n'en souffrent » (b).

Au contraire, après avoir cherché à établir,
ou plutôt en voulant établir en principe que
deux États souverains peuvent être soumis au

_____

(a) Système Social, chap. 11, de la Guerre.
(b) CROMERUS, De Origine et Rebus gestis Polonorum,
lib. XIII, pag. 331. — Voy. aussi, Maximes du Droit
publ. franç., tom. III, chap. IV, pag. 184.

même prince sans aucune dépendance de l'un envers l'autre, et chacun retenant tous ses droits de nation libre et souveraine, Vattel rapporte en fait que le roi de Prusse était souverain de Neufchâtel en Suisse, sans aucune réunion de cette principauté à ses autres Etats: « en sorte, continue-t-il, que les Neufchâtelois, en vertu de leurs franchises, pourraient servir une Puissance étrangère qui serait en guerre avec le Roi de Prusse, pourvu que la guerre ne se fît pas pour la cause de leur Principauté » (a). Mais, sans nous arrêter à apprécier l'exactitude de cette conséquence, quelle confusion et quel cahos ne seront pas le résultat inévitable d'une position si fausse, d'un ordre de choses si étrange. Il suffirait bien réellement d'un tel résultat pour rendre palpable l'absurdité d'un principe, d'un système qui pourrait y donner lieu.

C'est avec bien plus de raison que la loi de Russie, faite au commencement du règne d'Élisabeth, exclut du trône tout héritier qui possèderait une autre Monarchie.

(a) Droit des Gens, liv. 1, chap. 1, § 9.

La loi de Portugal fait plus et mieux encore, elle rejette tout étranger qui serait appelé à la Couronne par les liens du sang (*a*).

Enfin, en examinant la question qui nous occupe, sous l'un de ses véritables et principaux points de vue, celui que nous avons commencé par signaler, les auteurs des Maximes du Droit public français disent : « On objecterait en vain que, dans ces royaumes *féminins*, le mari de la reine n'a que le titre de Roi, comme en Angleterre et en Écosse.... ; car il y a tout lieu de craindre qu'il n'abuse de l'autorité maritale pour engager la reine à violer

---

(*a*) (Droit des Gens, liv. I, chap. v, § 62. — Esprit des Lois, liv. xxvi, chap. xxiii).

Les anciennes lois de Portugal veulent que, si le Roi meurt sans enfans mâles, et qu'il laisse une fille, elle soit Reine, mais qu'elle ne puisse se marier qu'à un Portugais noble, lequel ne portera le nom de Roi que lorsqu'il aura un enfant mâle de la Reine. « *Sit ita lex in sempiternum quod prima filia regis recipiat maritum de Portugale, ut non veniat regnum ad extraneos ; et, si cubaverit cum principe extraneo, non sit regina, quia nunquam volumus nostrum regnum ire fore Portugalibus, qui reges fecerunt sine adjutorio alieno, per suam fortitudinem, etc.* » (*Voy.* la Science du Gouvernement, tom. II, chap. VII, sect. 10).

les droits auxquels il est étranger » (*a*). Dans le fait, il sera toujours véritablement roi.

Nous conclurons donc toujours que si l'intérêt de la famille régnante était la base des règles relatives à l'hérédité de la Couronne,

---

(*a*) (Maximes du Droit public franç., tom. 1, chap. 1, pag. 84).

— En 1682, les royaumes d'Angola et d'Akeon, sur la Côte-d'Or en Afrique, étaient gouvernés, suivant ce qu'en rapportent Barbot, Bosnan, Smith et autres, par une femme d'un courage et d'une prudence extraordinaires. Mais, à l'âge de trente-huit ans, cette femme, qui prenait le titre de *Reine*, vivait encore sans mari, pour conserver son autorité.

Smith observe que ces pays sont les seuls de la Guinée où le pouvoir suprême puisse tomber entre les mains d'une femme, et il ajoute que, dans ces royaumes, les enfans mâles qui peuvent naître du commerce de la Reine avec ses esclaves sont eux-mêmes vendus pour l'esclavage, dans la crainte qu'ils ne troublent le droit de succession. (*Voy.* Barbot, pag. 180. — Bosnan, pag. 61 *et suiv.* — Smith, pag. 209. — Phillips, Voyages. — Et l'Histoire générale des Voyages, tom. IV, pag. 71).

— « Par la même raison que la nature même s'oppose à ce que les femmes soient les maitresses de la maison maritale, elles ne peuvent obtenir la prééminence sur tout un peuple.... ». (Princip. de Polit. Constit. , tom. II, chap. II, sect. 5, pag. 22).

on pourrait peut-être élever encore un doute
sur la question de savoir si la justice doit ou
non y admettre les femmes; mais si l'intérêt
de la Société et la conservation de l'État sont,
comme nous l'avons précédemment reconnu,
le seul et unique fondement de tout ce qui se
rattache à ce principe, la solution est indubitable et forcée, et l'on doit en résumé tenir
pour constante, dans une monarchie constituée
sur de solides fondemens, cette maxime dont
le plus grand nombre et les plus sages des
publicistes ont reconnu la vérité; savoir, que
de tous les modes d'hérédité la succession
agnatique ou de mâle en mâle par ordre
de primogéniture est de beaucoup le plus favorable, surtout, comme propre à préserver
mieux des déchiremens intérieurs et du danger
d'une domination étrangère (a).

(a) (*Voy*. aussi les Commentaires sur l'Esprit des Lois,
par M. le comte de Destutt de Tracy, liv. v, ch. v, p. 57).
— « Par des circonstances à lui particulières, dit cet
auteur, Pierre-le-Grand n'avait pu établir cette loi en
Russie; mais quatre-vingts ans après, Paul Ier y est par-
venu, aidé de conjonctures plus heureuses, et surtout
par les habitudes *presque* générales de l'Europe ». (*ibid*).

L'avantage de désigner à l'avance l'héritier du trône, celui de n'être pas forcé de recourir aussi promptement au mode de transmission par voie d'élection, sont-ils de nature à faire admettre les enfans naturels à l'hérédité de la Couronne? des motifs d'une haute considération ne s'opposent-ils pas à ce qu'à ce titre ils puissent y être appelés?

Si, dans l'intérêt social et dans l'ordre de la nature, la sainteté des lois du mariage doit être respectée, il est surtout essentiel pour cela que le Monarque lui-même observe ce devoir; qu'il donne à cet égard, comme en tout, le salutaire exemple d'une conduite conforme aux lois : et les lois qui veulent favoriser le mariage ne doivent pas accorder aux enfans issus d'un commerce illicite, des droits entièrement égaux à ceux des enfans nés de l'union qu'elles légitiment et sanctifient.

Il est une maxime certaine, et dont il convient de faire principalement ici une juste application : c'est que les bonnes mœurs valent souvent plus que les bonnes lois; « *quod sœpè boni mores plus valeant quam bonæ leges* ».

— « Il est, dit aussi un publiciste, des exemples pires que des crimes; et plus d'États ont
péri, parce que l'on a violé les mœurs, que
parce qu'on a violé les lois » (a).

(a) (Science du Gouvernement, tom. VI, chap. I, sect. 9,
§ 67, pag. 167).

« . . . . Componitur orbis
Regis ad exemplum : nec sic inflectere sensus
Humanos edicta valent ut vita regentis.
« Tout le monde se modèle sur le Prince, et les édits
n'ont pas autant de pouvoir sur les esprits des hommes
que la vie du Souverain ». (*Claudian. de IV Cons. honor.,*
vers 196).
— « *Quò perniciosius de Republicâ merentur viciosi*
principes, quod non solum vitia concipiunt ipsi, sed ea
infundunt in civitatem. Neque solum obsunt, quòd ipsi
corrompuntur, sed etiam quòd corrumpunt; plusque
exemplo, quam peccato nocent. Les Princes vicieux sont
d'autant plus pernicieux pour la république, que leurs
vices ne se renferment pas en eux-mêmes, mais qu'ils se
répandent et s'insinuent dans la société, à laquelle ils
nuisent plus encore par l'exemple que par leurs fautes,
plus encore parce qu'ils corrompent que parce qu'ils sont
corrompus ». (CICERO. *De Legib.*, *lib.* 3 , *cap.* 14).
— « *Rex velit honesta, nemo non eadem volet.* Lorsque le Prince veut le bien, personne ne désire le contraire ». (SENEC.).
— Antigonus, Roi de Macédoine, écrivait à Zénon,
en l'invitant à venir à sa Cour : « Vous savez quel est
sur les Peuples le pouvoir de l'exemple; qui inspire les

D'ailleurs, l'éducation des enfans naturels,
même de ceux dont le trône aurait pu ombra-

---

vertus aux Princes, en donne aux Peuples qui sont leurs
imitateurs ».

— « *Faciliùs errare naturam quàm principem refor-*
mare Rempublicam dissimilem. On verrait la nature errer
dans ses opérations plutôt qu'un Prince donner à sa
nation un caractère différent du sien »: (VARR., *Ep.* 12.
— CASSIOD., *liv.* 3).

— « Les Rois, dit aussi Confucius, ont un grand intérêt de pratiquer la vertu; ils doivent d'autant plus s'en
faire une habitude que, semblable au mouvement d'un
grand tourbillon qui entraîne avec lui tous les globes
inférieurs, leur exemple entraîne et détermine la conduite de leurs sujets : leurs défauts sont comme les éclipses
du soleil; ils viennent à la connaissance de tout le monde,
et par là leurs crimes et leurs vices sont toujours plus
grands que ceux des autres hommes ».

La Reine Christine disait : « Sous un Monarque stu-
pide, toute sa Cour l'est ou le devient ».

Et M. de Montesquieu : « Les mœurs d'un Prince con-
tribuent autant à la liberté que les lois; il peut, comme
elles, faire des hommes des bêtes, et des bêtes faire des
hommes. S'il aime les ames libres, il aura des sujets; s'il
aime les ames basses, il aura des esclaves ». (Esprit des
lois, liv. 12, chap. 27).

— « Les malheurs des nations sont plutôt dus aux
passions, aux imprudences, aux folies d'un petit nombre
d'hommes pervers qu'à celles du plus grand nombre des

ger le berceau , est souvent fort négligée ,
presque toujours imparfaite ; elle ne peut donc

---

citoyens. Un seul homme suffit quelquefois pour plonger
plusieurs peuples dans la misère et dans les larmes , ou
pour corrompre les cœurs d'une multitude immense. Les
tyrans sont les vrais corrupteurs des nations...... Et c'est
avec raison qu'un illustre moderne a dit : l'homme n'est
pas né mauvais. Pourquoi plusieurs sont-ils infectés de
cette peste de la méchanceté? C'est que ceux qui sont à
leur tête , étant pris de la maladie , la communiquent au
reste des hommes » (Syst. soc. , chap. 16. — Dictionn.
philos. , pag. 265).

— « Le même rang qui donne en spectacle les Princes
et les Grands, les propose pour modèles : leurs mœurs
forment bientôt les mœurs publiques ; on suppose que
ceux qui méritent nos hommages ne sont pas indignes
de notre imitation ; la foule n'a point d'autre loi que les
exemples de ceux qui commandent ; leur vie se reproduit
pour ainsi dire dans le public ; et si leurs vices trouvent
des censeurs , c'est d'ordinaire parmi ceux mêmes qui les
imitent....

« Les Grands veulent être applaudis ; et comme l'imitation est de tous les applaudissemens le plus flatteur et
le moins équivoque , on est sûr de leur plaire dès qu'on
s'étudie à leur ressembler : ils sont ravis de trouver dans
leurs imitateurs l'apologie de leurs vices , et ils cherchent
avec complaisance dans tout ce qui les environne de quoi
se rassurer contre eux-mêmes ». (MASSILLON. Petit ca-
rême, 1er Sermon).

donner aucune garantie de leur conduite et de leurs vertus futures.

--- « La culture des mœurs des nations est réservée aux Souverains; elle embrasse tous les âges, et les qualités de ceux qui gouvernent deviennent les qualités de ceux qui sont gouvernés. La force ou la faiblesse, les prospérités ou les disgraces de chaque règne tirent en grande partie leur origine des talents ou de l'incapacité des Princes, de leurs vertus ou de leurs vices....

« Les bons exemples du Prince doivent venir au secours de ses ordres. Ils sont une loi vivante qui agit plus puissamment que toutes les lois qu'on peut faire pour contraindre au bien ou pour éloigner du mal. S'il est vertueux; ses sujets le sont. S'il est méchant; ses sujets le deviennent. S'il aime la vérité, la justice, la véritable religion; ses Peuples l'aiment aussi. S'il est vicieux; ses vices sont contagieux. Chacun le voit, chacun le regarde, chacun tâche de l'imiter. La complaisance commence cette imitation, l'habitude la continue. Il est toujours le premier mobile qui donne le mouvement à tous les autres. L'autorité de sa personne donne du poids à toutes ses actions. La pureté d'un Prince chaste bannit plus d'impuretés de ses États que toutes ses ordonnances....; et s'il observe lui-même les lois qu'il établit, son exemple contribue plus efficacement à leur exécution que toutes les peines qu'on y peut attacher ». (DE RÉAL. Science du Gouvernement, *Disc. prélim.*; et tom. IV, chap. 4, sect. 1re. pag. 735).

Il ne faut cependant pas penser que les Rois puissent

Un enfant naturel peut rester ignoré, inconnu, jusqu'à la mort du Prince; et une incertitude plus dangereuse encore que le doute attaché au mode de transmission par élection serait le résultat infaillible de la loi qui permettrait qu'à titre d'héritier il pût un jour prétendre à la Couronne. Cette incertitude seule est une objection sans réplique.

Le Prince aussi pourrait avoir plusieurs concubines et par elles un grand nombre d'enfans nés hors du mariage (*a*). La naissance de ces

---

par leur exemple seul suppléer aux bonnes institutions, et changer ainsi en peu de temps, comme on cherche souvent à le leur persuader, l'esprit et les mœurs d'une nation : « Les maladies lentes à se former, dit Helvetius, ne se dissipent aussi qu'avec lenteur; et dans le corps politique, comme dans le corps humain, l'impatience du Prince, comme celle du malade, s'oppose souvent à la guérison ». (De l'Esprit, tom. II, Disc. 3, chap. 30, pag. 199); mais ce qu'il est vrai de dire, c'est que, si les meilleures, les plus sages institutions peuvent bien prévenir, pallier, adoucir les maux que les mauvais Princes attirent sur les Peuples, elles ne peuvent sans le secours des bons Rois produire tout le bien qu'avec leur appui il leur est facile d'opérer.

(*a*) En 1727, on apprit en France la mort d'un roi de Maroc qui laissait deux cents enfans ou petits enfans

enfans peut se rapprocher d'une même époque ; elle est ordinairement, chez les peuples avancés en civilisation, enveloppée des ombres du mystère, et par là seraient encore accrus l'embarras, la difficulté de reconnaître l'aîné d'entre eux ; inconvénient d'où naissent, même chez les peuples orientaux, les rivalités et cette longue suite de crimes qui ont tant de fois ensanglanté les trônes, dans cette partie du monde.

Il est vrai que peut-être les conséquences d'une disposition fondamentale, par laquelle les enfans naturels seraient admis au trône par voie d'hérédité, seraient d'autant moins funestes que l'organisation sociale se rapprocherait davantage de la forme d'une Monarchie constitutionnelle ; mais dans aucun cas cette disposition ne saurait être entièrement exempte d'inconvéniens, de dangers qu'un législateur sage doit chercher à prévenir (*a*).

---

mâles. (Annal. polit. de M. l'abbé de St.-Pierre, 2ᵉ part., pag. 552).

(*a*) Par un édit qui fut enregistré en 1714, Louis XIV ayant déclaré le duc du Maine et le comte de Toulouse ses fils légitimés, héritiers de la Couronne, eux et leurs

Sous le Gouvernement constitutionnel, le
principe de la légitimité, compris dans le sens

---

descendans ; après sa mort, les princes du sang, le duc
de Bourbon, le comte de Charolais et le prince de Conti
intentèrent à ces princes légitimés un procès dont l'issue
avait en quelque sorte laissé la question en suspens. Les
princes légitimés conservèrent pour leurs personnes et
pour leurs enfans les honneurs qui leur avaient été attribués par Louis XIV. Voltaire avait-il bien approfondi
cette matière, lorsqu'il suppose (voy. l'Essai sur l'Hist.
génér. des nations, chap. 200) que ce qui regardait leur
postérité devait dépendre uniquement du temps, du
mérite et de la fortune ?

　Voici ce que dit, entre autres, à ce sujet, l'Ancien Répertoire de jurisprudence, au mot *Prince*. (*Article de
M. de Polverel, avocat au Parlement*).

　« Les enfans naturels des Rois de France succédèrent
au trône sous les deux premières races.

　« Sous la première, Thierry, fils naturel de Clovis, eut
la meilleure part du royaume ; et on prétend que Clovis
était lui-même bâtard, et bâtard adultérin.

　« Sous la seconde, Bernard, fils naturel de Pépin, monta
sur le trône d'Italie après la mort de son père. Je ne parle
pas de Louis et de Carloman, quoique plusieurs historiens aient dit qu'ils étaient fils naturels de Louis-le-
Bègue : leur mère avait été répudiée ; mais ils étaient
nés d'un mariage légitime.

　« Une formule de Marculfe nous apprend qu'un père
pouvait alors laisser son entière succession à son fils naturel ; et l'on a observé avec raison, à propos de cette

plus restreint de cette expression, et tel que
nous venons en dernier lieu de l'examiner, doit

---

formule, que les diverses nations, dont le mélange avait
formé la Monarchie française, distinguaient à peine les
enfans naturels des enfans légitimes. La loi des Lombards était la seule qui assignât aux enfans naturels une
portion moindre que celle des enfans légitimes ; mais elle
les supposait aussi habiles à succéder à leurs pères.

« Bacquet et quelques historiens ont attribué à Hugues
Capet la loi qui exclut les bâtards de la succession. *Il
ordonna,* disent-ils, *que, de là en avant, aucun bâtard
ne serait avoué en la Maison de France, et ne pourrait
porter le surnom d'icelle, ni pareillement l'armoirie, tant
fût-elle brisée.*

« Mais cette loi n'existe nulle part ; et l'exemple de
Guillaume le Bâtard, institué héritier par Robert II, duc
de Normandie, son père naturel, prouve que, dans le
onzième siècle, les bâtards étaient réputés capables de
succéder,

« C'est dans les établissemens de saint Louis qu'on
trouve la première loi connue qui les ait exclus de la succession. *Le bâtard,* y est-il dit, *ne peut rien demander,
ni par lignage, ni par autre raison, pour sa mauvaise
condition.*

« Cependant les idées de la nation sur les bâtards étaient
changées avant les établissemens de saint Louis, et dès
le règne de Philippe-Auguste. Ce prince eut deux enfans
naturels, Philippe et Marie. Il voulut purger le vice de
leur naissance ; il les fit légitimer par le pape.

« C'est donc sous le règne de Philippe-Auguste, ou peu

donc, de même que celui de l'hérédité proprement dite, être constant, inviolable et sacré;

---

de temps avant lui, que l'on commença à regarder les enfans naturels comme incapables de succéder.

« On venait de trouver un manuscrit des Pandectes de Justinien dans la ville d'Amalfi; on avait traduit son code en langue française; on avait commencé à observer et à enseigner publiquement les lois romaines en France. Voilà l'époque et l'origine du vice de bâtardise en France. C'est le droit romain qui en donna la première idée à nos pères; c'est de là que saint Louis a transporté dans ses établissemens la loi qui déclare les bâtards incapables de rien demander, soit par lignage, soit par autre raison. Il l'annonce lui-même : *Le droit s'y accorde selon le Code*, dit-il.

« Au surplus, quel que soit l'origine de cette maxime, il n'en est pas de plus certaine dans notre droit; elle est religieusement observée depuis plus de six cents ans. Charles de Valois, fils naturel de Charles IX, rendit hommage à cette loi. Il était le seul qui restât de cette race infortunée après la mort de Henri III. Il fut un des premiers seigneurs français qui reconnurent Henri IV son successeur.

« Depuis Philippe-Auguste, plusieurs de nos rois ont eu des enfans naturels. Charles VII a légitimé une fille naturelle de Charles VI, mais aucun, jusqu'à Henri IV, n'avait légitimé des fils naturels.

« Il est bien évident que la légitimation des filles naturelles des rois de France ne peut pas les rendre habiles

et d'après lui, jamais les enfans naturels du Prince régnant ne doivent prétendre à arriver un jour au trône par voie directe de succession.

à succéder, puisque leurs filles, même légitimes, ne succédent pas.

« Mais quel peut être l'effet de la légitimation des fils naturels? les rend-elle habiles à succéder?

« Henri IV a reconnu, par les lettres patentes de 1595, de 1599, de 1605 et de 1608, que ses fils naturels étaient exclus, par le défaut de leur naissance, de toute prétention à la succession à sa couronne, à celle de Navarre, et de tous les autres biens patrimoniaux.

« Il a déclaré qu'il ne les légitimait que pour les rendre capables de tous les dons et bienfaits qui leur seraient faits, et pour tenir les offices et dignités en France.

« Louis XIV a cru pendant long-temps que son pouvoir ne s'étendait pas plus loin. En légitimant ses enfans naturels en 1673 et 1681, il déclara ne les légitimer que pour jouir de tous et semblables droits, facultés et priviléges dont les enfans naturels et légitimés des rois ses prédécesseurs ont accoutumé de jouir et user. Combien la tendresse paternelle lui a fait depuis franchir ces limites!

« Il commence, en 1694, par ordonner que les enfans légitimés et leurs descendans en légitime mariage tiendront le premier rang immédiatement après les princes du sang royal, en tous lieux, actes, cérémonies et assemblées publiques et particulières, même au parlement et ailleurs; qu'ils précéderont tous les princes qui ont des souverainetés hors du royaume, et tous autres sei-

Par une suite naturelle de ce qui vient d'être développé relativement à ces deux principes, l'*Hérédité* et la *Légitimité* ; puisqu'en effet

gneurs de quelles qualité et dignité qu'ils puissent être ; et que, dans toutes les cérémonies qui se feront en sa présence et partout ailleurs, ils jouiront des mêmes honneurs, rangs et distinctions, dont, de tout temps, ont accoutumé de jouir les princes du sang, et immédiatement après lesdits princes du sang.

« En 1711, il leur accorde de nouvelles prérogatives ; il ordonne que ses enfans légitimés, et leurs enfans et descendans mâles qui posséderont des pairies, représenteront les anciens pairs au sacre des rois, après ou au défaut des princes du sang ; qu'ils auront droit d'entrée et voix délibérative au Parlement, tant aux audiences qu'au Conseil, à l'âge de vingt ans, en prêtant le serment ordinaire des pairs, avec séance immédiatement après les princes du sang, et qu'ils précéderont tous les ducs et pairs, quand même leurs duchés et pairies seraient moins anciennes que celles des ducs et pairs.

« Il leur permet, en cas qu'ils aient plusieurs pairies et plusieurs enfans mâles, de donner une pairie à chacun de leurs enfans mâles, si bon leur semble, pour en jouir par eux aux mêmes honneurs, rang, préséance et dignités que ci-dessus, du vivant même de leur père.

« Enfin, un édit de 1714 et une déclaration de 1715 donnent aux fils légitimés et à leurs descendans le titre de princes du sang, les déclare capables de succéder au

nous venons d'établir successivement, 1° que
le mode de la transmission des droits du trône
par voie d'hérédité est préférable au mode

---

défaut du dernier des princes du sang, et leur accorde
tous les priviléges, droits et honneurs, sans distinction,
dont jouissent les princes du sang.

« Les princes du sang et les pairs réclamèrent avec force
contre cette subversion des lois du royaume et de celles
de la pairie.

« D'un côté, les princes du sang représentèrent que,
par les lois fondamentales du royaume, de l'aveu de tous
les siècles, et par la reconnaissance perpétuelle de toute
la nation, la seule naissance légitime peut donner la capacité de succéder à la couronne, avec le titre et les honneurs de Prince du sang (*).

« De l'autre, les pairs représentaient que, la légitimation ne pouvant pas donner aux enfans naturels des rois
le titre ni les droits de princes du sang, les enfans légitimés ne pouvaient avoir de rang que celui des dignités
dont ils étaient revêtus ; que, par les lois de la pairie,
tous les pairs sont égaux entre eux, qu'ils n'ont jamais
reconnu d'autre préséance que celle qui est acquise de
droit par la date de leurs réceptions ; que *chacun sied
premier, selon que premier a été fait pair ;* que le droit
de représenter les anciens pairs aux sacres des rois, est
une prérogative qui n'est due qu'aux princes du sang et

(*) Cette proposition est trop générale ; ce ne fut que sous la
troisième race que cette loi fondamentale s'est établie.

de transmission par élection; 2° que le trône est indivisible et impartageable, et doit être transmis intégralement à l'héritier déterminé par la loi fondamentale; 3° que la ligne des-

aux pairs de France, suivant leur ancienneté; qu'enfin la faculté attribuée aux princes légitimés, par les nouveaux édits, de prêter serment au Parlement à l'âge de vingt ans, est une distinction sans fondement, à laquelle les enfans naturels de Henri IV et leurs descendans n'avaient jamais prétendu (*).

« Ces réclamations produisirent tout l'effet qu'on pouvait en attendre.

« Un édit du mois de juillet 1717 révoqua celui de 1714, et la déclaration de 1715, en ce qu'ils déclaraient le duc du Maine et le comte de Toulouse, et leurs descendans mâles, princes du sang et habiles à succéder à la Couronne.

« Un autre édit du mois d'août 1718 révoqua la déclaration de 1694, et l'édit de 1711, en ce qu'ils attribuaient aux princes légitimés et à leurs descendans mâles le droit de représenter les anciens pairs au sacre des rois, à l'exclusion des autres pairs de France; en ce qu'ils les admettaient à prêter le serment à l'âge de vingt ans; en ce qu'ils leur permettaient de donner une pairie à chacun de leurs enfans mâles, pour en jouir aux mêmes honneurs, du vivant même de leurs pères.

« En conséquence, il ordonne que le duc du Maine et le comte de Toulouse n'auront rang et séance au Parlement, près du roi, dans les cérémonies publiques et par-

(*) Les Pairs ne pouvaient prêter serment qu'à vingt-cinq ans.

cendante doit être admise avant la ligne ascendante, et la ligne directe avant la ligne
collatérale; 4° que la transmission doit avoir
lieu par ordre de primogéniture; 5° que les

---

ticulières, et partout ailleurs, que du jour de l'érection
de leurs pairies, et qu'ils ne jouiront d'autres honneurs
et droits que de ceux attachés à leurs pairies, et comme
en jouissent les autres ducs et pairs de France.

« Cependant une déclaration du 26 août 1718 ordonna
que le comte de Toulouse continuerait de jouir, *sa vie
durant,* de tous les honneurs, rangs, séances et prérogatives dont il jouissait auparavant, *sans tirer à conséquence,* et sans que, sous quelque prétexte que ce soit,
pareille prérogative puisse être accordée ni à ses descendans, ni à aucun autre, quel qu'il puisse être.

« La même grace fut accordée au duc du Maine — Par
« une déclaration de 1723, dit le président Hénaut, le
« Roi rend au duc du Maine, et, après la démission des
« pairies du duc du Maine, à ses enfans, *leur vie durant
« seulement,* les honneurs dont ils jouissaient au Parle-
« ment, après les princes du sang, et avant les pairs, et
« ce en vertu de leurs pairies, quand même elles seraient
« moins anciennes que celles d'aucun desdits ducs et
« pairs ; *n'entendant toutefois que lorsqu'ils viendront
« prendre séance, ils puissent traverser le parquet, ce que
« nous réservons aux seuls princes de notre sang, ni être
« précédés de plus d'un huissier, ni que leurs suffrages
« soient pris autrement qu'en les appelant du nom de leur
« pairie, en leur ôtant le bonnet, ainsi qu'il a été ci-devant*

femmes ne doivent pas y être appelées, et 6° enfin, que les enfans naturels ne peuvent y prétendre comme héritiers et successeurs de plein droit ; il faut conclure encore qu'à dé-

---

« *pratiqué à leur égard*. La même année, tous les hon-« neurs de la Cour furent rendus au duc du Maine et au « comte de Toulouse. En 1727, le Roi fit expédier de « pareils brevets en faveur du prince de Dombes, du « comte d'Eu et du duc de Penthièvre ; et, en 1745, ces « honneurs passèrent au fils du duc de Penthièvre ».

— « Ces graces personnelles, continue M. de Polverel, ne sont que des dérogations momentanées à la loi générale ; elles la supposent et la confirment. Or, suivant cette loi générale, le titre de prince légitimé ne donne par lui-même aucune prérogative, aucune prééminence.

« Les princes légitimés ne sont point habiles à succéder à la Couronne.

« Ils n'ont ni le titre, ni les prérogatives des princes du sang.

« Ils n'ont les droits et les prérogatives des pairs, qu'autant qu'ils sont revêtus d'une pairie.

« Ils sont reçus pairs au même âge et avec les mêmes formalités que les autres pairs.

« Ils n'ont de rang entre les pairs, que du jour de l'érection de leurs pairies ». (*Voy*. le Répertoire de Jurisp., par Guyot, tom. XIII, pag. 622 *et suiv*. ; et le même ouvrage, au mot *Reine*, tom. XV, pag. 3 *et suiv*. — *Voy*. aussi la Science du Gouvernement, tom. IV, chap. VI, section 7, pag. 520).

faut de descendans légitimes, les droits de la
Couronne doivent être dévolus de plein droit
au parent le plus proche, par représentation
(*voy.* Code civil, *art.* 739), du côté paternel,
d'abord en ligne descendante, ensuite en ligne
ascendante, également à l'exclusion des femmes et de leurs descendans.

Ainsi, lorsque le Roi défunt laisse des frères
ou des descendans d'eux, l'aîné de ses frères
ou de ses descendans, succède d'abord; puis
le second, ou l'aîné de ses descendans; ensuite le troisième, etc.; et si le roi n'a laissé ni
frères ni descendans d'eux, le même ordre
d'hérédité peut encore être admis, en remon-
tant d'abord au plus proche des ancêtres.

Voici le développement que Burlamaqui
donne de ce principe : « Comme dans la succession héréditaire, qui appelle à la Couronne
le plus proche parent du dernier roi, il peut
survenir des contestations fort embrouillées
sur le degré de proximité, lorsque ceux qui
restent sont un peu éloignés de la tige commune; plusieurs peuples ont établi la succession linéale de branche en branche, dont voici
les règles :

« 1º Tous ceux qui descendent du premier roi, sont censés faire autant de lignes ou de branches dont chacune a droit à la Couronne, suivant qu'elle est à un degré plus proche.

« 2º Entre ceux de cette ligne qui sont au même degré, le sexe premièrement, et ensuite l'âge donne la préférence.

« 3º L'on ne passe point d'une ligne à l'autre, tant qu'il reste quelqu'un de la précédente, quand même il y aurait dans une autre ligne des parens plus proches du dernier roi. *Exemple:*

	Louis,	Charles,	Henri.	

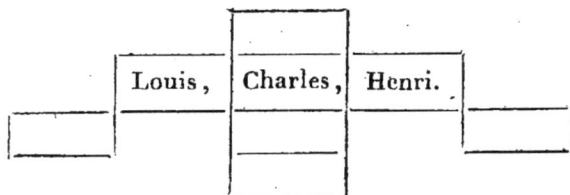

Un Roi laisse trois fils, Louis, Charles, Henri. Le fils de Louis qui lui a succédé meurt sans enfans; il reste de Charles un petit-fils. Henri vit encore; celui-ci est oncle du Roi défunt, le petit-fils de Charles n'est que son cousin issu de germain; et cependant ce petit-fils aura la Couronne, comme lui ayant été transmise par son grand-père, dont la ligne a exclu Henri et ses descendans jusqu'à ce qu'elle vienne à s'éteindre.

« 4° Chacun a donc droit de succéder à son rang, et il transmet ce droit à ses descendans, avec le même ordre de succession, quoiqu'il n'ait jamais régné lui-même, c'est-à-dire que le droit des morts passe aux vivans, et des vivans aux morts.

« 5° Si le dernier Roi est mort sans enfans, on prend la ligne la plus proche de celle du défunt, et ainsi de suite » (a).

Si l'on fait attention que Henri IV n'était parent de Henri III qu'au vingt-troisième degré, on ne trouvera sans doute pas que ce soit pousser trop loin la prévoyance de supposer la possibilité de l'extinction de la famille royale dans la ligne masculine ascendante et descendante. Or, dans le cas où il n'existerait pas en effet de parens mâles du côté paternel, nous tirerons encore des motifs qui appuient les règles précédentes, et de quelques autres qui

Transmission de la Couronne par voie d'adoption.

(a) Burlamaqui, Principes du Droit politique, 2ᵉ part., chap. iii, *art.* 3, § 37. *Édit. de M. Cotelle fils*, tom. ii, pag. 668 et 669.

seront développés dans la section suivante en traitant du choix de la régence dans les cas de minorité, cette conséquence qu'au Prince régnant appartiendra le droit de désigner son successeur.

Mais remarquons dès à présent que cette disposition de la loi fondamentale pourrait toutefois devenir la source d'abus et d'inconvéniens graves, si, pour éviter entre autres choses que l'on ne parvienne, ainsi que le dit M. de Montesquieu, à captiver l'esprit d'un prince faible, à faire parler les mourans (a), cette sorte d'adoption n'était soumise à des formalités authentiques et solennelles dont le moindre avantage sera de dissiper tous les doutes sur la liberté et la réalité de l'élection : et en effet c'est ainsi qu'autrefois les rois et empereurs qui voulaient désigner leur successeur au trône, prenaient le soin de l'y faire asseoir avec eux en présence du peuple, et que souvent même ils l'associaient de leur vivant à l'Empire.

(a) Esprit des Lois, liv. v, chap. xiv, — Et *ci-dessus*, pag. 510.

David plaça lui-même son fils Salomon sur le trône, après l'avoir fait oindre et sacrer solennellement.

Jéroboam fut associé à la Couronne par Joas son père.

Joram, associé lui-même à son père Josaphat, appela son fils Ochozias à partager son trône.

Achab s'associa également son fils aîné, pour régner avec lui pendant sa vie, et pour être son successeur après sa mort.

Osias ou Ozarias céda son trône à Joathan.

Sous les Séleucides, le prince choisissait parmi ses enfans l'héritier de sa puissance (*a*).

Antiochus Ier fit proclamer roi l'un de ses fils après avoir perdu l'autre.

Antiochus-le-Grand, obligé d'aller parcourir les provinces de l'orient de son Royaume pour satisfaire au tribut que les Romains lui avaient imposé, confia à Seleucus Ier le Gouvernement de ses États; et il l'avait déja nommé l'héritier de son trône.

(*a*) *Voy.* l'Hist. de la Législ., par M. le marquis de Pastoret, tom. 1, *Législation des Hébreux*, ch. II, pag. 349.

Antiochus Épiphane, laissant un fils à peine âgé de neuf ans, le désigna pour roi, choisit un régent pour le royaume, et pour le jeune prince un tuteur.

« Les empereurs romains qui n'avaient point d'enfans mâles, se donnaient, dit Vattel, un successeur par l'adoption, et Rome fut redevable à cet usage d'une foule de souverains uniques dans l'histoire » (a).

Florien, successeur d'Aurélien, sur la demande du sénat, fit choix de Probus pour lui succéder.

Dioclétien avait adopté Galérius.

Galérius adopta Sévère et Maximien.

Et Maximien désigna pour son successeur Constantin, surnommé Chlorus, et connu aussi sous le nom de Constance.

Tibère fut adopté par Auguste, Nerva par Claude, Trajan par Néron, Antonin-le-Pieux par Adrien, et Marc-Aurèle par Marc-Antonin.

Valentinien s'associa son frère Valens, et désigna publiquement Gratien, son fils, pour lui succéder.

_____

(a) VATTEL., liv. 1, chap. v, § 70.

Théodose associa à l'Empire ses deux fils, Arcadius et Honorius ; et, après sa mort, ils se partagèrent cet Empire; Arcadius régna sur l'Orient, et Honorius sur l'Occident.

Justinien fit régner avec lui Justin, son neveu.

Henri, surnommé l'Oiseleur, empereur d'Allemagne, nomma Othon pour régner après lui.

Ramer, roi d'Aragon, résigna son royaume à Raimond.

Alphonse, roi de Léon, fit couronner ses deux fils, don Sanche et don Ferdinand, l'un roi de Léon et l'autre roi de Castille, quoiqu'il continuât à gouverner ces deux Etats.

Don Fortun Garcie, roi de Navarre, du consentement des principaux seigneurs du royaume, renonça à la Couronne en faveur de don Garcie, son frère.

Charles-Quint laissa les rênes de l'Empire, trois ans avant sa mort, entre les mains de Philippe, son fils.

Philippe V fit successivement reconnaître, pendant sa vie, pour prince des Asturies et

37.

roi d'Espagne, Louis et Ferdinand, ses enfans (a).

Jeanne, première reine de Naples, comtesse
de Provence, adopta Louis de France, duc
d'Anjou.

Louis d'Anjou, petit-fils du précédent, fut
adopté par Jeanne II, reine de Sicile.

Henri, duc de Poméranie, fut adopté par
Marguerite, reine de Danemarck, de Suède et
de Norwège (b).

Christine, reine de Suède, remit, à l'âge de
vingt-quatre ans, sa couronne et son sceptre
à son cousin Charles-Gustave, comte palatin,
dans l'assemblée des États à Upsal, où ce
prince fut aussitôt couronné.

(a) C'est une coutume solennelle et immémoriale en
Espagne de prêter serment au prince des Asturies, titre
déféré au fils aîné du roi, héritier présomptif de la Couronne, du vivant de son père. (*Voy.*, entre autres, le
Rapport de la Commission des Cortès, chargée de présenter le projet de constitution du 18 mars 1812.—*Voy.*
aussi les § 210 et 211 du chap. iv du tit. 4 de cette
constitution acceptée et sanctionnée par Ferdinand VII,
suivant décret du 9 mars 1820).

(b) *Voy.* BURLAMAQUI, Droit de la Nature et des Gens,
annoté par Félice, tom. v, chap. xv, n. 260, pag. 156.

Enfin, en France, en 754, Pépin fit lui-même sacrer, dans l'abbaye de Saint-Denis, par le pape Étienne, Charles et Carloman, ses enfans.

Charlemagne sentant approcher sa fin, fit assembler son armée et tous les grands du royaume ; puis, au rapport des historiens, demandant à tous, depuis le plus grand jusqu'au plus petit, s'ils trouveraient bon qu'il transmit à son fils le titre d'empereur, sur leur réponse affirmative, il se rendit à l'Église, fit mettre sur l'autel une Couronne autre que celle qu'il portait, et la plaça ensuite sur la tête de son fils.

Louis-le-Débonnaire associa Lothaire à l'Empire.

Louis-le-Gros fit aussi sacrer lui-même son fils.

Plusieurs rois de la troisième race, à l'exemple de ceux de la seconde, ont aussi fait sacrer leurs enfans.

Hugues Capet associa son fils à la Couronne, et le fit sacrer.

Robert eut la même prévoyance pour Henri 1er, son fils ; et leurs descendans l'imitèrent, jusqu'à Philippe-Auguste, qui, lui-même, fut sacré du vivant de son père (*a*).

« A la Chine aussi, dit M. de Réal, c'est l'empereur qui choisit parmi ses enfans celui qu'il croit le plus propre à lui succéder, et même lorsqu'il ne trouve pas dans sa famille des princes capables de gouverner, il lui est libre de fixer son choix sur celui de ses sujets qu'il en juge le plus digne. L'on en a vu des exemples dans les temps les plus reculés, et les empereurs qui ont donné ces exemples sont encore aujourd'hui l'objet de la vénéra-tion des peuples, pour avoir préféré le bien public de l'État à la splendeur particulière de leur maison. Si celui qui a été déclaré succes-seur de l'empereur s'écarte de la soumission qu'il lui doit, ou tombe dans quelque faute grave, l'empereur est le maître de l'exclure de sa succession et de nommer un autre héritier à sa place. Cang-hi, mort le 22 décembre 1722, empereur connu en Europe pour avoir protégé les missionnaires chrétiens, usa de ce

(*a*) *Voy.* sur cela Dupuy, Traité de la majorité des rois; Godefroi, Cérémonial français; Menin, Traité du Sacre et Couronnement des rois.

droit en déposant d'une manière éclatante l'un de ses fils, le seul qu'il eût de sa femme légitime, qu'il avait nommé prince héritier de son trône, mais dont il eut lieu de suspecter la fidélité » (a).

On voit donc que, dans tous les temps et dans tous les pays du monde, le droit d'adoption a été considéré comme un droit inhérent à la Couronne : que pour en assurer l'exercice, on eut presque toujours soin d'environner de formalités et d'une grande solennité, le choix fait en conséquence ; et que, dans cette vue, les princes usèrent bien souvent de ce droit long-temps avant que la mort ne vînt les forcer d'abandonner les rênes de leur Empire.

Dans une Monarchie constitutionnelle, où rien de ce qui importe si essentiellement au repos, à la tranquillité de l'État, ne doit rester incertain et arbitraire, l'exercice de ce droit, les solennités dont il doit être accompagné, doivent être prévues et prescrites d'avance par l'une des dispositions de la loi fondamentale.

(a) Sc. du Gouvern., tom. 1, chap. II, sect. 2, pag. 409.

Or, ce qui est de règle à cet égard, en Angleterre, depuis long-temps déja, indique suffisamment celles qu'il convient d'adopter. Les
anciennes formalités, cette installation publique du successeur adoptif sur le trône, ac-
compagnées de cérémonies qui tenaient plus
ou moins des idées superstitieuses que l'on
avait alors, peuvent être désormais remplacées, dans les Gouvernemens représentatifs
bien organisés, par une déclaration faite par
le Roi en personne, devant les deux Chambres
réunies à cet effet. On peut même exiger que
cette déclaration soit suivie de l'acquiescement
formel de ces deux branches essentielles et
constitutives de la Puissance législative ou suprême; et c'est ainsi que cela existe de fait en
Angleterre.

Voici, entre autres choses, ce que Blackstone dit à ce sujet, dans le chapitre des Commentaires ayant pour titre *du Roi, et du Droit
à la Couronne* : « La doctrine du droit *héréditaire* n'emporte en aucune manière la conséquence que le droit au trône ne puisse être
interverti : il suffit, pour le reconnaître, qu'on
ait examiné avec quelque attention et sans pré-

jugé nos lois, notre constitution et notre histoire. Il est incontestablement au pouvoir de
l'autorité suprême législative de ce royaume
(le Roi et les deux Chambres du parlement)
d'annuler ce droit héréditaire, et, par des
substitutions, des limitations, des mesures
particulières, d'exclure l'héritier immédiat, et
de transporter l'héritage à tout autre. Cela est
strictement d'accord avec nos lois et notre
constitution; comme on peut l'inférer de cette
expression si fréquemment employée dans
notre collection de statuts, *le Roi, ses héritiers et successeurs*, dans laquelle on peut remarquer que, si le terme *héritiers* suppose
nécessairement un droit d'hérédité subsistant
en général dans la personne du Roi, le mot
successeurs, pris séparément, doit aussi faire
supposer que ce droit héréditaire peut quelquefois être troublé, ou que le Roi peut avoir
un successeur qui ne soit pas son héritier. Et
ce pouvoir de changer la succession au trône
est tellement fondé en raison, que s'il n'existait pas quelque part, notre constitution serait fort en défaut. En effet, qu'on nous per-
mette de supposer, quelque triste que soit la

supposition, que l'héritier *apparent* (*a*) fût un insensé, un imbécile, un homme incapable de régner, de quelque manière que ce fût; combien la nation serait-elle à plaindre, s'il n'existait aucun moyen d'exclure un tel homme (*b*)? Il est donc nécessaire que ce pouvoir existe (*c*); mais s'il était *expressément* et *formellement* attribué à des sujets seulement, pour l'exercer au gré de leurs préjugés, de

---

(*a*) On désigne en Angleterre, sous le nom d'héritier *apparent,* celui dont la position est telle, qu'il ne peut survenir un héritier plus près du trône que lui, par exemple le fils aîné du roi. La fille aînée, au contraire, s'il n'y a pas de fils, n'est qu'héritière *présomptive*, parce qu'il peut survenir un fils. (*Voy*. Comment., vol. I, liv. I, chap. IV, pag. 413; et liv. II, chap. II, § 1er. *Traduction de M. Chompré*).

(*b*) Dans le cas où la démence du roi ne se déclarerait que postérieurement à son avènement au trône, voyez, relativement aux formes de la Régence, ci-après, sect. 2.

(*c*) « La nation française, observe le docte Abbadie, avait fait aussi choix d'une famille royale; mais elle s'était réservé le droit inaliénable de renoncer à la domination des membres de cette famille, que quelques défauts rendraient notoirement inhabiles à la Royauté ». (Déf. de la nation britannique, pag. 237. — *Voy*. aussi Hotoman. *Franco Gallia*, chap. VI et XI).

leurs caprices et de leurs mécontentemens, le droit héréditaire et la dignité royale seraient sans doute très-précaires. On ne pouvait donc le placer plus convenablement que dans les deux Chambres du parlement, pour n'en user qu'avec l'approbation et du consentement du Roi régnant, qu'on ne présume pas devoir se prêter à ce qui serait préjudiciable aux droits de ses propres descendans. Aussi nos lois ont-elles expressément donné ce pouvoir au roi, aux pairs et aux communes, formés en parlement.

« Mais quoique le droit à la Couronne puisse être limité, ou même transféré, il retient toujours le caractère en vertu duquel il passe aux descendans ; il devient héréditaire dans celui qui monte sur le trône.... ».

Blackstone entre ensuite dans l'exposé historique des successions à la Couronne d'Angleterre, des doctrines des anciens légistes, des divers actes du parlement faits pour créer, confirmer et limiter, ou rendre sans effet ce droit héréditaire. Il y remarque qu'après le divorce entre le Roi et Anne Boleyn, le statut de la vingt-huitième année du règne d'Henri VIII, déclara la princesse Élisabeth illégitime ainsi que la princesse Marie, assura la Couronne aux enfans du roi et de la reine Jeanne Seymour, et de ses épouses futures, et à leur défaut, par une faculté remarquable de transmission, à telle personne que le Roi désignerait, soit par lettres-patentes, soit par testament et acte de dernière volonté; que sous le règne d'Élisabeth, le droit du parlement de régler la succession au trône, fut établi dans les termes les plus clairs par le statut de la treizième année de son règne, lequel est ainsi conçu : « Si quelques personnes avancent, affirment ou soutiennent que les lois communes de ce royaume, non changées par le parlement, ne doivent pas régler le droit de la Couronne d'Angleterre, ou que Sa Majesté la reine, avec et par l'autorité du parlement, ne peut faire des lois et statuts valables et suffisans pour limiter et fixer ce droit, et la succession, l'héritage, la limitation et les règles du Gouvernement du Royaume, ces personnes seront déclarées, pendant la vie de la reine, coupables de haute trahison, et, après son décès, de violation de la loi, et subiront la confiscation de leurs biens-meubles et *chattels* » (a).

Entre autres exemples plus récens où le parlement a exercé et maintenu le droit d'intervertir et de limiter la succession au trône, droit qu'il avait exercé et maintenu, ainsi que l'auteur l'a d'abord remarqué, sous les règnes de Henri IV, de Henri VII, de Henri VIII, de la reine Marie et de la reine Élisabeth, il cite encore le fameux bill d'exclusion qui excita tant de fermentation à la fin du règne de Charles II. « On sait, dit-il, que le but de ce bill était d'exclure de la succession au trône le duc d'Yorck, frère du Roi, et présomptif héritier; par le motif qu'il était de la religion romaine. Ce bill passa dans la Chambre des communes; mais il fut rejeté par les pairs, le Roi ayant aussi déclaré à l'avance que jamais on ne le déterminerait à l'approuver. De

_____

(a) Le terme anglais *chattel* désigne les biens *personnels*, ou même *réels*; mais, dans ce dernier cas, il ne s'applique qu'aux biens-fonds dont la possession a une durée déterminée et finie, par exemple, un nombre déterminé d'années. (Comment., vol. i, liv. i, chap. iii, p. 387; et liv. ii, chap xxiv. *Trad. de M. Chompré*).

cet évènement, on peut tirer deux conséquences : la première, qu'il était universellement reconnu que la Couronne est héredi-
taire, et que le droit d'hérédité ne peut être
rendu nul que par le parlement ; autrement,
il eut été inutile de proposer un pareil bill ;
la seconde, que le parlement a ce pouvoir,
de détruire le droit d'hérédité; autrement, ce
bill eût été sans effet. Les communes recon-
naissaient le droit héréditaire alors subsistant;
et les lords ne contestaient pas le pouvoir
d'exclure, mais seulement qu'il fût à propos
de prononcer l'exclusion. Le bill fut donc rejeté : le roi Jacques II succèda au trône de
ses ancêtres, et l'aurait conservé toute sa vie,
si sa conduite insensée, et le concours de diverses circonstances, n'eussent amené la révolution de 1688 ».

Après cet exposé, Blackstone termine ainsi
qu'il suit : « Le règlement pour la succession à
la Couronne d'Angleterre, qui eut lieu après
la mort du roi Guillaume et de la reine Anne,
décédés sans enfans, est le dernier qui ait été
fait par le parlement. Aujourd'hui, on ne pourrait même contester son pouvoir pour inter-

vertir ou modifier la succession, sans encourir
des peines graves; car le statut de la sixième
année du règne de la reine Anne porte que,
si quelqu'un malicieusement, à dessein et directement maintient, écrit, ou imprime que
les rois de ce royaume n'ont pas le droit de
faire des lois, de concert avec l'autorité du
parlement, pour disposer de la Couronne et
prononcer sur l'hérédité du trône, il sera coupable de haute trahison; ou s'il a seulement
prêché ou enseigné cette opinion, ou qu'il l'ait
manifestée verbalement avec réflexion, il en-
courra les peines d'un *premunire....* (*a*).

« C'est, je pense, dans ce juste milieu que
consiste la vraie doctrine constitutionnelle du
droit de succession à la Couronne impériale
de la Grande-Bretagne. Les extrêmes entre
lesquels elle se dirige sont également destruc-
tifs des divers buts qui ont fait naître les so-
ciétés, et pour lesquelles elles subsistent. Si
le magistrat suprême est élu par le peuple à

(*a*) Les peines du *premunire* sont la confiscation des
biens réels et personnels, la prison et la mise hors de
la protection de la loi.

chaque vacance de la magistrature, si les lois portent expressément qu'il peut être déposé, sinon puni, par ses sujets, un pareil système éblouira peut-être, comme offrant la perfection de la liberté : il aura une apparence satisfaisante, quand on le considèrera tracé sur le papier; mais, dans la pratique, il produira toujours le trouble, la dissension et l'anarchie. Et d'autre part, le droit héréditaire divin et immuable associé à la doctrine d'une obéissance passive, illimitée, c'est assurément de toutes les constitutions la plus servile et la plus à craindre. Mais, quand un droit héréditaire, tel que nos lois l'ont créé et placé dans la ligne du sang royal, est étroitement entrelacé avec les droits et libertés qui sont également l'héritage des sujets, comme nous l'avons vu précédemment, cette union doit former la constitution la plus belle en théorie, la meilleure dans la pratique, et, nous l'espérons, la plus durable » (a).

(a) BLACKSTONE, Comment. des lois anglaises, vol. 1, liv. 1, chap. III, pag. 369, 385, 387, 391, 401, 402 et 403. *Trad. de M. Chompré.*

Transmission de la Couronne par voie d'Élection, en cas d'extinction de la famille régnante du côté paternel et à défaut de successeur adoptif.

On trouve, dans les Maximes du Droit public français, un grand nombre de textes tirés de la Vulgate, du Deutéronome, de l'Ecclésiaste, et des autres livres saints, qui tous nous montrent les rois comme ayant été originairement établis par l'élection du peuple (*a*).

Il en fut de même parmi les nations modernes.

Nous en citerons au hasard quelques exemples. Après la mort de Martin, unique du nom, roi d'Arragon et de Valence, et prince de Catalogne, arrivée le 30 mai 1410, les États de Catalogne, d'Arragon et de Valence s'assemblèrent et nommèrent neuf électeurs qui déférèrent, le 28 juin 1410, la Couronne à l'infant Ferdinand de Castille (*b*).

Les premières lois faites à Lamégo, par les États-généraux de Portugal assemblés dans cette ville depuis que le royaume fut séparé

(*a*) Maxim. du Dr. publ. fr., tom. V, chap. VI, p. 150; 2e *édit. in*-12, 1775.

(*b*) On peut voir les détails de cette élection dans l'ouvrage ayant pour titre *Révolution d'Espagne*, par le père d'Orléans, Brunoi et Rouillé.

de la domination espagnole, veulent «que les enfans du Roi (don Alphonse) règnent après sa mort ; que le fils succède au père ; après le fils, le petit-fils ; ensuite, le fils du petit-fils ; et ainsi à perpétuité dans leurs descendans ; que, si le fils aîné du roi meurt pendant la vie de son père, le second fils, après la mort de son père, soit Roi ; que le troisième fils succède au second ; le quatrième, au troisième ; et ainsi des autres fils du Roi ; que, si le Roi meurt sans enfans mâles, et qu'il ait un frère, ce frère soit Roi ; mais qu'après la mort de ce dernier Roi, son fils ne soit pas Roi, *à moins que les évêques, les gouverneurs des villes et les chefs de la noblesse ne l'élisent* ».

A la mort de Jean-Louis, abbé d'Orléans, duc de Longueville, dernier mâle de la maison d'Orléans-Longueville, les États de la Principauté de Neufchâtel rejetèrent la demande du prince de Conti, fondée sur un testament fait par Jean-Louis d'Orléans en sa faveur, et reconnurent, le 18 mars 1696, la duchesse de Nemours, et à la mort de celle-ci, ils éloignèrent de nouveau le prince de Conti, et re-

connurent le Roi de Prusse, le 3 novembre
1707 (*a*).

En France, sous les Rois de la seconde race,
la Couronne était élective ; et c'était le peuple
qui choisissait, mais il devait choisir dans la
même famille. On peut voir à ce sujet le testament de Charlemagne, et le partage que Louis-
le-Débonnaire fit à ses enfans dans l'assemblée
des États, tenue à Quiercy, rapportée par Goldast. On y lit ces propres paroles : « *Quem
Populus eligere velit, ut patri suo succedat
in regni hereditate* » (*b*).

On peut voir encore, dans le Capitulaire de
877 (*c*), le serment que Louis-le-Bègue fit à
Compiègne lorsqu'il fut couronné ; il s'y exprimait en ces termes : «*Misericordiâ Domini et
electione Populi rex constitutus.*—*Moi, Louis,
constitué Roi par la miséricorde de Dieu et par
l'élection du Peuple, je promets,* etc. (*d*).

(*a*) *Voy.*, entre autres, la Science du Gouvernement,
tom. II, chap. VII, sect. 3, et tom. IV, chap. II, sect. II.

(*b*) *Voy.* aussi l'Esprit des Lois, liv. XXXI, chap. XVI
et XVII.

(*c*) Édit. de Baluze, tom. II, pag. 272 et 273.

(*d*) *Voy.* encore l'Esprit des Lois, liv. XXXI, ch. XVII.

Au commencement de la troisième race, on voit le Roi Robert s'avouer redevable de la royauté à la bonté divine et à la libéralité des Français : « *Quoniam, divinâ propitiante clementiâ, nos gallica liberalitas ad regni provehit fastigia* » (*a*).

Depuis Hugues Capet jusqu'à Louis XIV inclusivement, la nation n'a pas exercé son droit d'élection, et la Couronne s'est transmise par ordre de primogéniture dans la ligne agnatique. Mais le droit d'élection n'a pas cessé pour cela d'exister; seulement, il est resté sans application.

Ce qui prouve que ce droit a toujours existé virtuellement, ce sont les actes mêmes des couronnemens qui ont eu lieu depuis. En effet, le formulaire établi pour le sacre des Rois de France présente encore toutes les formes électorales.

Deux évêques interrogent le peuple dans l'Église, et demandent *quelle est sa volonté.* (« *Duo episcopi alloquuntur populum in ecclesiâ inquirentes eorum voluntatem* »).

_____

(*a*) *Gallia Christiana*, tom. x, coll. 243. *De Prob.*

Après la consécration, l'Archevêque prononce à haute voix cette prière : « Dieu, ré-
pandez les dons de vos bénédictions sur votre
serviteur que nous venons d'élire au trône
de France : *Super hunc famulum tuum, quem
supplici devotione in Regnum francorum pa-
riter eligimus benedictionum tuarum dona
multiplicato* » (a).

Et il n'est pas étonnant que ces formes d'é-
lection se soient transmises en quelque sorte
par tradition depuis Hugues Capet jusqu'à nos
jours, attendu que ce chef de la dynastie actuelle ne tenant la Couronne que de l'élection
libre de la nation, chacun de ses successeurs
se croyait obligé de rappeler cette source de
leurs droits pour en conserver la légitimité (b).

Enfin, Louis XV même, dans l'édit qui re-

_____

(a) *Sancti Grogorii Liber Sacramentorum cum notis
Hug. Menardi in fine, et Appendix ad hunc lib. Ritus olim
observatus in unctione regum francorum ex codice Bar-
toldi abbatis.*

(b) *Voy.* aussi De la Royauté selon les lois divines révé-
lées, les lois naturelles et la charte constitutionnelle, par
M. Delaserve, avocat, 3ᵉ part., chap. VI, pag. 75 *et suiv.*

gardait les Princes légitimés, reconnut également que « c'est à la nation à se choisir un Roi, *dans le cas où la maison royale viendrait à s'éteindre* ». Dans cet édit, le Roi dit : « Nous espérons que Dieu qui conserve la maison de France depuis tant de siècles et qui lui a donné dans tous les temps des marques si éclatantes de sa protection, ne lui sera pas moins favorable à l'avenir, et que la faisant durer autant que la Monarchie, il détournera par sa bonté le malheur qui avait été l'objet de la prévoyance du feu Roi ; mais, si la nation française éprouvait jamais ce malheur, ce serait à la nation même qu'il appartiendrait de le réparer *par la sagesse de son choix* ».

Dans la Déclaration du 26 avril 1723 qui règle le rang de ces mêmes Princes légitimés, le Roi, en parlant de l'édit de 1714, dit encore : « Qu'il a été reconnu que ce qui n'était dans l'intention du feu Roi que l'effet d'une prévoyance qu'il avait crue nécessaire pour prévenir des troubles et assurer la tranquillité dans le royaume, était non-seulement devenu la source d'une division inévitable entre les Princes du sang et les Princes légitimés, par la confusion des rangs et des honneurs que la nation défère avec joie à ceux qu'une légitime naissance appelle au droit de succéder à la Couronne, mais qu'il donnait atteinte au droit qui appartient le plus incontestablement à la nation française *de se choisir un Roi*, en cas que, dans la suite du temps, la race des Princes légitimes de la maison de Bourbon vînt à s'éteindre ». (*a*).

Ce n'est pas en effet le droit d'élection qui peut en lui-même être révoqué en doute et contesté. Toute la difficulté réside dans le choix et la possibilité des moyens d'application, surtout dans les pays d'une vaste étendue et d'une grande population. Ainsi que nous l'avons précédemment reconnu, c'est la crainte des séditions, des brigues, et la nécessité d'éviter le fléau des guerres civiles, qui ont naturellement dû faire prédominer la transmission des droits du trône par voie d'hérédité (*b*).

(*a*) Édit de 1714. — Déclaration du 26 avril 1723.

(*b*) *Voy.*, *ci-dessus*, vol. iv, pag. 428 *et suiv.*; et vol. v, pag. 144 *et suiv.*

Toutefois, avec un Gouvernement bien constitué, l'exercice de ce droit d'élection peut être réglé par la Constitution de l'État de manière à en aplanir les difficultés, et à en éloigner les inconvéniens. Dans une Monarchie constitutionnelle, en Angleterre, en France, les choses sont déja disposées de telle sorte que ces difficultés d'exécution et ces inconvéniens ne sont plus autant à redouter; et, lorsqu'à défaut de parens mâles du côté paternel, et à défaut d'adoption régulière et dans les formes solennelles, il pourra devenir nécessaire de recourir à cette voie primordiale de transmission des droits du trône, si les deux Chambres représentatives nationales s'accordent sur le choix, cet accord devra être regardé comme une garantie suffisante de l'utilité et de la sagesse de ce choix. Mais, si leur avis est différent et se partage, l'intervention de la Haute-Cour de justice et de cassation, remplaçant sous quelques rapports les anciens parlemens, point central et d'unité en ce qui concerne l'organisation judiciaire, et de l'institution de laquelle nous aurons à nous occuper avec détail dans le titre suivant,

donnera le moyen de faire cesser cette dissi-
dence, en déterminant la préférence en faveur
de l'un des deux candidats sur lesquels l'une
et l'autre Chambre auraient fait porter leur
choix. Par ce mode simple, d'une exécution
prompte et facile, on peut éviter de recourir
à l'élection dans les Assemblées du peuple ou
Colléges électoraux ; ce qui, sans être peut-
être absolument impraticable, serait du moins
sujet à beaucoup plus de lenteurs et d'inconvéniens. A Rome, sous le Gouvernement des
cinq premiers rois, la Couronne était purement
élective ; mais le mode de l'élection était loin
d'y avoir la simplicité, la promptitude et la
régularité de celui-ci ; un magistrat, tiré du
sénat, élisait un roi ; le sénat devait approuver l'élection ; le peuple la confirmer ; les aus-
pices la garantir : et lorsque l'une de ces trois
conditions manquait, il fallait recourir à une
nouvelle élection (a).

(a) (*Voy*. Denys d'Halicarnasse, liv. ii, pag. 120 ; liv. iv,
pag. 342).

Voy. ci-après, vol. x, même §, sect. 2, le Mode d'élection qui avait été adopté par la Constitution du 3 septembre 1791 , pour la nomination d'un Régent.

Nota. Peut-être n'est-il pas inutile de faire remarquer ici que, dans une Monarchie constitutionnelle et complètement organisée, la transmission des droits attachés à la possession de la Couronne d'après ce mode d'élection simple, n'aurait plus, dans aucun cas et lors même que ce mode serait adopté préférablement à celui de la transmission par voie héréditaire, les mêmes dangers, les mêmes inconvéniens graves, précédemment signalés comme suites habituelles et funestes de l'élection, soit dans les Gouvernemens simples, soit dans les Gouvernemens mixtes ou composés, mais d'une organisasion encore vicieuse et trop imparfaite (*a*).

On conçoit cependant que, même dans ce cas, il serait préférable, plus naturel et plus régulier, que l'élection, si elle peut avoir lieu du vivant du Prince régnant, soit faite par le concours des trois branches de la Puissance législative (*b*).

(*a*) *Voy.* ci-dessus, vol. IV, pag. 433 *et suiv.*; vol. V, pag. 160 *et suiv.*

(*b*) On peut aussi à certains égards, placer ici ce que dit Burlamaqui, et les réflexions du professeur Félice, son annotateur, sur la question dont il s'agit dans le dernier paragraphe de cette section.

Le premier s'exprime ainsi :

« 1° Si le Royaume est *patrimonial*, et qu'il s'élève quelques disputes après la mort du Roi, entre les prétendans, le meilleur est de s'en rapporter à des arbitres

qui soient de la famille Royale ; le bien et la paix du
Royaume le veulent ainsi.

« 2° Mais dans les Royaumes *non patrimoniaux* ou
usufructuaires (*), si la contestation s'élève du vivant du
Roi, le Roi n'en est pas pour cela le juge compétent ;
car il faudrait que le Peuple lui eût donné le pouvoir de
régler la succession, selon sa volonté, ce que l'on ne
suppose pas. *C'est donc au Peuple à en décider, ou par
lui-même, ou par ses représentans.*

« 3° Je dis la même chose, si la contestation ne s'élève

(*) Nous avons déjà eu occasion de faire remarquer l'inexactitude
et l'absurdité de cette distinction des Royaumes, en *patrimoniaux* et
en *usufructuaires*. Un peuple ne peut jamais être possédé par droit
de propriété comme un troupeau ou comme un champ. (*Voy.* ci-
dessus, vol. vii, pag. 533 *et suiv.*).

Et on lit à ce sujet dans l'ancien Répertoire de jurisprudence, la
réflexion suivante : « De nos jours encore, n'a-t-on pas vu des publicistes enseigner qu'il y a des Royaumes *patrimoniaux*, des Rois
propriétaires du pays et de la nation qu'ils gouvernent, et fonder
ce droit de *propriété* sur la conquête ou sur le consentement d'un
peuple qui s'est donné sans réserve? Ils ont cru avoir beaucoup
fait pour l'humanité, en reconnaissant que, dans le doute, tout
Royaume doit être censé *non patrimonial*, tant qu'on ne prouve
pas, d'une manière ou d'une autre, qu'un peuple s'est soumis sur
ce pied-là à un souverain.

« Si le principe de ces publicistes pouvait être vrai, l'expression
qu'ils emploient serait au moins impropre. Celui qui s'institue *Roi*
déclare par cela même qu'il n'est pas propriétaire, qu'il n'est que
le gouverneur, l'administrateur de la chose d'autrui ». (Répertoire
de jurisprudence, par Guyot, au mot *Roi*, article de M. de Polverel, avocat au Parlement de Paris, tom. xvi, pag. 3 et 4).

qu'après la mort du Roi : alors, ou il s'agit de décider lequel des prétendans est le plus proche du Roi défunt ; et c'est une question de fait que le Peuple seul doit décider parce qu'il y est principalement intéressé.

4° Ou bien l'on dispute, pour savoir, quel degré, ou quelle ligne doit avoir la préférence, suivant l'ordre de la succession que le Peuple a établi, et alors c'est une question de droit. Or, qui peut mieux juger cela que le Peuple lui-même qui a établi l'ordre de succession ? Autrement il n'y aurait que la voie des armes qui pût terminer le différent, ce qui serait tout-à-fait contraire au bien de la société.

« Mais pour éviter tout embarras là-dessus, il serait fort convenable que le Peuple se réservât formellement par une loi fondamentale, le droit de juger en pareil cas » (*).

L'annotateur ajoute : «Plusieurs jurisconsultes disent le contraire, fondés sur des raisons tout-à-fait frivoles. C'est ainsi que Grotius dit : *que le Peuple s'est dépouillé lui-même en faveur du Roi et de la famille Royale, de toute juridiction, en sorte qu'il n'en conserve absolument aucune partie, tant que cette famille subsiste* (**); plusieurs autres disent encore *que les Souverains ne reconnaissent d'autre juge que Dieu*, etc. Mais d'abord cette dernière raison suppose ce qui est en question. Si l'on doit décider du droit de plusieurs prétendans à la Cou-

---

(*) Burlamaqui. Principes du Droit de la Nature et des Gens, 2ᵉ part., tom. vi, chap. 3, § xv et xvi. pag. 295. Édit. de 1768.

(**) Grotius. Droit de la Guerre et de la Paix, liv. ii, chap. vii, § xxvii, note 1.

ronne, ce n'est pas sur son Souverain que le Peuple s'é-
rige en juge, car alors il n'en a point. C'est le Souverain
lui-même qu'il est question de déterminer.

« Quant à la première raison, toute dispute occasionée
par la succession au trône, ne se rapporte point aux
choses qui dépendent de la juridiction que le Peuple a
transférée au Roi. En effet, dans un pareil différent, on
suppose que ni l'un ni l'autre des prétendans n'est en possession de la Couronne. Or, sur ce pied là, aucun n'est
encore Souverain : ils aspirent seulement tous les deux
à le devenir. Ainsi, le Peuple ne dépend actuellement ni
de l'un ni de l'autre, et il rentre alors dans l'indépendance, jusqu'à ce que l'affaire soit décidée. Rien n'em-
pêche donc qu'il ne juge définitivement pendant ce temps
là sur une contestation qui intéresse tout ce qu'il a de
plus cher et de plus précieux.

« D'ailleurs, cette dispute doit être décidée sur les
présomptions que l'on peut avoir de la volonté du Peuple, qui a originairement établi l'ordre de la succession.
Or, qui peut mieux juger de cela que le Peuple même ?
car le Peuple d'à-présent est censé le même que le Peuple
d'autrefois. Disons donc, sans hésiter, que la décission
de cette grande controverse appartient à la nation. Si
même les prétendans ont transigé entre eux, ou choisi
des arbitres, la nation n'est point obligée de se soumettre à ce qui aura été ainsi réglé, à moins qu'elle n'ait
consenti à la transaction ou au compromis : des princes
non reconnus et de qui le droit est incertain, ne peuvent
en aucune manière disposer de son obéissance. Elle ne
reconnaît aucun juge sur elle, dans une affaire où il s'a-

git de ses devoirs les plus sacrés et de ses droits les plus
précieux. Ce fut par les États du royaume de France que
se termina, après la mort de Charles-le-Bel, la fameuse
contestation entre Philippe de Valois et Édouard III,
Roi d'Angleterre; et ces États, tout sujets qu'ils fussent
de celui en faveur de qui ils prononcèrent, ne laissèrent
pas d'être juges du différent. Ce furent de même les États
d'Arragon, qui jugèrent de la succession de ce Royaume,
et qui préférèrent Ferdinand, ayeul de Ferdinand, mari
d'Isabelle, Reine de Castille, à d'autres parens de Martin, Roi d'Arragon, qui prétendaient que le Royaume
leur appartenait. Dans les disputes qui s'élevèrent à l'occasion du Royaume de Jérusalem, ce furent les sujets
qui jugèrent des droits des prétendans, comme il est justifié par divers exemples dans l'histoire politique d'outre-
mer (*). Enfin, les États de la principauté de Neufchâtel
ont souvent prononcé sur la succession à la souveraineté.
En l'année 1707, ils jugèrent entre un grand nombre de
prétendans ; et leur jugement rendu en faveur du Roi de
Prusse, a été reconnu de toute l'Europe dans le traité
d'Utrecht » (**).

(*) *Voy.* ces exemples et autres pareils dans la Réponse pour
Madame de Longueville, à un mémoire pour Madame de Nemours.

(**) *Voy.* (Principes du Droit de la Nature et des Gens, 2ᵉ part.,
tom. VI, chap. III, n° 57, pag. 267).

—*Voy.* aussi PUFENDORF. Droit de la Nature et des Gens, liv. VII,
chap. VII, § xv.

FIN DU TOME NEUVIÈME.

ERRATA DU TOME IX.

Page 5, lig. 8; § II.   *lisez* § I (*a*)
— 10 , — 17 ; 41 décembre   — 14 décembre
— 83 , — 22 ; police. On   — police , ou
— 141 , —   1 ; juge   — jugé
— 165 , — 13 ; après la parenthèse *ajoutez* voy. p. 442
                                              note (*a*)
— 253 , — 17 ; iv   — an iv
— 340 , — 11 ; définitive ;   — définitive ,
— 346 , —   4 ; employés   — employées
— 378 , — 25 ; L'art. 58 ,   — L'art. 58
— 380 , — 13 ; facultés   — facultés....
— 412 , — 23 ; 302   — 302 ,
— 463 , —   7 ; assertions ; que — assertions , que
— 493 , — 16 ; laissa entre   — laissa , entre
— 496 , —   1 ; les   — des
— *ibid.* , — 2 ; des   — les
— 5c6 , —   8 ; Chez les peuples — Chez des peuples
— 509 , — 15 ; peuvent   — puissent
— 525 , — 24 ; propriété , qui — propriété qui en
            ne dépendent   dépendent ,
— 528 , — 14 ; de jalousie , de — de jalousie de
            caste   caste
— 531 , — 24 ; relativement la — relativement à la
— 539 , — 12 ; Gouvernement   — gouvernement
— 540 , —   2 ; Gouvernement   — gouvernement
— 573 , — 18 ; héréditaire ,   — héréditaire

(*a*) Vol. VIII , pag. 1 , ligne 8 , § II *lisez* § I.

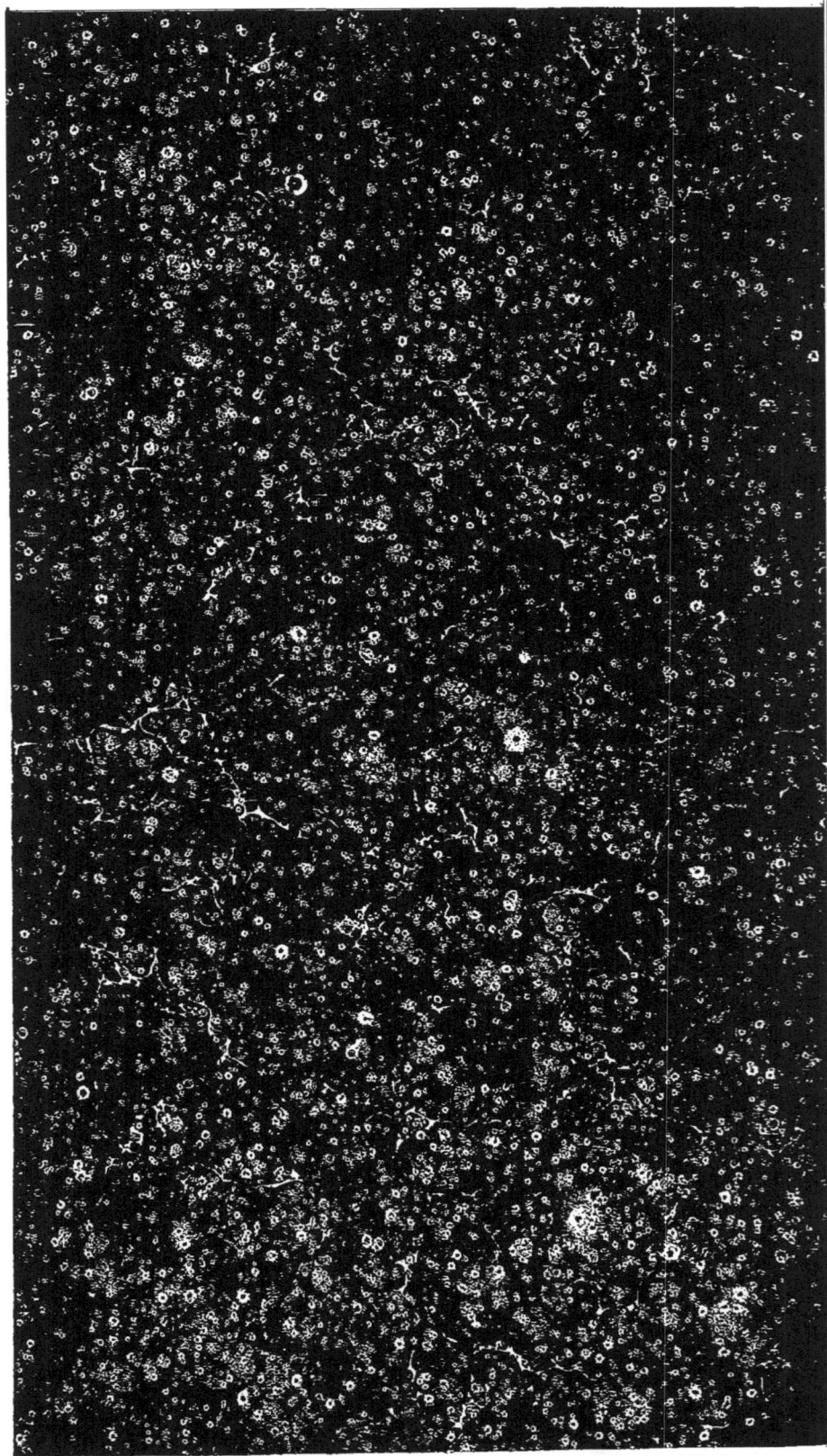

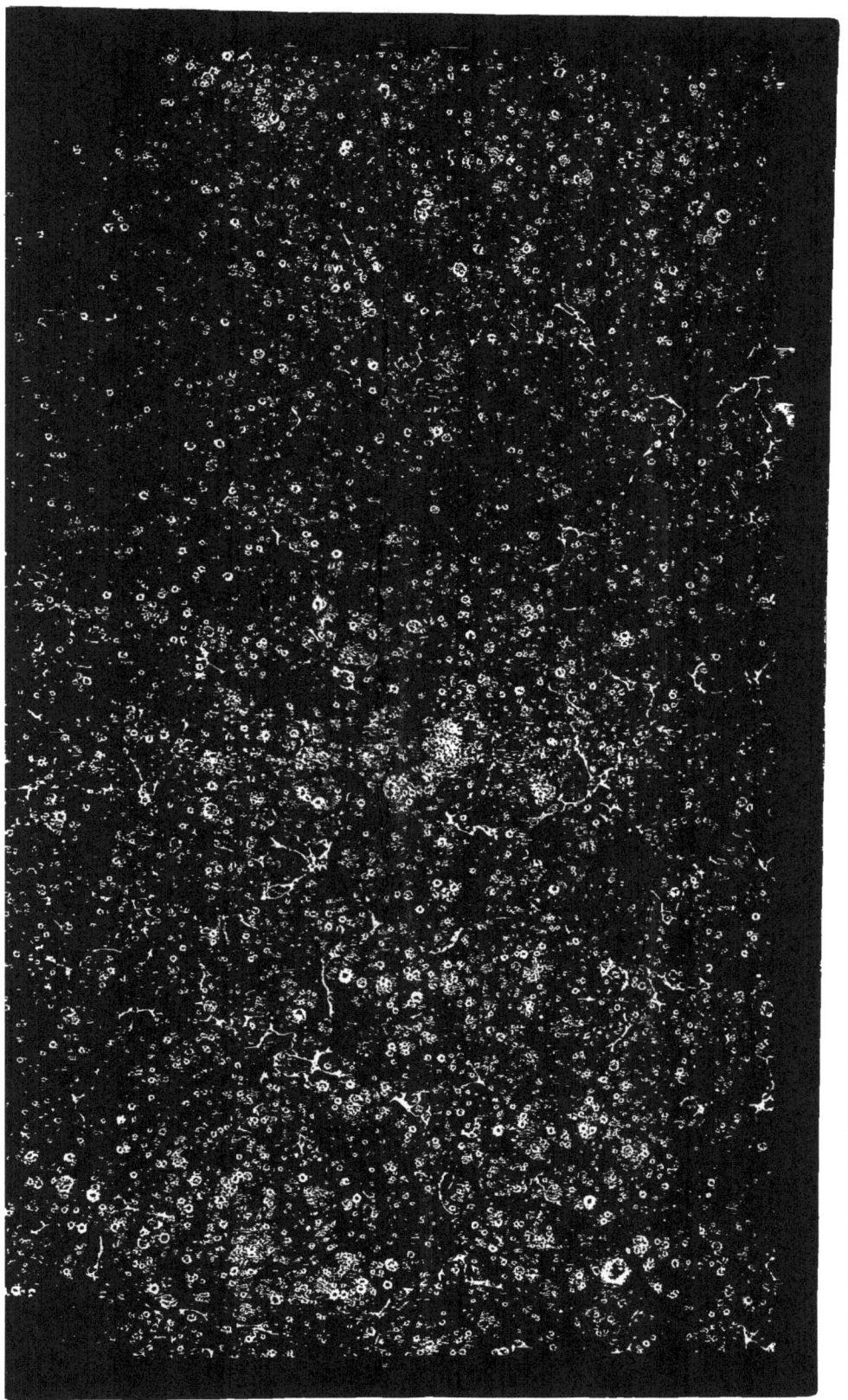

www.ingramcontent.com/pod-product-compliance
Lightning Source LLC
Chambersburg PA
CBHW060845220326
41599CB00017B/2390